国学新读本

# 韩 非 子

赵 沛 注说

河南大学出版社

## 国学新读本编辑委员会

总策划　马小泉

主　编　李振宏

编　委　(以姓氏笔画为序)

马小泉　王　健　朱绍侯　刘小敏
李中华　李振宏　苏凤捷　何晓明
张云鹏　张富祥　宋会群　杨天宇
杨寄林　杨朝明　赵国华　郑慧生
姜建设　袁喜生　曹　峰　曹础基
曾振宇　戚良德　龚留柱　熊铁基

# 目　录

序 …………………………………… 李振宏（1）
《韩非子》通说 ………………………………（1）

初见秦第一 ……………………………………（74）
存韩第二 ………………………………………（80）
难言第三 ………………………………………（86）
爱臣第四 ………………………………………（90）
主道第五 ………………………………………（92）
有度第六 ………………………………………（95）
二柄第七 ………………………………………（101）
扬权第八 ………………………………………（105）
八奸第九 ………………………………………（111）
十过第十 ………………………………………（115）
孤愤第十一 ……………………………………（130）
说难第十二 ……………………………………（135）
和氏第十三 ……………………………………（140）
奸劫弑臣第十四 ………………………………（143）

亡征第十五 …………………………………（152）

三守第十六 …………………………………（157）

备内第十七 …………………………………（159）

南面第十八 …………………………………（163）

饰邪第十九 …………………………………（167）

解老第二十 …………………………………（174）

喻老第二十一 ………………………………（191）

说林上第二十二 ……………………………（201）

说林下第二十三 ……………………………（214）

观行第二十四 ………………………………（227）

安危第二十五 ………………………………（229）

守道第二十六 ………………………………（233）

用人第二十七 ………………………………（236）

功名第二十八 ………………………………（240）

大体第二十九 ………………………………（242）

内储说上七术第三十 ………………………（244）

内储说下六微第三十一 ……………………（265）

外储说左上第三十二 ………………………（283）

外储说左下第三十三 ………………………（308）

外储说右上第三十四 ………………………（325）

外储说右下第三十五 ………………………（345）

难一第三十六 ………………………………（360）

难二第三十七 ………………………………（371）

难三第三十八 ………………………………（381）

难四第三十九 ………………………………（392）

难势第四十 …………………………………………（400）

问辩第四十一 ………………………………………（405）

问田第四十二 ………………………………………（407）

定法第四十三 ………………………………………（409）

说疑第四十四 ………………………………………（412）

诡使第四十五 ………………………………………（422）

六反第四十六 ………………………………………（427）

八说第四十七 ………………………………………（434）

八经第四十八 ………………………………………（441）

五蠹第四十九 ………………………………………（449）

显学第五十 …………………………………………（462）

忠孝第五十一 ………………………………………（470）

人主第五十二 ………………………………………（474）

饬令第五十三 ………………………………………（477）

心度第五十四 ………………………………………（479）

制分第五十五 ………………………………………（481）

参考文献 ……………………………………………（484）

# 序

最近一些年来，一股"国学热"的思潮强劲涌动，在文化学界以至于整个社会上，引起了强烈反响。为什么在这样一个社会的大变革时代，在从传统社会向现代社会的转型期，最为传统的国学，却能引起国人的极大兴趣，这的确是一个值得思考和研究的问题。

"国学"作为一个学术文化概念，产生于近代。从渊源上讲，"国学"概念的产生，与"国粹"有些关联，并且是从对抗西学侵入的角度提出来的。今天，中华民族早已是一个独立于世界民族之林的自立自强的民族，全球经济一体化所带来的世界文化的汇合与交融，也早已是历史发展的必然趋势，而在这样的历史大势中，却会有"国学热"的产生，乍一看来，确有不可思议之处。但实际上，国学的当代走红，则与我们今天所处的历史时代有着一定的关系。

随着改革开放的迅速推进，随着市场经济的强劲发展，传统道德受到了强烈冲击，传统文化与现代文化观念的碰撞也日益强烈。于是，如何看待传统文化的问题，就严峻地提到了国人的面前。传统文化的出路何在，它从何而来，要走向何方，如何对之进行价值重估，一切关心文化问题，有着强烈历史责任感的人们，无不把关注的目光投向中国的传统学术。当然，也不排除一些对改革开放和市场经济所带来的冲击无法理解和接受，对现代经济发展对传统道德的亵渎强烈抗议的人们，自然而然地发出向传统文化复归而倡导国学的呼声。总之，不论是出于积极的思考，还是抱着一种向后看的心态，对国学的重视则成了最近十多年来一种普遍的文化选择。

于是，对待"国学热"就需要有一个分析的态度。对于任何一个民族的发展来说，传统文化都是其牢固的根基，是其一切历史的出发点，摒弃传统、甚至全盘否定传统文化，都是幼稚可笑的，不可取的。但一遇到问题就求助于传统，甚至一味狂热地提倡向传统复归，也是走不通的，过去那句常说的"倒退是没有出路的"话，虽说不是什么至理名言，却也还是有些道理的。这些年来，一些地方出现的中小学生、甚至幼儿园小朋友的读经热，就是一种值得注意的倾向。国学，毕竟是一种学术，需要有一定的文化基础，有一定的分析批判能力，才能对之进行识读、鉴别而决定其取舍。所以，严格地说，对于国学，尤其是经学，在当代中国，需要的是研究以及在此基础上的批判继承，而不是再像传统社会中那样采取唱诗班的方式，对青少年一代进行无分析地灌输。因此，如何弘扬传统文化，就是一个需要思考的问题。

正是基于以上考虑，为着弘扬优秀传统文化的需要，也为着对社会上盲目崇尚读经的风气有所引导，我们组织了这套"国学新读本"丛书，选择一些在中国传统文化中影响较大的国学典籍，对之进行简明扼要的注释，然后在读本前边，用较大篇幅解读该典籍的基本思想文化内涵，评述其在中国文化史上的地位和影响，并对如何阅读该典籍做出读书方法上的引导。通过这样一个较为翔实的导读内容，以批判分析的态度，给青年人的国学典籍阅读提供一个健康的思想导向。根据这样的宗旨，这套丛书，在大的结构上，每本都分为通说和简注两个部分,通说是导读的性质,简注在于疏通文字,希望这样的安排,能够为青年朋友和一般社会读者提供一个国学入门的向导。果能如此,也就实现了撰著者和出版者的愿望。

国学所以是国学,就在于它是我们祖国优秀民族文化和民族精神的载体。在这些国学典籍中,包含着民族文化的基因,蕴藏着民族精神的范型。衷心期待这套丛书能够成为广大读者学习国学精华,体认民族精神,继承祖国优秀文化遗产的良师益友。

李振宏

2008 年 2 月 28 日

# 《韩非子》通说

《韩非子》的作者是战国末期韩国人韩非。韩非(公元前280~前233年),先秦晚期思想家,法家思想的集大成者,被誉为先秦最后一个思想家,他的思想对秦汉以后中国的政治思想产生了极其深远的影响,是我国古代最具影响力的著名思想家之一。

## 一 韩非的生平

### (一) 韩非的身份

韩非是战国末年韩国人,出身韩国王室贵族,为韩诸公子。按照战国时期的称谓习惯,所谓诸公子,一般是指诸侯之子。比如,《史记·平原君列传》说,平原君赵胜,是赵国的"诸公子",而赵胜是赵惠文王的弟弟,即赵武灵王的儿子。如此说来,韩非应该是韩国某位国君的儿子。司马迁在《史记》中仅为韩非作了一篇数百字的小传,对韩非生平所记仅见其大略。可以想见,到司马迁时,对韩非的详细情况已经不甚了了,在其他的历史资料中,也没有见到关于韩非生平的完整记载。

通过司马迁的《史记》我们可以大致搞清楚:韩非出身韩国王

室贵族；因为有点口吃，不善言谈，却长于写作，思想敏锐；曾入楚师从荀子学习，与后来的秦国相李斯同学；在韩国，虽多次向韩王上书言事，但始终得不到采纳，受到韩王亲信的排挤，政治上郁郁不得志；但韩非毕竟是一个勤于思考并颇具政治远见的政治思想家，尽管政治上颇为失意，他还是潜心研究古今历史和诸家学说，进行批判、吸收、借鉴，写成著作，希望有朝一日报效国家。韩非的政治见解在韩国不受重视，却偏偏得到韩国的头号强敌秦国国君的赏识，秦国用武力相要挟向韩国索要韩非；韩非入秦即受到自称不如韩非的同门师弟李斯的排挤、陷害，被迫自杀。

《史记》中只提到韩非是王室成员，为韩"诸公子"，但他的具体出身，与几代韩王是什么关系，未见记载。不过，我们仍可以根据相关的历史资料对他的出身做出大致可信的推测。

韩非的出生时间，一般都认为是在公元前280年（另一种意见则认为是在公元前298年）。韩非死于公元前233年，时年48岁。在韩非前后，韩国共经历了三代国君：即韩厘王（公元前296～前273年，在位23年）、韩桓惠王（公元前273～前239年，在位34年）、韩安王（公元前239年即位，至公元前230年，韩亡于秦，韩安王做了秦国的俘虏，在位9年）。这三位韩王均是父子相继，韩非为韩国诸公子，必定是这三位韩王之中某位韩王的儿子。因此陈千钧先生在《韩非新传》中说："非乃韩王之子无疑，当是厘王或桓惠王之子也。"①施觉怀先生则从《孤愤》、《说难》等文章中流露出的嫡庶之争、法术之士与当涂之人之争、法术之士与君主的矛盾等问题判定，韩非不可能是韩厘王或桓惠王的儿子，而只能是襄王的孙子、厘王的侄子、桓惠王的堂兄弟、韩王安的叔父或伯父，很可能

---

① 原载《学术世界》1卷3期，后收入世界书局《诸子集成》本，清·王先慎集解《韩非子集解》之附录，上海书店影印。

是公子虮的后裔。① 但是,如果真如施觉怀先生的推论,则韩非只能被称为"王孙"而不能称为"诸公子",这便与《史记》本传的说法相矛盾,故不可从。如果只能依据司马迁的记载,那么,从韩非的年龄和大致经历看,他应当是韩厘王的幼子,韩桓惠王的幼弟,与韩安王乃是叔侄。②

(二) 韩非的求学时代和在韩国的主要活动

韩非的求学时代,大致可以分为前后两个阶段。

第一个阶段是在韩国学习申不害的黄老刑名之术。《史记·韩非列传》说,韩非喜好刑名法术之学,而又以黄老为本。据历史记载,申不害是战国初期郑国人,后来,郑国为韩国所灭,申不害遂归于韩国。当年各国变法之时,申不害出任韩国相,在韩国辅佐韩昭侯进行变法,大力推行以崇尚法制为基本精神的刑名之学,结果韩国大治,诸侯不敢来犯。可见,到战国后期,刑名之学早已在韩国流行,韩非是韩国贵族,他喜好刑名法术之学,想必是在韩国学习所得,只是这其中的师承关系已无可考察了。第二阶段是入楚随著名的大儒荀子学习帝王之术。据《史记·韩非列传》的记载,韩非到楚国求学,与后来成为秦国丞相的李斯同学。李斯是楚国上蔡人,师从荀子学帝王之术,学成以后,深感楚国国力衰微,楚王又不足以成事,而东方六国皆弱,都不是成就大业之所,于是辞别荀子,西行秦国。据此可知,当年韩非师从荀子求学,既然与李斯同学,必定是在楚国无疑。荀子是战国末期赵国人,是战国后期最著名的思想家。早年在齐国稷下学馆,"三为祭酒,最为老师",曾受聘入秦,但并未得到重

---

① 施觉怀:《韩非评传》,南京,南京大学出版社,2002年版。
② 参见张富祥:《韩非子解读》,济南,泰山出版社,2004年版。

用,晚年入楚,受到楚国权臣春申君礼遇,曾任楚国的兰陵令。荀子从齐国入楚,是在楚考烈王八年(公元前255年),李斯辞别荀子西行入秦正好是秦庄襄王去世秦王政即位的这一年,即公元前247年。那么,韩非入楚求学一定是在公元前255年到247年这八九年间。此时的韩非大约有二十五六岁,思想已经成熟,所以,韩非虽然师从荀子,但他的学术思想并没有完全继承荀子之儒学,而是仍然坚持以刑名法术之学为主,而排斥儒、墨各派。所以在韩非的著作中,很少提到他的老师荀子,而荀子的著作中也从未提及他的这位学生。作为学生,尽管韩非的学术不可能不受荀子的影响,但毕竟他的学术思想和荀子有很大区别。所以,韩非固然不能弘扬荀子之学,但也从未对荀子学说有过攻击之词。

战国时期是中国历史上一个社会大动荡的时期。这个时期在经济上、政治上、思想上都发生了巨大的带有根本性的变化,旧有的体制和制度,由于社会生产和生活方式的变革,已经无法再维持下去了,于是,各国基本上都采取了政治上的变法运动。尽管各国在变法的目的、规模、措施、结果以及影响各方面都不尽相同,有的成功了,有的流产了,有的彻底,有的不彻底,但变法革新的确在此时形成了一个时代的潮流,一场轰轰烈烈的运动。

韩国在韩昭侯时期,任用申不害为相,实施变法,史称"修术行道,国内以治,诸侯不来侵伐"。看来,通过申不害的变法,韩国的国力稍有增强,虽不至于成就什么霸业,但至少在短时期内避免了各强国的侵扰。申不害相韩十五年,史籍中留下的相关资料十分少,其事迹大都不为人所知。不过从其政治主张的基本精神看,申不害非常重视治术,与重视法治的商鞅,以及重视权势的慎到同属于先秦法家的三大代表。从《韩非子》所载的一些故事来看,韩昭侯对申不害几乎是言听计从的,申不害的术治思想对韩昭侯的影响是非常巨大的。比如,申不害主张"治不逾官,虽知弗言"(《韩非子·难三》,以下只引篇名),韩昭侯就确实接受了申子的思想。《二柄》中记载了关于韩昭侯的一则故事:一次,韩昭侯饮醉了酒,睡着了,典冠怕他着凉,顺手给他盖了件衣服。韩昭侯睡醒后问是谁给他盖的衣服,左右告诉他是典冠所盖,于是韩昭侯就连同典冠和典衣一起处罚,因为前者越权,后者当然是失职了。《外储说左上》还有一则关于韩昭侯和申子的故事,是说韩昭侯向申子讨教法度为何难以实行,申子说:法度不外乎论功行赏,因能授官,如果听从身边亲近大臣的请托,法治自然难以实行。不久,申子为他的表兄向韩昭侯说情,请韩昭侯给他的表兄谋一个官职,韩昭侯就搬出申子的教导来回答申子,说:"这不是要败坏您的法度吗?"申子只好向韩昭侯请罪,再也不敢提及此事了。按说,申不害贵为宰相,颇受昭侯的重用,安排一两个官职,昭侯也不至于驳他的面子,看来,昭侯对申子的治术的确是达到了深信不疑的程度。

申不害的学说对韩非的影响也非常之大。不过,自韩昭侯去世后,韩国的国君基本上都是一些胸无大志之人,韩国的国力在此后逐渐地削弱,加之韩国又处在秦国东进道路上首当其冲的位置,从战略位置上讲,是秦国和东方各国之间的重要战场,多年来,韩国一直是战国诸雄争夺的对象,连年的战争极大地破坏和削弱了韩国的实力。所以到战国后期,韩国已经沦为七国中最为弱小的国家。韩非生活在这样的国际环境之中,目睹韩国日益衰败的景象,立志像申不害那样,帮助韩王在韩国实行法治,达到富国强兵,壮大韩国的志向。但是,韩非是不幸的,他没有遇到像韩昭侯那样的有为的君主,尽管他身为韩国王室贵族,却始终是宗室贵族中的失落派,政治上并不受重用,甚至连见一见韩王,都是一件不容易的事情,因此他只有通过不断的上书向韩王进谏,阐述他的法治主张,希望打动韩王,在韩国实施法治。《韩非子》中的很多文章,正是韩非的上韩王书,比如《孤愤》、《和氏》等篇。

韩非出身王室贵族,似乎曾担任过一定的官职,但地位很低,恐怕连韩王的面也很难见到,更谈不上受韩王的重用了。按照《史记·韩非列传》记载:韩非的著作传到秦国,引起秦王政的极大兴趣,竟感叹若得与韩非相见,则死而无憾。于是,秦王政发兵攻韩,向韩国索求韩非。此前,韩非多次上书韩王不得重用,此时,秦国又为索取韩非而急迫攻韩,韩王由此怨恨韩非"始不用(韩)非"。可见,在此前韩非虽不被重用,还至少能为韩王所用,也应该担任了一定的官职。据《史记·秦始皇本纪》记载:秦王政十年(公元前237年)李斯建议秦王先取韩国,以威慑其他各国,于是,秦王派李斯发兵攻取韩国,韩安王深以为患,找来韩非与他共商如何削弱秦国之计。这也可以证明韩非确曾参与讨论国家大事,只是地位不是十分显要罢了。

从我们可以见到的历史资料看,韩非在韩国的活动,除了可能担任了一段时间并非显要的官职之外,主要是上书议政和退而著书写作,总结历史经验、教训,阐发自己的政治见解和为政主张。

韩非在韩国活动的主要时期,应该在韩桓惠王时代。在此期间,除了一度到楚国师从荀子学习,韩非都在韩国,但由于他与韩王的这种微妙关系,政治上并不得志。可能在桓惠王去世后,即位的韩安王对他的这位叔叔还算比较礼遇,上面说韩非在韩国可能得到一些任用,从时间上看恰恰是在韩安王时期。后来,秦王为索取韩非而出兵攻韩,韩安王便不再任用韩非,在秦兵步步紧逼之下,韩安王索性派韩非出使秦国了事。如此看来,韩非在韩国向韩王上书应该主要在桓惠王时期。司马迁的《史记·韩非列传》说:韩非见韩国日益衰弱,多次向韩王上书进谏,但韩王并不为所动。韩非自己在《难言》篇中总结他多次上书韩王而不得重视的原因时认为,讲得诚恳、鲠直,则韩王会认为是笨拙;讲得顺应君主之意,又会被认为是谄媚韩王;讲得太详细,多用历史比喻,被认为是空洞无用;只讲精微要点,又会被认为没有口才;直率地批评韩王左右的近臣,揭露一些弊政,又会被认为毁谤君臣;讲得含蓄一点则会被指责为不着边际。在此后的另一篇文章《说难》中,韩非再次对历次上书韩王而不得重视进行了反思。在这篇文章中,韩非提出了以往上书失败的关键在于并未关注君主心理的见解,试图说明:说服君主的难处既不是游说者对自己所主张之事缺乏足够的知识,无法讲出正确的道理,也不是不善表达,不能充分说清楚自己的意见,也不是没有勇气将自己的政治见解坦白地表达出来,其难处在于很难把握君主的心理,进而去迎合君主的喜好。而韩非自己却是一个不懂曲意迎合、阿谀奉承之人,面对的韩王又是一个在韩非看来既无才能,又无主见,既图虚名,又要实利,既容易犯错误,又极好虚荣的无能之辈,韩非只好选择放弃辅佐韩王复兴韩国的雄心,转而闭门著书,以斥时弊。

## (三) 韩非入秦与韩非之死

韩非在秦王政十四年,即公元前 233 年,奉使入秦。秦王政此时已读过韩非的文章,对韩非的才识自然是十分的欣赏。两人见面后一席长谈,秦王政大为满意。但秦王政为人疑心特重,四年前(公元前 237 年)发生的"郑国事件",让秦王政对别国人很难真正信任,所以,一方面对韩非的理论倍加赞赏;另一方面又没有立即重用韩非,而是把韩非留下来准备观察一下。而此时韩非的同门师弟李斯对韩非的才干大为嫉妒,又岂能容忍韩非对自己的仕途产生威胁。于是,他抓住韩非的《存韩》一文,大做文章,认为韩非入秦的目的,是为了救韩国于危亡。他勾结与韩非不合的姚贾,一起向秦王政进谗说:韩非毕竟是韩国的王室贵族,以人之常情,韩非终归是心向韩国,而不可能真正为秦国着想。现在大王要实现兼并诸侯、一统天下的大业,却留下韩非而不用,以后放回去,必定成为后患,不如找个理由把他杀掉。秦王政觉得有道理,便命人将韩非收监候审。李斯见秦王政一时并无杀韩非之意,便假借秦王之命,令人将毒药送给韩非,逼其自杀。韩非还想见秦王一面,希望能为自己辩解,李斯又岂能同意?无奈之下韩非只好服毒自杀。不久秦王有了悔意,命人赦免韩非,却得知韩非已"畏罪"自杀。李斯因妒韩非之才欲除之而后快,但又不亲自罗列罪名定罪杀他,而是逼其自杀,秦王即使不悦,也奈何不了李斯,这正是李斯的阴险歹毒之处。

## 二 《韩非子》的成书与版本流传情况

《韩非子》原名为《韩子》,从《汉书·艺文志》、《隋书·经籍志》一直到《宋史·艺文志》以及其他一些著作,如《淮南子》、《论衡》等,都称之为《韩子》。宋时,由于欧阳修竭力推崇韩愈,称之为韩子,此后,人们称"韩子"则多指为韩愈,而韩非之《韩子》则被改称为《韩非子》,流传至今。

今本《韩非子》二十卷、五十五篇,最早见于《汉书·艺文志》,是西汉末年刘向整理皇家藏书时,根据不同版本删补后定下来的。汉以后各代正史均有《韩子》题名、卷次的记载:张守节《史记正义》引阮孝绪《七录》载《韩子》二十卷;《隋书·经籍志》子部法家有《韩子》二十卷目一卷;《旧唐书·经籍志》丙部子录法家有《韩子》二十卷;《唐书·艺文志》丙部子录法家有《韩子》二十卷(尹知章注);《宋史·艺文志》子类法家类有《韩子》二十卷;《国朝四库全书总目》子部法家类有《韩子》二十卷。这些文献记载《韩非子》的卷数、篇数皆与今本同。唯有王应麟《汉艺文志考证》作五十六篇,殆传写时的字误。可见从汉代以来《韩非子》一书均有传世,且卷次、篇数基本未有太大的变化。正史之外，其他如晁公武《郡斋读书志》子类法家类有《韩非子》二十卷；陈振孙《直斋书录题解》法家类有《韩子》二十卷。

《韩非子》的注本，北魏时刘昞有《韩子》注，《新唐书·艺文志》录有尹知章注，均已亡佚。

关于《韩非子》版本的传世情况，就现存的史料记载，宋本的《韩非子》可能是最古老的版本，清代有人说宋代人吴才老刻过《韩非子》，但内容如何，没有记载，无从推断。但不论哪种宋本《韩非子》，都已失传。明代刻本中，最为人所熟悉的有《道藏》本、《韩子迂评》本和赵用贤本三种。此外还有张鼎文本，凌瀛初本。清代初年冯舒（字己苍）就曾据宋吴才老本校张鼎文本，卢文弨看过冯舒的稿本，并曾援引过一些考订集成一册，刻入《群书拾补》一书。卢文弨《群书拾补·韩非子》曾有云："是书有明冯舒己苍据宋本、道藏本以校张鼎文本外，又有明凌瀛初本、黄策大字本，今并以校明万历十年赵用贤二十卷全本，而以是者大书其异同作小字注于下。"但这些宋本也已失传。

宋本中最为学界熟知的是嘉庆、道光年间原藏于李奕畴（字书年）家的一部南宋乾道年间的刻本，称"乾道本"，只是此书后来也失传了，但因其有一段时间的流传，为很多学者所研究、使用，并有影抄本和影刻本传世，所以产生的影响很大。现在传世的就有清代据乾道本抄刻的三种影抄、影刻本：即张敦仁影抄本、吴鼒影刻本和清初钱曾（字遵王）的述古堂影抄本。黄丕烈曾用李奕畴所藏的原刻本与述古堂影抄本作过校勘，将不同之处过录在抄本上，而且请人"以别纸影钞宋刻之真者附于末"，保存了宋刻本的原貌。但"影钞宋刻之真者"和抄本文字以及吴鼒影刻本中的文字又有一些不同，参互校勘，发现是辗转传抄上版时出现的一些问题。这部述古堂影宋抄本后来影印收入"四部丛刊"中，易得而又可信，依其学术价值而言，不在任何一种版本之下。①

《道藏》本是指刻于明正统九年至十年的《道藏》中的《韩非子》，原为梵夹本，道光年间又重配了书套。1925年上海涵芬楼曾据以影印。原书左右无边栏，涵芬楼影印时为方便读书查检，于上端边栏外加书名和页码，书后原有白云观的印记，影印时略去了。

《四库全书·子部》法家类存目有《韩子迂评》二十卷，旧题为明门无子评，前列元何犿校上原注，署"至元三年秋七月庚午结衔题奎章阁侍书学士"。《韩子迂评》本在明代曾有很大的影响，而在明清两代，赵用贤本有很高的声誉，一些后起的《韩非子》刻本常是参酌《韩子迂评》本和赵用贤本而重行编纂的。

清光绪年间，王先慎以乾道本为底本，参考他本，旁采诸说，间附己见，撰成《韩非子集解》一书，于光绪丙申（1896年）刊刻印行。这书虽然不能说已经非常完善，但由于王氏的整理、注释，《韩非子》因此而可读性大增，所以，它成了20世纪最为通行的版本之一。后来不断被翻印，如上海商务印书馆编印的《万有文库》本（1933年），上海世界书局国学整理社编印的《诸子集成》本（1935年），香港上海印书馆编印的《国学丛刊》本（1951年），台北世界书局编印的《世界文库·四部丛刊》（1955年），都选用了它。台北艺文印书馆1959年也曾翻印过此书，北京中华书局的《诸子集成》又选用了它，足见其流传之广。

20世纪以来，整理研究《韩非子》的人越来越多，《韩非子》的流传更为广泛。其中流传最广的要算是中华书局1958年版的陈奇猷的《韩非子集释》，台北世界书局、河洛出版社、香港中华书局、日本等都印行过。其次是中华书局1960年出版的梁启雄的

---

① 赵晓耕：《再说〈韩非子〉》，载《河南省政法管理干部学院学报》2001年第2期。

《韩子浅解》一书和江苏人民出版社 1982 年出版的《韩非子校注》。此外,还有 1919 年刊行的尹桐阳的《韩子新释》,中华书局 1940 年版的陈启天的《韩非子校释》,秋圃(台北)的《韩非子浅释》等等。至于各种选本及单篇文选,则更是多得不胜枚举了。①

本读本的注释,即以北京中华书局的《诸子集成》所选用的王先慎《韩非子集解》为底本,并参阅其他多种版本。

## 三 《韩非子》的基本内容

从写作时间上看,《韩非子》的著作时间,大概分为两个阶段。一是平日在韩之作,另一部分则是入秦后的作品。后一部分共四篇,包括《初见秦》、《存韩》、《难言》、《爱臣》。其余作品则多是韩非平日在韩之作。

《韩非子》五十五篇的内容是否都出自韩非之手,学界的看法一向存有歧义。如全书的前四篇,即《初见秦》、《存韩》、《难言》、《爱臣》从内容上看应该是韩非入秦以后的上秦王书,但大多数学者却认为这四篇文章不可能是韩非之作。另如《问辩》、《问田》、《定法》、《忠孝》、《人主》、《饬令》、《心度》、《制分》等篇也不能确定是出自韩非的手笔,这些文章或许是韩非徒众的补辑,亦或是后人编辑法家著作而编入《韩非子》之中。可见,今本《韩非子》必是经过了韩非弟子以及后人的编定而成的。

王先慎《韩非子集解·韩非子序注》曰:"按,《初见秦》、《存韩》二篇,系后人汇集,《饬令》一篇,全载《商君书·奸劫弑臣》,《厉怜王》《国策》以为荀子书,《韩诗外传》同,以五十五篇为(韩)

---

① 赵晓耕:《再说〈韩非子〉》,载《河南省政法管理干部学院学报》2001 年第 2 期。

非自作,误。"任继愈先生将《韩非子》一书五十五篇分为五组:其一,"决定不是韩非的作品",包括《初见秦》、《存韩》、《难言》、《爱臣》四篇。其二,"决定是后来法家的著作,编到韩非的著作中去",即《忠孝》、《人主》、《饬令》、《心度》、《制分》五篇。其三,"关于古代历史故事的传说,作为韩非这一派的法家引用材料的工具书",即《说林》上、下篇以及《内外储说》等共八篇。其四,对古代哲学的解说,包括《解老》、《喻老》两篇。其五,是韩非政治思想的核心,主要有《五蠹》、《六反》、《诡使》、《说疑》、《八说》、《八经》、《八奸》、《十过》、《三守》、《备内》、《显学》、《主道》、《二柄》、《扬权》、《孤愤》、《奸劫弑臣》、《亡征》、《观行》、《安危》、《守道》、《用人》、《功名》、《大体》等等①。还有人认为,《初见秦》肯定不是韩非之作,《问田》篇所录韩非与堂谿公的对话也不是韩非所写;《奸劫弑臣》篇、《备内》篇以及《观行》到《大体》六篇的分合也有问题;《问田》篇的原文可能有缺佚;《人主》篇是杂凑;全书最后三篇即《饬令》、《心度》、《制分》篇,则被怀疑是《商君书》的文字,被后人编入《韩非子》中②。尽管学界对《韩非子》五十五篇是否完全出自韩非之作仍存有较大分歧,但无论哪一种意见都不会否认,《韩非子》一书的主体部分为韩非所作,并且全书也全面、真实、可靠地反映了韩非的政治思想。从这层意义上说,将今本《韩非子》作为一部整体的个人著作并不为过。

我们认为,从今本《韩非子》五十五篇的内容看,大致包含了六个主要部分。

第一,进谏之作。

---

① 任继愈:《韩非》,上海,上海人民出版社,1964年版。
② 张富祥:《韩非子解读·前言》,第5页,济南,泰山出版社,2004年版。

这是韩非在韩国期间，上书韩王的作品，包括自《主道》至《饰邪》共十五篇。限于篇幅，这里只选择几篇有代表性的作品略加介绍，以求对《韩非子》有关这部分的内容做一个概要的了解。

《孤愤》篇是韩非上书中最著名的一篇。在这篇上书中，韩非分析了"重臣"和"近侍"把持国政的现实。指出：重臣为获得和维持国君对自己的信任，就要树立自己的势力，就有一批人结为朋党，互相援引，相互吹捧，通过蒙蔽国君取得地位。而君主身边还包围着一群"近侍"，他们既没有智慧，又没有品德，他们的特长就是在君主面前进谗言。在"重臣"和"近侍"的包围之下，韩非这样的"法术之士"，既得不到君主的重视，又要受到重臣和近侍的压制。韩非意识到，自己和重臣、近侍是不能并立的。自己又不愿与之妥协、向他们行贿。再者，韩非是一个思想敏锐，为人严苛、鲠直而急切的人，他缺少像苏秦、张仪等战国纵横家所特有的一套善于迎合君主心理的口才，甚至还有些口吃，即使面对君主也未必能用自己的政治主张打动他。在这篇《孤愤》里，韩非分析了自己与重臣、近侍们所处的地位，认识到重臣、近侍的"五胜之资"和自己所处"五劣势"，流露出明知自己无法与重臣、近侍们抗争，遭受排挤、打击和君主的冷眼时的悲凉和愤懑。所以，《孤愤》既是韩非上书韩王的政论之作，更可以看作是韩非对自己政治遭遇的愤懑的抗争。正如篇题下所录旧注所云：本篇文字"言法术之士既无党与，孤独而已，故其材用终不得见明。卞生（指《和氏》中的卞和）既以抱玉而长号，韩公由之寝谋而内愤。"——所谓"孤愤"，实乃韩非"因忧而痛，由痛而愤，愤而忠言，忠言则孤"的愤懑之声。

与《孤愤》篇相比，《和氏》篇中流露的韩非的心情更为低沉，文中用卞和献玉却惨遭断脚之祸的惨剧来比喻自己的遭遇，借卞和之口说："我不是因为被砍去双脚而悲伤。我伤心的是，明明是宝玉却被说成石头，明明是诚实的君子却被诬陷为说谎的小人。"

在这段比喻的最后,卞和终于被还以清白,宝玉也终于得见天日,这反衬出韩非为自己的困顿和无人理解而伤心的心情,而且又流露出韩非既抱着最终实现治国才能的幻想,同时又明知要施展这种抱负要远远难于卞和献玉的矛盾心态。韩非知道,实行法术要限制君主的私欲、限制君主的任性、享受、喜怒,又要限制重臣的权势、限制近侍假借君主的名义胡作非为,这些都是昏庸的君主以及重臣、近侍所无法容忍的。因此,除非遇到英明有为、具有真知灼见的君主,法术之士是很难受到重用的。文章的最后,韩非谈到吴起、商鞅这些著名的变法者先后被残害致死的往事,似乎也预感到自己悲剧性的结局,以殉道者的心情发出了沉重的叹息。

司马迁论及韩非的著作,特重《孤愤》、《说难》等数篇,他在《史记·老子韩非列传》中列举韩非著作,即以《孤愤》为首,而《韩非列传》的传文实际上也主要是征引《说难》(文字与今本《韩非子》有较大出入)而成。司马迁之所以特别看重《孤愤》、《说难》,大概与自己的遭遇有关。司马迁因为替投降匈奴的李陵辩护,即被汉武帝施以宫刑,因此,对进谏帝王而不得信用,甚至招致惨祸有切肤之痛,故能"心血滴处,感通韩非,此又迁公之所以为韩子身后的第一解人"①。

当然,韩非上书除了像《孤愤》、《说难》这样的渴望君主理解、重用的内心表白,更有进献给韩王的帝王之术和政治韬略。如《奸劫弑臣》,全篇几乎都在讲臣下如何图谋篡位、欺主成私,分析君主不能有效控制臣下的弊害。韩非站在君主的立场上,对劫持、弑杀君主的奸臣之所以能够得逞的原因进行分析,从反面的例子说明法治(赏罚)的重要性,并用"厉怜王"的谚语告诫君主,为了避免

---

① 张富祥:《韩非子解读·孤愤篇评析》,济南,泰山出版社,2004年版。

重蹈那些被奸臣劫杀的君主们的覆辙，必须实行严格的法治，用赏罚作为保持君主耳聪目明的手段，实行严刑酷法，以刑去刑，达到国家治理"一断于法"的目标。

首先，韩非分析了君主被奸臣所劫杀的原因。所谓"奸劫弑臣"，就是劫杀君主的奸臣。奸臣为达到目的与君主同取舍，投君主之所好，最容易获取君主的欢心。他们利用君主的信任，在下结党营私。君主一旦对此失去察觉，就会被奸臣所蒙蔽。奸臣得不到有效的控制就会发展成为劫杀君主的劫臣和弑臣。历史上这样的事情已经不胜枚举了，但有的君主并未能从中吸取教训。

其次，如何有效地控制奸臣的出现和作乱呢？韩非依然从历史的经验中寻找答案。他总结了历史上法家代表人物管仲、商鞅等人实行法治，运用重赏重罚的手段来加强君主专制权势的经验，指出治理国家有了法术赏罚，就好比在陆地行走有了坚固的车辆和优良的马匹，在水路有了轻快的船只和便利的船桨，掌握它的人就可以取得成功。伊尹被商汤得到而成就了王业，管仲被齐桓公得到而成就了霸业，商鞅被秦孝公得到而使秦国强大。这三个人，都是通晓霸王之术，对国家强盛的治术有深刻研究，而不拘泥于世俗言论的人。所以说，只有以法治国，做到赏罚必信，天下百姓才会遵照国家的法令行事，这样，百姓的一举一动都会在君主的控制之下。赏罚就是君主的视听工具，有了赏罚必信的保障，君主就可以做到耳聪目明，不受奸臣的蒙蔽。

最后，韩非运用他最擅长的比喻手法，用身患"疠病"的人来比喻被奸臣劫杀的君主的惨状，声称疠病虽然是疥疮脓肿、头疮溃烂，但比起那些被奸臣劫杀的君主，还不至于被绞死或用箭射而死；也不至于被饿死或抽筋而死。因此，被奸臣劫杀的君主，他心中的忧愁、恐惧，他肉体的痛苦，必定要远远大于患疠病的人。这种比喻，对君主而言无疑是十分具有煽动性的。

韩非的政治学说都是为专制君主服务的，所以，在他的论著里，字里行间无处不流露出对君主的关爱，一切的议论也都是围绕着如何加强君主的权威来进行的。这也是《奸劫弑臣》的核心所在。所以，必须了解这样一个实事：尽管韩非强调法治，并提出诸如"一断于法"、"法不阿贵"、"刑过不避大臣，赏善不遗匹夫"等带有"以法治国"、"法律面前人人平等"的现代法律意识的法治观念，但他的出发点是有问题的。韩非的法治概念与现代法治概念存在着根本的不同，其核心就在于立法权的归属问题。现代意义上的法律，应当是全体民众共同遵守的规范，代表全体人民的意志，其主权在于全体人民，所以应当由全体人民委托其代表来指定。从法国文艺复兴时期的思想大师孟德斯鸠到马克思、恩格斯都已经多次否定了君主权力高于一切的传统成见。孟德斯鸠提出："当立法权和行政权集中于一个人或同一机关之手，自由便不复存在，因为人们将要害怕这个国王或议会制定暴虐的法律，并暴虐地执行这些法律。"韩非思想体系中的法律和立法，则完全是操纵在君主一人手中的。韩非提出："法自君出"、"言无二贵"的观点。君主一张嘴就是法律，实际上等于没有了法律。

总之，韩非所谓法治的内容实际上还是体现君主个人意志，只是希望君主不要凭自己一时喜怒而随意变动，要有一个比较稳定的规范，这与现代意义上的法治不可同日而语。所以，与其称韩非为法治主义者，倒不如称之为君主主义者更为准确。

在《亡征》中，韩非列举了四十七种足以给国家带来灭亡之灾的征兆。总的来说，它反映了韩非加强君主集权、反对儒学、推行法治的基本思想。如果对韩非所列举的四十七种亡国征兆做一个简单的分类，我们可以发现，在韩非看来，足以引起亡国的征兆，包括这样几方面的内容：（一）关于君主权势和法度。这是韩非思想中始终一以贯之的重要内容，甚至可以说是韩非思想的核心。我们知道,韩非思想集中了先秦法家的法、术、势三方面的内容。他讲术、讲势,始终是为贯彻法治服务的。术,是法治的运行之术;势,是法治推行的保证。在这篇《亡征》中,他多次列举了君主无术、无势所带来的亡国之征,如:开篇第一条"凡人主之国小而家大,权轻而臣重者,可亡也",讲的是重"势";第二条"简法禁而务谋虑,荒封内而恃交援者,可亡也",讲的是重"法"。"浅薄而易见,漏泄而无藏,不能周密而通群臣之语者,可亡也",讲的是君主治国之"术"。这些都是构成韩非法治思想的核心内容。(二)关于重本抑末,奖励农耕。重本抑末,奖励农耕,这是先秦法家思想的又一重要内容。文章指出:"君主易怒而喜好用兵,轻视农耕、练兵却又轻易进行战争","农耕的战士困顿,而末作的工商业者获利",这些情况的出现都是国家衰亡的征兆。在当时的历史条件之下,韩非的这种思想也是可以理解的。中国从进入文明社会的门槛之日,就是一个典型的以农业为基本产业的国家,以当时的视力所见,农业经济无疑是保障国家安定的最重要的产业经济。战国时期又是一个战争频仍,列国纷争的长期战乱时期,战争一方面给农业经济带来巨大的破坏;另一方面却又具有对农业经济的巨大依赖性。古代战争就是拼能源,拼物资,拼国力。农业经济条件下能源、物资、国力的最重要体现就是一个国家农业的发展水平。所以,战国时期各家各派没有不重农的,甚至还出现了所谓的"农家"学派。法家学派尤其重视农业,将农业称为本业,视为国家的根本。这本无不妥,但是,法家强调农耕却敌视工商业,将工商业视为末业,韩非还将从事工商业的人口看作国家的蛀虫,称为"五蠹"之一,这显然是有问题的。(三)关于政治腐败。韩非还注意到国君过分地享乐,造成君臣上下举国一致的腐败,也是国家灭亡的征兆之一。这表现了韩非作为一位政治理论家所保持的清醒的政治头脑。韩非指出:君主喜好宫室、台榭、坡池等物供自己游玩,治车辆、服饰、各类玩赏之物,使百姓劳苦、疲惫,自己却挥霍财物;官职可以通过权贵来获取,爵禄可以用财货贿赂的手段来得到;追求财利而贪得无厌。这些都是政治腐败的表现。韩非将这些现象也列为亡国的征兆之一,说明其作为政治理论家的远见卓识,是应该充分给予肯定的。

《扬权》篇,是韩非鼓吹君主独裁的极端专制主义思想的作品。所谓"扬"就是高扬君主专制主义独裁大权之意。这篇上书是韩非利用道家学说,论述"君人南面之术",是韩非的一篇重要的政论文章。在这篇论文中,韩非提出了"事在四方,要在中央,圣人执要,四方来效"的著名论点。旨在为专制君主设计"圣人执要"的政治大纲,即如何保障君主的专制权力。而韩非设计的"执要"之道,不过还是那一大套深藏不露的驾驭臣下的手段而已。有学者对韩非的"执要"之道作了如下的逻辑推论:(一)人主自守虚静,使臣下各司其职,各尽其能,则人主即可"无为"了;(二)若人主矜能好辩,自用其所长,则臣下必亦逞其能而欺主,进其佞而自利,从而导致上下异用,反客为主,事无方而国不治;(三)人主必须以"正名"为首务,如此,人主才能由名责实,则其实自定,其真情亦不得隐瞒;(四)人主行事应以"去智去巧"为常道,勿"用己",勿首倡;(五)上升到哲学高度,"道"是最高本体,故为"一",执要之"道"就是为君的唯一准则,君比于"道",自须高踞群臣之上,故贵为"独","独"也就是"一",最高权力由君主一人操控、行使,故称"独裁"。① 在韩非看来,君臣关系无非是一种赤裸裸的"势利"关系:人主之所以能够"无为"而实施"独裁",是因为君主能够以"势"来满足臣下为"利"的需求,故,君主要因其言而责其事,随形

---

① 张富祥:《韩非子解读·扬权篇评析》,第67~68页,济南,泰山出版社,2004年版。

名参合而实行赏罚。

第二,哲学著作。

《解老》、《喻老》两篇,是韩非解释《老子》的著作。韩非对《老子》思想中的精华加以变化、创造而构成为韩非政治思想的哲学基础。

《韩非子》的《解老》、《喻老》,并不是系统全面而是有选择地解释了《老子》的部分章句(《解老》涉及《德经》九章、《道经》三章,《喻老》涉及《德经》九章、《道经》四章,其中还有部分的重复解喻),却是现存最早的解释《老子》的著作。当然,《解老》和《喻老》虽然都是解释《老子》的著作,但二者又有显著的区别,《喻老》"取譬喻的形式,主要通过举例以印证《老子》之文,并借以展示作者自己的思想",《解老》则是挑选《老子》之文逐字逐句地加以解释。①

韩非有意识地援老入法,对老子之"道"作了利于君主专制的形而下改造,并对老子的人性自然命题作了曲解与引申,从人的趋利避害本性论证了君主专制的合理性与必要性。首先,韩非对老子的"道"做了一番形而下的改造,扬弃了老子哲学中道的本体意义,而将道定义为"万理之所稽(稽,合也)",即道是对世间万物之理的抽象和总体把握。其次,他又将作为自然规律的道引入政治领域的君臣之道,其所谓"道"就是"主道",是"独道",亦称为"术"。② 这就是韩非的"君""道"同体说。道是独一无二的,君道同体,尽管在理论上君依然要受到道的约束,但在君臣、君民关系这一点上,君则是人间秩序,即道的体现,而臣民只能受君主的制

---

① 张富祥:《韩非子解读·解老篇评析》,第 232 页、195 页,济南,泰山出版社,2004 年版。

② 王爱平:《从韩非子看道法合流及其对传统政治文化的影响》,《南开学报》,2004 年第 6 期。

约。

《韩非子》中的这两篇哲学著作究竟是否为韩非所作,一直都存有争论。有些人怀疑这两篇文章并非韩非所作,郭沫若先生则认为,《喻老》篇为韩非所作,而《解老》则未必是其作品。郭沫若在《十批判书·韩非子的批评》中说:"《解老》与《喻老》在我看来可能不是一个人所作,因为这两篇的笔调、思想、对于《老子》语的解释都不相同,甚至连所引用的底本也有文字上的出入。因而与儒家思想太接近的《解老》一篇大约可以排除,而在思想体系上与《六微》篇及《韩非(子)》全书相符合的《喻老》,实在是无法排除。"①当然,也有学者认为,《解老》篇中"对所谓'上仁'和'上义'。作者只是会合儒、道家的观念作解释,亦未必是表示肯定和赞成"。"所以,《解老》篇即使确有些地方与儒家思想接近,也难说就一定不出于韩非的手笔"。②

第三,资料汇编。

《说林》和内、外《储说》共八篇,是韩非编辑、整理的资料汇编。

任继愈认为这些资料并非出自韩非之手,只不过是"关于古代历史故事的传说,作为韩非这一派的法家引用材料的工具书"③。司马迁倒是认定《说林》和内、外《储说》都是韩非的作品。④

《史记·老子韩非列传》索隐解释"说林"之意曰:"《说林》者,广说诸事,其多若林,故曰说林也。"《韩非子·说林》中的大部分

---

① 郭沫若:《十批判书》,第357页,北京,人民出版社,1954年版。
② 张富祥:《韩非子解读·解老篇评析》,第197页、195页,济南,泰山出版社,2004年版。
③ 任继愈:《韩非》,上海,上海人民出版社,1964年版。
④ 司马迁:《史记·老子韩非列传》说:韩非"见韩之削弱,数以书谏韩王,韩王不能用。于是……故作《孤愤》、《五蠹》、《内外储》、《说林》、《说难》十余万言"。

条目可以在《左传》、《战国策》、《吕氏春秋》、《庄子》、《列子》以及后来的《淮南子》、《说苑》等书中见到。"就内容而言,本篇(指《说林》上)所录的34条,有些涉及政治权术,有些涉及当时的国际关系和军事谋略,还有一些涉及通常的哲理和人情故实、机辩言词,间或出以作者自己的议论。"①其间所收录的故事,多为春秋战国时期的历史掌故,且多与权谋治术相关联。韩非借这些掌故所要印证的无非还是他的那些"智术"。

与《说林》简单的资料汇拢相比,《储说》各篇,则各有义例,体例上更为完整。《储说》分内、外,共六篇,内篇分上、下两篇,外篇分左上、左下、右上、右下共四篇。各篇皆分经、说两部分,这或为效仿早期儒家经典分经、传而来。"经",乃集结师说,实际上是韩非在《储说》篇中所要论证的基本主张。而韩非诠释师说、阐发己意的文字则称为"说",大概等同儒家经典的"传"。如《内储说》上、下篇分别以《七术》、《六微》为篇名,经文分别列举了韩非所主张的君主所用、所察的七种治术和危害君主权威的六种隐微。每条经文又有相应的小标题,如《七术》之"参观一"、"必罚二"、"赏誉三"、"一听四"、"诡使五"、"挟智六"、"倒言七"。《六微》之"权借一"、"利异二"、"似类三"、"有反四"、"参疑五"、"废置六"等,显然,这里的每一个小标题,都是韩非试图说明的一个基本论点。"说",则与"经文"对应,主要是韩非搜罗来说明、阐发经文的历史掌故。

外篇与内篇在写法上稍有不同:外篇各篇都没有像内篇《七术》、《六微》那样的篇名,各段落也没有概括经文内容的小标题,而只是以序号将各篇分作若干段落,每一段经文则是韩非讨论的

---

① 张富祥:《韩非子解读·说林上评析》,济南,泰山出版社,2004年版。

一个议题。经文之后,有与经文序号相对应的"说",也就是韩非搜罗的历史故事或当代掌故,用以补充、说明该段经文。如此看来,《储说》内、外篇中搜罗、汇集的这些故事、掌故,显然都围绕着一个中心命题而不是随意排列的。

因此,可以确定,《储说》的内容虽然是历史故事的汇编,但却是经过韩非编辑、整理的,与其说是资料汇编,不如看作韩非的思想之作。

那么,内、外篇的划分是否有特定的含义呢?据本书旧注:"储,聚也。谓聚其所说,皆君之内谋,故曰'内储说'"——"内"指谋略在己(内)而不在人(外)者;"外储"之义,据《史记》索隐的解释:"言明君观听臣下之言行以断其赏罚,赏罚在彼,故曰外也。"其实,内、外之名,本身就有分篇之意,也不见得就一定是严格区分"内言己"而"外言彼",更何况内篇中又何尝不言君主之观听与赏罚呢![1]

第四,政论文章。

今本《韩非子》五十五篇,《说林》与《储说》之间,有《观行》、《安危》、《守道》、《用人》、《功名》、《大体》等一组共六篇政论文章。

如果说《说林》、《储说》各篇都是利用历史故事和掌故,通过比喻、讽刺等手段来表达他的"帝王南面之术"的话,从《观行》到《大体》这一组文章,则是韩非正式的政论著作。有学者认为,这六篇文章很可能本身就是一篇完整的论文。"由人主之'观行'论及'安危'之术,进而论及'守道'、'用人'、'功名',最后归结于'大体',内容顺序极有条理。……内容自各有侧重,然道法思想

---

[1] 张富祥:《韩非子解读·内储说上评析》,济南,泰山出版社,2004年版。

贯穿诸篇,一线下来,略无旁出。从这些情况看,韩非原稿的这一组很可能本来只是一篇"。①

《观行》篇讲人主观人察己之道以及君主用人之术。《安危》篇则列举了君主的"安术"和"危道",提出"人不乐生则人主不尊,不重死则令不行",相反,民皆乐生重死,则政令无不行,人主无不尊,其中心意旨在于论证"令行主尊"是实现社会安定、百姓安居乐业的根本。《守道》篇则论述君主守国之道,重在依法用人及使民。具体说,韩非的"善守"之道,"以其所重禁其所轻,以其所难止其所易"。即实行轻罪重罚,强调"法制"在维护君主守国方略中的突出地位。《用人》篇,上承《守道》篇的旨意,专论人主的"用人"之道,提出以"循天"、"顺人"、"明赏罚"的用人原则,反复强调人主用人治国必须去贤巧而任"法术"。《功名》篇着眼于人主"立功成名",须"天时"、"人心"、"技能",而最主要的还必须有"势位"。人主的势位须由"天下一力"、"众同心以共立之"而造成,即所谓"人主者,天下一力以共载之,故安;众同心以共立之,故尊。"《大体》则是以上数篇的总结。所谓"大体",即道法家所说人主政治的总原则、总纲领。这个总原则、总纲领,不外乎两点:虚己备物的"君主无为"和赏罚分明的"道法之术"。

第五,疾世之论。

从《难》、《说疑》至《显学》共十五篇,皆韩非为痛斥时弊而作之疾世之论,也是韩非思想的重要体现。

《难》一到四,是韩非的一组驳论文章。难,即"辩难"、"问难"、"驳难"之意,即今天所称的辩驳、辩论,也就是对前人的言论、行事所进行的辩驳。文章的体例大致相同,《难一》到《难三》每篇文章分为若干章,每章分两节,前一节叙述历史故事或前人言

---

① 张富祥:《韩非子解读》,济南,泰山出版社,2004年版。

论、行事，第二节则以"或曰"二字开篇，发表韩非自己的意见和观点，对前人予以辩驳。

《难一》驳论的对象，包括儒家的"德化"主张和"仁义观"。韩非立论的关键，依然是把君臣关系看作赤裸裸的买卖关系："且臣尽死力以与君市，君垂爵禄以与臣市，君臣之际，非父子之亲也，计数之所出也。君有道，则臣尽力而奸不生；无道，则臣上塞主明而下成私。"君主能否驾驭臣下的关键是"法术"，强调君主的绝对权威和尊严，鼓吹臣民对君主的绝对的服从，批驳儒家所主张的"君使臣以礼，臣事君以忠"的相对人格平等的君臣观，并进而提出法家的"仁义观"为"皆忧天下之害，趋一国之患，不辞卑辱，故谓之仁义"。基于这样的认识，韩非坚决反对儒家所称道的"隐遁之士"，认为他们既"逆君上之欲"，又不知忧国而"忘民"，完全无"仁义"可言。

《难二》篇则首先批驳儒学以礼治国，反对滥用刑罚的主张。认为对于刑罚的评价不应以多少而论，而应该着眼于是否适当，即所谓"刑当无多，不当无少"。对于儒家的所谓"仁政"之举，韩非认为这不但无助于矫正民俗，而且，开仓济民乃是赏无功，释放轻罪是不罚过；赏赐无功则小民希冀无功而受赏，不罚过则小民不生畏惧而轻易为非。这些都是国家的致乱之本。

《难三》篇首先批驳了儒家"尊贤崇德"的道德律，主张实行严法重刑，大力提倡"告奸"。对于儒家所倡导的"惠政"、"选贤"、"节财"主张，也一一给予辩驳：人主临民主政，应该依靠法、术、势，而不能靠"惠政"；人主治臣，应该论功行赏，有功则进，无功则退，而非什么"选贤"；明主严禁臣下诈伪以谋私利，凡事归利于公者必赏，贪污为私者必罚，忠臣尽忠于公室，士民尽力于治家，百官清正廉洁，克己奉公，人主的奢侈也就不能成为国家之祸害，因此，仅仅"节财"是靠不住的，因而也不是"急务"。《难三》的意旨还在于批驳儒家的人主"毋蔽恶"(不要掩饰自己的过错)、"毋异汝度"(不应该使自己的举止行为有异于礼法)的说教,主张君主"无为",即深藏不露之术。可见,韩非的人主治国之要,无非"法"和"术"两端。"法"是置于官府、布之百姓的,而"术"是深藏不露,其运用之妙存乎一心。

《难四》篇与前三篇的体例略有不同。每章分为三节:第一节与前三篇相同,叙述历史故事或古人的议论,后两节均以"或曰"开篇,为韩非的辩难之文。王先慎认为:"此篇先立一义以难古人,又立一义以自难其说,其文皆出韩子。"就是说,《难四》篇的两段"或曰"都是韩非的文字。但从内容上看,前一段"或曰"显然是韩非在批驳古人的议论,后一段"或曰"则又是回应和反驳自己在前一段"或曰"中的见解。那么,韩非又何以"自难其说"呢?其实,对其前后两段"或曰"进行仔细的分析,可以看出,前后的两段议论,只是韩非在辩难中的出发点不同,其思想内容是一致的,第二段"或曰"是对前段"或曰"的补充。如本篇第二章,篇首记述鲁国权臣阳虎与三桓斗争失败而逃奔齐国,鲍文子以阳虎"贪富"为由,建议齐桓公囚禁阳虎之事。以下第一段"或曰"是韩非对鲍文子的批驳,其意思是说:君臣之间本来就是利害相贸的关系,本无信任可言,"君臣皆有阳虎之心",只不过像阳虎这样的作乱之事,有些人做得微巧,故能成功,有些人做得疏拙,故而失败。鲍文子不劝说齐桓公提防本国的"微巧"之臣,而去处罚一个外国的"疏拙"败事的亡命之臣,显然是没能言中问题的要害。第二段"或曰"则说"诛阳虎,所以使群臣忠也"。就是说,诛杀像阳虎这样的乱臣(即使是外国的),可以威慑群臣中有奸心的人,又可以博得鲁国三桓的亲善,一举两得,也未尝不可。故鲍文子之言也不无道理。显然,韩非的这两段议论并无相互诘难之意,第一段"或曰"是在论证其基于君臣利害关系的"治术",第二段"或曰"则是在强调"君明而严则群臣忠,君懦而暗则君臣诈",出发点不同,但在"利君"这一点上,两段"或曰"的思想倾向则是一致的。

韩非的疾世之论,除以上四篇驳难外,尚有《难势》、《问辩》、《问田》、《定法》《说疑》、《诡使》、《六反》、《八说》、《八经》、《五蠹》、《显学》等十一篇。其中,《定法》、《五蠹》、《显学》等篇,是韩非思想的重要代表作。

《定法》篇。所谓定法,就是综合申不害的术和商鞅的法的学说,加以修订并形成自己的完整的、新的法治学说。在韩非之前,早期法家的主要代表人物和代表学说,有申不害的术治学说、慎到的势治学说和商鞅的重法学说。正如韩非所说,这些学说尽管都各有其特色,并有实用价值,但都不能称得上完善。所以韩非综合三者的学说,主张法、术、势三者并重,认为这三种学说不可偏废。只用法或只用术都有弊端,而如果仅仅注意势的话,也只是顾及了政治统治的权力方面,而忽略了如何更好地运用这个权力的整体办法。而且,在这三者的关系上,韩非更注重"势",认为没有势,就会失去推行法和术的依据,所以韩非在《功名》篇中讲:有才干而没有势,虽然是贤能的君主也不能制御不肖的奸臣。他举例说:夏桀为天子,能够统御天下,并不是他有贤能之才,而是因为他拥有强大的势力。势是前提和依据,有了势才谈得上推行法和术。其实,在《定法》篇中,韩非并没有论及"势",只是评论了申不害和商鞅的术、法学说各自的缺憾,也并没有详细论证二者的关系和在国家政治中的具体运用问题,或许这篇《定法》本身就是一部没有完成的作品。

事实上,韩非在法与术的关系上,原则上主张重法,即应当首先以法为本,而立法权则归于君主,君主随时可以将他的意志转化为国家的法律,而术本身正好是君主个人所掌握的,代表君主个人的意志。当法与术可能产生冲突时,君主可以随时废除与他个人的意志冲突的、不一致的法，而将"术"立为新的法律。换句话说，在韩非看来，法和术是不可分割的。这实际上包含两方面的涵义：其一，是说术是法治掌握在君主手中的重要保证。术就是君主掌握和运用法治的权术，只有掌握和运用好这些权术，法治才能真正的由君主来掌握并服务于君主。其二，法和术是一体的。在必要的时候，术也可以成为新的法。因为二者都是君主个人意志的体现，不同之处在于，法是公开的、明确的，术则是隐秘的、不可知的。

《显学》篇。所谓"显学"，实际上是对当时被称为"显学"的儒、墨学派进行批判。儒、墨两家在孔子和墨子以后，各自分为数派，各派学术思想又各有特点，各家各派都以自家的学派为儒、墨真传而产生学术争论。韩非对此借题发挥，批判儒、墨学派"言无定术、行无常仪"，以此来阐发法家要求统一的思想，加强文化、思想专制的理论。这一思想对以后乃至整个中国政治的影响是十分深远的。秦朝统一中国以后建立了君主专制政治体制，在思想文化和意识形态领域采取加强思想控制，反对以古非今的文化专制政策。丞相李斯指责儒生："不师今而学古，以非当世，惑乱黔首。"私学之士"相与非法教，人闻令下，则各以其学议之，入则心非，出则巷议"，因此建议禁止私学，甚至鼓动秦始皇制造了"焚书坑儒"的愚蠢暴行。尽管李斯亲手害死了韩非，但对韩非的思想主张却几乎全盘继承了下来，比较一下李斯和韩非的言论，二者何其相似！此后两千年，专制统治的政治体制没有发生根本的改变，韩非所倡导的思想专制理论，也一直作为维护专制统治的重要思想武器被历朝历代的统治者所奉行。从汉武帝的"罢黜百家、独尊儒术"到清朝的文字狱，尽管方式不同，但思想专制的精髓是一致的。可以说，韩非的思想学说，是中国古代政治思想专制、政治黑暗的总的理论根源。

轻视知识、敌视知识分子，是法家政治思想的另一个显著特点。在这一点上,韩非也不例外。尽管韩非本人严格说来也是一位学者。在春秋战国特定的社会历史条件之下,法家学派以富国强兵为宗旨,主张奖励耕战的政策,只承认或者说只看到耕战给国家带来的现实利益。所以在韩非看来,民众仅仅是实现君主统治的工具,因此对民众的要求也就是耕战二事:平时当牛马出力,战时上战场拼命。正因为如此,韩非对那些不事生产、博习辩智的儒、墨等学派持完全否定的态度,"博习辩智如孔墨,孔墨不耕将则国何得焉?"——儒、墨的学者对国家是没有用的。这些说法,在以农业为国家财政收入主要来源的传统社会,对统治者而言是有相当的说服力的。但是,韩非轻视知识、敌视知识分子,不允许法家以外的其他任何学派存在,主张"无书简之文,以法为教",反对民众学习知识,创立自己的学说,除了官府的法令之外,民众不应该获得其他任何的知识,否则对国家有百害而无一利。这种主张从思想倾向上讲是非常反动的,对后世所造成的危害也是相当严重的。

韩非学说的特点,一是善于使用比喻,利用生活中的故事或寓言故事,从一定的社会现象出发来演绎出整套的理论;一是以偏概全,思想偏激,使用个别的,甚至是孤立的事例,得出普遍的结论。比如,儿子谋杀父亲,妻子谋杀丈夫,这类事情,在残酷的宫廷斗争中的确有所发生,作为宫廷斗争主角的君主,对这类事情的神经自然是相当敏感的。但是,从人类社会生活的角度而言,这类事情本来并不普遍,韩非却宁愿用这种例子借以说明:以父子之亲,夫妻之近尚且不可信任,这世界上根本就没有可以信赖的人。从宫廷斗争及其残酷性的视角来看,韩非的这种说法对国君尤其具有相当的煽动性。韩非的学说,说到底是直接为国君服务的,他著书、进言的主要对象也是国君,所以,他往往以少数代替一般,用宫廷斗争中的某些危言耸听的论证来博取君主的赞赏,这当然是因为宫廷斗争的残酷性要比寻常百姓之间的矛盾冲突严重得多。王位争夺,失败者往往连生命都保不住,而胜利者转眼之间登上王位,拥有至高无上的权力,这种反差太大了,权力的诱惑力也实在太大了。国君对韩非的理论,没有理由不信服。

  思想偏激的特点在《显学》篇中也表现得比较突出。比如,韩非在文中宣称:君主征收富人的财物来布施给穷人,这就等于是夺取力作和节俭者的成果来给予奢侈和懒惰者了,这样,想要得到大家积极劳作而且节俭是不可能的。这一观点的前提是,韩非武断地将奢侈和懒惰看作造成民众贫困的全部的或唯一的原因。这就忽视了一定的自然或人为原因,比如自然灾害、战争等等,是造成部分民众贫困的直接原因这一事实。同时,把国家对贫困人口的救济,看作是对奢侈和懒惰者的奖赏,这实际上是忽视了国家的社会救济职能,片面地强调国家作为专制的统治机构的职能,把国家多重的、复杂的社会职能简单化了。我们知道,国家不仅仅是阶级统治的工具,而且,它还更应该具有社会管理者和组织者的职能。国家的重要职能之一,就是保证合理的、公正的社会秩序,以及正常的、有序的社会运行。

  应该说,合理的、有效的社会保障和社会救济是国家的一项重要的社会职能,而韩非却简单地将国家的社会救济职能归结为"夺取勤劳和节俭者的财富来奖赏奢侈和懒惰者"。这显然是相当偏激和片面的。

  韩非思想的这种偏激和片面特点,在其他作品中也时有表现。比如,韩非在《五蠹》中,为完全否定儒家的"德治"思想,说明道德教化根本无用,还举了一个生活中的事例:"今有不才之子,父母怒之弗为改,乡人谯之弗为动,师长教之弗为变。夫以父母之爱,乡人之行,师长之智,三美加焉而终不动,其胫毛不改;州部之吏,操官兵,推公法而求索奸人,然后恐惧,变其节,易其行矣。"并因此得出结论说:"故父母之爱不足以教子,必待州部之严刑者,民固骄于爱,听于威矣。"这一事例本身应该说并没有什么问题,但其前提是对所谓的"不才之子"。而韩非以此为例,是要说明道德教化对所有的人都不起作用,这实际上是犯了以偏概全的极端化、片面化的错误,将从"不才之子"身上得出的个别性的结论用到全体民众的身上。事实上,如果按照韩非的结论,任何人都不需要家庭、社会和学校师长等多方面的道德关怀和教育,只依靠法令和权势就可以解决问题。这可能一时会收到整齐划一的效果,但长此以往,必然会导致严重的对立。其实,秦王朝迅速灭亡,除了残酷的暴政之外,政府和民众之间形成的对立也是不能忽视的原因。

《五蠹》篇是《韩非子》各篇中,最能反映韩非政治思想的力作之一。所谓五蠹,是指危害国家的五种蛀虫:儒士(文学之士)、带剑者(游侠之士)、纵横家(言谈者)、患御者(重臣私门的党人)以及工商业者。

《五蠹》篇由前后两个段落构成。前半篇集中反映了韩非的朴素唯物主义的历史进化论观点。他试图通过对社会起源和社会组织古今变化的实际分析,来论证现实政治的发展变迁,说明法治政治在当时的合理性以及符合新的时代要求的特征。换句话说就是用历史发展的观点来论证他的农战学说的正确性。文中用"守株待兔"的故事,讽刺那些因循守旧、墨守成规、顽固僵化的人,已成为今天家喻户晓的典故。韩非的历史进化论观点是其思想中的精华所在,也是他社会政治思想的理论基础。

后半篇则充分体现了韩非的强烈的社会批判精神,关注农战,反对儒家思想的仁义空谈。在文章中韩非着重分析了君主在统治思想和具体的现实行政方面存在的矛盾,试图说明儒家的道德政治学说,非但对国家现实政治毫无意义,而且还是造成政治衰落和统治思想混乱的罪魁祸首。《五蠹》篇又是一篇充满着军国主义色彩的文论,通篇充斥着提倡耕战、鼓动战争的论调。这些主张无疑顺应了战国时期群雄争霸的时代要求,因此受到秦王政的极大赏识,这说明韩非的政治思想有其顺应历史发展要求的现实性。

但是,应该看到,韩非片面反对儒术,鼓吹愚民政策,让百姓成为没有理想、没有知识,只知道耕战的驯服的工具,这反映了他维护专制统治的政治立场是反动的。我们知道,一个国家、一个民族,如果没有了自己的民族文化,没有了自己民族的思想和精神,把国家、民族的命运无条件地交给一个专制的君主,其后果是不堪想像的。事实上,古今中外的无数次的历史经验已经给人类留下了极为惨痛的教训。20世纪前半叶,人类经历了两次世界大战,尤其是第二次世界大战给人类带来的灾难,到今天人们还难以忘怀。而将人类带向毁灭性战争的正是那些专制的法西斯独裁统治。无论是德国的希特勒、意大利的墨索里尼的法西斯纳粹统治,还是日本东条英机的军国主义统治,他们共同的特征就是用独裁和血腥统治剥夺了国民的思想,把他们训练成为战争的狂人和血腥的杀人机器。

韩非将工商业者也列入国家的"蛀虫"之列,尽管现在看来十分荒谬,但历史地看,这种认识也有它的时代背景。中国古代社会是一个典型的农业社会。农业是国民经济的重要支柱,国家税收的重要来源。因此,中国历来的政治家们都主张重农抑商,以发展农业为国家经济的第一要务。土地和稳定的农业劳动力又是农业经济赖以存在和发展的根本,所以,中国的各朝各代历来都十分注重国家对土地和人民的控制。在农业生产力水平还相当低下的古代社会,作为社会基础的最广大的农村,虽然人口众多,但他们的社会购买力却十分的低下,除盐铁等生活和生产必需品外,对商业的需求也十分有限。同时,社会生产是单一的农业生产,其生产能力也非常低下,在这样的社会经济结构之下,商业经济对社会生产的调节作用也自然十分低下。工商业经济还远远不可能达到在当今社会商品经济条件下不可替代的作用。西周以前,所谓"工商食官",手工业和商业都掌握在官府手中。春秋、战国开始,私营工商业出现并逐步发展起来,但从其经营内容来看,主要是为贵族、官僚集团服务的金玉珠宝等奢侈品和农产品居多。商人为了牟利,在丰年低价收购农民手中的粮食,再在农民缺粮时高价出售。而效率低下的农业经济,尤其是小农经济根本无力对抗商人的巧取豪夺,十分容易破产而遭到兼并。古代社会工商业经济与农业经济之间,总是矛盾关系远远大于相互促进、共同发展的关系。各专制国家实施打击商人、保护小农的政策也就十分必要了。

第六,说秦之作以及后人附会之作。

这一部分包括全书的前四篇和最后五篇。前者为韩非的说秦之作,后者则是后人附会之作。

全书的前四篇,即《初见秦》、《存韩》、《难言》、《爱臣》四篇为说秦之作,即韩非入秦以后上书秦王的作品。不过,对于这四篇文章,目前学界的看法争议较大,多数意见认为这并非韩非的作品。例如任继愈先生就认为,这四篇乃是战国时期纵横家、游说之士的议论,恰恰是韩非所抨击的,不能认为是韩非的作品。① 全书的最后五篇,即《忠孝》、《人主》、《饬令》、《心度》、《制分》,显然不是出自韩非之手,当是后人的附会之作。其中最后三篇的文字和风格均与《商君书》十分相似,因而有学者怀疑可能是《商君书》的篇章而被后人编入《韩非子》一书。②

---

① 任继愈:《韩非》,上海,上海人民出版社,1964年版。
② 张富祥:《韩非子解读·前言》,济南,泰山出版社,2004年版。

## 四　韩非的思想

作为先秦时期最后一位思想大家和法家思想的集大成者,韩非综合了法家的三大思想,祖述商鞅,以其法治理论为起点,吸收了慎到的势治、申不害的术论,并把三者融为一体,创立了法术势兼用的君主专制理论。不仅如此,他还对其政治理论进行了哲学上的论证,从世界观、历史观、人性论上为其学说找到了理论根据,他吸收和改造了老子的辩证法和荀子的唯物主义,发展了性恶论。他的政治理论,实际上为秦统一天下,实行专制主义的中央集权统治,做了理论上的准备,成为此后中国专制主义政治体制的指导思想。他的思想则集中反映在《韩非子》一书中。《韩非子》中绝大部分内容是韩非本人的作品,也有他的学生和后人纂辑的一部分内容,但这些内容并不影响对韩非政治思想的了解和研究。

### (一) 韩非政治思想的渊源与理论基础

**韩非政治思想的渊源**

有学者指出:法家可分为两派,一派侧重于操作性纯法理论,以李悝、商鞅、吴起为代表;另一派在此之外,更兼具道家哲学色彩,并形成了完整的法术势相结合的理论,以申不害、慎到、韩非子为代表,可称为道法家。《史记》说"申子之学本于黄、老而主刑名",又说韩非"喜刑名法术之学而其归本于黄、老",①而将老、庄、申、韩列于一传,盖本于此。"此派中,韩非为法家之集大成者。"的确,从《韩非子》一书的思想体系看,韩非政治思想主要是继承

---

① 司马迁:《史记·老子韩非列传》。

先秦早期法家,又并采先秦诸子思想而集大成者。

先秦早期法家主要有三派:齐法家、晋法家和申不害的"术法家"。齐法家是继承管仲之学而来的,是齐学的主流。荀子是先秦齐学的总代表,荀子治学的核心在于"隆礼"和"重法",汉初儒学传经习礼大多继承荀子,故将荀子列入儒家。后世学者或将其列入法家,或认为他是儒法兼有,是由儒入法的过渡者,或认为他是先秦诸子百家的集大成者。其实,这正是齐学兼容并蓄的特点。早期齐学以稷下学宫盛极一时,黄老学派为其中坚。所谓"黄老"绝非老庄式的道家之学,而是集儒、墨、道、法、阴阳各家为一体的综合性学派。其中的慎到、田骈一派注重法治、道术以及势治,代表了早期齐学的风格,其"道术"乃承继了姜太公的兵谋,"法"则出自管仲的法治,而慎到则是"势治"的代表。到荀子时,改造并发展了齐学的传统,接受了周礼和儒家之学,一方面突出了"隆礼",一方面保留和发展了"法治"的传统。

韩非曾就学于荀子,受到荀子的学术影响是必然的。但就师徒二人在思想上的继承性而言,则主要是继承了荀子"重法"的一面,也继承了荀子治学兼容并蓄的特点。韩非在先秦诸子中最晚出,因此也最有可能对先秦诸子进行总结性的批判和继承,从他的著作中可以明显地看到这一点。《解老》、《喻老》篇就是韩非诠释、发挥、改造和利用《老子》和道家学说的。对于儒家、墨家,韩非抨击颇多,但亦非绝无吸收,《韩非子》一书中对孔子、墨子的言论故事多所吸纳,批评之处固然不少,但也有相当的肯定。虽然韩非对纵横家是持否定态度并痛加诋斥的,但内、外《储说》以及《说林》等篇也多引《战国策》的内容,而《说难》篇则通篇是纵横家的做派,对名家之言全书也多有采撷。①

---

① 参见张富祥:《韩非子解读·前言》,济南,泰山出版社2004年版。

三晋法家是韩非政治思想的又一主要渊源。其中商鞅的法治思想为韩非所继承并发展。韩非法治思想体系接受商鞅的内容最多。如商鞅认为只要有了法,即使君主的德行并不出众,智慧也并不高人一等,武力也不超人,也照样可以实行统治。商鞅将法置于最高地位,提出:"法令者,民之命也,为治之本也,所以备民也。"并指出:为治而没有法,就好像想不挨饿却去掉饮食,想不受冻却脱去衣服,或是想到东方却向西走一样。这些观点对韩非的影响甚大。商鞅主张用法是为了促使民众一心从事耕战,以达到富国强兵的目的。他又主张通过法来提高君主的权威和彻底控制民众。这些观点也被韩非全盘接收下来,并成为韩非法治思想的核心内容。在韩非思想中商鞅的影响最大,但韩非却认为商鞅的学说有很大的缺陷,这就是"徒法而无术",说商鞅治国,"故其国富而兵强,然而无术以知奸,则以其富强也资人臣而已矣。"

三晋法家的另外两个代表是李悝和吴起。

李悝曾为魏文侯的相,在魏国实施变法,推行法治,著《法经》六篇、《李子》三十二篇(均已失传),后来还成为商鞅在秦国变法的理论基础。李悝在魏国还实行一项重要的措施:"尽地力之教",这是法家思想中除依法治国之外的另一项重要主张,即重农政策的具体实施。李悝变法使魏国在战国初期一度成为强国。吴起则在楚国主持变法,"明法审令,捐不急之枝官,废公族之疏远者,以抚战斗之士,要在强兵",也曾使楚国一度强大起来。吴起"明法审令"的原则,及重农开荒政策也为韩非所吸取。

韩非通过对过去历史实事的考察和对以前各家学说的研究,提出治国只能任法而不能寄希望于任贤、任德、依礼等儒家学说。他根据以前的史实得出唯有法治可以强国的结论,并一再强调"治强生于法,弱乱生于阿","明法者强,慢法者弱。"相信有了法律作准绳,官吏就不敢贪赃枉法徇私;民众只要守法而努力工作就可以致富而不必幻想依靠赏赐达到富足;各级官吏依法治国,政治清平、公正,这样,国家必然强盛。实事求是地说,韩非的这种认识是有其合理性和客观性的,也是基本符合历史实际的。甚至就现代政治的角度而言,现代政治文明也的确是建立在公正的法制社会的基础之上的,这说明韩非的政治学说也包含着许多现代政治文明的合理因素,是现代政治文明应该继承和继续发掘的。但是,就主观的政治倾向而言,韩非思想的出发点是有问题的,因为在韩非看来,任法强国的目的还在于尊君。他认为:法令严明则君主尊显而不受臣下侵夺,君主尊显不受臣下侵夺则君主强大而牢牢掌握政要。我们知道,韩非学说的最终目的是建立一个君主个人拥有绝对权威的独裁国家,"事在四方,要在中央,圣人执要,四方来效"是《韩非子》一书最核心的思想,韩非认为唯有这样,才能够富国强兵,征服天下。尊君与强国在韩非的学说中是同一个内容,而实现的前提就是任法。

从慎到、李悝、吴起、商鞅等人那里,韩非继承了法家立场,但他改造了"政治本位"和"国家本位"的取向,明确地主张"君主本位",在他的价值谱系中,君主之利是第一位的,对臣民而言则不必有利,"势"又是君主最大、最高的利益。因此,如何确保、利用、扩张君主的"势"便成为他治国理论的首要目标。在韩非看来,完成这一首要目标又非"术治"莫属。所以,申不害的术治思想被韩非所推崇,构成了韩非政治思想的又一重要内容。

早期法家之外,韩非思想的另一个主要渊源,是老子的道家学说和墨子的墨家学说。郭沫若指出,司马迁说申子之学"本于黄老而主刑名",韩非"喜形名法术之学,而其归本于黄老"。在《史记》中韩非亦与老子、庄子和申不害同传,足见司马迁对韩非与老庄思想体系的继承关系是深信不疑的。黄老学说全称为黄帝、老子的学说,是中国古代一种重要的文化成分,也是韩非思想的渊源之一。其内容包括有刑名思想、虚静和自然无为思想。其中,刑名思想成为韩非等法家学派代表思想的一部分。"黄老刑名之学从'道'开始,经过审名察实,又以'道'(自然无为)为归宿。这就是战国时期新的政治方法论和作为帝王之道的基本精神。韩非不仅完全把握了黄老刑名之学的基本精神,还把它更向前推进了一大步。他主张名与形的统一,即'形名参同',通过这种方法来使君主有效地控制臣民,使臣民尽责守职。这里的'名',是法律或其方针原则,'形',则是按法律或方针原则去办理的具体事务。前者由君主掌握,而后者由群臣效力,这样,一方面职权范围被明确区分开来,另一方面又使上下协调,君主牢牢掌握政权,臣民各自恪尽职守。"①

郭沫若也指出:"韩非个人在思想上的成就,最重要的似乎就在把老子的形而上观,接上了墨子的政治独裁的这一点,他把墨子的尊天明鬼、兼爱尚贤扬弃了,而特别把尚同、非命、非乐、非儒的一部分发展到了极端。"②又说"韩非确是把申子和商君二人综合了,而且更向前推进了一大段。这综合倒并不限于申子和商君,如从渊源上来说,应该是道家和儒家。而在进程的推进上则参加有墨法。"③

《老子》堪称中国形而上哲学体系之祖,其后真正对老子哲学有所继承和发展的思想家则首推庄子和韩非。庄子强调了老子的形而上部分,使"道"更具有绝对精神的性质。而韩非则发展了老子哲学的形而下部分,将"道法自然"的精神赋予君主法术等政治

---

① 赵晓耕:《三晋法文化的源与流——先秦法家思想集大成者韩非的思想渊源》,载《山西大学学报》,2004年第5期。
② 郭沫若:《十批判书》,第345~346页,北京,人民出版社,1954年版。
③ 郭沫若:《十批判书》,第343页,北京,人民出版社,1954年版。

操作的理性原则。正由于庄、韩的贡献,道家(道法家亦可列入其中)思想体系才得以充实和圆满,从而成为传统思想中唯一能与儒学正统相比肩的意识形态。①《韩非子》中的《解老》、《喻老》两篇,是韩非解释《老子》之作,其所解、所喻正是今本的《老子》。而老子学派的"君人南面之术"又为韩非直接继承下来,在《主道》、《扬权》两篇文章中表现得淋漓尽致。再如,《老子》言:"国(邦)之利器,不可以示人",郭沫若早就指出,《老子》的这句话"自然也就是韩非思想的渊源之一"②。他在《喻老》、《内储说下六微》篇中,对《老子》的这句话都有详细的诠释。

**韩非政治思想的理论基础**

韩非的学说,是基于他对人生的考察和历史的考察。

第一,韩非的人性学说,是典型的性恶论者。他着重论述了人性自私自利和好利恶害的一面,并把它发展到了极端。韩非认为,"夫民之性,恶劳而乐佚","好利恶害,夫人之所有也","夫安利者就之,危害者去之,此人之情也"。在社会生活中,每个人都在为自己打算,追求富贵、安逸、快乐,逃避危险、祸害、痛苦,这是人的本性,也是行为的出发点和基础。韩非列举了父母子女之间、君臣之间、商人之间赤裸裸的利己之心。"父母之于子也,产男则相贺,产女则杀之……故父母之于子也犹用算计之心以相待也,而况无父母之泽乎!"韩非将人的社会关系,甚至家庭之中的父子亲情都说成是一种赤裸裸的利益关系,完全否定了社会伦理和道德价值在社会政治生活中的作用。既然父母与子女之间都会以一种"计算

---

① 王爱平:《从韩非子看道法合流及其对传统政治文化的影响》,载《南开学报》,2004年第6期。
② 郭沫若:《十批判书》,第355页,北京,人民出版社,1954年版。

之心"相待,更何况君臣之间。按照这样的逻辑,人主之治国临民,道德是万万靠不住的,只有明于法禁、必于赏罚:法禁明著则官治,赏罚不阿则民用,官治民用便可以富国强兵,以成"霸王之业"。霸王之业乃人君之"大利",而富贵则是人臣之"大利",人君给予人臣富贵之"大利"以换取人臣为人君尽死力而成就"霸王之业"的大利。这就是韩非所说的"君以计畜臣,臣以计合者也"。

第二,韩非子基本继承了商鞅的进化学说。其进化观的基本点就是把社会变迁、制度更替看成历史演化的必然,既然是必然,那么解决现实问题就不能用复古的方式,只能用现实的方法,这是一个显而易见的道理。所以商鞅得出的结论是"治世不一道,便国不法古。苟可以强国,不法其故;苟可以利民,不循其礼"。韩非得出的结论与商鞅的结论如出一辙"世异则事异,事异则备变"。

在韩非看来,人类社会按照物质生产水平的发展阶段,可分为上古、中古和近古三个时期。前两个阶段,人类活动的中心是与自然斗争,"构木为巢,以避群害","钻燧取火,以化腥臊"(《五蠹》),这是上古时期人类在与自然斗争过程中取得的文明成果;到了中古,人类与自然斗争的能力大大加强了,于是有了大禹治水的壮举。总之,韩非所说的上古和中古社会,都是人与自然的矛盾,近古则发展为社会自身的矛盾,即人类社会各集团间的斗争,如所谓的"纣暴乱而汤武征伐"。而人类从克服人与自然的矛盾为主发展到以克服人类社会自身的矛盾为主,说明人类社会是发展进化的。这其中发展进化的动力,则是人类对物质财富永恒的追求。这就是所谓的社会进化论。韩非从他的社会进化论出发,得出积极、进步的政治观点:时代不同了,国家政治也应该发生相应的改变,治国方案也要相应变革,这就是战国时期法家积极主张的变法思想的理论基础。韩非又从人性恶论出发,提出"远仁义,去智能,服之以法"(《说疑》)的法治思想,即排除道德,摈弃知识,取消教化,一切唯法是依。运用法律,以赏罚为手段,利用人们利己的心理,以利诱使人们为自己卖力,以威逼使人们不敢为非。

第三,韩非政治思想的基本倾向是一种非道德主义。这首先表现在韩非对人性的现实主义思考上。他认为人的最根本的需要就是生存,生存就必须依靠对物质财富的占有,这便有了人类永恒的私欲。因此,人们一切行动的驱动力是利益,而非道德。这就是所谓的人性恶论。韩非进而认为,人类历史的进程也是如此,人类的物质需求和物质供给之间的矛盾是造成人类历史前进的基本动力。人类社会随着物质生产的丰富,在人类物质欲望的推动下向前发展。他举例说,上古时代,天子劳累清苦而为民先,民不以天子为贵,自然会有禅让;在今世,由于物质的丰富,做一个小小的县令就可以金玉满堂,荫福子孙,人们自然就要去争。这和道德无关,只是社会发展了,人们的物质追求也随之不同。韩非与其先驱者商鞅都坚决主张变法,提出"古今异俗,新故异备"的命题。在《五蠹》篇中,韩非借助"守株待兔"的故事讽刺那些抱定先王之法、以古非今的儒学之士,指出:欲以先王之政,治理当今的百姓,都属于和守株待兔者一类的人。

韩非是朴素唯物论者,同时又是一个急功近利者,他提出法治并不是盲目的选择,而是经过"观往者得失之变"的结果。韩非非常注重对历史经验的总结,这是韩非思想学术的一大特色。韩非法治思想的形成与战国时期各国的变法实践,有着密不可分的关系,甚至可以说韩非法治思想的形成,在某种意义上就是对各国变法中实践的理论总结。

(二) 韩非的思想

韩非是先秦法家思想的集大成者,他的思想的核心就是以法、术、势学说为重要内容的君主专制学说以及为这一理论服务的"利君中心论"。法、术、势原本是先秦法家学派的三种主要学说，韩非集三者之大成，明确宣布，对君主而言，法、术、势三者缺一不可，都是帝王手中的治御工具。在三者之中，韩非又最注重势，因为在他看来，势就是权势，是法和术实行的前提和保障，君主失去势就不成其为君主，所谓法、术也就成了无源之水，无从谈起了。韩非所说的势，又分为自然之势和"所得而设之势"，即人为之势。自然之势是作为帝王而自然得到的，因而不是至关紧要的，真正的势是人为之势，这包括两个方面的含义：其一是所谓"聪明之势"，是指帝王要善于化天下之聪明为己之聪明，使天下人之耳目成为己之耳目，做到"身在深宫之中，而明照四海之内"。其二为"威严之势"，这是君主权势的根本。在韩非看来，只要掌握了这两种势，君主并非必为圣贤，只要有常人之才便可治理天下。这就是韩非的所谓"中人政治"。

**韩非的法治思想**

法治思想是韩非思想的核心。

《韩非子》云："法者，编著之图籍，设之于官府，而布之于百姓者也"，"法者，宪令著于官府，刑（赏）罚必于民心，赏存乎慎法，而法加乎奸（干）令者也"。所谓法，就是由官府制定，施之于民的强制性的法令。有学者指出，韩非在《定法》篇中所说"刑（赏）罚必于民心"的"民心"，并不是指民心向背，韩非所谓民心、人情大抵不过是"人性"、"欲望"或"好恶"的代名词。在韩非看来，从人性、人情的角度而言，人人都有好恶和欲望，只有因其好恶来实行赏罚，才是治理之道，而道德教化是靠不住的。

这是韩非法治思想的理论基础。基于这样的认识，在韩非看来，实行法治的核心首先是明法。"人主使人臣虽有智能不得背法而专制，虽有贤行不得逾功而先劳，虽有忠信不得释法而不禁，此之谓明法"。"明法"并不只是要求制定一些法规并将其公之于众,而且包含着更为丰富的内容。一是法律条文必须"明白易知"。韩非说"法莫如显"。法最好是越显著明白越好,百姓才好奉行。而要真正使"境内卑贱莫不闻知"就要求法律明白易懂。二是法定界限必须明确、具体。"法令不明,其名不定",法令条文不可模棱两可,使百姓得以钻营漏洞,心存侥幸,这样也就失去了制定法令的意义。三是法要全面。凡属重要的社会关系,都应建立相应的立法来加以调整。因此韩非提出了法令的"三易"原则:"易见"即容易使人看见;"易知"即容易使人懂得;"易为"即容易使人执行和遵守。其次是任法。韩非主张以法治国,反对贤人政治。所谓"上法而不上贤"、"道法者治",国家治理一切皆决于法。这就是"任法"的思想。所谓"一民之轨,莫如法","法"犹如木匠的规、矩、尺、度,犹如量东西的权衡,用它来治国"举措而已矣"。就是说,使赏和罚在人民中都有准确的认识,赏赐必须依照法,刑罚也必须照法令规定执行,而不因执法者的好恶而畸轻畸重。再次是轻罪重刑。何谓重刑?"所谓重刑者,奸之所利者细,而上之所加焉者大也;民不以小利蒙大罪,故奸必止也"。重刑就是最大限度地增加违法成本。唯其如此,百姓不愿意因小利而获重罚,所以奸行一定可以消除。在韩非看来,"重刑"是一种有效地预防犯罪的刑罚。实行严酷刑罚,以禁奸防奸。他说"夫严刑者,民之所畏也;重罚者,民之所恶也。故圣人陈其所畏,以禁其邪;设其所恶,以防其奸。是国安而暴乱不起"。这也就是韩非所说的"刑(赏)罚必于民心"。

韩非强调法治的重要性,还表现在他对执法原则的重视。他提出了执法必须遵循的规范性、公证性、平等性和法律独尊原则。规范性是指法律的强制规范功能;公正性是强调"赏信罚必",即赏罚必须要守信,当赏则赏、当罚则罚,赏不逾共,罚不赦最,一切以公认的客观标准为依据,实现"能者不可弊(蔽),败者不可饰,誉者不能进,非者不能退";平等性原则是主张法律面前人人平等,即"法不阿贵,绳不挠曲"、"刑过不避大臣,赏誉不遗匹夫"。这一原则从字面上理解,当然没有任何问题,而且已经成为现代法制公认的理念。不过,必须看到韩非所讲的平等原则是极不充分的,因为在他的法律平等之中,君主是超然其上的:法律本身就是君主意旨的体现,是君主保证其绝对权威的手段和工具。而只要有一个人超然于法律之外,法律的精神就必然会遭到践踏,法律就必然会成为专制的工具,这正是韩非"利君中心"的需要。正因为如此,所谓法律独尊原则,实际上就是君主独尊的另一种表达。"人主释法用私,则上下不别矣"——舍弃了独尊的法律,则君主的独尊地位也将会受到群臣的挑战。

总之,韩非的法治思想的核心是一切为了君主的绝对权威。所以,在我们看来,韩非的法治思想所关注的主要是君臣、君民关系,因此还包含了以下几个基本内容。

第一,关于刑赏。

这是韩非法治思想中的一个重要内容。《韩非子》中一套法、术、势的统治方法主要是通过刑赏来加以贯彻的,刑、赏二途既是法的内容,也是推行法、术、势的手段,如果无刑赏措施,法、术、势将成为空话。因此,如果说对法、术、势的分析是法家的治国理论,那么,执行刑赏则是法家理论的具体实施。韩非主张刑赏必须按照"赏有功,刑必罪"的原则,也就是说,赏罚必须以功罪为标准。所以,他对晋文公论功行赏先雍季而后舅犯的做法很不以为然,认为这样的刑赏在根本上违背了赏罚的最基本的准则。有了刑赏的标准,还必须做到赏罚必信,这是韩非刑赏理论的另一层涵义,用现代的话来说,就是"有法必依,违法必究、执法必严"。显然,这一主张比儒家所提倡的"父为子隐,子为父隐"的原则更具有进步的意义。

韩非的法治思想,在赏罚问题上主张重赏重罚、多罚少赏或只罚不赏。这并非等于说韩非在这一问题上的认识有相互矛盾或是前后的变化。事实上,韩非在赏罚问题上的原则是:厚赏重罚、多罚少赏、只罚不赏,分别不同的情况可以兼而用之。或许在他看来,厚赏重罚不如多罚少赏,多罚少赏不如只罚不赏。在《内储说上》中韩非假托孔子与学生子贡之间的对话又表达了轻罪重罚的思想:按照殷商的法律,对把垃圾倒在街道上的人要处以刑罚,子贡认为这也太严重了,于是就问孔子的意见如何。孔子说:"这是懂得治理之道的做法。"说起来,将垃圾倒在街道之上,就会扬起灰尘,呛着路过的人,过路人必定会发怒,发怒则会相互殴斗,相互殴斗必定会造成三族之人互相残害。这可是残害三族的做法,即使给予刑罚也是应该的。再说重罚是人们都厌恶的,而不往街道上倒垃圾是人们很容易做到的事情,让人们做很容易做到的事情,而远离所厌恶的事情,这就是治理之道。韩非用这么一件事例来为轻罪重罚找根据,实际上是缺乏依据的不可靠的推论而已。在街道上倒垃圾是否必然会引起宗族间的集体斗殴,乃至造成三族之人的伤残,实在是大可疑问的推论。像这样根据不可靠的推论得出轻罪重罚的依据,实际上正反映了法家本身所具有的偏激和片面的思想倾向。《内储说上》的另一则故事则表达了韩非对"只罚不赏"的赞赏:鲁国人烧草开荒时,忽然刮起北风,大火向南蔓延。鲁哀公怕大火烧了都城,亲自带着人来灭火,左右之人都不听召唤,纷纷跑去追逐被火烧伤的野兽,火势得不到控制,于是招来孔子询问计策。孔子说:追逐野兽有好处又不会被处罚,救火很危险又得不到奖赏,所以没有人来救火。又说:事情很紧急,奖赏已经来不及了。再说,如果救火的人都给予奖赏,整个国家都赏出去也不够呀。所以,如今之计,不如只罚不赏。于是孔子下令:"不参加救火的人将受到与投降敌国一样的处罚;追逐野兽者,比照偷盗之罪给予惩罚。"命令还没有传达下去,大火已经被救灭了。《制分》中对"只罚不赏"的观点还有一个总结性的论述,说:"百姓倚重法律而畏惧国家的禁令,只希望不触犯法律而不敢奢望得到赏赐。所以说:不等到使用刑赏,百姓就会自动地按照君主的要求行事了。"从根本上说,在韩非看来赏与罚尽管手段不同,但目的却是相同的,鼓励百姓做什么,禁止百姓做什么,其目的是为了维护国家或者君主的最高利益——既要起到鼓励和禁止的作用,又必须做到公平合理,又要少赏。这样只能在赏罚的标准上做文章。至于何谓功,何谓罪,怎样的功应该给予怎样的奖励,对罪又该做何种处罚,这本来也没有绝对的统一标准,这自然就给赏罚的执行留下了余地,或重赏重罚,或少赏多罚,或只罚不赏,一切都出于统治者的利益和需要。这和韩非的一贯思想主张是一致的。

第二,关于君臣之道。

韩非思想的最核心内容就是坚决维护君主独裁的至高无上。《难一》说:"夫非其行而诛其身,君之于臣也;非其行而陈其言,善谏不听则远其身者,臣之于君也。"君主对臣下拥有生杀予夺的权力,而臣下对君主除了绝对的服从,只剩下一条路:远远地逃开。

韩非学说的一个重要内容,就是从人性极端自私出发,通过充分发挥和利用这种心理来处理君臣以及君民的关系。君主对待臣下的基本办法就是用利禄、名位来笼络,再用生杀予夺来控制。韩非将臣下比作捕鱼的鱼鹰:主人扎住它的下颌,使它无法吞下大一点儿的鱼,只有待主人放开扎紧下颌的绳子,鱼鹰才会有东西吃。不用说,这主人就是国君。当然在韩非看来,臣下好像并不会像鱼鹰一样听话。韩非在《奸劫弑臣》、《八奸》、《十过》、《八经》等篇中收集了大量的臣下弑君篡位的事例,对君臣之间的矛盾分析得最多,对解决矛盾的方案和策略谈得也最深入。首先,他认为君臣不同道,各自为己:"君臣异心,君以计蓄臣,臣以计事君,君臣之交,计也",君臣的关系,就是相互算计。其次,他认为:"臣尽死力以与君市,君垂爵禄以与臣市",双方又是一种相互利用的利益共同体。君臣之间并不像父子一样有亲缘关系,而是出于利害和算计。君主有手腕,有治术,臣下就会竭尽全力为君主所用,反之,臣下就会对上蒙蔽君主,对下营私舞弊。再次,韩非又提出一种不同于世俗的惊世之论:"君不仁,臣不忠,则可以霸王矣。"就是说,只有君主不仁,臣下不忠,才能成就霸业。这乍听起来的确有点不可思议,其实,这和韩非一贯主张的自私、自利的人性论是一致的。因为人性的本质是自私的,君主不能否定、也不能无视臣下的自私心理。按照韩非的老师荀子的看法,因为人性的本质是恶的,所以就要用教化来改造人性,用教育和礼来使其真诚向善。而韩非在人性本恶这一点上继承并发挥了荀子的观点,但在如何对待自私的人性这一点上和荀子的看法却完全不同。他认为既然人性是恶的,是自私的,那么,就应该通过鼓励和发挥臣下的私欲,通过满足他们的私欲,达到富国强兵、征服天下的目的。而达到了富国强兵、征服天下的目的,也就是实现了君主个人最大的私欲。在这一点上,君主和臣下就是一个利益共同体。韩非把这种关系称之为"背私为公":君主的大私,就是公。臣下谋求个人的爵禄也是公。臣下为了追求富贵,君主就用爵禄收买他;君主实现霸业,臣下就竭尽全力去完成,二者相得益彰。这就是"背私为公"。君臣都为了私利,自然会不仁、不忠,但客观上却能实现霸业,这就是韩非的逻辑。

　　君臣之道的延伸,则是君民关系。韩非子呼吁国君要注意臣民的作用,同时臣僚们也要"明法利民"。他考察了历代圣君所举、所诛臣僚,明确指出,被荐举是因为他们能"以其能为可以明法,便国利民",被诛杀是因为他们"以其害国伤民败法"。由此我们可看出韩非对君民关系的基本态度。基于这种认识,韩非子也曾提出这样的观点:"君人者,以群臣百姓为威强者也。群臣百姓之所善则君善之;非群臣百姓之所善则君不善之"。类似的论述,在《韩非子》一书中是不多见的。有学者已经指出:此处的论述不能不说是一种民本思想的体现。只是韩非并没有沿着这条思路继续前进,在君民矛盾面前他毫不犹豫地选择了维护君主利益,所以他又说:"圣人之治民,度于本,不从其欲,期于利民而已",说到底,治民还是为了君权,不能"从其所欲",仅仅做到利之就可以了,这反映了韩非重民的最根本意图。郭沫若先生曾对韩非的"利民"之说有如下的评价:"看他这抱负,是以救世主自命了。他是不惮患祸,不避死亡而专为人民谋利益的。这也许不会是欺心之论吧,因为无论是怎样的明君术士,没有人民你也'术'不起来。奴隶主虽然剥削奴隶,但何尝又不爱惜奴隶?牛马也要有草吃才能耕作的,主人丰衣足食,牛马的草秣也才可以有足够的分量。极端君权论者的韩非,他脑里所怀抱的'救群生''利民萌',是应该作如是观的"①。

第三,关于法家的仁义观。

韩非把仁义定义为"忧天下之害,趋一国之患"。这听起来和北宋范仲淹"先天下之忧而忧,后天下之乐而乐"的名言十分相似,但实际上有很大的不同。在韩非这里,所谓天下、国家就等于国君,国君是天下、国家的化身。所以,法家的仁义就是臣下竭尽能力为君主服务。换句话说,臣下为君主的霸业竭尽忠诚就是最大的仁义。前面讲到,韩非将君臣关系比作一个利益共同体,君臣关系的原则是"背私为公",实质上都是为了实现自己的私欲而已,所以君主不能讲仁义。这里的仁义,指的是儒家的"仁义"。

---

① 郭沫若:《十批判书》,第385页,北京,人民出版社,1954年版。

韩非对此持坚决反对态度。他根据历史经验指出"慕仁义而弱乱者,三晋也,不慕仁义而治强者,秦也",说明用儒家的仁义并不能使国家强大的道理。韩非在《奸劫弑臣》中指出:当今的学者进言君主,不说"利用威严的权势来困辱那些奸邪之臣",却都说"实行仁爱、恩惠的政策就可以了",世上的君主羡慕仁义的美名而不考察这其中的实际,所以,严重的国亡而君死,较轻的则国弱而君卑。对贫困的人给予施舍,这是世上所谓的仁义,给贫困者施舍,会使无功者得到赏赐。按照韩非的逻辑,国家存在无功而得到赏赐的人,老百姓在外不致力于杀敌立功,在内不急于努力地从事耕作,都企图行贿赂,奉权贵,来经营私利,骗取名誉,以取得高官厚禄。谋求私利的奸臣就会越来越多,而暴乱的百姓也越来越多,国家就会灭亡!所以,他的结论是:严刑是老百姓所畏惧的,重罚是老百姓所厌恶的。圣明的君主使用百姓所畏惧的严刑来禁止他们的邪恶,设置百姓所厌恶的惩罚来防止他们的奸行,这样,国家安定而暴乱也就不会再发生了——所谓的仁义是不足为用的,而严刑重罚是可以用来治理国家的。这是韩非思想一以贯之的核心。

毋庸讳言,韩非的法在维护客观性和公平性的问题上有其进步性,对普通民众生存环境的改善也同样有其积极意义,但无论是商鞅的法还是韩非的法都以维护君主绝对权威为目的。换句话说,他们的法是针对广大民众设计的,法的实施对象中并不包括君主,这样的法说到底仅仅是一种君主的独裁工具。

韩非的法治意图也不是为了让社会走向法制,法制原本就不是他的初衷,他的法治是为了使统治者更顺利地实施人治而设计的。所以,他讲的是保证君主绝对权威和利益最大化的"刑律",而不是维护社会公正的法制。总之,在韩非的政治理念中,法治是虚,人治是实。从某种程度上说,韩非的法是君主的工具,它维护的是君主两方面的权力,一是至高无上的政治权力,一是唯我所有的经济权力,简单地说维护的就是君主集权的"权"和"利"。

**韩非的势治思想**

总的来说,韩非认为,君主要集权于一身,则必须先抑制身边的大臣。在他看来,君臣之间的关系并不是什么忠义关系,而是彻头彻尾的虎狼关系、利害关系。韩非所主张的术治可以说完全是一套以大臣为运作对象的"御臣之术"。正像法的运用是为了造就有利于君主的"人为之势"一样,术的运用也是为了造势,它们实施的目的都是为了造成臣对君主的绝对依附关系,由此维护君主利益。这就是韩非利君高于一切的"利君中心论"。《扬权》篇的宗旨就在于鼓吹君主至高无上的专制独裁思想。韩非提出"上下一日百战"的理论,将君臣关系说成一种赤裸裸的利害关系,将臣下描写成一群随时准备"杀其君,夺其位"的恶虎,所以,要求国君不能废弛君权(势),要谨防与君权对抗的奸雄。要不断地通过刑罚(法)来斩除臣下结党的势力。这样,"主施其法,大虎将怯;主施其刑,大虎自宁,法刑苟新,虎化为人",君主施用法律,奸臣就会害怕;君主施行刑罚,奸臣就会安宁下来,刑罚实施得当,奸臣也会变成忠臣,恢复其作为人臣的忠良本性。

韩非以主张"法治"著称。在韩非看来,造就"人为之势"必须依靠法治,因为法律是统一人民思想行动的最好工具,"一民之轨,莫如法"。韩非所崇尚之法治,即所谓"事最适者",就是适合时代、符合事理、利于君主之用,说到底就是为君主专制服务,其核心就是通过立法令、行法令,达到"尊公废私",而所谓"公",实际上就是帝王。法律为君主所设,其基本原则当然要体现君主利益而废止臣民的私利,实现"利出一孔"的一元化的国家体制。因此,法律对于官员来说就具有绝对的指导意义,这实际上也就是要求臣民的一举一动必须绝对符合法律的要求。

韩非认为,任何矛盾都是势不两立的,既然有最坚固的盾,就不可能有最锋利的矛,反之亦然。所以,在他看来,君主和臣民的利益也是根本冲突的,面对这一冲突,他站在极端君主专制制度的立场上,认为君主利益高于一切,主张彻底牺牲臣民的利益而绝对维护君主利益,主张君权至高无上,国君必须是位至尊,势无比,权最大,是一国的绝对权威,可以独断专行。在君主与国家的关系上,韩非认为:"国者,君之车也",是君主驾御的工具,君主是国家的主人,国家则是君主的私有物,君主的利益也就体现了国家的利益。既然君主的利益高于一切,在君臣关系上,臣下自然要无条件地服从和服务于君主,而君主,则必须运用法、术、势等尽可能的手段实施对臣民的驾御,以维护自己的绝对权威。所以韩非的政治思想中尽管存在着诸如依法办事、法不阿贵等,即使在现代社会仍然具有积极意义的思想精华,但是,韩非的法治思想是直接为专制主义服务的,归根到底是与我们现代社会所提倡的民主法制思想有本质区别的。对此我们要有历史的、科学的认识。所以,从总体上我们不得不否定韩非的思想,因为他不仅是"明显地为维护封建地主阶级的统治和封建伦理关系",还为极端的独裁提供了一整套理论,对社会的进步起到了巨大的阻碍作用。

韩非特别强调人为之势,因为在他看来,君主在位并不一定能自然而然真正拥有权势,作为君主要刻意造势,也就是鼓动君主把全部权力都紧紧握在自己手中,成为真正的绝对权威。

韩非始终对君主掌握权势的重要性给予了特别的关注,多次列举了这方面的内容,把"大臣甚贵,偏党众强,壅塞主断而重擅国者","君不肖而侧室贤,太子轻而庶子伉","太子卑而庶子尊"等等,都看作是足以亡国的征兆。韩非重视君主的治术,他所设计的术首先是为君主对付和清除重臣服务的,其次才是提防和铲除奸臣和佞臣。韩非将地位尊贵的大臣分为两种,并加以严格的区分,提出明主的国家"有贵臣，无重臣"。所谓贵臣，是君主将官爵授给有功的人，随着功劳的增加，爵禄也一级一级的增加，成为贵臣。这些贵臣虽然有厚重的爵禄，但不一定要有显要的职位和过重的权势。因为在韩非的思想中，对授予爵位和授予官职是有严格区别的。韩非在《定法》篇中就曾对商鞅对有功人员授予官职的做法提出批评说：杀敌是一回事，当医生和当工匠又是一回事，如果用杀敌的勇士当医生或者工匠，则病人就医不好，房子也盖不起来。授予杀敌的勇士以官职，这和让他们当医生和工匠是一个道理，因为做官必须有一定的行政技能。所以，杀敌立功的人可以成为贵臣，而且在韩非看来这样的贵臣似乎也并不是多多益善的。而重臣则不一样，他们是指"无令而擅为，亏法以利私，耗国以便家，力能得其君者"，即那些掌握重权，为自己谋求私利并能够操控君主的人。韩非把重臣称为君主最危险的敌人，《韩非子》一书多次提到臣下篡夺君主地位的例子，其要害在于一个"权"字，重臣正是劫取君主权势的人。韩非一再强调君主的权绝对不能让臣下分享，如果臣下有了权，成为重臣，对于君主而言，就等于亡国了。

不仅如此，即使臣下还没有达到取代君主、篡夺王位的程度，但如果积聚了过多的财富，封地过大，对君主而言也是十分危险的事情。韩非认为，当臣下的财富积累，封地广大以后，必定会随之产生野心，至少这些积累的财富和广大的封地也会成为与君主抗衡的筹码，君主必须尽早地加以制止。因此，在韩非看来，三世而收回爵禄的措施是进步的，它不仅打破了过去封建领主的世卿世禄制度，使社会的中下层看到希望，也使处于高位者不敢怠慢，这无疑是政治文明、进步的表现。

当然，韩非还认识到，真正的法律不只是最大可能地限制人民，让他们不敢说，不敢做，而且应该可以"禁其心"，使人民谈法色变，从内心中惧怕法律，不敢违法，这叫做"以法教心"。造就绝对有利于君主的人为之势,是韩非"法治"的根本目的。因此,仅有法治是不够的,如果"无术以知奸",也不能真正维护君主的利益,所以在强化法治的同时,还必须讲究"术治"。

**韩非的术治思想**

韩非是战国后期法家的集大成者。其学说的特点之一就是综合了前期法家的法、术、势三大学说于一体,其中尤其强调术。《韩非子》中讨论术的篇幅最大,也最为精彩。《扬权》是韩非鼓吹其君主独裁的极端专制主义思想的作品,所谓"扬权"就是高扬君主专制主义独裁大权之意。在这篇作品中,韩非提出了"事在四方,要在中央,圣人执要,四方来效"的著名论点。当然,韩非写这篇文章的目的并不在于论证君主专权的合法性或合理性,为君主专权寻求存在的合理依据,而是着力讨论君主如何"执要",也就是"术"和"君道"的问题。

所谓"术治",就是强调君主个人权力运用中的技巧、权术,目的是不让臣子摸清君主的思想和喜好,以利于君主的统治。韩非所讲的术,内容包罗万象,主要可以归结为:其一是神秘之术。君主为达到让臣下畏惧自己的目的,必须增加神秘感,必须深藏不露,让臣下无从猜测自己的真实想法,不能投其所好,徇私枉法。其二是决策之术。决策是要广泛听取意见,做到听无门户,即更注意那些反对意见,因此,在听取臣下的意见之前,不要先做任何倾向性的暗示,以求得臣下真实的想法。当然,兼听的目的还是为了君主决策的绝对权威,兼听还要独断,牢牢掌握决策权。其三是御臣之术。不但要任用有能力的人为官,要赏罚严明,而且还要在驾御臣子方面讲究权术,要"用人如鬼"。比如,"佾一警世众心之术",即抓典型事例,大做文章,造成声势,以起到对臣子的督责作用;有"指鹿为马之术",他例举燕国相子之通过谎称门外有白马跑过，来检测属下忠诚与否的故事，说明这一权术对驾御臣下的重要性；有"间谍之术"，设置暗探，对付臣下，以防止臣下的不忠行为。其四是抑制重臣之术。对手握大权的重臣要注意抑制，首先要控制分封，不能给予大臣过高的权势；其次不能将兵权、赏罚权、用人权、财权等轻易交予重臣，以免其权力过大，难以驾御；再次，要禁止大臣结交私党；最后，对那些形成一定权势、享有一定威望、可能对君主产生威胁的重臣，甚至可以采取暗杀手段，以消除"祸患"。

韩非理论中所说的术，应当是由君主独有，用来控制臣下，在职能上是用人之权，黜陟之权，也就是说君主如何控制和使用臣下的权术。后来班固的《汉书》把《韩非子》中的术的内涵归纳为："擅生杀之柄，通壅塞之途，权轻重之数，论得失之道。"其目的和作用，是"使远近情伪必见于上"。韩非自己在《韩非子》中曾有两处对"术"下了定义：在《定法》篇中说："术，就是能够依照人的才能来授予他合适的官职，遵循他们的名位来要求他们的实际政绩，（君主）掌握生杀大权，考核群臣的胜任与否，这是由君主所掌握的。"在《难三》篇中则强调了术的机密性："术者，藏之于胸中，以偶众端，而潜御群臣者也。故法莫如显，而术不欲见。是以明主言法，则境内卑贱莫不闻知也，不独满于堂；用术，则亲爱近习莫之得闻也，不得满室。而管子犹曰'言于室满室，言于堂满堂'，非法术之言也"。并说：国君使用术，连最亲近的大臣也不能让他们有所闻。在《扬权》中，韩非则进一步强调了君主的"自神术"，提出"主上不神，下将有因"。君主行事要掩盖其形迹和动机，使臣下无法猜测；君主不能流露出自己的好恶，使臣下无从迎合，否则，臣下就会根据国君的好恶来投其所好，达到劫夺君权的目的。君主要做到"自神"，就必须"无为"。韩非讲的无为实际上就是一种自神术，它要求君主不露声色，让群臣不知其内心所想、不知其喜怒哀乐,则群臣悚惧,战战兢兢地做好本职工作。另外,韩非的无为还有一层意思,即,君主不必事必躬亲,上等的君主不能只依靠自己的力量,要懂得动用群臣的力量,还要懂得调动群臣的智谋,要臣下出谋划策,这样君主的智慧便无穷无尽了,自然不会受到奸臣的蒙蔽。可见,韩非的无为,就是让君主把自己伪装起来,隐藏起来,由神秘而威严,这也就是"自神"。这些理论为以后的历代君主所信奉,是中国古代专制政治体系和政治高度不透明、不民主的理论根源。

郭沫若在《十批判书》中把韩非称作"法术家",是说他兼有法家和术家的特点。在秦以前,法和术有别,《韩非子·定法》说:"申不害言术,而公孙鞅为法。"韩非则兼而有之,"故可以说申子是术家,商鞅是法家,韩非是法术家"。按照汉代人的分类法,韩非是属于法家的,我们现在一般都说韩非是法家的集大成者,郭沫若的提法看似平淡,其实非常深刻,也可以说是入木三分。

韩非十分重法,这是事实,但同时他更重术。这和他的政治出发点有密切的关系。我们知道,韩非的许多法治思想主要从商鞅那里继承来的,在韩非思想中商鞅的影响也最大,但韩非却认为商鞅的学说有很大的缺陷,这就是"徒法而无术"。说商鞅治国,徒有法令,"然而无术以知奸,则以其富强也资人臣而已矣。及孝公、商君死,惠王即位,秦法未败也,而张仪以秦殉韩、魏。惠王死,武王即位,甘茂以秦殉周。武王死,昭襄王即位,穰侯越韩、魏而东攻齐,五年而秦不益一尺之地,乃成其陶邑之封,应侯攻韩八年,成其汝南之封;自是以来,诸用秦者皆应、穰之类也。故战胜则大臣尊,益地则私封立,主无术以知奸也。商君虽十饰其法,人臣反用其资。故乘强秦之资,数十年而不至于帝王者,法不勤饰于官,主无术于上之患也"。由此可见,这里并不仅仅是一个学术倾向,而是一个思想倾向问题。

商鞅的思想前提是为国,以富国强兵为己任,而韩非的思想前提是为君,强调如何加强君权,一切为君主的个人独裁服务,这是二人的真正区别所在。具体说,韩非强调以"法"治国,这一点上二人没有区别,而韩非重"术"则完全是为君主个人对付大臣服务的,所谓"术"就是御臣之术。这从韩非自己对术所下的定义可以一目了然:术就是君主藏于心中,来对付各种事务,暗中制御群臣的手段。

韩非讲术很大程度上是对法的补充,在韩非的理论中,法是由君主独裁的,术自然也是由君主独享的,从这个意义上讲,术补充法,更冲淡了法。法律是成文的、公开的,术在绝大多数情况下却是隐秘的,可以说术就是君主个人意志的化身,这样一来,术的使用必定会使治理国家的途径有时会偏离了公开的法律而依靠隐秘的术,甚至依靠术要远远多于依靠法。其结果可想而知,使所有的事情都归于君主个人的意志。前期法家主张"依法治国",其政治方向是以国家为本位,韩非则使前期法家的政治倾向发生了改变,使之走向用术统治和以君主个人为本位的发展方向,其结果就是法家不等于法治,更不是现代意义上的法治。君主凌驾于法律之上,使法家与法治在实质上南辕北辙:法治处于公理,任何人都服从法治,而韩非的法家则"非公",到这里,法家背离了法治的方向,距真正的法治越来越远了。

韩非讲术的理论前提是他从老师荀子那里继承来的性恶论。他对人类贪欲、自私的一面有着深刻的认识,他也的确看到了人类内心深处的最私欲、最利己的一面,并将其片面地加以放大,把每一个人都设想成他人的敌人,并抓住历史上发生的宫廷斗争中杀兄弑父的一些极端事例大做文章,为君主设想了所谓的"八奸",把君主本应对国家事务的关注转移到了如何对付臣下、后宫乃至子孙的谋反之上,为以后中国古代政治中所常见的各种黑暗手段提供了理论依据。

《韩非子》中关于术的论述最多,也最精彩,是韩非学说中的精彩之笔。作为先秦法家的集大成者,前文指出,他的法治思想继承商鞅的内容最多,但他仍批评商鞅是"徒法而无术"。这里实际上反映了商鞅与韩非基本思想倾向的原则分歧:商鞅着眼于国富兵强,出发点是为国;而韩非着眼于君主专制,出发点是为君。韩非考虑最多的是如何帮助君主来实现其专制独裁。所以,他更看重由君主独有的"术"。有可以公开实行的"赏罚"之术,介乎于公开和秘密之间的"质、镇、固"三术;还有韩非总结出的"条达之道",这是君主制御群臣的秘密之术。《韩非子》中论述"术"的篇幅最多,涉及许多篇章。如,从哲理角度进行概括性综论的《八经》,还有从君主角度提出的《南面》《主道》《扬权》,从对付周围的人的角度提出的《备内》《八奸》,从对付臣下角度提出的《奸劫弑臣》《有度》,从对付民众角度提出的《制分》《心度》以及泛论用人之术的《六反》《八说》《说疑》等等。

《八经》是韩非关于君主治术的综论文章。文中列举了君主所应该掌握的八种治术,故曰《八经》。这八种治术,实际上又可以分为三大类:一类包括"因情"、"听法"、"主威"三部分,是可以公开鼓吹的"阳谋",即用公开赏罚的管理办法,其原则是"必罚以明威,信赏以尽能"。第二类包括"主道"、"参言"、"起乱"数部分,是君主用人、听言、制御臣下之术,其原则是用一些可公开亦可不公开的手段,达到控制臣下的目的。比如"起乱"篇就提出君主用"质"(人质)、"镇"、"固"的办法制御大臣。所谓"质",就是将大臣的父母亲戚作为人质,这样,大臣就不敢轻易谋反作乱了。所谓"镇",就是用官爵和利禄将臣下"镇"住,贪心的臣下因舍不得利禄而不愿作乱。韩非的确看透了人类趋利避害的贪婪心理,想得出这样的办法。其实,这样的事例还真的不少。如当年王翦奉命出兵攻楚，出发前，王翦向秦王政"请美田宅园池甚众"，到了前线，又再次派人回来向秦王讨要五倍于前的土地。当然，并不是王翦有多么贪婪，只不过他非常了解秦王政多疑善变的性格，故意表现出自己是一个可以轻易地被利禄"镇"得住的人，以消除秦王可能对自己的疑心。这也从反面证明了韩非关于"镇"的治术。相似的例子还有汉代初年的丞相萧何强占、强买民田的事例，其目的与王翦可谓是不谋而合。当年有人劝韩信起兵造反，而韩信却认为刘邦已经给了他高官厚禄，不肯听从，显然是被刘邦给"镇"住了。宋太祖杯酒释兵权的故事也是一个很好地用"镇"的成功事例。所谓"固"，则是用不断地向臣下挑剔、责难的办法，向臣下表示震怒和惩罚，用随时可能降罪来威胁臣下，以攻为守，使一般的奸邪之人胆战心惊，智穷计竭，唯恐获罪，只求自保，从而控制臣下可能的奸邪行为。第三类，主要是"立道"、"类柄"两部分，是韩非治术的秘密部分，为君主不能随意公开的"阴谋"。其原则是"务在周密"，否则"言通事泄则术不行。"韩非在"立道"中创造了一个新名词——条达之道，就是指君主驾驭群臣的一套不公开的秘密的办法。具体说，就是采取逐级互相监视的办法，一方面，名义上由上级官吏领导下级官吏；另一方面，却秘密地布置下级官吏监视他的上级，这样，逐级监视，使君主能够掌握臣下的一举一动。当然，这样的监视必须是秘密进行的，否则就失去了意义。所以，君主必须做到不动声色，使自己变得极为神秘，意图极为隐蔽，使臣下无从揣度。君主在一旁暗中窥伺着臣下的过失，一旦时机成熟，抓住了把柄和机会，就立即对臣下实施处罚。这样搞他几次，大臣自然会变得战战兢兢，任君主摆布了。反之，君主暴露自己的意图就会被臣下所利用，君主就会受到蒙蔽。不难看出，韩非的这一思想一旦被君主所采用，就会完全将君臣关系变成为相互之间玩弄阴谋，国家政治事务成了阴谋诡计的试验场。事实上，中国古代政治高度缺乏透明度，官场成了阴谋家的角斗场，这和韩非的治术理论以及后世政治家们的发扬光大都是密不可分的。

韩非论术的基础，基本上是他对人类性格中的弱点和自私之处的令人感到惊异和难以企及的透彻感和深刻感，他的确看到了人类内心深处的最私欲、最利己的一面，因此，他所设计的术治，从一定意义上讲，冲淡法治的意味甚至要多于对法治的补充，这就使治理国家的法治途径偏离了公正、公开的法律，而过于依靠隐蔽的术。当然，这并不背离韩非的法治学说，因为在韩非看来，法也好、术也好，都是君主个人意志的体现，其结果是使一切利益都归于君主一人。从某种意义上讲，与其说韩非是法家，倒不如说是"法术家"。

总之，韩非强调君主必须法、术、势三者并重，而以势为首要。取得权势的办法只有高度的集权和独裁，换句话说，独裁是国家推行法治的前提。可以想见，这样的法治只能是君主实行专制统治的工具，而不可能成为保障公民权利和社会公正的武器。所以，尽管说韩非思想中有许多直到今天仍然具有现实意义的内容，如依法行政、赏罚公平、法律面前人人平等，等等。但是，从整体的思想倾向而言，韩非思想的出发点是大有问题的。他讲依法行政，是依君主之法，办君主之事，他讲法律面前人人平等，却将君主排除在外，因为所谓法律说到底不外乎是君主个人意志的体现。

历史造就了韩非这么一位思想家。韩非对历史事实的考察以及他对社会发展规律的认识，要比道家、儒家、墨家等学派客观和深刻得多。他对时政的分析透彻而切中实际，把握了战国以来专制主义中央集权不断加强，和随着各国之间兼并战争的深入，国家必然走向统一的历史方向，提出了一系列旨在富国强兵，建立统一帝国的政治方略，顺应了历史前进的方向。从这个意义上讲，韩非是一位进步的思想家。但是，他的思想也必然会受到当时历史实际的制约,有了许多局限性。

## 五 《韩非子》的文学成就

韩非是先秦法家思想的集大成者,与法家的刻薄寡恩、真率直露的特点相适应,韩非的文章具有冷峻峭刻、锋芒毕露的特征,在先秦诸子散文中自成一家,独具特色。《韩非子》作为先秦说理散文的杰出代表,其文学成就,可以从其在中国古代文学史上的杰出地位和其文学特色两方面考论。

首先看《韩非子》一书在中国文学史上的地位。

《韩非子》不仅是先秦时期说理散文的杰出代表,而且在中国文学史上占有相当重要的地位。这主要表现在:第一,开创了中国古代文学史上"寓言体"体裁。寓言作为一种文学形式早在《韩非子》以前就已经出现,如《战国策》、《孟子》,尤其是《庄子》中就大量引用寓言,以论证其中心思想。不过,这些作品中所使用的寓言仍只是以论说理义的一部分,而非独立的文学体裁。将寓言形成为一种独立的文学体裁,是《韩非子》的首创。韩非有意识地系统收集、整理、创作寓言,分门别类,辑为各种形式的寓言故事集。像《内储说》、《外储说》、《说林》、《喻老》、《十过》都是寓言集。这"标志着我国寓言文学性的自觉与文体的独立"。而且《韩非子》的寓言故事主要取材于历文事迹和现实,很少拟人化的动物故事和神话幻想故事,没有超越现实的虚幻境界和人物,和《庄子》中奇幻玄虚、怪诞神奇的寓言故事,形成截然不同的风格,属于典型的现实社会批判色彩的寓言。第二,开创了古代文学史上笔记体小说的体裁。韩非寓言的一个特点就是其历史事迹和现实性。所以,《韩非子》中的许多寓言,实际上也开创了我国笔记体小说的体裁。综合以上两点,可以看出,韩非的说理散文中大量的寓言,本是为说理而存在,但由于其自身深厚的意蕴和生动形象的艺术特征,所以能够脱离说理文字而独立,由一种艺术表现手法成为一种文学样式。其中的优秀之作,对我国古代笔记小说的形成,具有不可忽视的作用。第三,开创了以中心论题作为文章标题的新的文体形式。先秦时期的文体大多是没有文章标题的。后人在编辑整理先秦文献时,一般就以文章开头的文字为题。像《孟子》各篇的篇名就非常典型。这样往往会给人以文不对题的感觉。尽管像《庄子·逍遥篇》等已经尝试用文章主题来作文章的篇名,但直到《韩非子》时,这样的体例才被有意识地固定下来,如《二柄》、《扬权》、《难》、《说难》等等,对后世的文体产生了巨大的影响。

其次,看《韩非子》的文学特色。

作为中国古代文化元典之一的《韩非子》,不但在思想蕴含、价值理念以及文体学意义上具有特殊的地位和影响,而且,也非常具有自己独特、鲜明的文学特色。第一,直言畅论,个性鲜明。韩非的法家思想鲜明直露,无所掩饰;他的文章也是直言畅论。"其文峻峭犀利,锋芒毕露,咄咄逼人,所向披靡。"[1]读他的文章,常常令人有冷峻、尖锐、直率、犀利之感。比如在其名篇《说难》中,韩非论游说之难,"身危"种种,畅论直言,无微不至。韩非的文章是典型的"文如其人":不善言辞而擅长著书,不善交际而擅长观察生活。而且韩非知识丰富,议论起来能够贯通古今,所以他的文章总是具有高度的总结性、非凡的深刻性、凌厉的攻击性,同时又具有细致、周详、明晰的特点。第二,文体多样,擅长驳论。韩非的文章虽多属政论,但体式多样,不一而足。如《五蠹》、《显学》为长篇专论,《三守》为短篇专论,《难一》属驳论,《难势》、《定法》为辩难的文章,以韵文为主的有《扬权》,长编式的专辑体有《说林》以及

---

[1] 袁行霈:《中国文学史(第一卷)》,北京,高等教育出版社,2003年。

内、外《储说》等。这些文体有的是对前人传统的继承和发展,有的则是韩非的独创。韩非擅长驳论,这不仅是当时"百家争鸣"的具体体现,也是他不善言辞,只好寄意于笔端的结果。如《难一》,有破有立,有论有据,圆熟老练,极有说服力。第三,严谨详密的论辩艺术。《韩非子》以论说文著称,其论辩"条分缕析,鞭辟入里,缜密透彻,锋利刻削,入木三分"。他的辩论文章,辞旨简洁而爽利,如《难一》、《难二》、《难三》、《难四》中的 28 个短篇,借评论史实批驳不同意见,阐述自己的政治主张,驳论辩难,仍是其冷峻文风的体现。《韩非子》以论辩的透彻,逻辑的严密,成为先秦说理散文论辩艺术的集大成者。第四,广譬博喻,寓言大观。先秦是寓言文学的黄金时代,无论是数量,还是思想的深刻、艺术的高超,都足以雄视百代,然而它们大多是说理的手段或叙事的有机组成部分,尚未独立成体。到了韩非手中,情况发生了重大变化。韩非对散见于各书和民间的寓言故事做了系统的收集整理,再加上自己的创作,然后分门别类地加以编排,第一次推出了洋洋大观的寓言专集,载于《韩非子》的《说林》及内、外《储说》中。据统计,《韩非子》全书共有三百多则寓言,居于先秦诸子之首,其中不乏千古名篇,"和氏璧"、"老马识途"、"滥竽充数"、"自相矛盾"、"守株待兔"、"买椟还珠"等,无不家喻户晓。

总之,韩非的文章,在先秦诸子说理散文中占有重要地位,后代的说理散文在体式上大都没能超出其范围。其散文风格在后代许多作家的议论文中也多有表现,如柳宗元、王安石等人的文章都曾受到韩非的影响。

## 六 《韩非子》一书的地位和影响

谭嗣同在其《仁学》中说:"二千年来之政,秦政也,皆大盗也。"谭嗣同痛斥两千年的专制统治为"大盗",将历代专制君主比作"独夫民贼",指出维护君主专制的三纲五常"惨祸烈毒"。而《韩非子》一书则是两千年来"秦政"的理论基石。

有一篇短文给韩非的评语是"最为声名狼藉的"、"人类历史上最大的奴才"、"可能是人类历史上最有才能的奴才"、"最坏影响的先秦思想家"、"是世上最无私的奴才"、"丧心病狂的虐待狂"、"比茅坑中的石头还要臭,其卑鄙无耻、冷血无情";又批判《韩非子》一书,"从思想倾向和道德内涵而言,其(寓言)质量只能落入最差之列'、是"严重侵犯和践踏"、"强行剥夺他人自由"的"酷政的最高宝典"。① 这篇短文对韩非和《韩非子》的批判可谓有史以来最彻底、最不遗余力的了。当然,这样的批判言辞激烈,但评价却未必准确。那么,《韩非子》何以得到如此评价?这不能不让我们对韩非和《韩非子》做出认真的总结。

对历史人物及其思想的评价,离不开当时的社会政治。韩非的政治思想,就其价值核心而言,是符合当时的历史发展的需要的,是与战国时期中国政治统一的大势相吻合的。这也就不难理解志在一统中国的秦始皇对韩非"相见恨晚",愿"得见其人,死而无憾"的那份惺惺相惜。事实上,战国末年,国家统一已是大势所趋,如果说韩非的学说和政治设计在秦统一中国的过程中起到什么根本性的作用,当然是言过其实了,但谁也无法否认,韩非的"利君中心论"的核心价值以及"法"、"术"、"势"合一的政治操作,在秦统一后的国家政治运行中,所起的影响是深刻而深远的。秦王朝二世而亡自不待言,秦亡后"汉承秦制"的政治运行,尽管在理论设计层面和实际的政治操作层面都融合了先秦百家的思想因

---

① 张远山:《寓言的密码》之"世上最无私的奴才——和氏献璧寓言的密码",长沙,岳麓书社1999年版。《中华读书报》1999年5月19日摘引。

素,但是,韩非的"利君中心论"的核心价值,包括"法"、"术"、"势"合一的政治操作,非但没有被剔除,实际上,是被在"独尊儒术"的旗帜下无限放大了。

《韩非子》在中国历史上的地位,主要是指该书所阐述和设计的政治理念、政治操作模式,直接构成为中国传统政治文化的核心价值,构成了秦汉以后历代专制主义统治的理论基础和制度框架,是中国历代专制主义统治的理论基石。实事求是地讲,进入战国以后,各个诸侯国家的封建贵族的世袭政治都受到极大的动摇,各国都开始了不同程度的中央集权的政治化过程。这一历史进程显然不会出自韩非的设计。但不能否认的是,韩非深刻地洞察了这一历史的进程,在理论上对这一进程做了详尽的论证,并提出了一整套的顺应这一历史进程的政治价值和制度设计。这些政治价值和制度设计构成了中国"二千年来之政"的基石。

《韩非子》一书的影响则主要指它的这些政治价值和政治操作对中国传统的政治文化和政治行政等方面所产生的积极的或消极的作用,《韩非子》中不乏顺应历史发展和社会现实需要的积极因素以及在今天看来仍然具有积极意义的思想内涵,当然,就今天的现代化和民主政治价值而言,《韩非子》的思想倾向和核心价值所遗留的影响绝大部分是非常消极的。所以,对待《韩非子》一书,应该本着"取其精华、去其糟粕"的原则,加以认真的梳理和总结。

有学者对韩非思想在中国历史上的影响做了如下评述:

(一)和儒家学说一起,强化了封建专制统治。汉代董仲舒"罢黜百家,独尊儒术"以后,儒家居于统治地位,但韩非的法治思想并未从此消失,反而和儒家相辅相成,构成了历代帝王统治的基石,造成了中国几千年来"外儒内法","阳儒阴法"的局面。这说明了儒法两家有相通之处,在韩非的法治思想中,贯穿着强烈的正名思想,他主张"循名责实",强调各就其位,各谋其政,不得僭越,韩非的"臣事君、子事父、妻事夫,三者顺则天下治,三者远则天下乱,此天下之常道也,明王贤臣弗易也"的说法,与孔子的"君君、臣臣、父父、子子"在本质上是一致的,并且成了以后三纲的雏形。司马谈在《论六家要旨》中所说:"天下一致而百虑,同归而殊途",儒法两家虽然表面上的政治主张各不相同,但其根本目的是一致的,即维护封建君主的专制统治。

(二)韩非的"重刑"造成了人们心中普遍的畏法心理,在一定程度上造成了法律虚无主义。韩非主张以刑去刑,轻罪重刑。在这种高压的法治之下,人们必然会对法产生一种恐惧的心理,人们会谈法色变,畏法如虎。这种思想一旦在人们心中普遍形成,必然会助长法律虚无主义的盛行。所以,和儒家的轻视法律一样,法家的严刑峻法在助长法律虚无主义方面也起到了推波助澜的作用。

(三)对中国的法律体系建设产生了一定的消极影响。在韩非的思想中,法即是刑,把法律刑罚化,成为中国传统文化中最突出的特色。中国古代法律体系的突出特点就是"诸法合体,以刑为主"。在中国古代,除了刑罚以外,没有真正意义上的民法、婚姻法等法律。而且在中国古代,义务本位长期占统治地位,人们很少意识到自己的权利。这种状况对中国以后的法律建设必然产生一定的消极影响,同时也不利于人们用法律武器来保护自己的权利。①

总的看来,韩非的任法尊君的学说影响是深远的,而其产生的影响应该说绝大部分是负面的。这当然由其政治学说中君主至上、君主独裁的思想倾向所决定的。比如,汉代初年,追随刘邦的那些布衣将相们,在宫殿之上喧闹嬉戏,拔剑击柱,并不讲什么君臣礼数。叔孙通制定朝仪,规定了种种上朝的规矩,一时间君臣上

---

① 李秀娟:《韩非法治思想评析》,《重庆社会科学》,2003年第1期。

下秩序井然,刘邦连连称好,说这才知道帝王的尊贵。从现代政治学的角度来看,叔孙通制定朝仪,有一些行政法规的意味,也算是法治建设的一部分,但从当时的情况看,其主观目的则首先是为了尊君。叔孙通是秦朝的博士,他的一套朝仪无非是对秦朝朝仪略加改造而成,不难想像,秦朝朝仪中的帝王是如何的尊贵和显要。所以,叔孙通制定朝仪,这件事的意义是不可忽视的,它将皇权至上的原则制度化,此后遗害两千年。虽然说没有韩非的理论和叔孙通的实践,君主专制主义的政治体系依然可能得以确立(其实秦朝已经建立了这一体制),但汉初君臣大多是一些平民和小官吏,他们对这一套不熟悉,也不一定习惯,这样,汉代政治可能会多一些汉初开国时期的平等气氛,相沿成习,或许中国古代政治皇权至上的专制主义并不会有那么严重。

从韩非的思想方法和阶级立场来看,他是一位思想极端偏激的君主专制主义者,只知君主一人而视民众如草芥。这不但在思想倾向上是极为反动的,而且,事实上对中国历史的发展的确起到了非常消极的作用。秦始皇采用韩非的学说实现了国家的统一,但秦国实行的一系列政策对当时社会生产力的发展起了阻碍作用,对中国思想、文化的丰富和发展则起到了严重的破坏作用。有学者指出:"经过韩非在理论上的极力鼓吹阐发,秦始皇在实践中的恶性贯彻运用,终于确定了其后长达两千多年的高度中央集权的君主专制的政治模式。在这种政治模式中,即使国家在形式上制定了完整周密甚至看上去公正的法律,也很难保证在实践中落实。因为它把法律的选择与运用完全寄托在没有权力制约的君主个人的判断力和能力上,很容易将形式上的法治演变为实质上的人治。中国长期不能进入真正意义上的法制社会,不能不说和长期处于这种政治模式而产生的影响有关。"①

为了贯彻法治,韩非还主张加强思想统治,定法家于一尊,禁止法家以外的一切学派活动,推行文化专制。他激烈攻击法家以外的各个学派主张,在意识形态领域内,消除同法治相违背的思想影响。韩非排斥所有非法家思想,从根本上说,是他专制主义思想在意识形态领域的必然反映。为了维护法家学说的一尊地位,就不能容忍其他学说存在。这在当时为巩固统一的中央政权,推行法治,确有一定的必要。从全局和长远看,这种文化专制主义不仅构成了他法治思想的严重缺陷,而且在实践中产生了严重的消极后果。

韩非的"术"治理论,对中国政治也同样产生了极为恶劣的影响。韩非谈论君主用术的言论很多,他在《韩非子·内储说上七术》中详细阐述了君主控制臣下的七种方法,其中对"疑诏诡使","挟知而问","倒言反事"等手段的阐释,都体现了他对不讲原则、不择手段地玩弄阴谋权术的推崇,希冀以此来明察并督责臣下的言行,维护理想的君臣关系。但是,这种深藏不露、完全依靠君主个人品行和能力独掌并运用的"术",是很难保证总是获得理想效果的。反之,在这种"术治"理论影响下,臣下也纷纷效仿,使用各种阴谋诡计,纵横捭阖,挑拨离间,阳奉阴违,争宠求荣,以至于君臣之间、群臣之间离心离德,互相猜忌,尔虞我诈,欺上瞒下,勾心斗角,争斗残杀,就连韩非本人也未能幸免,成为这种"术治"的牺牲品。这种影响君臣关系的理论,在其后两千多年的历史中多为后世帝王所秉承,其消极影响多于积极作用,极易造成统治集团内部无可挽回的矛盾和分裂,从而促进专制政权与人民大众的矛盾

---

① 洪琢:《韩非法治思想及其消极后果》,《南京理工大学学报》2007年第3期。

更加激化,最终只能造成国家混乱,使社会日益黑暗而衰败,给人民带来灾难和痛苦。①

不但如此,这些用以建立秦王朝的指导原则又对后世起到了示范作用。经过汉承秦制,将这一套君主专制制度巩固下来,成为一种国家体制的模式,结果贻害无穷。政治上,君主被人为地神圣化和神秘化。一方面,君主的个人独裁需要大量的为其服务的一整套的专制工具,造成了中国历史上历代都程度不同地存在的宦官、外戚、特务组织横行的局面。另一方面,伴随着君主独裁,又必然会有围绕着君主权力,或者说依附于君主权力的权臣、奸臣的不断出现,他们一旦得到君主的信任,就可以为所欲为,甚至操控整个国家政权乃至君主的生命,君主、权臣、奸臣之间的不断斗争成为中国历史的一大特色。例如,秦代出现了宦官赵高,汉代出现了长期的宦官和外戚轮流专权,斗争不已,最终葬送了汉王朝;西晋的贾南风控制皇帝,大肆杀戮,造成历史上著名的八王之乱,致使西晋王朝在短期统一以后迅速土崩瓦解;唐代后期,宦官、外戚掌握朝政大权,造成皇权失控,形成藩镇割据的局面,唐王朝最终毁于藩镇之手;明代宦官专权,宦官掌握的东厂、西厂、锦衣卫等特务组织横行,造成政治极端黑暗,如此等等,就必然造成中国历史上极端野蛮、黑暗和极端不民主的政治特色,在很大程度上扼杀了社会的生机。至于韩非的那种对暴君、昏君,即使是桀纣也必须无条件服从而不能反对的极端的君主主义理论,则衍生出中国历史上畸形的"忠君"思想,极大地毒害了社会风气和老百姓的灵魂,使中国古代政治一直处于一种极端的被奴化的地位,而这种奴化政治造成长期以来万马齐喑的政治局面。这种负面的消极作用,要

---

① 洪琛:《韩非法治思想及其消极后果》,《南京理工大学学报》2007年第3期。

远远大于韩非思想中的某些精华的内容。

韩非思想为极端的独裁和暴政提供了整套理论,他的理论只顾及维护绝对的君主利益,甚至主张即使对暴君也必须承认和维护其权威。从思想倾向来看,无疑是反动的。所以从总体而言,我们不能不否定韩非的思想。以往我们谈中国几千年封建主义对现代社会所遗留的思想、文化余毒,都会一般简单地归结为儒家文化的影响,其实,诸如君主专权、权力凌驾于法律之上等等,这些到现在依然在危害着我们国家民主、法制建设的思想糟粕,正是以韩非为代表的法家思想的遗毒。

当然,尽管韩非法治思想中有许多消极因素,但我们不能因此而把它说的一无是处,全盘否定它。

首先,韩非的历史进化论思想,是先秦时代中国思想界最具有思想活力和认识价值的内容。韩非继承了《商君书》中的社会进化学说,用历史分期的观点分析了人类社会的历史进程,把既往的人类历史分为上古、中古、近世和当今四个时期,并对社会进化的原因作了新的探讨。提出随着人口的发展必然造成"人民众而货财寡"的局面,于是人们之间的矛盾斗争便主要表现为争夺社会财富和社会生活空间的方面,而且,随着社会生产的发展,人口的增加,不仅人类与自然的关系在变化,人与人之间的社会关系和价值观念也会发生变化,所谓"上古竞于道德,中世逐于智谋,当今争于气力",不能用亘古不变的所谓"道德"来衡量人类的社会、政治活动。他的进化论思想完全排除了超社会力量的存在,力图从社会和人自身寻求历史发展的真正原因,虽然韩非的这些认识并没有触及事物的本质,但他的思想是令人赞叹的,在他生活的那个时代,他的学说是有关历史进化原因的最深刻的认识之一。他在此基础上对人类政治发展趋势的认识以及对专制主义中央集权的政治制度设计,也顺应了大一统的历史发展趋势。

其次,韩非的思想方法有一定的可取之处。这就是从社会现实出发,从人的实际需要出发去思考社会政治生活的价值准则。他是一位反道德主义者,他不是简单地要求人们去"克己",去取消和克制私利,而是主张顺应"民情",不必改变人们的"自为"之心,也不否认追求私利的行为,而是主张用利导的办法,使民众实现私利必然围绕着为君主服务和有利于君主的"公利"来实现。他深谙"利之所在民归之,名之所彰士死之"的道理,他说:"夫上所以陈良田大宅,设爵禄,所以易民死命也。"在韩非看来,民之所以有存在的价值,就在于对于君主有用,从思想倾向上看这无疑是荒谬的,但就思想方法而言,这样的认识也未必没有可取之处。所以说,韩非虽然是一位彻底的实用主义者,但他相当谙熟政治辩证法,指出"凡治天下,必因人情","善用人者,必循天顺人而明赏罚"的道理,在《安危》篇中,韩非进一步论证说:"先王寄理于竹帛,其道顺,故后世服。今使人饥寒去衣服,虽贲、育不能行,废自然,虽顺道而不立。"他认识到政治的妙术在乎"因顺"民情——用利来调动臣民,而非像儒家学派那样单纯地依赖道德说教和所谓德治。

再次,韩非主张法令公开,张扬"法治"精神,推进了以"一断于法"为原则的"公开法"取代以"刑不可知,则威不可测"的神秘法的历史进程,具有一定的历史进步性。而且,孤立地看,一套健全而公正的法律体系能让民众知晓,官吏执行,是实现法制社会的重要前提之一。他的"以法治国"思想,他对法律所作的初步探索,他所确立的法治的几个基本原则,如法律的公开性、平等性、稳定性和变易性原则,即使在今天也具有现实意义。韩非说:"法不阿贵,绳不挠曲,法之所加,智者弗能辞,勇者弗敢争,刑过不避大臣,赏善不遗匹夫","诚有功则虽疏贱必赏,诚有过则虽近爱必诛"。以现代法律面前人人平等的理念来衡量韩非所主张的"法不阿贵","刑无等级"的思想所包含的平等意旨,虽然也有某种局限性,但与古代西方关于平等的思想相比毫不逊色,它的理性气质及其实践的特性,使其更接近于现代的法律面前人人平等。即使是重刑原则,也不是毫无借鉴意义,法律的作用就在于维护人的权利,保障社会秩序。如果一个人从犯罪中所得的利益比他因犯罪所失去的利益要多得多,这样的法律是不会有效地被人遵守的。

第四,赏罚分明,是韩非政治思想的重要内容之一。韩非认为国家政治的运行必须在严格的法治框架内进行,而确保政治运行得以顺畅的前提,就是严明的赏罚;赏罚二途既是法的内容,又是保障法律实施的手段。韩非严明赏罚的思想主张,不仅符合一般民众的普遍心理,也是政治文明、进步的重要标志。韩非客观地分析了以刑赏治国可以达到的目标:可以使政治清明,社会稳定。这与现代政治所追求的公开、公正、公平原则是相一致的,即使在现代政治和法律体系中严明赏罚也是一项重要的原则。

总之,正确评价韩非法治思想的利弊,认真挖掘其中的合理成分和具有现代价值的思想精华,并总结和剔除其中的专制主义思想糟粕,对今天我国社会主义法制的健全,坚持以法治国和以德治国并重,在法治和德治之间找到一个平衡点,维护国家的长治久安,无疑具有深远意义。

## 七 《韩非子》的阅读

作为一部"中华元典",《韩非子》是战国时期百家争鸣时代法家政治思想的集大成之作,又是中国古代著名的政论著作和散文集。今天来读《韩非子》应当从总结历史经验为出发点,从了解和探究历史上的政治家如何为当时的政治统治提供理论依据的角度来进行批判性的总结。既要看到《韩非子》一书,作为中国古代政治文化遗产,在中国历史中的重要地位和影响,又要对其进行理性的批判,分清《韩非子》一书的精华和糟粕,批判的继承和吸收,是读《韩非子》一书必须遵循的原则。

首先,《韩非子》一书是集先秦法家思想之大成之作,是一部"帝王之术"。在汉代以后儒家经典大行其道的政治氛围之下,《韩非子》一书从表面上看似乎一直被藏入深宫,历史上对《韩非子》的整理、学习和研究始终无法与儒家经典相提并论。然而,对于《韩非子》的政治价值和政治操作的"尊崇"却并不因此而被历来的统治者所忽视。事实上,在"独尊儒术"的旗帜之下,董仲舒新儒家的"儒法合流"实际上是以"外儒内法","阳儒阴法"为实质的,中国古代的政治实践也不过是以"君主专制"大行其道。在这一点上,"儒法"是真正合流了。只是因为韩非的"利君中心论"的核心价值,包括"法"、"术"、"势"合一的政治操作太露骨,也太偏激了,经过董仲舒与历代经学的改造,在"外儒内法"的新的专制理论形态下,法家的露骨和偏激被掩盖起来,但《韩非子》的专制主义"精华"被继承、发展和无限放大了。这正是我们今天读《韩非子》需要仔细甄别的。因此,要跳出《韩非子》来阅读《韩非子》,就是说要从中国思想史的整体高度来看《韩非子》,需要比较儒、墨、道、法各家思想的内涵、特征,而不能孤立地,就《韩非子》而论《韩非子》。

其次,就思想倾向而言,《韩非子》一书是极端专制主义思想的"宝库",同时又不乏诸如"法律面前人人平等"、"法不阿贵","刑无等级"的进步思想以及公开性、平等性、稳定性和变易性等符合现代政治文明的法律原则。对于韩非的思想学说必须进行历史的分析和批判的继承。在现代社会主义民主政治建设中,善于总结和肃清韩非专制主义法治思想的遗毒,总结、继承和发扬韩非法治思想中的进步因素和法治原则,为社会主义法制社会的建设服务。

再次,从《韩非子》中发掘符合现代民主的政治理念。比如《韩非子》所提出的"刑名参同"、"众端参观"等主张,就包含着分权意识、权力制衡、权力监督等现代民主政治所遵循的政治理念。当然韩非的"利君中心论"使这些理念被大大削弱了。这也是今天读《韩非子》必须加以具体分析的。

葛兆光对于法家的思想特征有如下一段评论:"他们的理想是人人守法而不是人人行善,他们的思想是一种实用的功利主义而不是永恒的理想主义……他们要强化外在的法律的约束和官吏的管理,只有这样,才能在社会治理上收到明显的实际的效果"①。并指出,这些特点是和法家所主张的历史进化论的思想密切相关的。的确,法家关心的是社会治理与政权的稳固,这当然无可厚非,不能一味地站在现代政治文明的高度,全盘否定韩非的思想。

## 八 校注说明

(一) 本书原文以中华书局1954年《诸子集成》本,[清]王先慎著《韩非子集解》为底本,以简体字横排。

(二) 本书以下列版本参校:

1. 陈奇猷:《韩非子集释》,上海,上海人民出版社,1974年。
2. 梁启雄:《韩子浅解》,北京,中华书局,1960年。
3. 张觉:《韩非子校注》,长沙,岳麓书社,2006年。

(三) 本书还参考下列各书:

1. 张富祥:《韩非子解读》,济南,泰山出版社,2004年。

---

① 葛兆光:《中国思想史(第一卷)》,第170页,上海,复旦大学出版社,2004年版。

2. 施怀觉:《韩非评传》,南京,南京大学出版社,2002年。

3. 刘乾先:《韩非子译注》(《二十二子详注全译》丛书),哈尔滨,黑龙江人民出版社,2003年。

(四)底本中的明显误、脱、衍字,据参校本直接改正或增、删,并在注释中说明。

(五)底本中的古体、异体字,直接改为简体字。

(六)本书主要对原文字、词的注释,如有必要则对整句的句义做疏通解释。

(七)注音用现代汉语拼音注音法,用小括号括注在词头中被注字后。

(八)力求语言通俗,以适合于广大的读者。

# 初见秦第一

臣闻①:"不知而言,不智②;知而不言,不忠。"为人臣不忠,当死;言而不当,亦当死。虽然,臣愿悉言所闻,唯大王裁其罪③。

[注释]①臣:韩非自称。 ②不智:不明智。 ③唯:语气助词,表示希望之意。

臣闻:天下阴燕阳魏①,连荆固齐②,收韩而成从③,将西面以与强秦为难④。臣窃笑之!世有三亡而天下得之⑤,其此之谓乎⑥!臣闻之曰:"以乱攻治者亡,以邪攻正者亡,以逆攻顺者亡。"今天下之府库不盈,囷仓空虚⑦,悉其士民⑧,张军数十百万,其顿首戴羽为将军断死于前不至千人⑨,皆以言死。白刃在前,斧锧在后⑩,而却走不能死也⑪。非其士民不能死也,上不能故也。言赏则不与,言罚则不行,赏罚不信⑫,故士民不死也。今秦出号令而行赏罚,有功无功相事也⑬。出其父母怀衽之中,生未尝见寇耳。闻战,顿足徒裼⑭,犯白刃,蹈炉炭,断死于前者皆是也⑮。夫断死与断生者不同,而民为之者,是贵奋死也。夫一人奋死可以对十,十可以对百,百可以对千,千可以对万,万可以克天下矣。今秦地折长补短⑯,方数千里,名师数十百万。秦之号令赏罚,地形利害,天下莫若也⑰。以此与天下,天下不足兼而有也。是故秦战未尝不克,攻未尝不取,所当未尝不破,开地数千里,此其大功也。然而兵甲顿⑱,士民病,蓄积索⑲,田畴荒⑳,囷仓虚,四邻诸侯不服,霸王之名不成。此无异故,其谋臣皆不尽其忠也。

[注释]①天下,泛指周天子统治的广大的区域,此处专指战国时期崤山以东的东方六国。阴燕阳魏:指以赵国为中心,形成北联燕国,南联魏国之势。阴,指北方,阳,指南方,在此分别用作动词,指赵国(为此次合纵抗秦的合纵长)联合南北两国之意。　②连荆固齐:指联合楚国,巩固与齐国的关系。荆,楚国的别称。　③收韩而成从:从(zòng),通"纵",指六国合纵。即,收罗韩国而构成合纵联盟,以抵抗西方强大的秦国。　④为难:为敌。⑤三亡:指使国家灭亡的三种情形,即下文所说"以乱攻治者亡,以邪攻正者亡,以逆攻顺者亡"。　⑥其:语气词,表示推测;此之谓:即谓此——大概说的就是六国合纵抗秦的情形吧!　⑦囷(qūn)仓:储藏谷物的粮仓。圆形的称"囷",方形的称"仓"。　⑧悉:全部。　⑨至:通"止"。　⑩斧锧:古代腰斩的刑具。锧,腰斩时垫在服刑者身下的砧板。　⑪却走:指逃跑。却,后退;走,跑。　⑫不信:不讲信用。　⑬相事:视事论定之意。相,视也。⑭徒裼(xī):赤膊,形容勇敢。　⑮断死:决死。　⑯折长补短:取长补短。此指粗略丈量国土面积之意。　⑰利害:偏义复合词,指地形险要有利。莫若:比不上。　⑱兵甲顿:兵器破弊。顿,通"钝"。　⑲索:空、尽。　⑳田畴:泛指农田。谷田为田,麻田为畴。

臣敢言之:往者齐南破荆,东破宋,西服秦,北破燕,中使韩、魏①,土地广而兵强,战克攻取,诏令天下。齐之清济浊河②,足以为限③;长城巨防,足以为塞④。齐,五战之国也,一战不克而无齐⑤。由此观之,夫战者,万乘之存亡也⑥。且闻之曰:"削迹无遗根⑦,无与祸邻,祸乃不存。"秦与荆人战,大破荆,袭郢,取洞庭、五湖、江南。荆王君臣亡走,东服于陈⑧。当此时也,随荆以兵,则荆可举⑨;荆可举,则民足贪也⑩,地足利也,东以弱齐、燕,中以凌三晋⑪。然则是一举而霸王之名可成也,四邻诸侯可朝也,而谋臣不为,引军而退,复与荆人为和。令荆人得收亡国,聚散民,立社稷主⑫,置宗庙令,率天下西面以与秦为难。此固以失霸王之道一矣⑬。天下又比周而军华下⑭,大王以诏破之,兵至梁郭下⑮。围梁数旬,则梁可拔;拔梁,则魏可举;举魏,则荆、赵之意绝⑯;荆、赵之意绝,则赵危;赵危而荆狐疑⑰;东以弱齐、燕,中以凌三晋。然则是一举而霸王之名可成也,四邻诸侯可朝也,而谋臣不为,引军而退,复与魏氏为和。令魏氏反收亡国,聚散民,立社稷主,置宗庙令⑱,此固以失霸王之道二矣。前者穰侯之治秦也⑲,用一国之兵而欲以成两国之功,是故兵终身暴露于外,士民疲病于内,霸王之名不成。此固以失霸王之道三矣。

[注释]①往者:从前。使:驱使。 ②清济浊河:济河清澈,故称清济;黄河水浊,故称浊河。 ③限:阻也。指险阻、防线之意。 ④长城:指齐国长城;巨防:即"防门",位于齐长城与济河之间的一个要塞。塞:要塞。 ⑤五战之国:指齐国南破荆,东破宋,西服秦,北破燕,中使韩、魏的五次重要的军事胜利。一战不克:指齐国被燕国将领乐毅率领的秦、楚、韩、赵、魏联军在济

西之战击败之事。这句话意指,即使取得多次的军事胜利,一旦遭到重大的失败,就几乎可以灭国。 ⑥万乘(shèng):万辆战车,此喻大国。 ⑦削迹:当为"削株",即砍树。 ⑧东服于陈:服,通"保",设防之意,在东部的陈地设防。 ⑨举:占领,攻克。 ⑩贪:占有。 ⑪凌:侵犯。 ⑫立社稷主:犹言立社稷。社稷代表国家,立社稷就是立国家。 ⑬以:通"已"。 ⑭比周:排列紧凑。军华下:军,驻军之意。华下,即华阳城下(属韩国)。 ⑮梁:大梁,魏国都城;郭:郭为外城。 ⑯意绝:楚国、赵国联合抗秦的希望破灭。 ⑰狐疑:犹豫不决。 ⑱令下当有"率天下西面以与秦为难"十字。 ⑲穰侯:即魏冉。原为楚国人,秦昭襄王母宣太后同母异父弟,在秦昭襄王时期四次为相,因封于穰,故称穰侯。

赵氏,中央之国也①,杂民所居也②,其民轻而难用也③。号令不治,赏罚不信,地形不便,下不能尽其民力,彼固亡国之形也。而不忧民萌④,悉其士民军于长平之下,以争韩上党,大王以诏破之,拔武安。当是时也,赵氏上下不相亲也,贵贱不相信也,然则邯郸不守⑤。拔邯郸,筦山东河间,引军而去,西攻修武,逾华⑥,绛(降)上党。代四十六县,上党七十县,不用一领甲⑦,不苦一士民,此皆秦有也。代、上党不战而毕为秦矣,东阳、河外不战而毕反为齐矣⑧,中山、呼沲以北,不战而毕为燕矣,然则是赵举。赵举则韩亡,韩亡则荆、魏不能独立,荆、魏不能独立,则是一举而坏韩蠹魏挟荆⑨,东以弱齐、燕,决白马之口以沃魏氏⑩,是一举而三晋亡,从者败也。大王垂拱以须之⑪,天下编随而服矣⑫,霸王之名可成。而谋臣不为,引军而退,复与赵氏为和。夫以大王之明,秦兵之强,弃霸王之业,地曾不可得,乃取欺于亡国,是谋臣之拙也。且夫赵当亡而不亡,秦当霸而不霸,天下固以量秦之谋臣一矣⑬。乃复悉士卒以攻邯郸,不能拔也,弃甲兵弩,战竦而却⑭,天下固已量秦力二矣。军乃引而退,并于李下⑮,大王又并军而至,与战不能克之也,又不能反运⑯,罢而去,天下固量秦力三矣。内者量吾谋臣,外者极吾兵力⑰。由是观之,臣以为天下之从,几不难矣。内者,吾甲兵顿,士民病,蓄积索,田畴荒,囷仓虚。外者,天下皆比意甚固⑱。愿大王有以虑之也⑲。

[注释]①中央之国:赵国,地处七国的中间地带,故称中央之国。 ②杂民所居:指赵国的居民多为北方部族,故称杂民。 ③轻:轻慢,轻佻。④民萌:民众。 ⑤邯郸:赵国都城,邯郸二字前当有"是"字,与下文"然则是赵举"用法相同。 ⑥筦:通"管",控制。华:当为"羊肠",要塞名。⑦一领甲:一件铠甲。 ⑧毕反:全部返回。 ⑨坏韩:破坏韩国;蠹(dù)魏:蛀蚀、破坏魏国;挟荆:控制楚国。 ⑩沃:灌水。指在白马渡使黄河决口以淹魏地。 ⑪须:等待。 ⑫编随:依次相随。 ⑬量:衡量、揣测。⑭战竦(sǒng)而却:畏惧而撤退。战与竦同义,惧也。却,退却。 ⑮并:汇合,集结。 ⑯运:当为"军"之误。 ⑰极:尽,指消耗。 ⑱比意:紧密勾结之意;甚固:非常牢固。 ⑲有以:有用来……的办法。

且臣闻之曰:"战战栗栗①,日慎一日,苟慎其道,天下可有。"何以知其然也?昔者纣为天子,将率天下甲兵百万,左饮于淇溪②,右饮于洹豀③,淇水竭而洹水不流,以与周武王为难④。武王将素甲三千,战一日,而破纣之国,禽其身,据其地而有其民,天下莫伤⑤。知伯率三国之众以攻赵襄主于晋阳,决水而灌之三月,城且拔矣,襄主钻龟、筮,占兆以视利害⑥,何国可降。乃使其臣张孟谈⑦,

于是乃潜行而出,反知伯之约⑧,得两国之众,以攻知伯,禽其身,以复襄主之初。今秦地折长补短,方数千里,名师数十百万。秦国之号令赏罚,地形利害,天下莫如也。以此与天下,天下可兼而有也。臣昧死愿望见大王⑨,言所以破天下之从,举赵、亡韩,臣荆、魏,亲齐、燕⑩,以成霸王之名,朝四邻诸侯之道。大王诚听其说,一举而天下之从不破,赵不举,韩不亡,荆、魏不臣,齐、燕不亲,霸王之名不成,四邻诸侯不朝,大王斩臣以徇国⑪,以为王谋不忠者也。

[注释]①战战栗栗:惊惧谨慎、害怕的样子。栗,发抖,惧怕。 ②左:指东边;淇溪:淇水。 ③右:西边;洹(huán)谿:洹水。 ④为难:为敌。 ⑤莫伤:不伤悲。没有人为商纣的灭亡而感到悲伤。 ⑥钻龟、筮:均为古时占卜的方法。钻龟,即钻烧龟背,依据龟背的裂纹走向,预测吉凶;筮,用筮草五十根依据得出的数据,以奇数、偶数为阴阳,排列阴阳为卦,以预测吉凶。占兆:即占卜。 ⑦使:派遣。张孟谈:赵襄子的家臣。 ⑧反:违背。知伯之约,指张孟谈使韩、魏背叛了与知伯的盟约。 ⑨昧死:冒死,冒犯死罪。 ⑩从(zòng):通"纵",合纵。举:攻占。亡、臣、亲均为使动用法,使……灭亡、使……臣服、使……亲附。 ⑪徇(xùn):示众。

# 存韩第二

韩事秦三十余年,出则为扞蔽①,入则为席荐②。秦特出锐师取韩地而随之③,怨悬于天下④,功归于强秦。且夫韩入贡职⑤,与郡县无异也。今臣窃闻贵臣之计,举兵将伐韩。夫赵氏聚士卒,养从徒,欲赘天下之兵⑥,明秦不弱则诸侯必灭宗庙⑦,欲西面行其意⑧,非一日之计也。今释赵之患⑨,而攘内臣之韩⑩,则天下明赵氏之计矣。

[注释]①扞(hàn)蔽:屏藩,指为秦国做抵御、防护。 ②席荐:坐垫、草席。 ③特:只要。韩当在"而"字之下,此句当为"秦特出锐师取地而韩随之"。 ④悬:结怨。 ⑤贡职:进贡财物,克尽臣职。 ⑥赘:联合。 ⑦明:表明,阐明……的道理。 ⑧西面:向西(进攻秦国)。 ⑨释:放下。 ⑩攘:排斥。

夫韩,小国也,而以应天下四击,主辱臣苦,上下相与同忧久矣。修守备,戒强敌,有蓄积,筑城池以守固。今伐韩,未可一年而灭①,拔一城而退,则权轻于天下②,天下摧我兵矣。韩叛,则魏应之,赵据齐以为原③,如此,则以韩、魏资赵假齐④,以固其从⑤,而以与争强,赵之福而秦之祸也。夫进而击赵不能取,退而攻韩弗能拔,则陷锐之卒勤于野战⑥,负任之旅罢于内攻⑦;则合群苦弱以敌而共二万乘⑧,非所以亡赵之心也。均如贵人之计,则秦必为天下兵质矣⑨。陛下虽以金石相弊⑩,则兼天下之日未也。

[注释]①未可:未必可以。 ②权轻:权,指权谋,计谋。实指秦国的行动就会遭到六国的轻视。 ③原:"援"字之误。 ④资、假:均为资助,帮助之意。 ⑤从(zòng):同"纵"。 ⑥陷锐:冲锋陷阵。 ⑦负任:运送粮饷;罢:疲惫。内攻:当为"内供"。 ⑧合群:聚集。"而共"二字当为衍字。 ⑨质:箭靶。 ⑩金石相弊:与金石一起坏,指寿命长久。

今贱臣之愚计:使人使荆①,重币用事之臣②,明赵之所以欺秦者;与魏质以安其心③,从韩而伐赵,赵虽与齐为一,不足患也。二国事毕,则韩可以移书定也④。是我一举,二国有亡形⑤,则荆、魏又必自服矣。故曰:"兵者,凶器也。不可不审用也⑥。"以秦与赵敌,衡加以齐⑦,今又背韩,而未有以坚荆、魏之心⑧。夫一战而不胜,则祸构矣⑨。计者,所以定事也,不可不察也。韩、秦强弱,在今年耳。且赵与诸侯阴谋久矣。夫一动而弱于诸侯,危事也;为计而使诸侯有意伐之心⑩,至殆也⑪;见二疏⑫,非所以强于诸侯也。臣窃愿陛下之幸熟图之⑬!夫攻伐而使从者间焉⑭,不可悔也。

[注释]①使人使荆:使,派遣;后一使,出使之意。 ②重币:花重金收买之意。 ③质:交换质子。 ④移书:移送文书。 ⑤亡形:灭亡的征兆。 ⑥审用:慎重使用。 ⑦衡:通"横"。衡加以齐,指又再加上横向上与齐国为

敌。 ⑧未有以：没有用来……坚：坚定。 ⑨构：形成，造成。 ⑩意：算计。 ⑪殆：危险。 ⑫见二疏：见，同"现"，出现这两个疏漏。 ⑬幸：希望；熟图：深入思考。 ⑭间：有机可乘。

诏以韩客之所上书①，书言"韩之未可举"，下臣斯②。甚以为不然：秦之有韩，若人之有腹心之病也。虚处则恢然③，若居湿地著而不去，以极走④，则发矣。夫韩虽臣于秦，未尝不为秦病，今若有卒报之事⑤，韩不可信也。秦与赵为难，荆苏使齐⑥，未知何如。以臣观之，则齐、赵之交未必以荆苏绝也；若不绝，是悉赵而应二万乘也⑦。夫韩不服秦之义而服于强也，今专于齐、赵，则韩必为腹心之病而发矣。韩与荆有谋，诸侯应之，则秦必复见崤塞之患⑧。非之来也，未必不以其能存韩也，为重于韩也⑨。辩说属辞⑩，饰非诈谋⑪，以钓利于秦⑫，而以韩利窥陛下⑬。夫秦、韩之交亲，则非重矣，此自便之计也⑭。

［注释］①诏：诏令；韩客，即韩非；所上书：指该篇前三段韩非上秦王政之书。 ②下臣斯：下发给丞相李斯。按：这一段及下段文字，并非《韩非子》原文。当是李斯见到秦王下发的韩非上书后给秦王政的上书。后人编《韩非子》时因与韩非上书关联，故附存其事。 ③虚处则恢然：虚处，指平常无事的时候；恢然：愁苦貌。 ④极：通"亟"，急。 ⑤卒（cù），同"猝"；卒报：突然告急。 ⑥荆苏：人名。秦国派往齐国的使者。 ⑦悉：竭尽。赵，当为"秦"字之误。 ⑧崤（xiáo）塞之患：指春秋时，秦穆公三十三年（前627年），秦军在崤山被晋军伏击，全军覆没之事，史称"崤之战"。 ⑨韩非来秦，未必不是要以他的能力来保存韩国，是为了使他自己被韩国看重。 ⑩辩说属辞：能言善辩。 ⑪饰非诈谋：文过饰非，欺诈算计。 ⑫钓利：捞取好处。 ⑬窥：窥视、钻营。 ⑭自便：为自己便利。即，加重韩非自己在韩国的地位。

臣视非之言,文其淫说①,靡辩才甚②,臣恐陛下淫非之辩而听其盗心③,因不详察事情④。今以臣愚议:秦发兵而未名所伐⑤,则韩之用事者以事秦为计矣⑥。臣斯请往见韩王,使来入见大王⑦,见,因内其身而勿遣,稍召其社稷之臣⑧,以与韩人为市⑨,则韩可深割也。因令象武发东郡之卒⑩,窥兵于境上而未名所之⑪,则齐人惧而从苏之计⑫,是我兵未出而劲韩以威擒,强齐以义从矣⑬。闻于诸侯也,赵氏破胆,荆人狐疑,必有忠计。荆人不动,魏不足患也,则诸侯可蚕食而尽,赵氏可得与敌矣⑭。愿陛下幸察愚臣之计,无忽。

[注释]①文:文饰;淫说:惑乱之说。 ②靡辩才甚:极具巧言善辩之才。 ③盗心:欺世盗名之心。 ④因:因而、于是。事情:事情的真相。 ⑤未名:不明确。 ⑥用事者:执政的重臣。 ⑦大王:指秦王政。 ⑧社稷之臣:国家重臣。 ⑨市:交易。 ⑩象武:象,当"蒙"之误,即蒙武,蒙骜之子,蒙恬之父。 ⑪之:往。 ⑫苏:荆苏。 ⑬以义从:因道义而服从于秦国。 ⑭敌:对抗。

秦遂遣斯使韩也。李斯往诏韩王,未得见,因上书曰①:"昔秦、韩戮力一意以不相侵②,天下莫敢犯,如此者数世矣。前时五诸侯尝相与共伐韩③,秦发兵以救之。韩居中国,地不能满千里,而所以得与诸侯班位于天下④,君臣相保者,以世世相教事秦之力也。先时五诸侯共伐秦,韩反与诸侯先为雁行以向秦军于关下矣⑤。诸侯兵困力极⑥,无奈何,诸侯兵罢。杜仓相秦⑦,起兵发将以报天下之怨而先攻荆。荆令尹患之⑧,曰:'夫韩以秦为不义,而与秦兄弟,共苦天下⑨,已又背秦,先为雁行以攻关。韩则居中国,展转不可知⑩。'天下共割韩上地十城以谢秦,解其兵。夫韩尝一背秦而国迫地侵兵弱至今⑪,所以然者,听奸臣之浮说⑫,不权事实⑬,故虽杀戮奸臣,不能使韩复强。

[注释]①以下两段文字是李斯出使韩国时给韩王安的上书。 ②戮力:合力。 ③相与:联合。 ④班位:并列。 ⑤先为雁行:指打头阵。关:指函谷关。 ⑥极:通"竭",尽也。 ⑦杜仓:人名,秦昭襄王时为相。 ⑧令尹:楚国官名,即楚相。 ⑨苦:害。 ⑩展转:反复无常。 ⑪国迫地侵:国家受到威胁,土地遭到侵占。 ⑫浮说:不实之说。 ⑬权:权衡。

"今赵欲聚兵士,卒以秦为事①,使人来借道,言欲伐秦,其势必先韩而后秦。且臣闻之:'唇亡则齿寒。'夫秦、韩不得无同忧,其形可见。魏欲发兵以攻韩,秦使人将使者于韩②。今秦王使臣斯来而不得见,恐左右袭曩奸臣之计③,使韩复有亡地之患。臣斯不得见,请归报,秦、韩之交必绝矣。斯之来使,以奉秦王之欢心,愿效便计④,岂陛下所以逆贱臣者邪⑤?臣斯愿得一见,前进道愚计,退就菹戮⑥,愿陛下有意焉。今杀臣于韩,则大王不足以强,若不听臣之计,则祸必构矣。秦发兵不留行,而韩之社稷忧矣。臣斯暴身于韩之市,则虽欲察贱臣愚忠之计,不可得已。边鄙残⑦,国固守⑧,鼓铎之声于耳⑨,而乃用臣斯之计,晚矣。且夫韩之兵于天下可知也,今又背强秦。夫弃城而败军,则反掖之寇必袭城矣⑩。城尽则聚散⑪,聚散则无军矣。城固守,则秦必兴兵而围王一都。道不通,则难必谋⑫,其势不救,左右计之者不用,愿陛下熟图之。若臣斯之所言有不应事实者,愿大王幸使得毕辞于前⑬,乃就吏诛,不晚也。秦王饮食不甘,游观不乐,意专在图赵,使臣斯来言,愿得身见,因急与陛下有计也。今使臣不通,则韩之信未可知也,夫秦必释赵之患而移兵于韩,愿陛下幸复察图之,而赐臣报决⑭。"

[**注释**]①卒:终。 ②将:送。指将魏国的使者送交韩国。 ③袭:沿袭;曩:先前,以往。 ④效:献上;便计:有利的计划。 ⑤逆:"迎",指对待。贱臣:李斯自谦之称。邪:通"耶"。 ⑥就:受。菹(zū)戮:古时的两种刑罚,即菹刑和斩刑。菹,把人剁成肉酱的酷刑。 ⑦边鄙:边境。 ⑧国:国都。 ⑨鼓铎之声:古时战场上的鼓声和铃声。铎:大铃。 ⑩反掖之寇:指国君近侧之反叛。掖:通"腋"。 ⑪聚散:聚集者流散,指人民流亡。 ⑫难必谋:难,难以。必谋:适宜的计谋。 ⑬毕辞:尽言。 ⑭报决:报告韩国的决定。

# 难言第三

臣非非难言也,所以难言者:言顺比滑泽①,洋洋纚纚然②,则见以为华而不实③;敦厚恭祗④,鲠固慎完⑤,则见以为拙而不伦⑥;多言繁称,连类比物⑦,则见以为虚而无用;总微说约⑧,径省而不饰⑨,则见以为刿而不辩⑩;激急亲近⑪,探知人情,则见以为僭而为不让⑫;闳大广博,妙远不测⑬,则见以为夸而无用;家计小谈,以具数言,则见以为陋;言而近世,辞不悖逆⑭,则见以为贪生而谀上;言而远俗,诡躁人间⑮,则见以为诞⑯;捷敏辩给⑰,繁于文采,则见以为史⑱;殊释文学⑲,以质性言,则见以为鄙⑳;时称诗书,道法往古㉑,则见以为诵㉒。此臣非之所以难言而重患也㉓。

[注释]①顺比:流畅。滑泽:润泽、美好之意。 ②洋洋:盛大。纚纚:有编次,指文章、议论洋洋洒洒、连续不穷。 ③见以为:被认为。见,助动词。华而不实:有华色而无事实。 ④恭祗(zhī):肃敬。 ⑤鲠固慎完:耿直坚定,谨慎周到。 ⑥伦:体统。 ⑦连类比物:指举例说明之意。类:类比。 ⑧总微说约:总结微言大义,直接简约地说出精要之处。 ⑨径省而不饰:说得直截了当。 ⑩刿(guì):暗昧,不明之意。 ⑪激急亲近:指激烈急切而

接近事理人情。　⑫譖:当为"譖(zèn)",进谗言。　⑬妙:高远。　⑭辞不悖逆:指言词委婉恭顺,不过激。　⑮诡躁人间:用华而不实的言词蛊惑人心。　⑯诞:荒诞不经。　⑰辩给:指口辩急捷。　⑱史:文多而质少为史。即文辞华丽而无实。　⑲殊释:弃绝,放弃。　⑳鄙:鄙陋。　㉑道法:效法。　㉒诵:诵说往事。　㉓重患:患得患失。

故度量虽正①,未必听也;义理虽全,未必用也。大王若以此不信,而小者以为毁誉诽谤,大者患祸灾害死亡及其身。故子胥善谋而吴戮之②,仲尼善说而匡围之,管夷吾实贤而鲁囚之③。故此三大夫岂不贤哉?而三君不明也。上古有汤,至圣也;伊尹④,至智也。夫至智说至圣,然且七十说而不受,身执鼎俎为庖宰⑤,昵近习亲⑥,而汤乃仅知其贤而用之。故曰:以至智说至圣,未必至而见受,伊尹说汤是也;以智说愚必不听,文王说纣是也。

[注释]①度量:权衡。　②子胥:即伍员(yún),名员,字子胥,春秋时期吴国大夫。楚国大夫伍奢之子。因其父遭谗言被楚君杀害,避难出走,辗转至吴,助吴王阖闾攻破楚国,因功封于申,故又称申胥。后又助吴王夫差打败越国,谏阻夫差与越国议和、又谏阻夫差攻打齐国,引起夫差猜忌,被逼自杀。戮:杀戮。　③管夷吾:即管仲。春秋前期政治家。名夷吾,字仲。初为齐公子纠的师傅,为避齐国内乱,拥公子纠避难于鲁。齐襄公被杀后,奉公子纠返回齐国,辅佐公子纠与公子纠之弟公子小白争夺君位,事败后再次逃回鲁国。公子小白即位,是为齐桓公,桓公迫使鲁国杀公子纠,囚管仲而送返齐国。桓公不计前嫌,用管仲为相,尊称为仲父,辅佐桓公实现霸业。　④伊尹:商初大臣。名伊,尹是官名。曾是陪嫁的奴隶,后作了商汤的宰厨(庖宰),即厨师,得以亲近商汤被任为相,辅佐商汤灭夏。　⑤庖宰:厨师。　⑥昵近习亲:昵,通"暱",亲近;习亲:近习,亲信。

故文王说纣而纣囚之;翼侯炙①;鬼侯腊②;比干剖心③;梅伯醢④;夷吾束缚⑤;而曹羁奔陈⑥;伯里子道乞⑦;傅说转鬻⑧;孙子膑脚于魏⑨;吴起收泣于岸门,痛西河之为秦,卒枝解于楚⑩;公叔痤言国器反为悖,公孙鞅奔秦⑪;关龙逢斩⑫;苌宏分胣⑬;尹子穽于棘⑭;司马子期死而浮于江⑮;田明辜射⑯;宓子贱、西门豹不斗而死人手;董安于死而陈于市⑰;宰予不免于田常⑱;范雎折胁于魏⑲。此十数人者,皆世之仁贤忠良有道术之士也,不幸而遇悖乱暗惑之主而死。然则虽贤圣不能逃死亡避戮辱者何也? 则愚者难说也⑳,故君子难言也。且至言忤于耳而倒于心㉑,非贤圣莫能听,愿大王熟察之也。

[注释]①炙:古时的酷刑,即炮烙之刑。 ②腊(xī):干肉,此指将人烹死后制成肉干。 ③比干:商纣王叔父。商王文丁之子,故又称王子比干。因屡谏商纣王被剖心而死。 ④醢(hǎi):古时将人杀死后剁为肉酱的酷刑。 ⑤束缚:捆绑。 ⑥曹羁奔陈:曹羁是春秋时期曹国大夫僖负羁。史称其三谏曹伯而不听,遂出奔陈国。 ⑦伯里子:即百里奚。一说姓百,字里,名奚。本为虞国大夫,晋灭虞国时被俘。晋献公嫁女于秦穆公,百里奚被作为陪嫁之臣送往秦国。后一路行乞逃至楚国。秦穆公听说他很有才干,用五张羊皮将他换回,封为大夫,故称"五羖大夫",佐穆公实现霸业,为春秋一代名臣。 ⑧傅说(yuè):商王武丁大臣。转鬻:贩卖。指傅说为奴隶时曾被贩卖。 ⑨膑:膑刑。即被去掉膝盖骨。 ⑩"吴起"句:吴起为魏国的西河太守,治理魏国的河西地区。王错在魏王面前进谗言将其召回。吴起走至岸门,停下车来,在黄河岸边望着河西的土地不禁潸然泪下,随从问他为何流泪,吴起收住哭声说:"河西之地不久就要被秦国占领,我们魏国从此就衰落了!"此后,吴起在魏国屡遭迫害,出走楚国,在楚国主持变法,也因获罪楚国贵族而客死他乡。卒:终于。枝解:肢解。 ⑪国器:治国的才器。此指公叔痤向魏惠王推荐的公孙鞅(商鞅)。公孙鞅在魏国不受重用便出奔秦国。 ⑫关龙逢

(páng):夏末大臣,因强谏夏桀而遭杀害,被视为诤臣的典范。 ⑬分脤(chī):肢解而剖肠的酷刑。 ⑭穽:阱的异体字,陷阱。 ⑮浮:浮尸。 ⑯辜射:因罪而被射杀。一说"辜射"为"辜磔",古时分尸示众的酷刑。 ⑰陈:陈尸示众。 ⑱宰予:春秋时期鲁国人,孔子门徒,齐国临淄大夫。田常:又称田成子。齐国大夫,发动政变杀死效忠国君的大夫宰予及齐简公,篡夺了齐国的君权。 ⑲折胁:打断肋骨。范雎在魏国曾遭魏国相魏齐舍人殴打,被打断肋骨,装死才得以逃脱,后逃到秦国,任秦相十余年,实行远交近攻的政策,强化中央集权,为秦的统一奠定了基础。 ⑳难说:难以说服。 ㉑倒:不顺。

# 爱臣第四

爱臣太亲,必危其身①;人臣太贵,必易主位;主妾无等,必危嫡子②;兄弟不服,必危社稷。臣闻千乘之君无备③,必有百乘之臣在其侧,以徙其民而倾其国④;万乘之君无备,必有千乘之家在其侧,以徙其威而倾其国。是以奸臣蕃息⑤,主道衰亡。是故诸侯之博大,天子之害也;群臣之太富,君主之败也。将相之管主而隆国家⑥,此君人者所外也⑦。万物莫如身之至贵也,位之至尊也,主威之重,主势之隆也。此四美者,不求诸外,不请于人,议之而得之矣⑧。故曰:人主不能用其富⑨,则终于外也⑩。此君人者之所识也。

[注释]①爱臣:指君主的宠臣,也指君主宠信臣下。 ②主妾:主,指正妻,嫡妻;主妾无等,指正妻和妾不分等级。 ③千乘之君:拥有千辆车的国君。 ④徙:迁徙,此指夺取。倾:颠覆。 ⑤蕃息:繁殖增长。 ⑥国家:国当为衍字,家指私家,指将相的私人势力。管主:当为"后主"之误。后主,即忘君。如孟子所谓"未有义而后其君者也"。 ⑦所外:被排除在外的原因。 ⑧议:通"义",又通"谊"。理所当然。 ⑨富:指君主的资源。 ⑩终于外:客死他乡。

## 爱臣第四

昔者纣之亡,周之卑,皆从诸侯之博大也①;晋之分也,齐之夺也②,皆以群臣之太富也。夫燕、宋之所以弑其君者,皆以类也③。故上比之殷周,中比之燕、宋,莫不从此术也。是故明君之蓄其臣也,尽之以法④,质之以备⑤。故不赦死,不宥刑⑥;赦死宥刑,是谓威淫⑦。社稷将危,国家偏威⑧。是故大臣之禄虽大,不得藉威城市⑨;党与虽众⑩,不得臣士卒⑪。故人臣处国无私朝,居军无私交,其府库不得私贷于家⑫。此明君之所以禁其邪。是故不得四从⑬,不载奇兵⑭,非传非遽⑮,载奇兵革,罪死不赦。此明君之所以备不虞者也⑯。

[注释]①从:因。 ②分:分裂;夺:被夺去江山。 ③以:当为"此"之误。 ④尽之以法:全部用法律来对待。 ⑤质之以备:质,约质,君臣之间相约守法。备:防备,预防。 ⑥宥:宽宥,宽恕。 ⑦威淫:威势丧失。淫,散。 ⑧偏威:指君权旁落。 ⑨藉威城市:指借助城市(税收)来发展自己的势力;或指借助税收来获得城市之地。藉,借助。 ⑩党与:党羽。 ⑪臣:臣服,以……为臣。 ⑫私贷于家:私自借贷给权臣私家。贷,借贷。 ⑬四从:四辆随从车辆,一说四匹马拉的随从车辆。指不允许大臣僭越礼制。 ⑭奇(jī)兵:指任何一件兵器。 ⑮非传非遽:不得借用驿站和邮递的车辆。 ⑯不虞:意想不到的紧急情况。

# 主道第五

道者,万物之始,是非之纪也①。是以明君守始以知万物之源②,治纪以知善败之端③。故虚静以待,令名自命也,令事自定也④。虚则知实之情,静则知动者正⑤。有言者自为名,有事者自为形,形名参同⑥,君乃无事焉,归之其情。故曰:君无见其所欲⑦,君见其所欲,臣自将雕琢⑧;君无见其意,君见其意,臣将自表异⑨。故曰:去好去恶,臣乃见素⑩;去旧去智⑪,臣乃自备。故有智而不以虑,使万物知其处⑫;有行而不以贤,观臣下之所因⑬;有勇而不以怒,使群臣尽其武。是故去智而有明,去贤而有功,去勇而有强。群臣守职,百官有常,因能而使之,是谓习常⑭。故曰:寂乎其无位而处,漻乎莫得其所⑮。明君无为于上,群臣竦惧乎下⑯。明君之道,使智者尽其虑,而君因以断事⑰,故君不穷于智⑱;贤者敕其材⑲,君因而任之,故君不穷于能;有功则君有其贤,有过则臣任其罪,故君不穷于名。是故不贤而为贤者师,不智而为智者正⑳。臣有其劳,君有其成功,此之谓贤主之经也。

[注释]①纪:纲纪。　②守始:把握事物的原委。　③端:开端,指事物的起因。　④令:命令,使得;自命、自定:自然得以确立。　⑤正:正确,此指是非善恶。　⑥形名参同:形名,即名实,指要考查事物的外表和实质。　⑦无:毋,不要;见(xiàn):同"现",表露。　⑧雕琢:此指揣摩、猜测君主的意思而刻意修饰。　⑨表异:表现出假象。　⑩素:本来面目。　⑪旧:旧习,指亲近的宠臣。　⑫处:处所。引申为本分。此指事物的本来位置。　⑬因:依据、遵循。　⑭习常:遵循常规。　⑮寂、漻(liáo):空虚。处:自处。　⑯竦(sǒng)惧:恐惧。　⑰断事:决断、决策。　⑱穷:用尽。　⑲敕(chì):通"饬",整顿、整治。　⑳正:君长。

道在不可见①,用在不可知;虚静无事,以暗见疵②。见而不见③,闻而不闻,知而不知。知其言以往④,勿变勿更,以参合阅焉⑤。官有一人,勿令通言,则万物皆尽⑥。函掩其迹⑦,匿其端,下不能原⑧;去其智,绝其能,下不能意⑨。保吾所以往而稽同之⑩,谨执其柄而固握之。绝其望,破其意,毋使人欲之,不谨其闭⑪,不固其门,虎乃将存⑫。不慎其事,不掩其情,贼乃将生。弑其主,代其所,人莫不与⑬,故谓之虎。处其主之侧为奸臣⑭,闻其主之忒⑮,故谓之贼。散其党,收其余,闭其门,夺其辅,国乃无虎。大不可量,深不可测,同合刑名⑯,审验法式⑰,擅为者诛,国乃无贼。是故人主有五壅⑱:臣闭其主曰壅,臣制财利曰壅,臣擅行令曰壅,臣得行义曰壅,臣得树人曰壅⑲。臣闭其主则主失位;臣制财利则主失德⑳;臣擅行令则主失制;臣得行义则主失名;臣得树人则主失党。此人主之所以独擅也㉑,非人臣之所以得操也。

[注释]①道:指君主御臣之术。见:显露。　②疵:毛病,瑕疵。　③而:

通"如",好像。　④以往:之后。　⑤以参合阅焉:用参考比较的方法验证。　⑥通言:相互通气。尽:指事情都可以知悉。　⑦函掩:遮掩。　⑧原:缘,缘由、原因,此指推测、揣测(君主之心理)。　⑨意:揣测。　⑩所以往:所向往。稽:考核。同之:指言论与行动相一致。　⑪闭:原义为门闩。此指掩闭。　⑫虎:比喻篡国的权臣。　⑬与:顺从。　⑭为奸臣:此三字为衍文。　⑮忒(tè):差错。　⑯刑名:同"形名",即名实。　⑰法式:法度。　⑱壅:阻塞不通为壅。　⑲行义:指窃行君主应施的恩泽;树人:培植私人党羽。　⑳德:庆赏,奖赏。　㉑独擅:独自掌握。

人主之道,静退以为宝①。不自操事而知拙与巧,不自计虑而知福与咎②。是以不言而善应,不约而善增。言已应,则执其契;事已增,则操其符③。符契之所合,赏罚之所生也。故群臣陈其言,君以其言授其事,事以责其功④。功当其事⑤,事当其言,则赏;功不当其事,事不当其言,则诛。明君之道,臣不得陈言而不当。是故明君之行赏也,暧乎如时雨⑥,百姓利其泽;其行罚也,畏乎如雷霆,神圣不能解也。故明君无偷赏⑦,无赦罚。赏偷,则功臣堕其业⑧;赦罚,则奸臣易为非。是故诚有功,则虽疏贱必赏;诚有过,则虽近爱必诛。近爱必诛,则疏贱者不怠⑨,而近爱者不骄也。

[注释]①退:指不露锋芒。　②咎:灾祸。　③契、符:此指验证。比喻君主对臣下的言行要加以验证。　④事以:当为"以事"。　⑤当(dàng):符合。　⑥暧(ài):温润。　⑦偷:苟且、随意。　⑧堕:毁坏。　⑨怠:懈怠。

# 有度第六

国无常强,无常弱。奉法者强①,则国强;奉法者弱,则国弱。荆庄王并国二十六②,开地三千里;庄王之氓社稷也③,而荆以亡④。齐桓公并国三十,启地三千里;桓公之氓社稷也,而齐以亡。燕襄王以河为境,以蓟为国⑤,袭涿、方城⑥,残齐⑦,平中山,有燕者重,无燕者轻;襄王之氓社稷也,而燕以亡。魏安釐王攻燕救赵⑧,取地河东;攻尽陶、魏之地⑨;加兵于齐,私平陆之都⑩;攻韩拔管,胜于淇下⑪;睢阳之事⑫,荆军老而走⑬;蔡、召陵之事,荆军破;兵四布于天下,威行于冠带之国⑭;安釐王死而魏以亡。故有荆庄、齐桓,则荆、齐可以霸;有燕襄、魏安釐,则燕、魏可以强。今皆亡国者,其群臣官吏皆务所以乱而不务所以治也。其国乱弱矣,又皆释国法而私其外⑮,则是负薪而救火也,乱弱甚矣!

[注释]①奉法者:执法者,即君主。 ②荆庄王:即楚庄王。春秋五霸之一。并国:吞并它国。 ③氓社稷:指弃社稷而去,氓,通"亡"。 ④亡:衰落,衰亡。 ⑤国:都城。 ⑥袭:环绕。指以涿、方城等要镇为国都的环绕与屏障。 ⑦残齐:攻破齐国。 ⑧魏安釐(xī)王:战国时期魏国君主。攻

燕救赵:指魏安釐王五年攻打燕国,二十一年援救赵国之事。 ⑨陶、魏:指定陶和魏国。 ⑩加兵:用兵;私:私占;平陆:齐国的五都之一。 ⑪淇:淇水。 ⑫睢(suī)阳之事:指楚魏两军相峙于睢阳。事,即战事。 ⑬老:疲顿。走:逃跑。 ⑭冠带之国:指中原文化先进的国家,冠带,表示中原文明。 ⑮释:放弃;私其外:指营私于国法之外。

故当今之时,能去私曲就公法者①,民安而国治;能去私行行公法者②,则兵强而敌弱。故审得失有法度之制者,加以群臣之上,则主不可欺以诈伪③;审得失有权衡之称者④,以听远事,则主不可欺以天下之轻重⑤。今若以誉进能⑥,则臣离上而下比周⑦;若以党举官⑧,则民务交而不求用于法⑨。故官之失能者其国乱。以誉为赏,以毁为罚也⑩,则好赏恶罚之人,释公行,行私术,比周以相为也⑪。忘主外交,以进其与⑫,则其下所以为上者薄矣⑬。交众、与多,外内朋党,虽有大过,其蔽多矣⑭。故忠臣危死于非罪,奸邪之臣安利于无功。忠臣危死而不以其罪,则良臣伏矣⑮;奸邪之臣安利不以功,则奸臣进矣。此亡之本也。若是,则群臣废法而行私重⑯,轻公法矣。数至能人之门⑰,不一至主之廷;百虑私家之便,不一图主之国。属数虽多⑱,非所以尊君也;百官虽具,非所以任国也⑲。然则主有人主之名,而实托于群臣之家也⑳。故臣曰:亡国之廷无人焉。廷无人者,非朝廷之衰也;家务相益㉑,不务厚国;大臣务相尊,而不务尊君;小臣奉禄养交㉒,不以官为事。此其所以然者,由主之不上断于法,而信下为之也㉓。故明主使法择人,不自举也;使法量功,不自度也㉔。能者不可弊㉕,败者不可饰㉖,誉者不能进㉗,

非者弗能退㉘,则君臣之间明辩而易治,故主雠法则可也㉙。

[注释]①私曲:奸邪。 ②私行:便利于私利的言行。 ③欺以诈伪:用狡诈和虚伪来欺骗。 ④权衡:衡量;称:标准。 ⑤轻重:指天下大事的轻重缓急。 ⑥以誉进能:凭借着名声来提拔"贤能"。 ⑦比周:勾结朋党。 ⑧以党举官:凭借着朋党的关系推荐官吏。 ⑨交:勾结、结党。 ⑩毁:诽谤。 ⑪相为:相互勾结互利。 ⑫外交:勾结外人(国)。与:党羽、相勾结者。 ⑬薄:少。 ⑭蔽:蒙蔽。 ⑮伏:潜伏而不得晋升。 ⑯私重:私下推重。 ⑰能人:能行私之人,指权臣。 ⑱属数:下属的数目。 ⑲任国:担当国事。 ⑳托:依托、依附。 ㉑家务相益:私家专门以增加私己的势力为务。 ㉒奉禄养交:拿着君主的俸禄却用来培养自己的私交。 ㉓信:听任。 ㉔"故明主……自度也"句:指人主依法用人、论功,不以个人的好恶为之。自举、自度(duó),指以自己的好恶用人、论功。度:估量。 ㉕弊:通"蔽",埋没。 ㉖饰:掩饰。 ㉗誉者:徒有虚名而被赞誉者。 ㉘非者:有功劳却被诽谤者。 ㉙雠:谓校定可否。

贤者之为人臣,北面委质①,无有二心。朝廷不敢辞贱,军旅不敢辞难②;顺上之为③,从主之法,虚心以待令,而无是非也。故有口不以私言,有目不以私视,而上尽制之。为人臣者,譬之若手,上以修头,下以修足;清暖寒热,不得不救入;镆铘傅体,不敢弗搏④,无私贤哲之臣,无私事能之士⑤。故民不越乡而交,无百里之感⑥。贵贱不相逾,愚智提衡而立⑦,治之至也⑧。今夫轻爵禄,易去亡⑨,以择其主,臣不谓廉⑩。诈说逆法,倍主强谏⑪,臣不谓忠。行惠施利,收下为名⑫,臣不谓仁。离俗隐居,而以非上⑬,臣不谓义。外使诸侯,内耗其国,伺其危险之陂⑭,

以恐其主曰:"交非我不亲⑮,怨非我不解"。而主乃信之,以国听之。卑主之名以显其身,毁国之厚以利其家,臣不谓智。此数物者,险世之说也,而先王之法所简也⑯。先王之法曰:"臣毋或作威,毋或作利,从王之指⑰;毋或作恶,从王之路。"古者世治之民⑱,奉公法,废私术,专意一行,具以待任⑲。

[注释]①北面:君主面南背北,君临天下,故臣北面拜见君主。委质:委身、归顺。 ②辞贱:在朝廷不敢推辞下贱的官职;辞难:在军旅不敢不赴死。③上:君主。 ④镆铘:古代的名剑,此指利刃。傅体:即附体。此指利刃加身。搏:格斗。 ⑤无私:毋私。指君主不要偏私。事能:当为"智能"。⑥慼:一作"戚",同"慽",忧愁。 ⑦提衡:指对等、平等。 ⑧至:极至。⑨易去亡:轻率地离国流亡。 ⑩臣:韩非自称。 ⑪倍:违背。 ⑫收下为名:收买人心、沽名钓誉。 ⑬非:诽谤。 ⑭陂:当为"际"之误。一说"陂",同"坡",山坡。指危险之地。 ⑮交:外交。 ⑯险世:危害社会;简:摈弃。 ⑰或:语气词;指:意旨。 ⑱世治:即治世。 ⑲具以待任:具,通"俱",一切。任,君主的任用,即法令。

夫为人主而身察百官①,则日不足,力不给②。且上用目,则下饰观③;上用耳,则下饰声;上用虑,则下繁辞④。先王以三者为不足,故舍己能而因法数⑤,审赏罚。先王之所守要⑥,故法省而不侵⑦。独制四海之内,聪智不得用其诈,险躁不得关其佞⑧,奸邪无所依。远在千里外,不敢易其辞;势在郎中⑨,不敢蔽善饰非;朝廷群下,直凑单微⑩,不敢相逾越。故治不足而日有余,上之任势使然也⑪。

[注释]①身:亲身、亲自。 ②日:时间。给(jǐ):足。 ③饰观:掩饰自

己的行动。　④繁辞:夸夸其谈。　⑤因:凭借;法数:法度。　⑥审:慎重、缜密;要:形容词,关键。　⑦省:简要。　⑧险躁:阴险浮夸。关:从、由。用法同上句的"用"字。佞:谄媚。　⑨郎中:指君主的近臣。　⑩直凑单微:指直接上奏到君主手中的事情很少(各级官吏不敢越权行事)。一说,将自己微薄的力量直接向君主进献,即直接向君主尽忠。　⑪任势:任用权势。

夫人臣之侵其主也,如地形焉,即渐以往①,使人主失端②,东西易面而不自知。故先王立司南以端朝夕③。故明主使其群臣,不游意于法之外,不为惠于法之内,动无非法。法,所以凌过游外私也④;严刑,所以遂令惩下也⑤。威不贷错,制不共门⑥。威、制共,则众邪彰矣;法不信,则君行危矣;刑不断,则邪不胜矣。故曰:巧匠目意中绳⑦,然必先以规矩为度;上智捷举中事⑧,必以先王之法为比。故绳直而枉木斲,准夷而高科削⑨,权衡县而重益轻,斗石设而多益少⑩。故以法治国,举措而已矣。法不阿贵,绳不挠曲⑪。法之所加,智者弗能辞,勇者弗敢争。刑过不避大臣⑫,赏善不遗匹夫。故矫上之失,诘下之邪⑬,治乱决缪,绌羡齐非⑭,一民之轨⑮,莫如法。属官威民⑯,退淫殆⑰,止诈伪,莫如刑。刑重,则不敢以贵易贱⑱;法审⑲,则上尊而不侵。上尊而不侵,则主强而守要,故先王贵之而传之。人主释法用私,则上下不别矣。

[注释]①即渐以往:逐渐形成、逐步达到。　②端:方向。　③司南:指南针。我国古代四大发明之一;端:动词,正也。朝夕:早晚,此指方向(东西)。　④法:一说法前少"峻"字。整句当为"峻法,所以遏灭外私也。"凌,当为"峻"之误,当在法上;过作"遏"之误。游字为衍文或当作"灭"字是。⑤遂令惩下:执行法令,惩戒臣下。　⑥错:通"措",措置、施行。威不贷错:

指威势不能由君臣共同措置;制不共门:决断权不能出自君臣二门。 ⑦目意中绳:用眼睛来目测合乎准绳。 ⑧捷举中事:行事敏捷、有成效。 ⑨枉木:弯木;斫:砍,此指砍直。准:准绳,水平仪;夷:平;高科:凸出的部分。 ⑩权衡:称重的工具;县:通"悬";重益轻:减重补轻,即平衡。斗石:量容积的工具。 ⑪挠曲:屈从。 ⑫刑:动词,惩罚。 ⑬诘:追查、责问。 ⑭缪:通"谬",谬误。绌羡齐非:绌:同"黜";羡:多余;齐非:纠正谬误。 ⑮一民之轨:一,统一;轨:行为。 ⑯属:当为"厉"之误。厉官:整饬官吏;威民:威慑民众。 ⑰淫殆:荒淫懈怠。 ⑱易:轻慢。 ⑲审:严明。

## 二　柄　第　七

　　明主之所导制其臣者①，二柄而已矣。二柄者，刑德也。何谓刑德？曰：杀戮之谓刑，庆赏之谓德②。为人臣者畏诛罚而利庆赏③，故人主自用其刑德，则群臣畏其威而归其利矣④。故世之奸臣则不然⑤，所恶，则能得之其主而罪之⑥；所爱，则能得之其主而赏之⑦；今人主非使赏罚之威利出于己也⑧，听其臣而行其赏罚，则一国之人皆畏其臣而易其君，归其臣而去其君矣⑨。此人主失刑德之患也。夫虎之所以能服狗者⑩，爪牙也。使虎释其爪牙而使狗用之，则虎反服于狗矣。人主者，以刑德制臣者也。今君人者释其刑德而使臣用之，则君反制于臣矣。故田常上请爵禄而行之群臣⑪，下大斗斛而施于百姓⑫，此简公失德而田常用之也，故简公见弑⑬。子罕谓宋君曰⑭："夫庆赏赐予者，民之所喜也，君自行之；杀戮刑罚者，民之所恶也，臣请当之⑮。"于是宋君失刑而子罕用之，故宋君见劫。田常徒用德而简公弑，子罕徒用刑而宋君劫⑯。故今世为人臣者兼刑德而用之，则是世主之危甚于简公、宋君也。故劫杀拥蔽之主⑰,非失刑德而使臣用之而不危亡者⑱,则未尝有也。

[注释]①导制:导,通"道",引申为"由"。道制,即由……挟制(用来挟制的手段)。 ②庆赏:封赏。 ③利:以……为利,即贪图之意。 ④归其利:归属君主以求利。 ⑤故:转折词,同"但"。 ⑥得之其主:假借君主之名。罪:治罪。 ⑦赏:奖赏。 ⑧非使:不让。 ⑨去其君:背弃君主。 ⑩服:制服。 ⑪田常:春秋末年齐国大臣。公元前481年,他杀掉齐简公,掌握齐国政权,史称"田氏代齐"。行:即赐给之意。 ⑫此句意为:用大斗贷出粮食,用小斗收进,给民众一些好处,以树立田氏的威望。 ⑬见弑:被弑(杀)。 ⑭子罕:又称司城子罕。战国时期宋国人。姓乐,名喜。宋平公时曾执国政,以廉洁著称。 ⑮当:担当。 ⑯劫:被劫持。 ⑰劫杀拥蔽:指被劫杀和蒙蔽。 ⑱非失:当"自失"之误。

　　人主将欲禁奸,则审合刑名者,言与事也①。为人臣者陈而言②,君以其言授之事,专以其事责其功。功当其事③,事当其言,则赏;功不当其事,事不当其言,则罚。故群臣其言大而功小者则罚,非罚小功也,罚功不当名也;群臣其言小而功大者亦罚,非不说于大功也④,以为不当名也,害甚于有大功⑤,故罚。昔者韩昭侯醉而寝,典冠者见君之寒也,故加衣于君之上,觉寝而说⑥,问左右曰:"谁加衣者?"左右对曰:"典冠。"君因兼罪典衣杀典冠⑦。其罪典衣,以为失其事也;其罪典冠,以为越其职也。非不恶寒也,以为侵官之害甚于寒。故明主之畜臣⑧,臣不得越官而有功,不得陈言而不当。越官则死,不当则罪。守业其官⑨,所言者贞也⑩,则群臣不得朋党相为矣。

　　[注释]①刑名:形名、名实;言与事:言论和行动。本句当为"人主将欲

禁奸,则审合刑名,刑名者,言与事也"。 ②陈而言:陈述其主张。 ③当:符合。 ④说:通"悦"。 ⑤害:危害。 ⑥觉寝:一觉醒来。觉:醒来;说:通"悦"。 ⑦兼罪:同时定罪。 ⑧畜臣:畜养大臣。 ⑨守业其官:恪守其官职(职守)。 ⑩贞:当。此指言行符合其职守。

人主有二患:任贤,则臣将乘于贤以劫其君①;妄举,则事沮不胜②。故人主好贤,则群臣饰行以要君欲③,则是群臣之情不效④;群臣之情不效,则人主无以异其臣矣⑤。故越王好勇而民多轻死⑥;楚灵王好细腰而国中多饿人⑦;齐桓公妒而好内⑧,故竖刁自宫以治内;桓公好味,易牙蒸其子首而进之⑨;燕子哙好贤,故子之明不受国⑩。故君见恶,则群臣匿端⑪;君见好,则群臣诬能⑫。人主欲见,则群臣之情态得其资矣⑬。故子之托于贤以夺其君者也,竖刁、易牙,因君之欲以侵其君者也⑭。其卒⑮,子哙以乱死,桓公虫流出户而不葬⑯。此其故何也?人君以情借臣之患也⑰。人臣之情非必能爱其君也,为重利之故也。今人主不掩其情,不匿其端⑱,而使人臣有缘以侵其主⑲,则群臣为子之、田常不难矣。故曰:"去好去恶,群臣见素⑳。"群臣见素,则大君不蔽矣。

[注释]①乘于贤:凭借自己的贤能。 ②事沮不胜:事情毁败而不能胜任。 ③要(yāo):迎合。 ④不效:不能校验,即不能显现之意。 ⑤异:区分,鉴别。 ⑥轻死:不怕死。 ⑦国中:都城之内。 ⑧齐桓公:春秋时期齐国君主,公元前685~前643年在位。春秋五霸之一。好内:好女色。 ⑨竖刁:齐桓公的年轻侍从,名刁。竖,近臣侍从。易牙:齐桓公的佣人(厨师),善于烹调。听到桓公欲尝人肉之味,乃杀己子烹调后献给桓公,以此得宠。 ⑩燕子哙(kuài):即燕王哙。公元前320~前314年在位。子之:燕国

公室贵族,燕子(王)哙兄弟。为相国,欲自立为燕王,于是指使党羽劝说燕子哙"禅让"王位给子之。 ⑪匿端:藏匿事情的真相。 ⑫诬能:逞其能以蒙骗君主。诬,不真实。 ⑬欲见:当"见欲"之误;资:凭借。 ⑭侵:侵害。 ⑮卒:结果。 ⑯虫流出户:竖刁、易牙等人在齐桓公重病之时,乘机作乱,堵塞宫门,饿死桓公。桓公死后六十余日不得下葬,尸体生出蛆虫,爬出宫门之外。 ⑰以情借臣:使臣下得以凭借君主的内情而谋利。 ⑱端:事情的开端、苗头。此指事情的内情。 ⑲缘:机会。 ⑳素:本来面目。

# 扬权第八

天有大命①,人有大命。夫香美脆味,厚酒肥肉,甘口而病形②;曼理皓齿③,说情而损精④。故去甚去泰⑤,身乃无害。权不欲见,素无为也⑥。事在四方,要在中央。圣人执要,四方来效⑦。虚而待之,彼自以之⑧。四海既藏,道阴见阳⑨。左右既立,开门而当⑩。勿变勿易,与二俱行⑪。行之不已,是谓履理也⑫。

[注释]①大命:昼夜四时的变化,此指规律。　②病形:有害身体。形,指身体。　③曼理皓齿:指细腻的肌肤和洁白的牙齿。　④说:通"悦"。⑤泰:过分。　⑥见:同"现"。素:朴实而不加修饰。　⑦圣人执要:指君主掌握国家机要;效:效忠。　⑧以之:用之。指臣民自然会各用其能。　⑨四海既藏:四海,指四方,指四方之事蕴藏于心中;道阴见阳:阴、阳指明、暗,即可以由暗现明,明察一切事物的真相。　⑩当:受。　⑪二:指形名、名实二物。　⑫履理:实践治理之道。

夫物者有所宜①,材者有所施,各处其宜,故上下无为。使鸡司夜,令狸执鼠,皆用其能,上乃无事。上有所长,事乃不方②。矜而好能③,下之所欺;辩惠好生,下因其材④。上下易用⑤,国故不治。

[注释]①宜:适宜。 ②不方:处事无方。 ③矜而好能:指君主恃才自傲好表现自己的才能。 ④因其材:凭借其才能而蒙蔽君主。 ⑤上下易用:君主和臣下颠倒了职能。用:功用,职能。

用一之道①,以名为首,名正物定,名倚物徙②。故圣人执一以静,使名自命,令事自定。不见其采③,下故素正④。因而任之⑤,使自事之;因而予之,彼将自举之;正与处之⑥,使皆自定之,上以名举之。不知其名,复修其形⑦。形名参同,用其所生⑧。二者诚信,下乃贡情⑨。

[注释]①用一:即指"治道"。一,是指独一无二的"道"。 ②名倚物徙:倚,偏斜、不正。徙:游移不定。 ③采:通"彩"。此指君主显露出他的光彩(才能和智慧)。 ④素正:朴素、纯正。 ⑤因而任之:依据臣下的才能而任用。 ⑥正与:即"与正",与,以也,即以正确的方式;处之:处置(安排)臣下的职位。 ⑦复:反过来;修:通"循",考查。 ⑧参同:验证符合。用其所生:指功用所以产生的原因。 ⑨二者诚信:指名、实符合。贡情:贡献出真情。

谨修所事,待命于天,毋失其要,乃为圣人。圣人之道,去智与巧①。智巧不去,难以为常②。民人用之,其身多殃③;主上用之,其国危亡。因天之道④,反形之理⑤,督参鞠之⑥,终则有始。虚以静后,未尝用己。凡上之患,必同其端⑦;信而勿同⑧,万民一从⑨。

[注释]①去智与巧:去,去除,此指隐藏;智、巧:指上文所说的"采",即智慧和才能。 ②常:恒常,长远。 ③殃:遭殃。 ④因天之道:遵循自然法则。 ⑤反形之理:反过来探求事物(治理)的道理。 ⑥督参鞠之:考察

参验而穷尽治理之道。　⑦端:极端,一端。指过分看重事物的一端,而缺乏整体的考查。　⑧信而勿同:相信臣下但不偏听于一人而轻易同意。　⑨一从:当为"从一"之误,即服从一致。

夫道者,弘大而无形;德者,核理而普至①。至于群生,斟酌用之,万物皆盛②,而不与其宁③。道者,下周于事④,因稽而命⑤,与时生死。参名异事⑥,通一同情⑦。故曰:道不同于万物⑧,德不同于阴阳,衡不同于轻重⑨,绳不同于出入⑩,和不同于燥湿⑪,君不同于群臣。——凡此六者,道之出也⑫。道无双,故曰一。是故明君贵独道之容⑬。君臣不同道,下以名祷⑭。君操其名,臣效其形,形名参同,上下和调也。

[注释]①德:指事物的本质属性;核理:符合事物的本质。　②盛:同"成"。　③宁:息。指事物的稳定状态。　④周:普遍存在于……　⑤稽:合也;命:存在规律。　⑥参名异事:参考其他的不同事情。　⑦通一同情:即举一反三。　⑧同:动词,不同于,指不混同于……　⑨衡:(称重的)衡器。　⑩出入:偏差。　⑪和:(乐器的)和声;燥湿:指影响乐器音质的(气候)因素。　⑫出:表现。　⑬独道之容:独一无二的表现。指英名的君主崇尚"道"的本性所显示的独一无二的规矩和法度。　⑭祷:祈求。

凡听之道,以其所出,反以为之入①。故审名以定位,明分以辩类②。听言之道,溶若甚醉③。唇乎齿乎,吾不为始乎;齿乎唇乎,愈惛惛乎④。彼自离之⑤,吾因以知之;是非辐凑,上不与构⑥。虚静无为,道之情也;叁伍比物⑦,事之形也。叁之以比物,伍之以合虚⑧。根干不革,则动泄不失矣⑨。动之溶之,无为而改之。喜之,则多事;

恶之,则生怨。故去喜去恶,虚心以为道舍⑩。上不与共之,民乃宠之⑪;上不与义之⑫,使独为之。上固闭内扃⑬,从室视庭,参咫尺已具,皆之其处⑭。以赏者赏,以刑者刑,因其所为,各以自成。善恶必及,孰敢不信?规矩既设,三隅乃列⑮。

[注释]①出、入:分别指言者的言论和实际的功效。 ②辩类:辩,通"辨",即辨别、分类。 ③溶:通"容",容貌,样子。 ④始:先开口发表见解。惛惛:假装糊涂。 ⑤离:辨析。 ⑥辐凑:即辐辏,比喻聚集、集中。构:连结,此指辩论。 ⑦叁伍:叁伍参错,多方位考察;比物:比较考察。 ⑧合虚:合乎虚静无为之道。 ⑨根干:根本;革:改变、动摇;动泄:指行动。 ⑩道舍:"道"的处所。舍,住所。 ⑪宠:尊宠,以……为尊宠。 ⑫义:通"议"。 ⑬固:通"姑",姑且;扃(jiōng):门户。 ⑭咫尺:距离单位,此指近距离;之:到;处:所在。 ⑮三隅:指名号、赏罚、法令三个方面;列:指施行。

主上不神,下将有因①;其事不当,下考其常②。若天若地,是谓累解③;若地若天,孰疏孰亲?能象天地④,是谓圣人。欲治其内,置而勿亲;欲治其外,官置一人⑤;不使自恣,安得移并⑥?大臣之门,唯恐多人。凡治之极,下不能得。周合刑名⑦,民乃守职;去此更求⑧,是谓大惑。猾民愈众,奸邪满侧。故曰:毋富人而贷焉,毋贵人而逼焉⑨;毋专信一人而失其都国焉;腓大于股,难以趣走⑩。主失其神,虎随其后⑪。主上不知,虎将为狗⑫。主不蚤止⑬,狗益无已。虎成其群,以弑其母⑭。为主而无臣,奚国之有?主施其法,大虎将怯;主施其刑,大虎自宁。法刑苟信⑮,虎化为人,复反其真⑯。

[注释]①神:神秘莫测。因:凭借,此指有机可乘。　②考其常:以常理考量。指臣下按照君主的习惯,投其所好。　③累解:紧凑和分散。意思同下文的亲与疏。其意指:如果君主处事得当,如天地对人们无所私亲,又无所偏疏一样。　④象:取象,比拟,效法。　⑤官置一人:每一个人只能担任一个职务。　⑥移并:此指兼并职权。　⑦周合刑名:即名副其实。指大臣各行其是,各尽其责。刑:同"形"。　⑧更:再,重新。　⑨富、贵:动词,使人富贵。指使人富裕而向他借贷、使人显贵而受他逼迫。　⑩趣:同"趋"。⑪虎:比喻窃权的重臣。　⑫为:引申为豢养。为狗,即豢养追随的走狗。⑬蚤:同"早"。　⑭母:比喻君主。　⑮信:申也。　⑯反:通"返"。

欲为其国,必伐其聚①;不伐其聚,彼将聚众。欲为其地,必适其赐②;不适其赐,乱人求益。彼求我予,假仇人斧③;假之不可,彼将用之以伐我。黄帝有言曰:"上下一日百战。"下匿其私,用试其上;上操度量,以割其下④。故度量之立,主之宝也;党与之具⑤,臣之宝也。臣之所不弑其君者,党与不具也。故上失扶寸,下得寻常⑥。有国之君,不大其都;有道之君,不贵其家⑦。有道之君,不贵其臣;贵之富之,备将代之⑧。备危恐殆⑨,急置太子,祸乃无从起。内索出圉⑩,必身自执其度量⑪。厚者亏之,薄者靡之⑫。亏靡有量,毋使民比周⑬,同欺其上。亏之若月,靡之若热⑭。简令谨诛⑮,必尽其罚。

[注释]①聚:丛生的草木。此指朋党。　②赐:赏赐。　③假:借。④度量:法度;割:制裁。　⑤党与:党羽;具:通"俱",形成。　⑥扶寸、寻常:均为古时的丈量单位。一指之宽为寸,四指之宽为扶;八尺为寻、倍寻为常。上、下,指君、臣。比喻君主有小失、臣下就会得大利。　⑦不大其都:不扩大他的都城;贵:动词,尊显。　⑧备:"彼"之误。　⑨备:防备;殆:危险。⑩内索:即"纳索",指收押、收捕;出圉:释放,指对收捕、释放犯人的法律。

⑪身自:亲自。 ⑫靡:通"弥",增加、加重之意。 ⑬比周:相互勾结。
⑭亏之若月,靡之若热:指减少它要像月亮亏缺那样逐渐削减;增加它也要像加热一样逐步升温。 ⑮简令谨诛:简化法律,慎用诛杀。

毋弛而弓①,一栖两雄。一栖两雄,其斗㘅㘅②。豺狼在牢③,其羊不繁。一家二贵,事乃无功。夫妻持政,子无适从。

[注释]①而:通"尔"。 ②㘅㘅:争斗貌。 ③牢:养牲畜的圈。

为人君者,数披其木①,毋使木枝扶疏②;木枝扶疏,将塞公闾③,私门将实,公庭将虚,主将壅围④。数披其木,无使木枝外拒⑤;木枝外拒,将逼主处。数披其木,毋使枝大本小⑥;枝大本小,将不胜春风;不胜春风,枝将害心⑦。公子既众,宗室忧吟⑧。止之之道,数披其木,毋使枝茂。木数披,党与乃离⑨。掘其根本,木乃不神⑩。填其汹渊,毋使水清⑪。探其怀⑫,夺之威。主上用之,若电若雷。

[注释]①数(shuò):屡次,此指时常。披:分开,引申为修剪。 ②木枝:比喻宗室权贵;扶疏:形容枝叶茂密。 ③公闾:公门,指官府。 ④壅围:一作"壅圉"。围、圉同义。壅围,指被壅塞包围。 ⑤外拒:向外扩展。比喻权臣的势力向外扩充。 ⑥本:树干。 ⑦心:树心,即树干。 ⑧忧吟:忧叹。 ⑨党与:党羽。 ⑩神:生机。 ⑪清:激,奔腾之意。 ⑫怀:内心。

# 八奸第九

凡人臣之所道成奸者有八术①：一曰在同床②。何谓同床？曰：贵夫人，爱孺子③，便僻好色④，此人主之所惑也。托于燕处之虞⑤，乘醉饱之时，而求其所欲，此必听之术也。为人臣者，内事之以金玉，使惑其主，此之谓同床。二曰在旁。何谓在旁？曰：优笑侏儒⑥，左右近习，此人主未命而唯唯，未使而诺诺⑦，先意承旨⑧，观貌察色，以先主心者也。此皆俱进俱退，皆应皆对，一辞同轨，以移主心者也⑨。为人臣者，内事之以金玉玩好，外为之行不法，使之化其主⑩，此之谓在旁。三曰父兄。何谓父兄？曰：侧室公子，人主之所亲爱也；大臣廷吏⑪，人主之所与度计也⑫。此皆尽力毕议，人主之所必听也。为人臣者，事公子侧室以音声子女⑬，收大臣廷吏以辞言，处约言事⑭，事成则进爵益禄，以劝其心，使犯其主，此之谓父兄。四曰养殃。何谓养殃？曰：人主乐美宫室台池⑮，好饰子女狗马以娱其心⑯，此人主之殃也。为人臣者，尽民力以美宫室台池⑰，重赋敛以饰子女狗马，以娱其主而乱其心，从其所欲,而树私利其间,此谓养殃。五曰民萌。何谓民萌?曰:为人臣者,散公财以说民人⑱,行小惠以取百姓,使朝廷市井皆劝誉己⑲,以塞其主,而成其所欲,此之谓民萌。六曰流行。何谓流行?曰:人主者,固壅其言谈⑳,希于听论议㉑,易移以辩说㉒。为人臣者,求诸侯之辩士,养国中之能说者,使之以语其私㉓。为巧文之言,流行之辞,示之以利势㉔,惧之以患害,施属虚辞以坏其主㉕,此之谓流行。七曰威强。何谓威强?曰:君人者,以群臣百姓为威强者也。群臣百姓之所善,则君善之;非群臣百姓之所善,则君不善之。为人臣者,聚带剑之客,养必死之士,以彰其威,明为己者必利㉖,不为己者必死,以恐其群臣百姓,而行其私,此之谓威强。八曰四方。何谓四方?曰:君人者,国小,则事大国㉗;兵弱,则畏强兵。大国之所索,小国必听;强兵之所加,弱兵必服。为人臣者,重赋敛,尽府库,虚其国以事大国,而用其威求诱其君㉘;甚者举兵以聚边境而制敛于内㉙,薄者数内大使以震其君㉚,使之恐惧,此之谓四方。

[注释]①道成:即"导成",造成、形成。 ②同床:指君主后宫的姬妾、美人等女宠。 ③孺子:年轻美丽的姬妾。 ④便僻(pián bì):又作"便辟"、"便嬖",指善于逢迎而得宠者。好色:美色。 ⑤燕处:居处。燕,通"宴",安闲。娱:通"娱",欢乐。 ⑥优笑侏儒:指提供给君主娱乐和取笑的人。优,俳优、优伶,表演杂耍、滑稽戏的艺人;侏儒:矮人。 ⑦唯唯、诺诺:皆应承之声。 ⑧先意承旨:事先揣摩君主的意旨。下文"先主心",亦此意。 ⑨移:改变,此指对君主的决断施加影响。 ⑩化:亦改变、影响之意。 ⑪大臣:指重臣。廷吏:指主管宫廷事务的近臣。 ⑫度计:策划、商议国家大事。 ⑬音声子女:美妙的音乐和美丽的女子。 ⑭处约:处于紧要的地位。

⑮乐美:乐意修饰。美,动词。　⑯好饰:修饰、打扮。　⑰尽:竭尽。　⑱说:通"悦"。　⑲朝廷市井:朝野上下;誉:奖誉、称赞。　⑳固壅:闭塞。㉑希:稀少。　㉒移以辩说:被动听的巧言善辩之说打动而改变主意。移,改变。　㉓语其私:说有利于自己的话。　㉔利势:利于私己的态势。　㉕施属虚辞:编造谎话。　㉖明为:公开宣扬。　㉗事:服侍。　㉘求诱:要挟、诱惑。　㉙制敛:控制威慑。　㉚薄:轻;数(shuò):数次,屡次;内:纳,招纳。指招纳强国的大使来要挟君主,为自己壮势。

凡此八者,人臣之所以道成奸,世主所以壅劫①,失其所有也,不可不察焉。

[注释]①壅劫:受蒙蔽而被要挟。

明君之于内也①,娱其色而不行其谒②,不使私请。其于左右也③,使其身必责其言④,不使益辞⑤。其于父兄大臣也,听其言也,必使以罚任于后⑥,不令妄举。其于观乐玩好也⑦,必令之有所出⑧,不使擅进,不使擅退,群臣虞其意⑨。其于德施也⑩,纵禁财,发坟仓⑪,利于民者,必出于君,不使人臣私其德。其于说议也⑫,称誉者所善,毁疵者所恶⑬,必实其能,察其过,不使群臣相为语⑭。其于勇力之士也,军旅之功无逾赏,邑斗之勇无赦罪⑮,不使群臣行私财。其于诸侯之求索也,法则听之,不法则距之⑯。所谓亡君者,非莫有其国也,而有之者,皆非己有也。令臣以外为制于内⑰,则是君人者亡也。听大国为救亡也,而亡亟于不听⑱,故不听。群臣知不听,则不外诸侯⑲,诸侯之不听,则不受臣之诬其君矣⑳。

[注释]①内:指内廷及后宫之人。 ②谒:请谒,指内廷之人向君主请托。 ③左右:近臣。 ④责:督责。 ⑤益辞:越权言事。 ⑥任:承担责任。 ⑦观乐玩好:供君主观赏娱乐的爱好。 ⑧有所出:有出处。 ⑨虞:猜测、揣摩君主的心意。群臣二字前当有"不使"二字。 ⑩德施:即施德。 ⑪纵、发:发放;禁财、坟仓:指国家的府库。 ⑫说议:游说议论。 ⑬称誉、毁疵:赞誉和诋毁。 ⑭相为语:相互议论。 ⑮邑斗:私斗。 ⑯距:拒绝。 ⑰制:钳制,控制。 ⑱亟于:快于。 ⑲外诸侯:在外私交诸侯。 ⑳诬:欺骗。

明主之为官职爵禄也,所以进贤材劝有功也①。故曰:贤材者处厚禄任大官;功大者有尊爵受重赏。官贤者量其能②,赋禄者称其功③。是以贤者不诬能以事其主④,有功者乐进其业,故事成功立。今则不然,不课贤不肖⑤,论有功劳⑥,用诸侯之重,听左右之谒⑦,父兄大臣上请爵禄于上,而下卖之以收财利及以树私党。故财利多者买官以为贵,有左右之交者请谒以成重。功劳之臣不论,官职之迁失谬⑧。是以吏偷官而外交⑨,弃事而财亲。是以贤者懈怠而不劝,有功者隳而简其业⑩,此亡国之风也。

[注释]①劝:鼓励。 ②官:任命官职;量其能:与其能力对等。 ③称:相当。 ④诬:虚假。不诬能:不夸耀或贬低自己的才能。 ⑤课:考核。 ⑥论:考论、评定。论上当有"不"字。 ⑦谒:请托。 ⑧失谬:失之谬误。 ⑨偷官:苟且于官职。 ⑩隳:毁。

# 十过第十

十过:一曰行小忠,则大忠之贼也①。二曰顾小利,则大利之残也②。三曰行僻自用③,无礼诸侯,则亡身之至也。四曰不务听治而好五音,则穷身之事也④。五曰贪愎喜利⑤,则灭国杀身之本也。六曰耽于女乐,不顾国政,则亡国之祸也。七曰离内远游而忽于谏士⑥,则危身之道也。八曰过而不听于忠臣,而独行其意,则灭高名为人笑之始也。九曰内不量力,外恃诸侯⑦,则削国之患也⑧。十曰国小无礼,不用谏臣,则绝世之势也⑨。

[注释]①贼:害。 ②残:同"贼"。 ③行僻自用:行为邪恶不正又自以为是。 ④穷:困窘。 ⑤贪愎:贪婪固执。 ⑥忽:忽视。 ⑦恃:依靠。 ⑧削:侵削。 ⑨绝世:绝断后嗣,此指灭亡。

奚谓小忠①?昔者楚共王与晋厉公战于鄢陵②,楚师败,而共王伤其目。酣战之时,司马之反渴而求饮③,竖谷阳操觞酒而进之。子反曰:"嘻!退,酒也。"谷阳曰:"非酒也。"子反受而饮之。子反之为人也,嗜酒,而甘之④,弗能绝于口,而醉。战既罢,共王欲复战,令人召司马子反,司马子反辞以心疾。共王驾而自往,入其幄中,闻酒臭而还,曰:"今日之战,不谷亲伤⑤。所恃者,司马也,而司马又醉如此,是亡楚国之社稷而不恤吾众也⑥。不谷无与复战矣。"于是还师而去,斩司马子反以为大戮⑦。故竖谷阳之进酒,不以仇子反也⑧,其心忠爱之而适足以杀之⑨。故曰:行小忠,则大忠之贼也。

[注释]①奚:疑问词,何。 ②昔者:以前。楚共王:春秋时期楚国君主,公元前590~前560年在位。晋厉公:春秋时期晋国君主,公元前580~前573年在位。鄢陵:郑国地名,在今河南省鄢陵县西北。公元前575年晋楚两国在鄢陵大战,楚国战败。 ③司马之反:即楚公子侧。司马为官名。子反是公子侧的字。 ④甘:甜美。此为动词,觉得酒味甜美,引申为嗜酒。 ⑤不谷:春秋时期君主们的自称。 ⑥亡:通"忘";恤:体恤。 ⑦大戮:古时的酷刑,即陈尸示众。 ⑧仇:仇恨。 ⑨适:刚好、恰恰。


奚谓顾小利?昔者晋献公欲假道于虞以伐虢①。荀息曰:"君其以垂棘之璧与屈产之乘②,赂虞公,求假道焉,必假我道。"君曰:"垂棘之璧,吾先君之宝也;屈产之乘,寡人之骏马也。若受吾币不假之道③,将奈何?"荀息曰:"彼不假我道,必不敢受我币。若受我币,而假我道,则是宝犹取之内府而藏之外府也④,马犹取之内厩而著之外厩也。君勿忧。"君曰:"诺。"乃使荀息以垂棘之璧与屈产之乘赂虞公而求假道焉。虞公贪利其璧与马,而欲许之⑤。宫之奇谏曰⑥:"不可许。夫虞之有虢也,如车之有辅⑦。辅依车,车亦依辅,虞、虢之势正是也。若假之道,则虢朝亡而虞夕从之矣。不可,愿勿许。"虞公弗听,遂假之道。荀息伐虢之还,反处三年⑧,兴兵伐虞,又克之。荀息牵马操璧而报献公,献公说曰:"璧则犹是也。虽然,马齿亦益长矣。"故虞公之兵殆而地削者⑨,何也?爱小利而不虑其害⑩。故曰:顾小利,则大利之残也。

[注释]①晋献公:春秋时期晋国国君,公元前676~前651年在位。假道:借道。虞、虢:春秋时期的诸侯国。 ②荀息:晋国的大夫;垂棘之璧:晋国的垂棘所出产的美玉;屈产之乘:屈产所盛产的宝马。乘,原指四匹马拉的车,此指马。 ③币:财宝,此指礼物。 ④是:代词,这。 ⑤贪利:利,以为得利,亦贪婪之意。 ⑥宫之奇:虞国的大夫。 ⑦辅:辐辏。 ⑧反:通"返";处:停。 ⑨殆:危险;削:侵削。 ⑩不虑其害:不考虑它的危害。

奚谓行僻?昔者楚灵王为申之会①,宋太子后至,执而囚之②;狎徐君③;拘齐庆封④。中射士谏曰:"合诸侯不可无礼⑤,此存亡之机也⑥。昔者桀为有戎之会而有缗叛之⑦,纣为黎丘之蒐而戎狄叛之⑧,由无礼也⑨。君其图之。"君不听,遂行其意。居未期年⑩,灵王南游,群臣从而劫之。灵王饿而死乾溪之上。故曰:行僻自用,无礼诸侯,则亡身之至也。

[注释]①楚灵王:春秋时期楚国君主,公元前540~前529年在位。申:春秋时期国名,在今河南省南阳北。 ②执:抓获。囚:关押。 ③狎:戏谑、侮辱。 ④拘:拘押。庆封:春秋时期齐国大夫,在齐国专政,引起内乱,逃至鲁国,后又逃至吴国,被楚灵王擒杀。 ⑤中射士:王宫内的侍卫。合:会合。 ⑥机:关键。 ⑦有戎:上古国名,在今山东济宁附近;有缗:上古部落名,今山东金乡县南。 ⑧黎丘之蒐:黎丘,地名;蒐(sōu),春天围猎。 ⑨由:由于、因为。 ⑩期(jī)年:一周年。

奚谓好音?昔者卫灵公将之晋①,至濮水之上,税车而放马②,设舍以宿③。夜分,而闻鼓新声者而说之④。使人问左右,尽报弗闻。乃召师涓而告之⑤,曰:"有鼓新声者,使人问左右,尽报弗闻。其状似鬼神,子为我听而写之⑥。"师涓曰:"诺。"因静坐抚琴而写之。师涓明日报曰:"臣得之矣,而未习也⑦,请复一宿习之。"灵公曰:"诺。"因复留宿。明日而习之,遂去之晋。晋平公觞之于施夷之台⑧。酒酣,灵公起曰:"有新声,愿请以示。"平公曰:"善"。乃召师涓,令坐师旷之旁⑨,援琴鼓之⑩。未终,师旷抚止之⑪,曰:"此亡国之声,不可遂也⑫。"平公曰:"此道奚出⑬?"师旷曰:"此师延之所作,与纣为靡靡之乐也⑭。及武王伐纣,师延东走,至于濮水而自投。故闻此声者,必于濮水之上。先闻此声者,其国必削,不可遂。"平公曰:"寡人所好者,音也,子其使遂之。"师涓鼓究之⑮。平公问师旷曰:"此所谓何声也?"师旷曰:"此所谓清商也⑯。"公曰:"清商固最悲乎?"师旷曰:"不如清徵⑰。"公曰:"清徵可得而闻乎?"师旷曰:"不可。古之听清徵者,皆有德义之君也。今吾君德薄,不足以听。"平公曰:"寡人之所好者,音也,愿试听之。"师旷不得已,援琴而鼓。一奏之,有玄鹤二八,道南方来⑱,集于郎门之垝⑲;再奏之,而列。三奏之,延颈而鸣⑳,舒翼而舞,音中宫商之声㉑,声闻于天。平公大说㉒,坐者皆喜。平公提觞而起为师旷寿㉓,反坐而问曰㉔:"音莫悲于清徵乎?"师旷曰:"不如清角㉕。"平公曰:"清角可得而闻乎?"师旷曰:"不可。昔者黄帝合鬼神于西泰山之上㉖,驾象车而六蛟龙㉗,毕方并辖㉘,蚩尤居前㉙,风伯进扫㉚,雨师洒道㉛,虎狼在前,鬼神在后,腾蛇伏地,凤皇覆上㉜,大合鬼神,作为清角。今主君德薄,不足听之。听之,将恐有败。"平公曰:"寡人老矣,所好者音也,愿遂听之㉝。"师旷不得已而鼓之。一奏,而有玄云从西北方起㉞;再奏之,大风至,大雨随之,裂帷幕㉟,破俎豆㊱,隳廊瓦㊲。坐者散走,平公恐惧,伏于廊室之间。晋国大旱,赤地三年。平公之身遂癃病㊳。故曰:不务听治,而好五音不已,则穷身之事也。

[注释]①之:到。 ②税:通"脱",卸下。 ③舍:住所。 ④鼓:弹奏;说:通"悦"。 ⑤师涓:卫灵公的乐师。 ⑥写:记录,此指录乐谱。 ⑦习:熟悉。 ⑧晋平公(?~公元前552年):姬姓,名彪,春秋时期晋国君主。觞:本为酒器,此指以酒款待,即宴请之意。施夷:台名,宫名,或认为即虒祁之宫。 ⑨师旷:晋国的宫廷乐师。 ⑩援:拿过来。 ⑪抚:轻按。 ⑫遂:竟。此指演奏完。 ⑬道:犹"言"。 ⑭师延:商纣王的乐师。靡靡:奢侈,奢华。 ⑮究:竟。 ⑯清商:古时音节、音调名。古时以宫、商、角、徵(zhǐ)、羽为"五音"作为音阶。清,纯正。清商,即纯正的商音。 ⑰清徵(zhǐ):见"清商"。 ⑱道:由。 ⑲堍(guǐ):即后世所谓"屋山",俗称屋脊。 ⑳延颈:伸长脖子。 ㉑中(zhòng):合。 ㉒说:通"悦"。 ㉓寿:祝酒。 ㉔反:通"返"。 ㉕清角:见"清商"。 ㉖合:会合,此指祭祀。 ㉗象车:用象牙装饰的车;六蛟龙:用六条蛟龙驾车。 ㉘毕方:神名;并锗:指护卫在车旁。锗,通"辖",车轴两端防止车轮滑落的挡铁(插销),此指车的两旁。 ㉙蚩尤:古代东夷的领袖,此指传说中的战神。 ㉚风伯:风神。 ㉛雨师:雨神。 ㉜腾蛇:传说中的神蛇。凤皇:即"凤凰",传说中的鸟神。 ㉝遂:能够。 ㉞玄云:黑云。 ㉟裂:撕裂。 ㊱俎(zǔ)豆:古代的祭器。 ㊲隳:毁坏。 ㊳癃病:疲病,即瘫痪。

奚谓贪愎?昔者智伯瑶率赵、韩、魏而伐范、中行①,

灭之。反归②,休兵数年。因令人请地于韩③。韩康子欲勿与,段规谏曰④:"不可不与也。夫知伯之为人也,好利而鸷愎⑤。彼来请地而弗与,则移兵于韩必矣。君其与之⑥。与之,彼狃⑦,又将请地他国。他国且有不听,不听,则知伯必加之兵。如是,韩可以免于患而待其事之变。"康子曰:"诺。"因令使者致万家之县一于知伯⑧。知伯说⑨,又令人请地于魏。宣子欲勿与,赵葭谏曰:"彼请地于韩,韩与之。今请地于魏,魏弗与,则是魏内自强,而外怒知伯也⑩。如弗予,其措兵于魏必矣。"宣子诺。因令人致万家之县一于知伯。知伯又令人之赵,请蔡、皋狼之地,赵襄子弗与。知伯因阴约韩、魏将以伐赵⑪。襄子召张孟谈而告之曰:"夫知伯之为人也,阳规而阴疏⑫。三使韩、魏而寡人不与焉,其措兵于寡人必矣⑬。今吾安居而可?"张孟谈曰:"夫董阏于⑭,简主之才臣也⑮,其治晋阳,而尹铎循之⑯,其馀教犹存⑰,君其定居晋阳而已矣。"君曰:"诺。"乃召延陵生⑱,令将军车骑先至晋阳⑲,君因从之。君至,而行其城郭及五官之藏⑳。城郭不治,仓无积粟,府无储钱,库无甲兵,邑无守具㉑。襄子惧,乃召张孟谈曰:"寡人行城郭及五官之藏,皆不备具,吾将何以应敌?"张孟谈曰:"臣闻圣人之治,藏于臣,不藏于府库,务修其教,不治城郭。君其出令,令民自遗三年之食㉒,有馀粟者入之仓㉓;遗三年之用,有馀钱者入之府;遗有奇人者使治城郭之缮㉔。"君夕出令,明日,仓不容粟,府无积钱,库不受甲兵㉕。居五日而城郭已治,守备已具。君召张孟谈而问之曰:"吾城郭已治,守备已具,钱粟已足,甲兵有馀。吾奈无箭何？"张孟谈曰："臣闻董子之治晋阳也，公宫之垣皆以荻蒿楛楚墙之㉖，其高至于丈，君发而用之。"有馀箭矣。于是发而试之，其坚则虽箘簳之劲弗能过也㉗。君曰："吾箭已足矣，奈无金何？"张孟谈曰："臣闻董子之治晋阳也，公宫、公舍之堂，皆以炼铜为柱质㉘。君发而用之。"于是发而用之，有馀金矣。号令已定，守备已具。三国之兵果至。至则乘晋阳之城㉙，遂战。三月弗能拔。因舒军而围之㉚，决晋阳之水以灌之。围晋阳三年。城中巢居而处㉛，悬釜而炊㉜，财食将尽，士大夫羸病㉝。襄子谓张孟谈曰："粮食匮，财力尽，士大夫羸病，吾恐不能守矣！欲以城下㉞，何国之可下？"张孟谈曰："臣闻之：'亡弗能存，危弗能安，则无为贵智矣㉟'。君失此计者。臣请试潜行而出，见韩、魏之君。"张孟谈见韩、魏之君曰："臣闻：'唇亡齿寒'，今知伯率二君而伐赵，赵将亡矣。赵亡，则二君为之次㊱。"二君曰："我知其然也。虽然㊲，知伯之为人也，粗中而少亲㊳。我谋而觉㊴，则其祸必至矣。为之奈何？"张孟谈曰："谋出二君之口而入臣之耳，人莫之知也。"二君因与张孟谈约三军之反㊵，与之期日㊶。夜遣孟谈入晋阳，以报二君之反。襄子迎孟谈而再拜之，且恐且喜。二君以约遣张孟谈，因朝知伯而出㊷，遇智过于辕门之外㊸。智过怪其色㊹，因入见知伯曰："二君貌将有变。"君曰："何如？"曰："其行矜而意高㊺，非他时之节也，君不如先之㊻。"君曰："吾与二主约谨矣㊼，破赵而三分其地㊽，寡人所以亲之，必不侵欺㊾。兵之著于晋阳三年，今旦暮将拔之而向其利㊿，何乃将有他心？必不然。子释勿忧㉛,勿出于口。"明旦,二主又朝而出,复见智过于辕门。智过入见曰:"君以臣之言告二主乎?"君曰:"何以知之?"曰:"今日二主朝而出,见臣而其色动,而视属臣㉜。此必有变,君不如杀之。"君曰:"子置勿复言㉝。"智过曰:"不可,必杀之。若不能杀,遂亲之㉞。"君曰:"亲之奈何?"智过曰:"魏宣子之谋臣曰赵葭,韩康子之谋臣曰段规,此皆能移其君之计㉟。君与其二君约:破赵国,因封二子者各万家之县一。如是,则二主之心可以无变矣。"知伯曰:"破赵而三分其地,又封二子者各万家之县一,则吾所得者少。不可。"智过见其言之不听也,出,因更其族为辅氏㊱。至于期日之夜,赵氏杀其守堤之吏而决其水灌知伯军。知伯军救水而乱,韩、魏翼而击之㊲,襄子将卒犯其前㊳,大败知伯之军而擒知伯。知伯身死军破,国分为三,为天下笑。故曰:贪愎好利,则灭国杀身之本也。

[**注释**]①智伯瑶:春秋时期晋国六家贵族之一。公元前458年,他率赵、韩、魏三家灭掉了范、中行(háng)二家。 ②反:通"返"。 ③请地:请求割地。 ④段规:韩康子的家臣。 ⑤骜愎:傲慢而刚愎自用。 ⑥其:语气词;与之:给予他。 ⑦狃(niǔ):习惯成性。 ⑧万家之县:拥有一万户人的县。 ⑨说:通"悦"。 ⑩内自强:对内自恃强大;怒:激怒。 ⑪阴约:暗中邀约。 ⑫阳规而阴疏:表面亲善而实际上疏远。规,当为"亲"之误。 ⑬措兵:加兵。 ⑭董阏于:赵襄子的父亲赵简子的家臣。智伯怕董阏于对自己不利,威逼赵简子迫其自杀。 ⑮简主:即赵简子,赵襄子之父。 ⑯尹铎:赵襄子的家臣。循:承袭。 ⑰馀教犹存:指董阏于治理晋阳的正教还得以保存和继承下来。 ⑱延陵生:赵襄子的家臣。 ⑲将军:将,率领,军为衍字。 ⑳行:视察。五官之藏:指府库积蓄。 ㉑守具:守备的器物。 ㉒遗:留。 ㉓入:上缴。 ㉔奇(jī):多余。缮:修缮。 ㉕无积钱:当作"不

容钱";不受:接纳不下。　㉖荻、蒿、楛、楚:四种植物。墙之:筑墙。　㉗虽:即使;菌幹:一种非常坚硬的竹子。　㉘公宫、公舍:分别指君主和官吏的住所。质:支柱下面的基石,又称柱楚石。晋阳的柱楚石均由青铜铸成。㉙乘:登城、攻城。　㉚舒:散开。　㉛处:居住。　㉜釜:锅。　㉝羸病:瘦弱多病。　㉞下:此指投降。　㉟贵智:以智谋之士为贵。　㊱次:第二,指下一个目标。　㊲虽然:即使如此。　㊳粗中:内心暴戾。　㊴觉:发觉。㊵反:倒戈。　㊶期日:约定日期。　㊷遣:送(走);因:于是。　㊸智过:晋国大夫,智伯的族人。辕门:军营的正门。　㊹怪其色:奇怪二人的神色。㊺行矜:指举止自大;意高:态度傲慢。　㊻节:气概;先之:提前准备。㊼谨:缜密。　㊽三分:一分为三。　㊾侵欺:欺瞒。　㊿向:通"飨"。
51释:放心。　52色动:神色变幻;视属(zhǔ):盯着看。属,通"瞩"。
53置:放下。　54亲:亲善。　55移:改变。此指能够左右和影响。　56更:改。　57翼而击之:从两侧出击。　58犯:进攻。

　　奚谓耽于女乐?昔者戎王使由余聘于秦①,穆公问之曰:"寡人尝闻道而未得目见之也②,愿闻古之明主得国失国何常以③?"由余对曰:"臣尝得闻之矣④,常以俭得之,以奢失之。"穆公曰:"寡人不辱而问道于子⑤,子以俭对寡人何也?"由余对曰:"臣闻昔者尧有天下,饭于土簋⑥,饮于土铏⑦。其地南至交趾,北至幽都,东西至日月之所出入者,莫不宾服。尧禅天下⑧,虞舜受之,作为食器⑨,斩山木而财之⑩,削锯修其迹⑪,流漆墨其上⑫,输之于宫以为食器。诸侯以为益侈,国之不服者十三⑬。舜禅天下而传之于禹,禹作为祭器,墨漆其外,而朱画其内⑭,缦帛为茵⑮,蒋席颇缘⑯,觞酌有采⑰,而樽俎有饰⑱。此弥侈矣,而国之不服者三十三。夏后氏没,殷人受之,作为大路⑲,而建九旒⑳,食器雕琢,觞酌刻镂㉑,四壁垩墀㉒,茵席雕文㉓。此弥侈矣,而国之不服者五十三。君子皆知文章矣㉔,而欲服者弥少。臣故曰:俭其道也。"由余出,公乃召内史廖而告之,曰:"寡人闻'邻国有圣人,敌国之忧也。'今由余,圣人也,寡人患之,吾将奈何?"内史廖曰:"臣闻戎王之居,僻陋而道远,未闻中国之声。君其遗之女乐㉕,以乱其政,而后为由余请期㉖,以疏其谏㉗。彼君臣有间而后可图也㉘。"君曰:"诺。"乃使史廖以女乐二八遗戎王,因为由余请期㉙。戎王许诺,见其女乐而说之㉚,设酒张饮,日以听乐,终岁不迁,牛马半死。由余归,因谏戎王,戎王弗听,由余遂去之秦。秦穆公迎而拜之上卿,问其兵势与其地形。既以得之㉛,举兵而伐之,兼国十二,开地千里。故曰:耽于女乐,不顾国政,则亡国之祸也。

[注释]①由余:春秋时期晋国人,流亡到戎为臣,曾出使秦国,受秦穆公重用。聘:访问,出使。 ②道:治国的原则。 ③何常以:通常是因为什么。以,因为、由于。 ④尝:曾经。 ⑤不辱而问道:不耻下问之意。 ⑥尧:我国原始社会末期部落联盟的首领。儒家传说中的贤明君主。土簋(guǐ):陶制的簋。簋,盛饭的器皿。 ⑦土铏:陶制的铏(xíng)。铏:盛羹的器皿。 ⑧禅(shàn):禅让。 ⑨虞舜:尧的继承人,与尧合称尧舜。作为:制作。 ⑩财之:作为材料。财,通"材"。 ⑪削锯修其迹:用刀和锯加以修葺、打磨。 ⑫流漆墨其上:用彩漆油漆。 ⑬国之不服者十三:不服的国家有十三个。 ⑭画:装饰。 ⑮缦帛:素面的丝织品;茵:坐垫。 ⑯蒋席:一种用蒋草编制的席子;颇缘:用斜的花边作装饰。 ⑰觞酌:酒杯、酒勺之类的器皿;有采:有彩色的装饰。 ⑱樽俎:盛酒器皿和祭祀的礼器。 ⑲大路:大车,指国君乘坐的大车。路,通"辂"。 ⑳建九旒:竖起九旒的大旗。旒(liú):旗上的飘带。 ㉑刻镂:雕花。 ㉒白壁垩墀(è chí):用白色的涂料装饰墙壁和台阶。垩,白色土;墀:台阶。 ㉓文:通"纹",花纹。 ㉔文章:纹彩。 ㉕遗(wèi):赠送。 ㉖请期:指向戎王请求推迟由余的归期。 ㉗疏其谏:疏远

他和由余,使他不能接受由余的劝谏。 ㉘问:隔阂。 ㉙因:于是。 ㉚说:通"悦"。 ㉛以:通"已"。

奚谓离内远游?昔者田成子游于海而乐之。号令诸大夫曰:"言归者死。"颜涿聚曰①:"君游海而乐之,奈臣有图国者何②?君虽乐之,将安得。"田成子曰:"寡人布令曰'言归者死'③,今子犯寡人之令。"援戈将击之④。颜涿聚曰:"昔桀杀关龙逢而纣杀王子比干⑤,今君虽杀臣之身以三之可也⑥。臣言为国,非为身也。"延颈而前曰⑦:"君击之矣!"君乃释戈趣驾而归⑧。至三日,而闻国人有谋不内田成子者矣⑨。田成子所以遂有齐国者⑩,颜涿聚之力也。故曰:离内远游,则危身之道也。

[注释]①颜涿聚:齐国大臣。 ②图:图谋。 ③布:颁布、发布。 ④援:拿起。 ⑤关龙逢:夏桀的大臣。王子比干:商纣王的叔父。 ⑥三之:指关龙逢、王子比干,加上颜涿聚自己凑成三个人。 ⑦延颈:伸长脖子。 ⑧趣:通"趋",赶紧。 ⑨内:纳。 ⑩遂:通"卒",终于。

奚谓过而不听于忠臣?昔者齐桓公九合诸侯①,一匡天下,为五伯长,管仲佐之②。管仲老,不能用事,休居于家。桓公从而问之曰③:"仲父家居有病,即不幸而不起,政安迁之④?"管仲曰:"臣老矣,不可问也。虽然⑤,臣闻之,知臣莫若君,知子莫若父。君其试以心决之⑥。"君曰:"鲍叔牙何如⑦?"管仲曰:"不可。鲍叔牙为人,刚愎而上悍⑧。刚则犯民以暴,愎则不得民心,悍则下不为用。其心不惧⑨,非霸者之佐也。"公曰:"然则竖刁何如⑩?"管仲曰:"不可。夫人之情莫不爱其身。公妒而好内,竖刁自獖以为治内⑪。其身不爱,又安能爱君?"公曰:"然则卫公子开方何如⑫?"管仲曰:"不可。齐、卫之间不过十日之行⑬,开方为事君,欲适君之故⑭,十五年不归见其父母,此非人情也。其父母之不亲也,又能亲君乎?"公曰:"然则易牙何如⑮?"管仲曰:"不可。夫易牙为君主味⑯。君之所未尝食唯人肉耳,易牙蒸其子首而进之,君所知也。人之情莫不爱其子,今蒸其子以为膳于君⑰,其子弗爱,又安能爱君乎?"公曰:"然则孰可⑱?"管仲曰:"隰朋可⑲。其为人也,坚中而廉外,少欲而多信。夫坚中,则足以为表⑳;廉外,则可以大任㉑;少欲,则能临其众;多信,则能亲邻国。此霸者之佐也,君其用之。"君曰:"诺。"居一年馀,管仲死,君遂不用隰朋而与竖刁㉒。刁莅事三年㉓,桓公南游堂阜,竖刁率易牙、卫公子开方及大臣为乱。桓公渴馁而死南门之寝公守之室㉔,身死三月不收,虫出于户。故桓公之兵横行天下,为五伯长,卒见弑于其臣㉕,而灭高名,为天下笑者,何也?不用管仲之过也。故曰:过而不听于忠臣,独行其意,则灭其高名为人笑之始也。

[注释]①齐桓公:春秋时期齐国君主,公元前685~前643年在位。春秋五霸之一。九合诸侯:多次会盟诸侯。九,指多次。 ②管仲:齐桓公的相。任职期间进行内政改革,辅助齐桓公完成霸业,被齐桓公尊为"仲父"。③从:随从,此指上门求教。 ④迁:移交。指管仲的相位将移交给谁。⑤虽然:即便如此。 ⑥以心决之:按照自己的心意决定。 ⑦何如:如何。⑧上悍:崇尚凶悍。 ⑨惧:畏惧,此指敬畏。 ⑩竖刁:齐桓公的年轻侍从,名刁。竖,近臣侍从。 ⑪自獖:自宫。獖,阉割;治内:治理宫内。 ⑫开方:卫国公子,仕于齐国,受到齐桓公宠信。桓公死后,与易牙、竖刁共立公子

无诡,导致齐国大乱。 ⑬十日之行:不过十日的路程,指两国距离很近。 ⑭适:适应,此指迎合。 ⑮易牙:齐桓公的近臣。 ⑯主味:主管饮食。 ⑰膳:菜肴。 ⑱孰:谁。 ⑲隰(xí)朋:春秋时期齐国大夫。 ⑳坚中:内心坚贞;表:表率。 ㉑廉外:行为廉洁。 ㉒与:给予,此指任用。 ㉓莅事:管理政事,此指任职。 ㉔馁:饿。南门之寝、公守之室:指寝宫的守卫室。 ㉕见弑:被杀。

奚谓内不量力?昔者秦之攻宜阳①,韩氏急。公仲朋谓韩君曰②:"与国不可恃也③,岂如因张仪为和于秦哉④!因赂以名都而南与伐楚⑤,是患解于秦而害交于楚也⑥。"公曰:"善。"乃警公仲之行⑦,将西和秦。楚王闻之,惧,召陈轸而告之曰⑧:"韩朋将西和秦,今将奈何?"陈轸曰:"秦得韩之都一,驱其练甲⑨,秦、韩为一以南乡楚⑩,此秦王之所以庙祠而求也⑪,其为楚害必矣。王其趣发信臣⑫,多其车,重其币,以奉韩曰:'不谷之国虽小,卒已悉起⑬,愿大国之信意于秦也⑭。因愿大国令使者入境视楚之起卒也。'"韩使人之楚⑮,楚王因发车骑,陈之下路⑯,谓韩使者曰:"报韩君,言弊邑之兵今将入境矣。"使者还报韩君,韩君大悦,止公仲。公仲曰:"不可。夫以实害我者,秦也;以名救我者,楚也。听楚之虚言而轻诬强秦之实祸,则危国之本也。"韩君弗听。公仲怒而归,十日不朝。宜阳益急⑰,韩君令使者趣卒于楚⑱,冠盖相望而卒无至者⑲。宜阳果拔,为诸侯笑。故曰:内不量力,外恃诸侯者,则国削之患也。

[注释]①宜阳:韩地名。 ②公仲朋:韩宣惠王的相。 ③与国:联盟国。 ④因:凭借、依靠。张仪:战国时期著名的纵横家。魏公族庶子,后入

秦,得秦惠文王重用,官至相国。以连横智策破六国合纵攻秦之计。因功封武信君。惠文王死后,遭谗出走,曾入魏为相。不久死去。　⑤南与:向南参与讨伐楚国。　⑥交于:加给。　⑦警:通"儆",慎重。　⑧陈轸:战国时期的游说之士。曾与张仪俱事秦惠文王,张仪为相后,陈轸奔楚,在楚国亦未得到重用,又曾复出使秦,为惠文王献计削弱韩、魏。　⑨练甲:精锐的甲士。⑩乡:通"向"。　⑪庙祠:在宗庙祭祀,此指祈祷。　⑫趣:通"趋",立即。⑬悉起:全部动员起来准备发兵(救韩)。　⑭信:通"申",表明。　⑮之:到。　⑯陈:排列、排阵。　⑰益急:越发危急。　⑱趣:通"促",催促。⑲卒:终于。

　　奚谓国小无礼?昔者晋公子重耳出亡①,过于曹,曹君袒裼而观之②。釐负羁与叔瞻侍于前③。叔瞻谓曹君曰:"臣观晋公子,非常人也。君遇之无礼,彼若有时反国而起兵④,即恐为曹伤⑤,君不如杀之。"曹君弗听。釐负羁归而不乐,其妻问之曰:"公从外来而有不乐之色,何也?"负羁曰:"吾闻之,有福不及,祸来连我。今日吾君召晋公子,其遇之无礼。我与在前,吾是以不乐。"其妻曰:"吾观晋公子,万乘之主也;其左右从者,万乘之相也。今穷而出亡过于曹⑥,曹遇之无礼。此若反国,必诛无礼,则曹其首也⑦。子奚不先自贰焉⑧。"负羁曰:"诺。"乃盛黄金于壶,充之以餐,加璧其上,夜令人遗公子⑨。公子见使者,再拜,受其餐而辞其璧⑩。公子自曹入楚,自楚入秦。入秦三年,秦穆公召群臣而谋曰:"昔者晋献公与寡人交,诸侯莫弗闻⑪。献公不幸离群臣,出入十年矣⑫。嗣子不善,吾恐此将令其宗庙不拔除而社稷不血食也⑬。如是弗定,则非与人交之道⑭。吾欲辅重耳而入之晋,何如?"群臣皆曰："善。"公因起卒,革车五百乘,畴骑二千⑮,步卒五万,辅重耳入之于晋,立为晋君。重耳即位三年,举兵而伐曹矣。因令人告曹君曰:"悬叔瞻而出之,我且杀而以为大戮⑯。"又令人告釐负羁曰:"军旅薄城⑰,吾知子不违也⑱。其表子之间⑲,寡人将以为令,令军勿敢犯。"曹人闻之,率其亲戚而保釐负羁之间者七百馀家⑳。此礼之所用也。故曹,小国也,而迫于晋、楚之间,其君之危犹累卵也㉑,而以无礼莅之㉒,此所以绝世也。故曰:国小无礼,不用谏臣,则绝世之势也。

[注释]①重耳:晋献公庶子,继位后称晋文公。 ②曹君:指曹共公。祖裼(tǎn xī):脱衣袒露上身。 ③釐负羁、叔瞻:曹国大臣。 ④反:通"返"。 ⑤伤:害。 ⑥穷:窘迫。出亡:外出逃亡。 ⑦首:首要,指曹国将首当其冲。 ⑧先自贰:事先为自己寻找第二条退路。 ⑨遗(wèi):赠送。 ⑩辞:谢绝。 ⑪莫弗闻:没有不知道的。 ⑫出入:上下。 ⑬拔除:拔,当为"祓"之误,祓除,扫除;血食:指用牺牲祭祀,不血食,意指亡国。 ⑭交:结交。 ⑮畴骑:同一规格的马匹。畴,同等,此指同样精良的骑兵。 ⑯大戮:陈尸示众。 ⑰薄:迫近。 ⑱不违:不违背(我的意愿)。 ⑲表:做标记。间:(居住的)里巷。 ⑳保:寻求保护。 ㉑累卵:累起来的蛋,形容非常危险。 ㉒莅:临,指危急来临。

# 孤愤第十一

　　智术之士①,必远见而明察,不明察,不能烛私②;能法之士③,必强毅而劲直,不劲直,不能矫奸④。人臣循令而从事⑤,案法而治官⑥,非谓重人也。重人也者⑦,无令而擅为,亏法以利私⑧,耗国以便家⑨,力能得其君⑩,此所为重人也。智术之士明察,听用,且烛重人之阴情⑪;能法之士劲直听用,且矫重人之奸行。故智术能法之士用,则贵重之臣必在绳之外矣⑫。是智法之士与当涂之人⑬,不可两存之仇也⑭。

　　[注释]①智术之士:有智谋、通治术之士。　②烛私:洞察奸私。　③能法之士:有才能、懂法律之士。　④矫奸:纠正奸邪。　⑤循令:遵循法令。　⑥案法:案,通"按",按照法律;治官:履行本职职责。　⑦重人:当权的重臣。　⑧亏:损害。　⑨便家:利于私家;谋求私家的利益。　⑩得其君:控制君主。　⑪烛:照亮,此指洞察、识破之意。　⑫绳之外:法律准绳(的许可)之外,指重臣也会受到法律的约束。绳,木工用以取直的墨线,此指法则。　⑬当涂之人:当权者。涂,通"途",此指仕途。　⑭仇:仇敌,指势不两立的对立面。

　　当涂之人擅事要,则外内为之用矣①。是以诸侯不因②,则事不应③,故敌国为之讼④;百官不因,则业不进,故群臣为之用;郎中不因,则不得近主,故左右为之匿⑤;学士不因,则养禄薄礼卑⑥,故学士为之谈也。此四助者,邪臣之所以自饰也。重人不能忠主而进其仇,人主不能越四助而烛察其臣,故人主愈弊而大臣愈重⑦。

[注释]①外内:指国内外的势力。 ②因:凭借、依靠。 ③应:应承。 ④讼:通"颂",赞扬、称颂。 ⑤郎中:宫中的侍卫,此指君主左右的近臣;匿:此指包庇、隐瞒。 ⑥养、禄:二字当有一字为衍字。 ⑦弊:通"蔽",蒙蔽。

凡当涂者之于人主也,希不信爱也①,又且习故②。若夫即主心③,同乎好恶,固其所自进也。官爵贵重,朋党又众,而一国为之讼。则法术之士欲干上者,非有所信爱之亲,习故之泽也④,又将以法术之言矫人主阿辟之心⑤,是与人主相反也。处势卑贱,无党孤特⑥。夫以疏远与近爱信争,其数不胜也⑦;以新旅与习故争⑧,其数不胜也;以反主意与同好恶争,其数不胜也;以轻贱与贵重争,其数不胜也;以一口与一国争⑨,其数不胜也。法术之士操五不胜之势,以岁数而又不得见⑩;当涂之人乘五胜之资,而旦暮独说于前⑪。故法术之士奚道得进⑫,而人主奚时得悟乎?故资必不胜而势不两存,法术之士焉得不危?其可以罪过诬者⑬,以公法而诛之;其不可被以罪过者⑭,以私剑而穷之⑮。是明法术而逆主上者,不戮于吏诛⑯,必死于私剑矣。朋党比周以弊主⑰,言曲以便私者⑱,必信于重人矣。故其可以攻伐借者⑲,以官爵贵之;其可借以美名者,以外权重之⑳。是以弊主上而趋于私门者,不显于官爵,必重于外权矣。今人主不合参验而行诛㉑,不待见功而爵禄㉒,故法术之士安能蒙死亡而进其说?奸邪之臣安肯乘利而退其身㉓?故主上愈卑,私门益尊。

[注释]①希:通"稀";信爱:信任宠爱。 ②习故:近习故旧。 ③即主心:迎合君主之心。 ④泽:恩泽。 ⑤阿辟:迎合邪恶。 ⑥无党孤特:没有党羽孤立无援。 ⑦数:常理。 ⑧新旅:新进之人。旅,序。 ⑨一口:一人之口。 ⑩岁数:以年岁来数,指历年也无法得到君主的召见。与下文"旦暮"(朝、晚)相对应。 ⑪说(shuì):游说、进言。 ⑫奚道得进:有什么门道得以任用。进,进身,任用之意;奚:何。 ⑬以罪过诬:用强加罪名的手段来诬陷。 ⑭被:加以,遭受。 ⑮私剑:指私人豢养的剑客;穷:尽头,此指结束生命。 ⑯戮于吏诛:死于国家的法律。吏,官吏,此指被官吏利用国家的法律诛杀。 ⑰比周:勾结。 ⑱言曲:言论不公正。 ⑲借:凭借、利用。 ⑳"其可"之间少一"不"字。外权:外交权力,指利用外国的势力。 ㉑合参验:验证是否符合实际。 ㉒爵禄:作动词用,赏赐爵禄。 ㉓乘利:利用有利之时。

夫越虽富兵强①,中国之主皆知无益于己也,曰:"非吾所得制也。"今有国者虽地广人众,然而人主壅蔽,大臣专权,是国为越也②。智不类越③,而不智不类其国,不察其类者也④。人之所以谓齐亡者,非地与城亡也,吕氏弗制而田氏用之⑤;所以谓晋亡者,亦非地与城亡也,姬氏不制而六卿专之也⑥。今大臣执柄独断,而上弗知收⑦,是人主不明也。与死人同病者,不可生也;与亡国同事者,不可存也。今袭迹于齐、晋⑧,欲国安存,不可得也。

[注释]①越:越国。 ②国为越:古人以华夏与蛮越相对立,国为越,即表示华夏之国变为蛮越之地。 ③智:通"知"。下句之"智"同此。类:类似、类同。 ④不类其国:不类似它国。类:动词。不察其类:类,名词,类别。

⑤吕氏:齐国始祖姜尚,又称吕尚,故以吕氏代称;田氏用之:指田氏代齐。
⑥姬氏:晋国始祖乃周武王之弟叔虞,姬姓;六卿专之:六卿专权。六卿指赵、韩、魏、范氏、中行和智伯六家执政的卿大夫。　⑦收:收权。　⑧袭迹:袭,承袭;迹,车辙,指重蹈齐、晋的覆辙。

凡法术之难行也,不独万乘①,千乘亦然。人主之左右不必智也②,人主于人有所智而听之③,因与左右论其言,是与愚人论智也;人主之左右不必贤也,人主于人有所贤而礼之,因与左右论其行,是与不肖论贤也。智者决策于愚人,贤士程行于不肖④,则贤智之士羞而人主之论悖矣⑤。人臣之欲得官者,其修士且以精洁固身⑥,其智士且以治辩进业⑦。其修士不能以货赂事人,恃其精洁而更不能以枉法为治⑧,则修智之士不事左右、不听请谒矣。人主之左右,行非伯夷也⑨,求索不得,货赂不至,则精辩之功息⑩,而毁诬之言起矣。治乱之功制于近习⑪,精洁之行决于毁誉⑫,则修智之吏废,而人主之明塞矣。不以功伐决智行,不以参伍审罪过⑬,而听左右近习之言,则无能之士在廷,而愚污之吏处官矣。

[注释]①万乘(shèng):万辆兵车,指强盛的大国。　②智:智慧。③有所智而听之:以为有智谋而听取其意见。　④程行:评定德行。程:动词,评定、衡量。　⑤论:结论;悖:谬。　⑥修士:修行之士,即有德行之人;以精洁固身:用纯正廉洁来自固其身。　⑦治辩:治理有方;进业:履行自己的职责。　⑧枉法:曲法、枉法。　⑨伯夷:商朝所分封孤竹国国君之子,与其弟叔齐互相推让君位。又相随逃往周地。因反对周武王伐商,在商朝灭亡后不食周粟而饿死在首阳山。被古人奉为德行高尚的典范。⑩精辩:指上文"精洁"、"治辩"。　⑪制于:被控制、受制。　⑫决于:决定于,由……决

定。⑬叁伍:综合考察之意。叁,比验;伍,综合。

万乘之患①,大臣太重;千乘之患,左右太信;此人主之所公患也②。且人臣有大罪,人主有大失,臣主之利与相异者也③。何以明之哉?曰:主利在有能而任官,臣利在无能而得事;主利在有劳而爵禄④,臣利在无功而富贵;主利在豪杰使能⑤,臣利在朋党用私。是以国地削而私家富,主上卑而大臣重。故主失势而臣得国,主更称蕃臣⑥,而相室剖符⑦。此人臣之所以谲主便私也⑧。故当世之重臣,主变势而得固宠者⑨,十无二三。是其故何也?人臣之罪大也。臣有大罪者,其行欺主也,其罪当死亡也。智士者远见,而畏于死亡,必不从重人矣;贤士者修廉,而羞与奸臣欺其主,必不从重臣矣,是当涂者之徒属⑩,非愚而不知患者,必污而不避奸者也⑪。大臣挟愚污之人,上与之欺主,下与之收利侵渔⑫,朋党比周⑬,相与一口⑭,惑主败法,以乱士民,使国家危削,主上劳辱⑮,此大罪也。臣有大罪而主弗禁,此大失也。使其主有大失于上,臣有大罪于下,索国之不亡者⑯,不可得也。

[注释]①患:忧患、祸患。 ②公患:共同的忧患。 ③与相:相互。 ④爵禄:作动词用,赏赐爵禄。 ⑤使能:发挥其才能。 ⑥更:改。蕃臣:即藩臣,分封的属臣。 ⑦相室:指重臣;剖符:符,指信符,是君主调动军队、任命官吏、分封领地时所使用的凭证。剖符,指代君主发号施令。 ⑧谲:(jué):欺瞒、诡诈。 ⑨主变势:指君主改变形势重新控制政权、或旧主去世新君即位;固宠:巩固恩宠。 ⑩徒属:从属。 ⑪污而不避奸:必是污秽而不避讳奸诈之徒。 ⑫侵渔:侵夺。 ⑬朋党比周:相互勾结为朋党。 ⑭一口:一致。 ⑮劳辱:劳苦、屈辱。 ⑯索:求。

# 说难第十二

　　凡说之难①:非吾知之,有以说之之难也②;又非吾辩之,能明吾意之难也;又非吾敢横失,而能尽之难也③。凡说之难,在知所说之心,可以吾说当之④。

[注释]①说(shuì):劝说、劝谏。 ②有以说之:用来劝谏君主。 ③横失:纵横驰骋而无所顾忌。失,通"佚",放肆;尽:尽意,充分表达。 ④所说之心:所劝谏的人主的心意;当:适应、迎合。

　　所说出于为名高者也①,而说之以厚利,则见下节而遇卑贱②,必弃远矣。所说出于厚利者也,而说之以名高,则见无心而远事情③,必不收矣。所说阴为厚利而显为名高者也④,而说之以名高,则阳收其身而实疏之;说之以厚利,则阴用其言显弃其身矣。此不可不察也。

[注释]①所说:指所进言的对象(君主)。 ②见:被认为。下节:志节凡下;遇:待遇。 ③远事情:远离事物的真相,指脱离实际。 ④阴:暗地里;显:表面上。

　　夫事以密成①,语以泄败。未必其身泄之也,而语及所匿之事②，如此者身危。彼显有所出事③，而乃以成他故④，说者不徒知所出而已矣，又知其所以为，如此者身危。规异事而当⑤，知者揣之外而得之⑥，事泄于外，必以为己也，如此者身危。周泽未渥也⑦，而语极知⑧，说行而有功，则德忘⑨；说不行而有败，则见疑，如此者身危。贵人有过端，而说者明言礼义以挑其恶⑩，如此者身危。贵人或得计而欲自以为功⑪，说者与知焉⑫，如此者身危。强以其所不能为⑬，止以其所不能已⑭，如此者身危。故与之论大人，则以为间己矣⑮；与之论细人⑯，则以为卖重⑰。论其所爱，则以为藉资；论其所憎，则以为尝己也⑱，径省其说⑲，则以为不智而拙之；米盐博辩⑳，则以为多而交之㉑。略事陈意，则曰怯懦而不尽；虑事广肆㉒，则曰草野而倨侮㉓。此说之难，不可不知也。

[注释]①密：机密。　②匿：隐藏。　③出事：做某件事情。　④他故：即他事。指表面上做某件事情，却想着借此来成就别的事情。　⑤规：规划、筹划；异事：特殊的事情；当：适合，合意。　⑥知者：智者；揣之外：从事情的表面来猜测。　⑦周泽未渥：君主的亲密、宠信不深厚。　⑧极知：极尽其智能。知，通"智"。　⑨德忘：忘德。指君主将忘记劝说者的功德。　⑩挑：挑明，揭露。　⑪自以为功：归功于己。　⑫与：参与。　⑬强：勉强。　⑭已：停止。　⑮间己：离间自己。　⑯细人：小人物。　⑰卖重：指卖弄权势，炫耀自己的身价。　⑱尝己：试探自己（君主）。　⑲径省：简捷，直截了当。　⑳米盐：形容琐碎。　㉑交：当为"史"之误。史，形容辞多博辩。一说，交，指交杂、驳杂之意。　㉒肆：不拘束。　㉓倨侮：粗野傲慢。

凡说之务①，在知饰所说之所矜而灭其所耻②。彼有私急也③，必以公义示而强之④。其意有下也，然而不能已⑤,说者因为之饰其美而少其不为也⑥。其心有高也,而实不能及,说者为之举其过而见其恶⑦,而多其不行也⑧。有欲矜以智能⑨,则为之举异事之同类者,多为之地⑩,使之资说于我,而佯不知也以资其智。欲内相存之言⑪,则必以美名明之⑫,而微见其合于私利也⑬。欲陈危害之事,则显其毁诽而微见其合于私患也⑭。誉异人与同行者,规异事与同计者⑮。有与同污者⑯,则必以大饰其无伤也;有与同败者,则必以明饰其无失也。彼自多其力⑰,则毋以其难概之也⑱;自勇其断,则无以其谪怒之⑲;自智其计,则毋以其败穷之⑳。大意无所拂悟㉑,辞言无所击摩㉒,然后极骋智辩焉㉓。此道所得,亲近不疑而得尽辞也㉔。

[**注释**]①务:要务、要领。 ②矜:夸耀;灭:掩盖;耻:愧疚。 ③私急:指君主私欲。 ④强:劝勉、鼓励。 ⑤不能已:不能抑制自己。 ⑥少:抱怨。 ⑦见:通"现"。 ⑧多:称赞。 ⑨矜以智能:以某种智能自夸。矜,自夸。 ⑩地:事理的依据,指多给予被劝说的一些参考。 ⑪内:通"纳",此指进献。相存之言:与下文"危害之事"对应,指建设性的、有益的建议。 ⑫明:动词,说明,表明。 ⑬微见:指暗示。 ⑭私患:君主自己的祸患。 ⑮异人:他人;同行者:(与君主有)相同行为者;同计:同样的规划。 ⑯同污:(与君主有)同样的缺点。 ⑰自多:自满、炫耀。 ⑱概:通"碍",妨碍。 ⑲谪:过失。 ⑳穷:通"窘",窘迫。 ㉑拂悟:违逆。悟,通"忤"。 ㉒击摩:排斥、抵牾。 ㉓极骋:恣意发挥。 ㉔尽辞:畅所欲言。

伊尹为宰①,百里奚为虏②,皆所以干其上也③。此二人者,皆圣人也;然犹不能无役身以进④,如此其污也⑤!今以吾言为宰虏,而可以听用而振世,此非能仕之所耻也⑥。夫旷日弥久,而周泽既渥,深计而不疑,引争而不罪⑦,则明割利害以致其功⑧,直指是非以饰其身⑨,以此相持⑩,此说之成也。

[注释]①宰:厨师。 ②虏:奴隶。 ③干:求。 ④役身以进:使役自己的身体,以求得进见君主。 ⑤污:自污身份。 ⑥能仕:指有才干的才能之士。 ⑦罪:动词,治罪、怪罪。 ⑧割:分析。 ⑨饰:通"饬",正。 ⑩相持:相待。

昔者郑武公欲伐胡①,故先以其女妻胡君以娱其意②。因问于群臣:"吾欲用兵,谁可伐者?"大夫关其思对曰:"胡可伐。"武公怒而戮之,曰:"胡,兄弟之国也。子言伐之,何也?"胡君闻之,以郑为亲己,遂不备郑。郑人袭胡,取之。宋有富人,天雨墙坏。其子曰:"不筑,必将有盗。"其邻人之父亦云。暮而果大亡其财③。其家甚智其子,而疑邻人之父。此二人说者皆当矣,厚者为戮④,薄者见疑⑤,则非知之难也,处之则难也⑥。故绕朝之言当矣⑦,其为圣人于晋,而为戮于秦也,此不可不察。

[注释]①郑武公:春秋初期郑国国君,公元前770年即位。周宣王之庶兄,郑桓公之子;胡:古国名。属东夷后裔。 ②妻:动词,嫁给。 ③亡:丢失。 ④厚:重。 ⑤见疑:被怀疑。 ⑥处:处理。 ⑦绕朝:春秋时期秦国大夫。晋国大夫士会逃亡到秦国,晋国欲设计骗其回国,被绕朝识破,建议秦康公不要送士会回国,康公不听。士会回国时,绕朝对士会说:"您不要以为秦国没有能人,只不过我的计谋不被采纳(你才被送回晋国)。"士会回国后,反诬绕朝是他的同伙,康公中了反间计,杀了绕朝。

昔者弥子瑕有宠于卫君①。卫国之法:窃驾君车者罪刖②。弥子瑕母病，人闻有夜告弥子，弥子矫驾君车以出③。君闻而贤之曰："孝哉！为母之故，忘其犯刖罪④。"异日，与君游于果园，食桃而甘，不尽，以其半啖君⑤。君曰："爱我哉！忘其口味以啖寡人。"及弥子色衰爱弛，得罪于君，君曰："是固尝矫驾吾车⑥，又尝啖我以馀桃。"故弥子之行未变于初也，而以前之所以见贤而后获罪者，爱憎之变也。故有爱于主，则智当而加亲⑦；有憎于主，则智不当见罪而加疏⑧。故谏说谈论之士，不可不察爱憎之主而后说焉。

[注释]①弥子瑕：春秋时期卫灵公嬖臣。 ②刖：动词，处以刖（断足）刑。 ③矫：假称君命。 ④亡：通"毋"。 ⑤啖（dàn）：给……吃。 ⑥固：原本。 ⑦当：合适、合意。 ⑧见罪：被怪罪。

夫龙之为虫也，柔可狎而骑也①；然其喉下有逆鳞径尺②，若人有婴之者③，则必杀人。人主亦有逆鳞，说者能无婴人主之逆鳞，则几矣④。

[注释]①狎：亲昵。 ②径尺：直径一尺。 ③婴：通"撄"，触犯。 ④几：庶几，为数不多。

# 和氏第十三

楚人和氏得玉璞楚山中①,奉而献之厉王②。厉王使玉人相之③。玉人曰:"石也。"王以和为诳④,而刖其左足。及厉王薨,武王即位。和又奉其璞而献之武王。武王使玉人相之。又曰:"石也。"王又以和为诳,而刖其右足。武王薨,文王即位。和乃抱其璞而哭于楚山之下,三日三夜,泣尽而继之以血⑤。王闻之,使人问其故,曰:"天下之刖者多矣,子奚哭之悲也?"和曰:"吾非悲刖也,悲夫宝玉而题之以石⑥,贞士而名之以诳,此吾所以悲也。"王乃使玉人理其璞而得宝焉⑦,遂命曰:"和氏之璧。"

[注释]①玉璞:玉未理者为璞,指蕴藏着宝玉的石头。 ②奉:捧。 ③相:鉴定。 ④诳:欺诳。 ⑤泣:眼泪。 ⑥题:命名。 ⑦理:治玉。

夫珠玉,人主之所急也①。和虽献璞而未美,未为王之害也,然犹两足斩而宝乃论②,论宝若此其难也!今人主之于法术也,未必和璧之急也;而禁群臣士民之私邪。然则有道者之不僇也③,特帝王之璞未献耳④。主用术,则大臣不得擅断,近习不敢卖重;官行法,则浮萌趋于耕农⑤,而游士危于战陈⑥;则法术者乃群臣士民之所祸也⑦。人主非能倍大臣之议⑧,越民萌之诽,独周乎道言也⑨,则法术之士虽至死亡,道必不论矣。

[注释]①急:急需,指急于得到。 ②乃:才;论,辩,辩明之意。 ③不僇:不被杀。僇:同"戮"。 ④特:只不过。 ⑤浮萌:指游民。浮,游也;萌,通"氓",民也;趋:向。 ⑥游士:指外出游学、谋职、求仕之人;危:危难;战陈:战场。陈,通"阵"。 ⑦所祸:视为祸患,引申为惧怕。 ⑧倍:通"背"。 ⑨周:合也。

昔者吴起教楚悼王以楚国之俗曰①:"大臣太重,封君太众②。若此,则上逼主而下虐民,此贫国弱兵之道也。不如使封君之子孙三世而收爵禄,绝灭百吏之禄秩,损不急之枝官③,以奉选练之士④。"悼王行之期年而薨矣⑤,吴起枝解于楚⑥。商君教秦孝公以连什伍,设告坐之过⑦,燔诗书而明法令,塞私门之请而遂公家之劳⑧,禁游宦之民而显耕战之士⑨。孝公行之,主以尊安,国以富强,八年而薨,商君车裂于秦。楚不用吴起而削乱⑩,秦行商君法而富强。二子之言也已当矣,然而枝解吴起而车裂商君者,何也?大臣苦法而细民恶治也⑪。当今之世,大臣贪重,细民安乱⑫,甚于秦、楚之俗,而人主无悼王、孝公之听⑬,则法术之士,安能蒙二子之危也而明己之法术哉⑭?此世所乱无霸王也。

[注释]①吴起:战国时期军事家、改革家。卫国人。先后为鲁将、魏将,魏文侯死后,在魏国遭到陷害,遂逃往楚国,为楚国令尹(相国),辅助楚悼王,

主持改革。悼王死后,遭贵族围攻终被杀害。楚悼王:战国时期楚国君主。公元前401年~前381年在位。晚年任吴起为相,变法改革,国势大振。死后吴起被杀,改革中断。　②封君:受封的贵族。　③损:减少;枝官:不紧要的闲职。一说指重臣私门内的家臣。　④奉:养也。　⑤期(jī)年:周年。⑥枝解:即肢解。　⑦连什伍:计什伍连坐。商鞅变法规定:五家为一伍,十家为一什。为基层的地方行政单位,一家犯法什伍连坐。告坐:告发犯罪。商鞅规定,一家犯法,九家告奸,否则将处以同罪之罚。　⑧遂:完成,成就;劳:功劳。　⑨显:彰显,表彰。　⑩削乱:削弱、动乱。　⑪苦法:以法为苦;细民:百姓。　⑫安乱:安于乱政。　⑬听:指善于听取大臣的智谋。⑭蒙:冒犯。也:当为衍文。

# 奸劫弑臣第十四

凡奸臣皆欲顺人主之心以取信幸之势者也①。是以主有所善，臣从而誉之；主有所憎，臣因而毁之。凡人之大体，取舍同者则相是也②，取舍异者则相非也。今人臣之所誉者，人主之所是也，此之谓同取；人臣之所毁者，人主之所非也，此之谓同舍。夫取舍合而相与逆者③，未尝闻也。此人臣之所以取信幸之道也。夫奸臣得乘信幸之势以毁誉进退群臣者④，人主非有术数以御之也，非参验以审之也⑤，必将以曩之合己信今之言⑥，此幸臣之所以得欺主成私者也。故主必蔽于上，而臣必重于下矣，此之谓擅主之臣。

[**注释**]①信幸：指君主的信任和宠幸。　②取舍：指对待事物的态度，取，指赞同；舍，指反对；相是：相互肯定。　③相与逆：相互违逆。　④得：得以，能够。进退：此指提拔或罢免官员。　⑤参验：用事实来验证。　⑥曩：以前、以往。

国有擅主之臣①，则群下不得尽其智力以陈其忠，百官之吏不得奉法以致其功矣。何以明之？夫安利者就之②,危害者去之③,此人之情也。今为臣尽力以致功,竭智以陈忠者,其身困而家贫,父子罹其害④;为奸利以弊人主⑤,行财货以事贵重之臣者,身尊家富,父子被其泽。人焉能去安利之道而就危害之处哉？治国若此其过也,而上欲下之无奸,吏之奉法,其不可得亦明矣。故左右知贞信之不可以得安利也,必曰:"我以忠信事上,积功劳而求安,是犹盲而欲知黑白之情,必不几矣⑥。若以道化行正理⑦,不趋富贵,事上而求安,是犹聋而欲审清浊之声也⑧,愈不几矣。二者不可以得安,我安能无相比周,蔽主上,为奸私以适重人哉⑨?"此必不顾人主之义矣。其百官之吏亦知方正之不可以得安也⑩,必曰:"我以清廉事上而求安,若无规矩而欲为方圆也,必不几矣;若以守法不朋党治官而求安,是犹以足搔顶也⑪,愈不几也！二者不可以得安,能无废法行私以适重人哉?"此必不顾君上之法矣。故以私为重人者众⑫,而以法事君者少矣。是以主孤于上而臣成党于下⑬,此田成之所以杀简公者也⑭。

[注释]①擅主:控制君主。 ②就:趋、从。 ③去:离开、离去。 ④罹:遭受。 ⑤弊:通"蔽",蒙蔽。 ⑥几:庶几,差不多。不几:没有希望。 ⑦道化:指法术;行正理:推行正确的原则,此指实行法术。 ⑧审:辨别。 ⑨适:迎合。 ⑩方正:刚正守法。 ⑪搔:搔痒。 ⑫为:侍奉。 ⑬成党:结党。 ⑭田成:即田成子,又称田常,齐国大臣。公元前481年,杀掉齐简公,控制齐国政权,后又取姜氏而代之,史称"田氏代齐"。简公:即齐简公。

夫有术者之为人臣也,得效度数之言①,上明主法,下困奸臣,以尊主安国者也。是以度数之言得效于前,则赏罚必用于后矣。人主诚明于圣人之术，而不苟于世俗之言②，循名实而定是非，因参验而审言辞③。是以左右近习之臣，知伪诈之不可以得安也，必曰："我不去奸私之行，尽力竭智以事主，而乃以相与比周，妄毁誉以求安④，是犹负千钧之重，陷于不测之渊而求生也，必不几矣。"百官之吏，亦知为奸利之不可以得安也，必曰："我不以清廉方正奉法，乃以贪污之心枉法以取私利，是犹上高陵之颠堕峻谿之下而求生⑤，必不几矣。"安危之道若此其明也，左右安能以虚言惑主，而百官安敢以贪渔下⑥？是以臣得陈其忠而不弊⑦，下得守其职而不怨。此管仲之所以治齐，而商君之所以强秦也。

[**注释**] ①效：进献；度数：法度、术数。　②苟：拘泥。　③循：依照；因：根据。　④妄：胡乱。　⑤峻：险峻；谿：山涧。　⑥渔：侵夺。　⑦弊：徇私舞弊。

　　从是观之，则圣人之治国也，固有使人不得不爱我之道，而不恃人之以爱为我也①。恃人之以爱为我者危矣，恃吾不可不为者安矣。夫君臣非有骨肉之亲，正直之道可以得利，则臣尽力以事主；正直之道不可以得安，则臣行私以干上②。明主知之，故设利害之道以示天下而已矣。夫是以人主虽不口教百官，不目索奸衺③，而国已治矣。人主者，非目若离娄乃为明也④，非耳若师旷乃为聪也⑤。不任其数⑥，而待目以为明，所见者少矣，非不弊之术也⑦。不因其势，而待耳以为聪，所闻者寡矣，非不欺之道也⑧。明主者，使天下不得不为己视，使天下不得不为己听。故身在深宫之中而明照四海之内,而天下弗能蔽弗能欺者,何也?暗乱之道废而聪明之势兴也。故善任势者国安⑨,不知因其势者国危。古秦之俗,君臣废法而服私,是以国乱兵弱而主卑。商君说秦孝公以变法易俗而明公道⑩,赏告奸,困末作而利本事⑪。当此之时,秦民习故俗之有罪可以得免,无功可以得尊显也,故轻犯新法⑫。于是犯之者其诛重而必⑬,告之者其赏厚而信,故奸莫不得而被刑者众⑭,民疾怨而众过日闻⑮。孝公不听,遂行商君之法。民后知有罪之必诛,而告私奸者众也,故民莫犯,其刑无所加。是以国治而兵强,地广而主尊。此其所以然者,匿罪之罚重⑯,而告奸之赏厚也。此亦使天下必为己视听之道也。至治之法术已明矣,而世学者弗知也。

[注释]①恃:依靠。爱:当作"为"。 ②干:此指侵害。 ③索:求。 ④离娄:又名离朱。传说中黄帝时人,以眼力好著称。乃:才。 ⑤师旷:春秋时期晋国著名的乐师,以善辨音律著称;聪:耳力好为聪。 ⑥任:任用;数:术数、法术。 ⑦不弊之术:不受蒙蔽的法术。 ⑧不欺之道:不受欺诳的道术。 ⑨任势:任用权势。 ⑩说(shuì):说服、进言;公道:奉公守法的治国原则。 ⑪末作:指工商业。本事:农业。利本事,指推行奖励农业的政策。 ⑫轻犯:轻易犯法,指轻视犯法之事。 ⑬必:一定执行。 ⑭被:遭受。 ⑮过:责难。 ⑯匿罪:藏匿罪过。

且夫世之愚学,皆不知治乱之情,讘䜄①多诵先古之书,以乱当世之治;智虑不足以避阱井之陷②,又妄非有术之士③。听其言者危,用其计者乱,此亦愚之至大而患之至甚者也。俱与有术之士④,有谈说之名,而实相去千万也⑤。此夫名同而实有异者也。夫世愚学之人比有术之士也,犹蚁垤之比大陵也⑥,其相去远矣。而圣人者,审于是非之实,察于治乱之情也。故其治国也,正明法,陈严刑⑦,将以救群生之乱,去天下之祸,使强不陵弱,众不暴寡,耆老得遂⑧,幼孤得长,边境不侵,君臣相亲,父子相保,而无死亡系虏之患⑨,此亦功之至厚者也。愚人不知,顾以为暴⑩。愚者固欲治而恶其所以治,皆恶危而喜其所以危者。何以知之?夫严刑重罚者,民之所恶也,而国之所以治也;哀怜百姓轻刑罚者,民之所喜,而国之所危也。圣人为法国者⑪,必逆于世⑫,而顺于道德⑬。知之者同于义而异于俗⑭;弗知之者,异于义而同于俗。天下知之者少,则义非矣。

[注释]①讘谀(zhé jiá):喋喋不休、多言妄语。 ②阱井:陷阱。 ③非:诋毁。 ④俱:一同、都。 ⑤相去:相差。 ⑥蚁垤:蚂蚁窝上的小土堆。 ⑦陈:设也。 ⑧遂:称心如意,指颐享天年。 ⑨系虏:被掳掠。 ⑩顾:反而。 ⑪为法国:即为法于国,在国内推行法治。 ⑫逆于世:违逆于世俗。 ⑬道德:指韩非所提倡的以法治国之术。德,当为"义","道义",即"道宜",指治道之宜,此指以法治国之术。 ⑭知:了解、懂得;同于义:赞同这一道理,同,赞同;俗:世俗。


处非道之位①,被众口之谮②,溺于当世之言③,而欲当严天子而求安④,几不亦难哉!此夫智士所以至死而不显于世者也。楚庄王之弟春申君,有爱妾曰余,春申君之正妻子曰甲。余欲君之弃其妻也,因自伤其身以视君而泣⑤,曰:"得为君之妾,甚幸。虽然,适夫人非所以事君也,适君非所以事夫人也。身故不肖⑦,力不足以适二主,其势不俱适,与其死夫人所者,不若赐死君前。妾以赐死,若复幸于左右⑧,愿君必察之,无为人笑。"君因信妾余之诈,为弃正妻。余又欲杀甲而以其子为后,因自裂其亲身衣之里,以示君而泣,曰:"余之得幸君之日久矣,甲非弗知也,今乃欲强戏余。余与争之,至裂余之衣,而此子之不孝,莫大于此矣!"君怒,而杀甲也。故妻以妾余之诈弃⑨,而子以之死。从是观之,父之爱子也,犹可以毁而害也⑩;君臣之相与也⑪,非有父子之亲也,而群臣之毁言,非特一妾之口也⑫,何怪夫贤圣之戮死哉!此商君之所以车裂于秦,而吴起之所以枝解于楚者也。凡人臣者,有罪固不欲诛⑬,无功者皆欲尊显。而圣人之治国也,赏不加于无功,而诛必行于有罪者也。然则有术数者之为人也,固左右奸臣之所害,非明主弗能听也。

[注释]①非道:受到非难的法术,即不正的法术。 ②被:受到;潛(zèn):诬陷。 ③溺:淹没。 ④当:面对;严:威严。 ⑤视:通"示",给……看。 ⑥适:迎合。夫人:指春申君的正妻。 ⑦故:通"固",本来、原本。 ⑧复幸于左右:指春申君再有新宠在身边(左右)。 ⑨以:因为。 ⑩毁:谗毁。 ⑪相与:相交,交往。 ⑫特:只,仅仅。 ⑬诛:被诛杀。

世之学术者说人主①,不曰:"乘威严之势以困奸衺之臣",而皆曰:"仁义惠爱而已矣"!世主美仁义之名而不察其实,是以大者国亡身死,小者地削主卑。何以明之?夫施与贫困者②,此世之所谓仁义;哀怜百姓,不忍诛罚者,此世之所谓惠爱也。夫有施与贫困,则无功者得赏;不忍诛罚,则暴乱者不止。国有无功得赏者,则民不外务当敌斩首③,内不急力田疾作④,皆欲行货财⑤,事富贵,为私善,立名誉,以取尊官厚俸。故奸私之臣愈众,而暴乱之徒愈胜,不亡何待! 夫严刑者,民之所畏也;重罚者,民之所恶也。故圣人陈其所畏以禁其衺,设其所恶以防其奸,是以国安而暴乱不起。吾以是明仁义爱惠之不足用,而严刑重罚之可以治国也。无捶策之威⑥,衔橛之备⑦,虽造父不能以服马⑧;无规矩之法,绳墨之端,虽王尔不能以成方圆⑨;无威严之势,赏罚之法,虽尧舜不能以为治。今世主皆轻释重罚严诛⑩,行爱惠,而欲霸王之功,亦不可几也。故善为主者,明赏设利以劝之⑪,使民以功赏而不以仁义赐;严刑重罚以禁之,使民以罪诛而不以爱惠免。是以无功者不望⑫,而有罪者不幸矣⑬。托于犀车良马之上⑭,则可以陆犯阪阻之患⑮;乘舟之安,持楫之利⑯,则可以水绝江河之难⑰;操法术之数,行重罚严诛,则可以致霸王之功。治国之有法术赏罚,犹若陆行之有犀车良马也,水行之有轻舟便楫也,乘之者遂得其成。伊尹得之,汤以王;管仲得之,齐以霸;商君得之,秦以强。此三人者,皆明于霸王之术,察于治强之数,而不以牵于世俗之言;适当世明主之意,则有直任布衣之士,立为卿相之处⑱;处位治国,则有尊主广地之实。此之谓足贵之臣。汤得伊尹,以百里之地立为天子;桓公得管仲,立为五霸主,九合诸侯,一匡天下;孝公得商君,地以广,兵以强。故有忠臣者,外无敌国之患,内无乱臣之忧,长安于天下,而名垂后世,所谓忠臣也。若夫豫让为智伯臣也⑲,上不能说人主使之明法术度数之理以避祸难之患,下不能领御其众以安其国;及襄子之杀智伯也,豫让乃自黔劓⑳,败其形容,以为智伯报襄子之仇。是虽有残刑杀身以为人主之名,而实无益于智伯若秋毫之末。此吾之所下也,而世主以为忠而高之。古有伯夷叔齐者,武王让以天下而弗受,二人饿死首阳之陵。若此臣者,不畏重诛,不利重赏,不可以罚禁也,不可以赏使也㉑,此之谓无益之臣也。吾所少而去也,而世主之所多而求也㉒。

[注释]①说:游说。 ②施与:施予。 ③不外务:当为"外不务"。④疾作:勤力耕作。疾,急切。 ⑤行货财:即行贿赂。 ⑥捶策:马鞭。捶,通"箠",与策同义,指竹制的马鞭。 ⑦衔橛:马嚼子。铁制的叫"衔",木制的叫"橛"。 ⑧造父:周穆王臣,善驭马。一说,春秋时期晋国人,善于驾车;服马:驾驭马。 ⑨王尔:传说中的巧匠。 ⑩轻释:轻易地放弃。 ⑪劝:劝勉、勉励。 ⑫望:奢望。 ⑬幸:希幸、侥幸。 ⑭犀:坚固。 ⑮犯:克服;阪阻:险阻。 ⑯楫:船桨。 ⑰绝:横渡。 ⑱处:位置。 ⑲若夫:至于;豫让:春秋时期晋国贵族智伯的家臣。公元前453年,赵襄子杀智伯,豫让自残毁容,伺机为智伯报仇,事败被杀。 ⑳黥:当作黥(qíng),用刀刺面再涂上墨;劓(yì):本指割鼻之刑,此指毁容。 ㉑赏使:奖励和使用。㉒少:鄙视;多:赞赏。

谚曰:"厉怜王①。"此不恭之言也。虽然,古无虚谚,不可不察也。此谓劫杀死亡之主言也②。人主无法术以御其臣③,虽长年而美材④,大臣犹将得势,擅事主断⑤,而各为其私急。而恐父兄豪杰之士,借人主之力,以禁诛于己也⑥,故弑贤长而立幼弱,废正的而立不义⑦。故《春秋》记之曰:"楚王子围将聘于郑⑧,未出境,闻王病而反⑨。因入问病,以其冠缨绞王而杀之,遂自立也。齐崔杼,其妻美,而庄公通之⑩,数如崔氏之室⑪。及公往,崔子之徒贾举率崔子之徒而攻公。公入室,请与之分国,崔子不许;公请自刃于庙⑫,崔子又不听;公乃走⑬,逾于北墙。贾举射公,中其股,公坠,崔子之徒以戈斫公而死之⑭,而立其弟景公。"近之所见:李兑之用赵也,饿主父百日而死⑮,卓齿之用齐也⑯,擢湣王之筋⑰,悬之庙梁,宿昔而死⑱。故厉虽痈肿疕疡⑲,上比于《春秋》,未至于绞颈射股也;下比于近世,未至饿死擢筋也。故劫杀死亡之君,此其心之忧惧,形之苦痛也⑳,必甚于厉矣。由此观之,虽"厉怜王"可也。

[注释]①厉怜王:厉,通"疠",恶疮。指患恶疮的人都可怜那些被弑杀的王。 ②劫杀:被臣子劫掠、杀害。 ③御:通"驭",驾驭。 ④长年而美材:年长而有才华。 ⑤主断:专断。 ⑥己:自己,此指擅事主断的大臣。 ⑦正的:正统的嫡子。不义:不适宜,指不符合宗法继承原则的庶子。 ⑧王子围:春秋时期楚共王审之子,名围,当时任楚国令尹,后自立为楚灵王。聘:出使、访问。 ⑨反:通"返"。 ⑩通:私通。 ⑪如:入。 ⑫庙:宗庙,安放祖先神位和祭祀先祖之地。 ⑬走:跑。 ⑭斫:砍。 ⑮李兑:战国时期赵国人,曾任赵国的司寇。赵王,指赵惠文王,名何,赵武灵王幼子。主父,即赵武灵王。公元前299年,赵武灵王传位给幼子何,自称主父。公元前295年,赵武灵王长子章起兵夺权,被李兑击败,章投奔住在沙丘宫的主父。李兑等围攻沙丘宫达三月之久,将赵武灵王饿死在沙丘宫。 ⑯卓齿:又名淖齿。战国时楚国将领。公元前284年,当燕军破齐后,奉楚王命,率军救齐,被流亡在莒的齐湣王任为齐相。不久杀湣王,欲与燕共分齐国宝物,被湣王臣王孙贾率莒民杀死。用:用事。 ⑰擢:抽。 ⑱宿昔:隔了一夜。 ⑲疕(bǐ):头疮;疡:溃烂。 ⑳形:身体。

# 亡征第十五

凡人主之国小而家大①,权轻而臣重者,可亡也。简法禁而务谋虑②,荒封内而恃交援者③,可亡也。群臣为学,门子好辩④,商贾外积,小民内困者,可亡也。好宫室台榭陂池⑤,事车服器玩,好罢露百姓⑥,煎靡货财者⑦,可亡也。用时日⑧,事鬼神,信卜筮而好祭祀者,可亡也。听以爵不以众言参验⑨,用一人为门户者⑩,可亡也。官职可以重求⑪,爵禄可以货得者⑫,可亡也。缓心而无成,柔茹而寡断⑬,好恶无决而无所定立者,可亡也。饕贪而无厌⑭,近利而好得者,可亡也。喜淫刑而不周于法⑮,好辩说而不求其用,滥于文丽而不顾其功者⑯,可亡也。浅薄而易见,漏泄而无藏,不能周密而通群臣之语者,可亡也。很刚而不和⑰,愎谏而好胜⑱,不顾社稷而轻为自信者,可亡也。恃交援而简近邻,怙强大之救而侮所迫之国者⑲,可亡也。羁旅侨士⑳,重帑在外㉑,上间谋计,下与民事者,可亡也。民信其相㉒,下不能其上㉓,主爱信之而弗能废者,可亡也。境内之杰不事㉔,而求封外之士,不以功伐课试㉕,而好以名问举错㉖,羁旅起贵以陵故常者㉗,可亡也。轻其适正㉘,庶子称衡㉙,太子未定而主即世者㉚,可亡也。大心而无悔㉛,国乱而自多㉜,不料境内之资而易其邻敌者㉝,可亡也。国小而不处卑,力少而不畏强,无礼而侮大邻,贪愎而拙交者㉞,可亡也。太子已置,而娶于强敌以为后妻㉟,则太子危,如是,则群臣易虑者㊱,可亡也。怯慑而弱守㊲,蚤见而心柔懦㊳,知有谓可㊴,断而弗敢行者,可亡也。出君在外而国更置,质太子未反而君易子㊵,如是则国携㊶;国携者,可亡也。挫辱大臣而狎其身㊷,刑戮小民而逆其使㊸,怀怒思耻而专习则贼生㊹,贼生者,可亡也。大臣两重㊺,父兄众强㊻,内党外援以争事势者㊼,可亡也。婢妾之言听,爱玩之智用㊽,外内悲惋而数行不法者,可亡也。简侮大臣,无礼父兄,劳苦百姓,杀戮不辜者,可亡也。好以智矫法㊾,时以行杂公㊿,法禁变易,号令数下者,可亡也。无地固,城郭恶,无畜积,财物寡,无守战之备而轻攻伐者㈠,可亡也。种类不寿㈡,主数即世,婴儿为君,大臣专制,树羁旅以为党㈢,数割地以待交者,可亡也。太子尊显,徒属众强,多大国之交,而威势蚤具者㈣,可亡也。变褊而心急㈤,轻疾而易动发㈥,心悁忿而不訾前后者㈦,可亡也。主多怒而好用兵,简本教而轻战攻者㈧,可亡也。贵臣相妒,大臣隆盛,外藉敌国㈨,内困百姓,以攻怨仇,而人主弗诛者,可亡也。君不肖而侧室贤,太子轻而庶子伉㈩,官吏弱而人民桀,如此则国躁;国躁者,可亡也。藏怒而弗发,悬罪而弗诛,使群臣阴憎而愈忧惧,而久未可知者,可亡也。出军命将太重,边地任守太尊⁶⁴,专制擅命,径为而无所请者⁶⁵,可亡也。后妻淫乱⁶⁶,主母畜秽⁶⁷,外内混通,男女无别,是谓两主;两主者,可亡也。后妻贱而婢妾贵,太子卑而庶子尊,相室轻而典谒重⁶⁸,如此则内外乖⁶⁹;内外乖者,可亡也。大臣甚贵,偏党众强,壅塞主断而重擅国者⁷⁰,可亡也。私门之官用,马府之世绌⁷¹,乡曲之善举者⁷²,可亡也。官职之劳废,贵私行而贱公功者,可亡也。公家虚而大臣实,正户贫而寄寓富⁷³,耕战之士困,末作之民利者,可亡也。见大利而不趋⁷⁴,闻祸端而不备,浅薄于争守之事,而务以仁义自饰者⁷⁵,可亡也。不为人主之孝,而慕匹夫之孝,不顾社稷之利,而听主母之令,女子用国⁷⁶,刑馀用事者⁷⁷,可亡也。辞辩而不法,心智而无术,主多能而不以法度从事者⁷⁸,可亡也。亲臣进而故人退⁷⁹,不肖用事而贤良伏,无功贵而劳苦贱,如是则下怨;下怨者,可亡也。父兄大臣禄秩过功,章服侵等⁸⁰,宫室供养太侈,而人主弗禁,则臣心无穷,臣心无穷者,可亡也。公胥公孙与民同门⁸¹,暴傲其邻者⁸²,可亡也。

[注释]①家:指卿大夫的封地。 ②简:简慢,忽视。 ③荒:荒废;交援:结交外国为援。 ④门子:门生、门客。 ⑤陂(bēi)池:池塘。陂,池岸;池,水池。 ⑥罢:通"疲"。露:当作潞,羸也,困顿之意。 ⑦煎靡:消耗挥霍。 ⑧用时日:选择良辰吉日。 ⑨听以爵:以爵听。即采纳进言者的建议,只凭他们爵位的高下。参验:相互考查检验。 ⑩门户:指言论的通道。 ⑪以重求:凭借重臣的权势求得官职。 ⑫以货得:通过贿赂来取得。货,贿赂。 ⑬缓心:不用心;柔茹:软弱怯懦。 ⑭饕(tāo)贪:贪婪,贪之甚者为饕。厌:满足。 ⑮淫刑:刑,当为"辞"之误,浮夸的言论。 ⑯文丽:文辞华丽。 ⑰很刚:乖戾而倔强。 ⑱愎谏:任性而拒绝劝谏。 ⑲怙:依仗、凭

恃。 ⑳羁旅:寄居。侨士:外国的侨民,此指外国在本国的游士,或各国的客卿。 ㉑帑(tǎng)钱财。重帑在外,指受外国重金的收买。 ㉒相:相国,此指权臣、重臣。 ㉓能:动词,以为……有才能。 ㉔不事:不任用。 ㉕功伐:功劳。 ㉖名问:名声;举错:安置,即任用之意。错,同"措"。 ㉗羁旅:指客卿;陵:凌驾;故常:旧贵。 ㉘适正:即嫡长子。正,亦嫡也。 ㉙称衡:抗衡。 ㉚即世:去世。 ㉛大心而无悔:妄自尊大而不知改悔。 ㉜自多:自誉、自我称许。 ㉝料:估计;易:侮,指轻视别国。 ㉞拙交:不善于外交。 ㉟后妻:正妻。 ㊱易虑:改变想法,指不再拥戴太子。 ㊲弱守:不能坚守己见。 ㊳蚤见:及早发现。蚤,通"早"。柔懦:柔弱。 ㊴知:通"智";有:通"又"。 ㊵反:通"返";易:变。 ㊶携:离心,有二心。 ㊷狎:亲昵而不庄重。 ㊸逆其使:违背他们的心愿而驱使。 ㊹专任:专任、亲近。贼:贼杀之祸,指叛乱。 ㊺两重:并重,指一个国家有两位权势相当的重臣。 ㊻父兄:与君主同姓的重臣,主要指君主的叔伯、兄弟。 ㊼事势:经营自己的势力。 ㊽爱玩:指讨君主欢心、供君主玩乐的幸臣,即优伶、侏儒之类。 ㊾矫法:擅变法规。 ㊿裸公:指扰乱国家的法律。裸,杂的异体字,此作动词,扰乱之意。 ㊿轻:轻率。 ㊿种类不寿:种类,指国君的家族,不寿,即不长寿。 ㊿羁旅:客卿。 ㊿蚤:同"早"。 ㊿变褊(biǎn):偏激狭隘。变,通"偏"。 ㊿轻疾:轻率、浮躁。 ㊿悁忿(yuān fèn):发怒。誉:估量,算计,此指思虑。 ㊿简本教:简,简慢;本教:即耕战,指农业和练兵。 ㊿藉:凭借,依仗。 ㊿伉(kàng):通"抗",匹敌,地位相当。 ㊿桀:强暴。 ㊿躁:动荡不安。 ㊿藏怒而弗发:隐藏愤恨引而不发。 ㊿尊:地位尊贵。 ㊿径为:擅自作为。 ㊿后妻:正妻。 ㊿畜秽:藏污纳垢。 ㊿相室:指丞相。典谒:君主身边掌管通报的官,属于君主的近臣。 ㊿乖:背离。 ㊿重:甚、极。 ㊿马府:指掌管将士功劳名册的官府,此指有军功的人;世:指后代;绌:通"黜",贬退,排除。 ㊿乡曲:乡野;善:称誉;举:举荐、提拔。 ㊿正户:编户齐民,即编入国家户籍的民户;寄寓:外来的游民。 ㊿趋:快步走,此指追求。 ㊿争守:指战争。自饰:自我掩饰。 ㊿女子用国:指母后执掌国政。 ㊿刑馀:指宦官,即受过腐(宫)刑之人。 ㊿多能:自以为是。多,称誉,赞誉,指自夸其能。 ㊿亲臣:亲近的宠臣。 ㊿侵等:

超越等级。　㉛公胥公孙:指王族亲戚。胥,通"婿";同门:同住一里,同门出入。　㉜暴傲(ào):凶暴蛮横。傲,通"傲"。

亡征者,非曰必亡,言其可亡也。夫两尧不能相王,两桀不能相亡;亡、王之机①,必其治乱、其强弱相踦者也②。木之折也必通蠹③,墙之坏也必通隙。然木虽蠹,无疾风不折;墙虽隙,无大雨不坏。万乘之主,有能服术行法以为亡征之君风雨者④,其兼天下不难矣。

[注释]①亡、王之机:亡、王,指灭亡或称王。机:关键。　②踦(qī):本指一只脚,引申为偏重。　③通:由于。　④服:用。风雨:指前文所说的疾风和大雨,此喻大国之君推行以法治国之术,成为使那些有灭亡征兆的国家加速灭亡的力量。

# 三守第十六

人主有三守①。三守完②,则国安身荣;三守不完,则国危身殆。何谓三守?人臣有议当途之失③,用事之过④,举臣之情⑤,人主不心藏而漏之近习能人,使人臣之欲有言者,不敢不下适近习能人之心,而乃上以闻人主,然则端言直道之人不得见⑥,而忠直日疏。爱人,不独利也⑦,待誉而后利之;憎人,不独害也,待非而后害之。然则人主无威而重在左右矣。恶自治之劳惮⑧,使群臣辐凑用事⑨,因传柄移藉⑩,使杀生之机,夺予之要在大臣,如是者侵⑪。此谓三守不完。三守不完,则劫杀之征也。

[注释]①三守:指君主必须坚持的三项原则。 ②完:完备。 ③当途:当权的大臣。 ④用事:执政。 ⑤举臣:众臣。 ⑥端言直道:能讲真话行为端庄之人。 ⑦独利:独自做主给予好处(奖赏)。 ⑧劳惮:疲劳、劳累。 ⑨辐凑:像车轮的辐条一样向中心靠拢;用事:指执政的大臣。指群臣都奔走于执政的大臣门下。 ⑩柄:权柄;藉:指国家的机要文件。指掌握国家机要的大权转移于重臣之手。 ⑪侵:指君主被侵害。

凡劫有三①:有明劫,有事劫,有刑劫。人臣有大臣之尊,外操国要以资群臣②,使外内之事非己不得行,虽有贤良,逆者必有祸,而顺者必有福。然则群臣莫敢忠主忧国以争社稷之利害。人主虽贤,不能独计,而人臣有不敢忠主③,则国为亡国矣。此谓国无臣。国无臣者,岂郎中虚而朝臣少哉④?群臣持禄养交⑤,行私道而不效公忠,此谓明劫。鬻宠擅权⑥,矫外以胜内⑦,险言祸福得失之形⑧,以阿主之好恶⑨。人主听之,卑身轻国以资之,事败与主分其祸,而功成则臣独专之。诸用事之人,壹心同辞以语其美,则主言恶者必不信矣。此谓事劫。至于守司图圄⑩,禁制刑罚⑪,人臣擅之,此谓刑劫。三守不完,则三劫者起;三守完,则三劫者止。三劫止塞⑫,则王矣。

[**注释**]①劫:指危害君主的劫数、威胁。　②外:在外,指在朝廷外;国要:国家的权柄和机要。　③有:通"又"。　④郎中:宫中的侍卫,此指朝廷。　⑤养交:结党。　⑥鬻宠:此指从君主处骗取宠信。　⑦矫外:假托朝廷以外的势力。　⑧险言:危言耸听。　⑨阿(ē):阿附、奉承。　⑩守司:执掌;图圄(líng yǔ):监狱。　⑪禁制:指法律、刑罚。　⑫止塞:防止、杜绝。

# 备内第十七

人主之患在于信人,信人则制于人。人臣之于其君,非有骨肉之亲也,缚于势而不得不事也①。故为人臣者,窥觇其君心也②,无须臾之休③,而人主怠傲处其上④,此世所以有劫君弑主也。为人主而大信其子,则奸臣得乘于子以成其私⑤,故李兑傅赵王而饿主父⑥。为人主而大信其妻,则奸臣得乘于妻以成其私,故优施傅丽姬杀申生而立奚齐⑦。夫以妻之近与子之亲而犹不可信,则其余无可信者矣。

[注释]①缚:拘束,受束缚,引申为迫于……　②窥觇(chān):窥探、猜测。　③须臾(yú):片刻。　④怠傲:懈怠倨傲的样子。　⑤乘:凭借、利用。　⑥傅:帮助、协助。赵王,指赵惠文王,名何,赵武灵王幼子。主父,即赵武灵王。　⑦优施傅丽姬杀申生而立奚齐:优:古时歌舞艺人。优施:春秋时期晋国的名优,名施。丽姬:即骊姬,晋献公的宠妃。申生:晋献公的太子。奚齐:骊姬所生之子。公元前655年,骊姬在优施的怂恿之下,进谗言害死申生,逼走晋献公的另几个儿子,改立奚齐为太子,引起晋国大乱。

且万乘之主,千乘之君①,后妃、夫人、适子为太子者②,或有欲其君之蚤死者。何以知其然,夫妻者,非有骨肉之恩也,爱则亲,不爱则疏。语曰:"其母好者其子抱③。"然则其为之反也,其母恶者其子释④。丈夫年五十而好色未解也,妇人年三十而美色衰矣。以衰美之妇人事好色之丈夫,则身(死)见疏贱⑤,而子疑不为后,此后妃、夫人之所以冀其君之死者也⑥。唯母为后而子为主,则令无不行,禁无不止,男女之乐不减于先君,而擅万乘不疑,此鸩毒扼昧之所以用也⑦。故《桃左春秋》曰:"人主之疾死者不能处半。"人主弗知,则乱多资。故曰:利君死者众则人主危⑧。故王良爱马⑨,越王勾践爱人⑩,为战与驰。医善吮人之伤,含人之血,非骨肉之亲也,利所加也。故舆人成舆⑪,则欲人之富贵;匠人成棺,则欲人之夭死也⑫。非舆人仁而匠人贼也,人不贵,则舆不售;人不死,则棺不买。情非憎人也⑬,利在人之死也,故后妃、夫人太子之党成而欲君之死也,君不死,则势不重。情非憎君也,利在君之死也。故人主不可以不加心于利己死者⑭。故日月晕围于外,其贼在内,备其所憎,祸在所爱。是故明王不举不参之事⑮,不食非常之食⑯;远听而近视,以审内外之失,省同异之言以知朋党之分⑰,偶参伍之验以责陈言之实⑱;执后以应前,按法以治众,众端以参观⑲。士无幸赏,无逾行⑳,杀必当,罪不赦,则奸邪无所容其私矣。

[注释]①万乘之主,千乘之君:分别指大国之君和中等国家的君主。乘(shèng):兵车,一车四马为一乘。 ②后妃、夫人:分别指"万乘之主"和"千乘之君"的正妻;适子:嫡长子。 ③好:美。抱:指养育。 ④恶:丑;释:弃。 ⑤见:被。疏贱:疏远、轻视。 ⑥冀:希望。 ⑦鸩毒:毒酒;扼:缢死;昧:刀

杀。　⑧利君死：得利于君主之死。　⑨王良：春秋时期晋国人，善于驾驭车马。　⑩越王勾践：春秋末期越国国君。他在被吴国击败后，卧薪尝胆，采用多种策略争取民心，故其爱人，是为了争取民心以准备战争。　⑪舆人：制作车辆的工匠。　⑫夭死：早死。　⑬情：实情、本意。　⑭利己死者：通过(君主)自己的死亡而得利者。　⑮不参之事：未加参验的事。　⑯不食非常之食：前"食"为动词，吃。非常之食，指不经过正常途径得到的食物。　⑰省(xǐng)：省察。　⑱偶：并列、对照。责：责求。　⑲众端以参观：通过多方面来检验观察。端：头绪、方面。　⑳幸：侥幸，此指随意获得奖赏。无逾行：不做违法之事。

　　徭役多则民苦，民苦则权势起①，权势起则复除重②，复除重则贵人富。苦民以富贵人，起势以藉人臣③，非天下长利也。故曰：徭役少则民安，民安则下无重权，下无重权则权势灭，权势灭则德在上矣。今夫水之胜火亦明矣，然而釜鬵间之④，水煎沸竭尽其上，而火得炽盛焚其下，水失其所以胜者矣。今夫治之禁奸又明于此，然守法之臣为釜鬵之行⑤，则法独明于胸中，而已失其所以禁奸者矣。上古之传言，《春秋》所记⑥，犯法为逆以成大奸者，未尝不从尊贵之臣也⑦。而法令之所以备⑧，刑罚之所以诛，常于卑贱，是以其民绝望，无所告愬⑨。大臣比周，蔽上为一⑩，阴相善而阳相恶，以示无私，相为耳目，以候主隙⑪，人主掩蔽，无道得闻，有主名而无实，臣专法而行之，周天子是也。偏借其权势⑫，则上下易位矣，此言人臣之不可借权势。

　　[注释]①权势起：官员乘机攫取权势。　②复除：免除徭役、赋税；重：多，指免除徭役、赋税的(有权势的)人多。　③藉：通"借"，凭借，借助。

④釜(fǔ)鬵:古时的蒸煮器皿,此指大锅。间之:指(将水火)隔离。 ⑤釜鬵之行:指执法者却像釜、鬵一样,将水(法律)和火(奸行)隔离开。故下文说,如此一来,即使心中有法,也失去了禁奸的功能。 ⑥《春秋》:泛指史书。

⑦从:出自。 ⑧备:防备。 ⑨愬(sù):通"诉",申诉。 ⑩为一:结为一体。 ⑪隙:机会、空子。 ⑫偏:旁。

# 南面第十八

人主之过,在己任在臣矣①,又必反与其所不任者备之②,此其说必与其所任者为仇③,而主反制于其所不任者。今所与备人者,且曩之所备也④,人主不能明法而以制大臣之威,无道得小人之信矣⑤。人主释法而以臣备臣,则相爱者比周而相誉,相憎者朋党而相非。非誉交争,则主惑乱矣。人臣者,非名誉请谒无以进取⑥,非背法专制无以为威,非假于忠信无以不禁⑦,三者,惛主坏法之资也⑧。人主使人臣,虽有智能不得背法而专制;虽有贤行,不得逾功而先劳⑨;虽有忠信,不得释法而不禁。此之谓明法。

[注释]①在臣矣:"在"当为衍文。 ②备:防备。 ③仇:相对立。 ④曩:以往。 ⑤无道:无从,无由。 ⑥名誉:相互称誉。 ⑦无以不禁:无法不受法禁的约束。 ⑧惛:迷惑、愚弄。资:手段。 ⑨逾功而先劳:指未有功劳而事先赏赐。

人主有诱于事者①,有壅于言者②,二者不可不察也。人臣易言事者③,少索资,以事诬主④。主诱而不察,因而多之⑤，则是臣反以事制主也。如是者谓之诱，诱于事者困于患⑥。其进言少，其退费多，虽有功，其进言不信⑦，不信者有罪，事有功者必赏，则群臣莫敢饰言以惛主。主道者，使人臣前言不复于后，后言不复于前，事虽有功，必伏其罪，谓之任下⑧。

[注释]①诱于事：被具体的事情所诱惑。　②壅于言：被臣下的言论所蒙蔽。　③易言事：将所及事情说得很容易。　④诬：欺骗。　⑤多：赞成。　⑥困于患：为忧患所困。　⑦信：诚实。　⑧任下：任用臣下（的办法）。

　　人臣为主设事而恐其非也，则先出说，设言曰："议是事者，妒事者也①。"人主藏是言，不更听群臣；群臣畏是言，不敢议事。二势者用②，则忠臣不听而誉臣独任③，如是者谓之壅于言，壅于言者制于臣矣。主道者，使人臣有必言之责，又有不言之责。言无端末、辩无所验者④，此言之责也；以不言避责持重位者，此不言之责也。人主使人臣言者必知其端以责其实，不言者必问其取舍以为之责⑤。则人臣莫敢妄言矣，又不敢默然矣，言、默则皆有责也。

[注释]①妒：嫉妒。　②二势：指君主不听群臣之言、群臣不敢议论这两种情形。　③誉臣：徒有虚名之臣。　④言无端末：所说的话没有来龙去脉；端末，始末；辩无所验：所辩论的事情无从验证。　⑤取舍：意见，即赞同或反对。

　　人主欲为事，不通其端末，而以明其欲，有为之者，其为不得利，必以害反①，知此者，任理去欲。举事有道，计其入多,其出少者,可为也。惑主不然,计其入,不计其出,出虽倍其入,不知其害,则是名得而实亡,如是者功小而害大矣。凡功者,其入多,其出少,乃可谓功。今大费无罪而少得为功,则人臣出大费而成小功,小功成而主亦有害。不知治者,必曰:"无变古,毋易常②。"变与不变,圣人不听,正治而已③。然则古之无变,常之毋易,在常、古之可与不可④。伊尹毋变殷,太公毋变周⑤,则汤、武不王矣。管仲毋易齐,郭偃毋更晋⑥,则桓、文不霸矣⑦。凡人难变古者,惮易民之安也⑧。夫不变古者,袭乱之迹,适民心者,恣奸之行也⑨。民愚而不知乱,上懦而不能更⑩,是治之失也。人主者,明能知治⑪,严必行之,故虽拂于民心⑫,立其治。说在商君之内外,而铁殳重盾而豫戒也⑬。故郭偃之始治也,文公有官卒⑭;管仲始治也,桓公有武车⑮,戒民之备也。是以愚戆窳堕之民⑯,苦小费而忘大利也,故夤虎受阿谤⑰,而辗小变而失长便⑱,故邹贾非载旅⑲。狎习于乱而容于治⑳,故郑人不能归㉑。

[注释]①以害反:得到危害的后果。反,通"返"。 ②无、毋:不要;古:指古制;常:常规。 ③正治:端正治道。 ④可与不可:指古制与常规是否适用于当今。 ⑤太公:即姜太公,周武王时期辅佐武王灭商,建立周王朝。因功被封于齐,为齐国始祖,故曰太公。毋变殷、毋变周,指伊尹、太公如果不改变商、周的习惯制度,那么,也就不会有商汤和周武王成就王业了。 ⑥郭偃:即狐偃(?~公元前622年),晋文公的主要谋士、大臣,名偃,字子犯。因是晋文公重耳的舅舅,故又称舅犯、臼犯、咎犯。曾从晋文公流亡十九年,文公即位后为卿,为晋国执政,文公成就霸业,多赖此人。 ⑦桓、文:指齐桓公、晋文公。 ⑧惮(dàn):害怕。 ⑨恣:放纵。 ⑩懦:软弱。 ⑪知治:当为"知法"。故下文说:必严行之。 ⑫拂:违背。 ⑬说在:是《韩非子》

中常用的句式,指他所阐述的观点见于……案例。说,解说;豫戒:戒备。豫,通"预",事先。 ⑭官卒:即武卒。 ⑮武车:兵车。 ⑯愚戇窳惰:即愚戇窳惰,指愚鲁懒惰。窳(yǔ):懒。 ⑰贪虎:不详。似为鲁国之阳虎。 ⑱辄:此字不识。一说当为"骸"(kǎi),困、困于;长便:长久的利益。 ⑲邹贾非载旅:未详。 ⑳狎习:习惯;容:缓。 ㉑郑人不能归:未详。

# 饰邪第十九

凿龟数筴①，兆曰"大吉"，而以攻燕者，赵也。凿龟数筴，兆曰"大吉"，而以攻赵者，燕也。剧辛之事燕②，无功而社稷危；邹衍之事燕③，无功而国道绝④。

[注释]①凿龟数筴：指占卜。用龟甲曰卜，用蓍草曰筮。筴，同"策"，指占卜用的蓍草。 ②剧辛：战国末年燕国将领，燕王喜十三年（公元前242年）率兵攻赵，被赵将庞煖击杀。 ③邹衍：战国时期齐国稷下学者，阴阳五行学说的代表人物，雄于口辩，号"谈天衍"。曾入燕为臣，受到燕昭王重用。 ④国道：治国的道路。

赵代先得意于燕①，后得意于齐，国乱节高②，自以为与秦提衡③，非赵龟神而燕龟欺也④。赵又尝凿龟数筴而北伐燕，将劫燕以逆秦⑤，兆曰"大吉"。始攻大梁而秦出上党矣，兵至厘而六城拔矣⑥；至阳城，秦拔邺矣；庞援揄兵而南⑦，则鄗尽矣⑧。臣故曰：赵龟虽无远见于燕，且宜近见于秦。秦以其"大吉"，辟地有实，救燕有有名⑨。赵以其"大吉"，地削兵辱，主不得意而死。又非秦龟神而赵龟欺也。初时者，魏数年东乡攻尽陶、卫⑩，数年西乡以失其国,此非丰隆、五行、太一、王相、摄提、六神、五括、天河、殷抢、岁星,非数年在西也,又非天缺、弧逆、刑星、荧惑、奎台,非数年在东也⑪。故曰:龟筴鬼神,不足举胜⑫,左右背乡不足以专战⑬。然而恃之,愚莫大焉。

[注释]①赵代:代为衍文。得意,指赵国先后在对燕、齐的战争中获利。 ②节高:节,气节,此指自视过高。 ③提衡:衡,指秤,提衡,即把秤提平,指势均力敌,抗衡之意。 ④神:灵验。欺:不灵验。 ⑤劫:胁迫;逆:抵抗。 ⑥拔:被攻陷。 ⑦庞援:即庞煖(nuǎn),赵将。揄(yú)兵而南:引兵向南,指庞煖引兵向南救援赵国。揄,引。 ⑧尽:完,此指郭地已经完全被秦军占领。 ⑨辟地有实:有开辟领地的实惠;有有名:又有名。 ⑩东乡:东向,即向东。 ⑪丰隆、五行、太一、王相、摄提、六神、五括、天河、殷抢、岁星,以上为"吉星",此类星象出现的国家不可伐而可伐人之国;天缺、弧逆、刑星、荧惑、奎台,以上为"凶星",此类星象出现的国家,将有兵灾。这两句的意思是:并非这些"吉星"有几年不在西方,也并非这些"凶星"有几年不在东方,其意为:即使这些年凶星在东方,魏国东伐陶、卫亦可尽得其地;即使这些年"吉星"就在西方,魏国向西攻击秦国也照样尽失其地。说明得地与失地与星象无关。 ⑫举胜:举,提出。举胜,指推断战争的胜负。 ⑬左右背乡:指星象的方位,或左、或右、或背、或向,都不足以决定战争的胜败。专,决定。

古者先王尽力于亲民,加事于明法①。彼法明,则忠臣劝②;罚必③,则邪臣止。

[注释]①加事:从事。 ②劝:劝勉,勉力。 ③罚必:有罪必罚。必,坚决。

忠劝邪止而地广主尊者,秦是也;群臣朋党比周以隐正道、行私曲而地削主卑者,山东是也①。乱弱者亡,人之性也;治强者王,古之道也。越王勾践恃大朋之龟与吴战而不胜,身臣入宦于吴②;反国弃龟③,明法亲民以报吴④,则夫差为擒⑤。故恃鬼神者慢于法⑥,恃诸侯者危其国。曹恃齐而不听宋⑦,齐攻荆而宋灭曹。荆恃吴而不听齐,越伐吴而齐灭荆。许恃荆而不听魏,荆攻宋而魏灭许。郑恃魏而不听韩,魏攻荆而韩灭郑。今者韩国小而恃大国,主慢而听秦、魏⑧,恃齐、荆为用,而小国愈亡⑨。故恃人不足以广壤⑩,而韩不见也。荆为攻魏而加兵许、鄢,齐攻任、扈而削魏,不足以存郑,而韩弗知也。此皆不明其法禁以治其国,恃外以灭其社稷者也。

[**注释**]①山东:指山东六国。山,指崤(xiáo)山。崤山以东,即秦以东的六国之地。　②身臣:自己和众臣;入宦:指入吴为奴仆。　③反:通"返";弃龟:指放弃占卜。　④报:报仇。　⑤夫差(? ~公元前473年):春秋时期吴国君主。吴王阖闾之子。公元前495年即位。即位后励精图治,曾打败越军,迫使越王勾践投降,将越国纳为吴的属国。后骄奢自大,北上与晋争霸,大会诸侯于黄池。越国乘虚而入,攻破吴国都城。次年,夫差再败于越国,被擒自杀。　⑥慢:懈怠、怠慢。　⑦恃:依靠、凭借;听:服从。　⑧慢:懈怠于国政。听:听任,即"恃"也。　⑨愈亡:愈加衰亡。　⑩壤:此指国土。

　　臣故曰:明于治之数,则国虽小,富;赏罚敬信,民虽寡,强。赏罚无度,国虽大,兵弱者,地非其地,民非其民也。无地无民,尧、舜不能以王,三代不能以强①。人主又以过予②,人臣又以徒取③。舍法律而言先王以明古之功者,上任之以国。臣故曰:是愿古之功④,以古之赏,赏今之人也。主以是过予,而臣以此徒取矣。主过予,则臣偷幸⑤;臣徒取,则功不尊。无功者受赏,则财匮而民望⑥;财匮而民望,则民不尽力矣。故用赏过者失民,用刑过者民不畏。有赏不足以劝,有刑不足以禁,则国虽大,必危。

[注释]①三代:指夏商周三代。古时人们认为是最理想、最完美的社会。②过予:过分的赏赐。③徒取:白白地取得,指无功而受封赏。④愿:向往、仰慕。⑤偷幸:苟且侥幸。⑥望:怨望。

故曰:小知不可使谋事①,小忠不可使主法。荆恭王与晋厉公战鄢陵②,荆师败,恭王伤。酣战,而司马子反渴而求饮,其友竖谷阳奉卮酒而进之③。子反曰:"去之,此酒也"。竖谷阳曰:"非也。"子反受而饮之。子反为人嗜酒,甘之,不能绝之于口,醉而卧。恭王欲复战而谋事④,使人召子反,子反辞以心疾。恭王驾而往视之,入幄中,闻酒臭而还,曰:"今日之战,寡人目亲伤。所恃者司马,司马又如此,是亡荆国之社稷而不恤吾众也。寡人无与复战矣。"罢师而去之,斩子反以为大戮。故曰:竖谷阳之进酒也,非以端恶子反也⑤,实心以忠爱之,而适足以杀之而已矣⑥,此行小忠而贼大忠者也。故曰:小忠,大忠之贼也。若使小忠主法,则必将赦罪⑦,赦罪以相爱,是与下安矣,然而妨害于治民者也。

[注释]①知:通"智",智慧。②荆恭王:即楚共王。③卮(zhī):古时盛酒的器皿。④谋事:商议。⑤端:缘由,此指故意。⑥适:恰好、恰恰。⑦赦罪:赦免罪过。

当魏之方明《立辟》、从宪令行之时①,有功者必赏,有罪者必诛,强匡天下②,威行四邻③;及法慢④,妄予⑤,而国日削矣。当赵之方明《国律》、从大军之时⑥,人众兵强,辟地齐、燕;及《国律》慢,用者弱,而国日削矣。当燕之方明《奉法》、审官断之时⑦,东县齐国,南尽中山之地⑧;及《奉法》已亡,官断不用,左右交争,论从其下,则兵弱而地削,国制于邻敌矣。故曰:明法者强,慢法者弱。强弱如是其明矣,而世主弗为,国亡宜矣⑨。语曰:"家有常业,虽饥不饿⑩;国有常法,虽危不亡。"夫舍常法而从私意,则臣下饰于智能;臣下饰于智能,则法禁不立矣。是妄意之道行,治国之道废也。治国之道,去害法者,则不惑于智能,不矫于名誉矣⑪。昔者舜使吏决鸿水⑫,先令有功而舜杀之⑬;禹朝诸侯之君会稽之上⑭,防风之君后至而禹斩之⑮。以此观之,先令者杀,后令者斩,则古者先贵如令矣⑯。

[**注释**]①方:正在;《立辟》:魏国的刑书;宪令:法令。行:当为衍字。②匡:正。 ③行:达到。 ④慢:怠慢、松弛。 ⑤妄予:胡乱地给予,指赏罚失去原则。 ⑥《国律》:赵国的刑书;从大军:进行大规模的军事建设。指赵武灵王"胡服骑射"的军事改革。 ⑦《奉法》:燕国的法律。审官断:指对于官员的选拔非常审慎。 ⑧县:动词,以东边的齐国(土地)为县。 ⑨宜:应该。 ⑩饥:饥荒。 ⑪矫:欺骗,此指受欺骗。 ⑫决:疏通;鸿水:即洪水。 ⑬先令:先于命令(擅自行动)。 ⑭朝:召集,此指接受朝见。 ⑮防风:即防风氏,古时部落名。 ⑯先贵如令:首先重视的是遵守命令。

故镜执清而无事①,美恶从而比焉②;衡执正而无事③,轻重从而载焉④。夫摇镜,则不得为明;摇衡,则不得为正,法之谓也。故先王以道为常,以法为本。本治者名尊,本乱者名绝。凡智能明通,有以则行⑤,无以则止。故智能单⑥,道不可传于人。

[注释]①执清:保持清澈。 ②比:对比。 ③衡:秤;执正:保持平衡。④载:通"裁"。 ⑤以:依据、依凭。 ⑥单:通"殚",尽。

而道法万全,智能多失。夫悬衡而知平,设规而知圆,万全之道也。明主使民饰于道之故①,故佚而有功②。释规而任巧③,释法而任智,惑乱之道也。乱主使民饰于智,不知道之故,故劳而无功。释法禁而听请谒④,群臣卖官于上,取赏于下,是以利在私家而威在群臣。故民无尽力事主之心,而务为交于上。民好上交,则货财上流,而巧说者用。若是,则有功者愈少,奸臣愈进而材臣退⑤,则主惑而不知所行,民聚而不知所道⑥。此废法禁、后功劳、举名誉、听请谒之失也。凡败法之人,必设诈托物以来亲⑦,又好言天下之所希有⑧。此暴君乱主之所以惑也,人臣、贤佐之所以侵也⑨。故人臣称伊尹、管仲之功,则背法饰智有资⑩;称比干、子胥之忠而见杀⑪,则疾强谏有辞⑫。夫上称贤明,下称暴乱,不可以取类⑬。若是者禁,君之立法,以为是也。今人臣多立其私智,以法为非者,是邪以智⑭,过法立智⑮。如是者禁,主之道也。

[注释]①明主使民饰于道之故:据下文:乱主使民饰于智,不知道之故。该句当为:明主使民饰于法,明道之故。饰:通"饬",整饬。 ②佚:通"逸",不费力,与下文之"劳而无功"的"劳"相对应。 ③释:放弃。 ④听请谒:顺从请托。 ⑤材臣:才能之臣。 ⑥所道:所由。 ⑦设诈:设下骗局;托物:假托事由。来亲:求得亲近。来,动词,求得。 ⑧希有:稀有。 ⑨侵:被侵害。 ⑩资:借口、根据。 ⑪而见杀:此三字当为衍文。 ⑫疾:激烈;有辞:有了借口、说词。 ⑬取类:类比。 ⑭是邪以智:用智巧来肯定邪恶的东西。 ⑮过法立智:诋毁法制、标榜智巧。

禁主之道①，必明于公私之分，明法制，去私恩。夫令必行，禁必止，人主之公义也；必行其私，信于朋友，不可为赏劝②，不可为罚沮③，人臣之私义也。私义行则乱，公义行则治，故公私有分。人臣有私心，有公义。修身洁白而行公行正，居官无私，人臣之公义也；污行从欲④，安身利家，人臣之私心也。明主在上，则人臣去私心行公义；乱主在上，则人臣去公义行私心。故君臣异心，君以计畜臣⑤，臣以计事君，君臣之交，计也。害身而利国，臣弗为也；害国而利臣，君不为也。臣之情，害身无利；君之情，害国无亲⑥。君臣也者，以计合者也。至夫临难必死，尽智竭力，为法为之⑦。故先王明赏以劝之，严刑以威之。赏刑明，则民尽死；民尽死，则兵强主尊。刑赏不察⑧，则民无功而求得，有罪而幸免⑨，则兵弱主卑。故先王贤佐尽力竭智。故曰：公私不可不明，法禁不可不审，先王知之矣。

[注释]①禁：一作"明"。　②为赏劝：用赏赐来鼓励。　③为罚沮：用处罚来阻止。沮(jǔ)：阻止。　④从欲：纵欲。　⑤畜：畜养，此指对待。⑥害国无亲：有害于国家者不能亲近。　⑦为法为之：为了公法而为之。⑧察：明确。　⑨幸：侥幸、希幸。

# 解老第二十

德者,内也。得者,外也①。"上德不德"②,言其神不淫于外也③。神不淫于外,则身全。身全之谓得。得者,得身也。凡德者,以无为集④,以无欲成⑤,以不思安,以不用固。为之欲之,则德无舍⑥;德无舍,则不全。用之思之,则不固;不固,则无功;无功,则生有德。德则无德,不德则有德⑦。故曰:"上德不德,是以有德。"所以贵无为无思为虚者⑧,谓其意无所制也⑨。夫无术者,故以无为无思为虚也。夫故以无为无思为虚者,其意常不忘虚,是制于为虚也⑩。虚者,谓其意所无制也⑪。

[注释]①句意为:德是内在的,得是外在的。 ②上:……之上。即德之外不存在德,指身体之外不存在德,身德是合一的。 ③淫:游散、游移。 ④以无为集:凭借无为而聚集。 ⑤成:成功。 ⑥舍:归宿。 ⑦德则无德,不德则有德:刻意追求德反倒会没有德,不刻意追求德就会"有德"。 ⑧贵:推崇;为虚:达到虚无的境界。 ⑨无所制:不受约束。 ⑩制于为虚:被虚无所牵制。 ⑪谓其意所无制也:当为"谓其意无所制也"。

今制于为虚,是不虚也。虚者之无为也,不以无为为有常①。不以无为为有常，则虚；虚，则德盛②；德盛之谓上德。故曰："上德无为而无不为也。"仁者，谓其中心欣然爱人也③；其喜人之有福，而恶人之有祸也④；生心之所不能已也⑤，非求其报也。故曰："上仁为之而无以为也⑥。"义者，君臣上下之事⑦，父子贵贱之差也，知交朋友之接也⑧，亲疏内外之分也。

[注释]①有常：指有持之以恒之心。 ②盛：充实。 ③中心：内心。 ④恶(wù)：厌恶。 ⑤生心之所：发自内心。已：抑制，停止。 ⑥上仁：最高境界的仁。无以为：没有什么目的。 ⑦事：事情，此指关系。 ⑧接：交往。

臣事君宜①，下怀上宜②，子事父宜，贱敬贵宜，知交朋友之相助也宜，亲者内而疏者外宜。义者，谓其宜也，宜而为之。故曰："上义为之而有以为也。"礼者，所以貌情也③，群义之文章也④，君臣父子之交也，贵贱贤不肖之所以别也。中心怀而不谕⑤，故疾趋卑拜以明之⑥；实心爱而不知，故好言繁辞以信之⑦。礼者，外饰之所以谕内也。故曰：礼以貌情也。凡人之为外物动也，不知其为身之礼也。众人之为礼也，以尊他人也，故时劝时衰⑧。君子之为礼，以为其身；以为其身，故神之为上礼⑨；上礼神而众人贰⑩，故不能相应；不能相应，故曰："上礼为之而莫之应⑪。"众人虽贰，圣人之复恭敬尽手足之礼也不衰。故曰："攘臂而仍之⑫。"道有积而德有功⑬；德者，道之功。功有实而实有光⑭；仁者，德之光。光有泽而泽有事⑮；义者，仁之事也。事有礼而礼有文；礼者，义之文也。故曰："失道而后失德，失德而后失仁，失仁而后失义，失义而后失礼。"礼为情貌者也⑯,文为质饰者也。夫君子取情而去貌,好质而恶饰。夫恃貌而论情者,其情恶也;须饰而论质者⑰,其质衰也。何以论之?和氏之璧,不饰以五采;隋侯之珠⑱,不饰以银黄⑲。其质至美,物不足以饰之。夫物之待饰而后行者,其质不美也。是以父子之间,其礼朴而不明⑳,故曰:"礼薄也。"凡物不并盛,阴阳是也;理相夺予㉑,威德是也;实厚者貌薄,父子之礼是也。由是观之,礼繁者,实心衰也。然则为礼者,事通人之朴心者也㉒。众人之为礼也,人应则轻欢㉓,不应则责怨。今为礼者事通人之朴心,而资之以相责之分㉔,能毋争乎?有争则乱,故曰:"夫礼者,忠信之薄也,而乱之首乎。"先物行先理动之谓前识㉕,前识者,无缘而忘意度也㉖。何以论之?詹何坐㉗,弟子侍,牛鸣于门外。弟子曰:"是黑牛也,而白在其题㉘。"詹何曰:"然,是黑牛也,而白在其角。"使人视之,果黑牛而以布裹其角。以詹子之术,婴众人之心㉙,华焉殆矣㉚!故曰:"道之华也。"尝试释詹子之察㉛,而使五尺之愚童子视之,亦知其黑牛而以布裹其角也。故以詹子之察,苦心伤神,而后与五尺之愚童子同功,是以曰:"愚之首也。"故曰:"前识者,道之华也,而愚之首也。"所谓"大丈夫"者,谓其智之大也。所谓"处其厚不处其薄"者,行情实而去礼貌也㉜。所谓"处其实不处其华"者,必缘理,不径绝也㉝。所谓"去彼取此"者,去貌、径绝而取缘理、好情实也。故曰:"去彼取此。"人有祸,则心畏恐;心畏恐,则行端直;行端直,则思虑熟;思虑熟,则得事理。行端直,则无祸害;无祸害,则尽天年。得事理,则必成功。

尽天年,则全而寿。必成功,则富与贵。全寿富贵之谓福,而福本于有祸。故曰:"祸兮,福之所倚。"以成其功也。

[注释]①事:侍奉;宜:适宜。 ②怀:归向、归心。 ③貌:描绘、表现。 ④文章:通"纹彰",即器物表面的花纹,此指仁政"义"的表现形式。 ⑤谕:表白。 ⑥疾趋:快步上前的样子,表示敬意。 ⑦信:动词,通"申",申明、表明。 ⑧劝:努力、自勉;衰:懈怠、马虎。 ⑨神:专心一意。上礼:最高的礼。 ⑩贰:三心二意。 ⑪莫之应:莫应之。 ⑫攘:举。仍:仍然。 ⑬积:积累;功:功能、功用。 ⑭光:光辉。 ⑮事:表现"泽"的具体事情。 ⑯为情貌:为心理情感作掩饰。貌,动词,掩饰、装饰。 ⑰须:等待,此指依靠。 ⑱隋侯之珠:隋侯,当为随侯。相传随侯曾救了一条大蛇,大蛇为报恩从江中衔来一枚大珠,世因称之为随侯之珠。 ⑲饰以银黄:用金银来装饰。 ⑳明:显明。此指父子之间在礼节上不讲严格的形式。 ㉑夺予:予夺,指事物的正反两面。 ㉒通人:常人。 ㉓应:回应、答礼。 ㉔分:等级名分。 ㉕前识:先见之明。 ㉖缘:根据;忘:通"妄";意度:通"臆度"。 ㉗詹何:春秋战国之际楚国学者。 ㉘题:额头。 ㉙婴:通"撄",扰乱。 ㉚华焉殆矣:称其虚华也大概差不多吧! ㉛释:放弃;察:明察。 ㉜情实:真实情感;礼貌:礼仪修饰。 ㉝缘理:根据事理;径绝:妄加决断。

人有福,则富贵至;富贵至,则衣食美;衣食美,则骄心生;骄心生,则行邪僻而动弃理①。行邪僻,则身死夭;动弃理,则无成功。夫内有死夭之难而外无成功之名者,大祸也。而祸本生于有福。故曰:"福兮祸之所伏。"夫缘道理以从事者②,无不能成。无不能成者,大能成天子之势尊③,而小易得卿相将军之赏禄。夫弃道理而妄举动者,虽上有天子诸侯之势尊,而下有倚顿、陶朱、卜祝之富④,犹失其民人而亡其财资也。众人之轻弃道理而易妄举动者,不知其祸福之深大而道阔远若是也⑤,故谕人曰:"孰知其极⑥。"人莫不欲富贵全寿,而未有能免于贫贱死夭之祸也。心欲富贵全寿,而今贫贱死夭,是不能至于其所欲至也。凡失其所欲之路而妄行者之谓迷,迷则不能至于其所欲至矣。今众人之不能至于其所欲至,故曰:"迷。"众人之所不能至于其所欲至也,自天地之剖判以至于今⑦。故曰:"人之迷也,其日故以久矣。"所谓方者⑧,内外相应也,言行相称也⑨。所谓廉者⑩,必生死之命也,轻恬资财也⑪。所谓直者,义必公正,心不偏党也。所谓光者⑫,官爵尊贵,衣裘壮丽也。

[注释]①行邪僻:行为不端正;动弃理:举动违背事理。 ②缘:依据。 ③势尊:权势和尊贵。 ④倚顿:春秋时期富豪,鲁国人。陶朱:即范蠡。辅佐越王勾践灭吴,为勾践的主要谋士,时称上将军。灭吴后弃官从商,又定居定陶,以经商致富,时称陶朱公。卜祝:从事占卜职业的人,此指善于商业谋划而致富。 ⑤道:指祸福转化的规律。 ⑥极:究竟。 ⑦天地之剖判:开天辟地。 ⑧方:方正,品行端庄。 ⑨相称:相符。 ⑩廉:有节操、有操守。 ⑪轻恬:轻视、恬淡。 ⑫光:光彩、荣耀。

今有道之士,虽中外信顺①,不以诽谤穷堕②;虽死节轻财,不以侮罢羞贪③;虽义端不党,不以去邪罪私④;虽势尊衣美,不以夸贱欺贫⑤。其故何也?使失路者而肯听习问知⑥,即不成迷也。今众人之所以欲成功而反为败者,生于不知道理,而不肯问知而听能。众人不肯问知听能,而圣人强以其祸败适之⑦,则怨。众人多而圣人寡,寡之不胜众,数也⑧。今举动而与天下为仇,非全身长生之道也,是以行轨节而举之也⑨。故曰:"方而不割⑩,廉而不刿⑪,直而不肆,光而不耀⑫。"

[注释]①中外:指人的表里。信顺:真诚和顺,指语言诚实、行为通达。②诽谤:指责;穷堕:困苦堕落(之人)。③侮罢:侮辱软弱无能(之人);羞贪:羞辱贪婪(之人)。④去邪:去除邪恶;罪私:惩罚自私。⑤夸贱:在卑贱的人面前夸耀;欺贫:欺辱贫贱之人。⑥听习:向熟悉的人打听;问知:询问知道的人。⑦适:通"谪",责备、贬斥。⑧数:定理、定数。⑨轨节:形容道理、法度;举:措置,此指引导。⑩割:通"害",方正而不害物。⑪刿:刺伤,廉洁而不伤物。⑫耀:夸耀、炫耀。

聪明睿智①,天也;动静思虑,人也。人也者,乘于天明以视②,寄于天聪以听,托于天智以思虑。故视强③,则目不明;听甚,则耳不聪;思虑过度,则智识乱④。

[注释]①聪明睿智:听力、视力、聪明、智力。②乘:凭借。③视强:过度使用视力。④智识:智慧和认知能力。

目不明,则不能决黑白之分①;耳不聪,则不能别清浊之声;智识乱,则不能审得失之地。目不能决黑白之色则谓之盲;耳不能别清浊之声则谓之聋;心不能审得失之地则谓之狂②。盲则不能避昼日之险,聋则不能知雷霆之害,狂则不能免人间法令之祸。书之所谓"治人"者③,适动静之节,省思虑之费也。所谓"事天"者,不极聪明之力,不尽智识之任。苟极尽④,则费神多;费神多,则盲聋悖狂之祸至,是以啬之⑤。啬之者,爱其精神,啬其智识也。故曰:"治人事天莫如啬。"众人之用神也躁⑥,躁则多费,多费之谓侈。圣人之用神也静,静则少费,少费之谓啬。啬之谓术也⑦,生于道理。夫能啬也,是从于道而服于理者也。众人离于患⑧,陷于祸,犹未知退,而不服从道理。圣人虽未见祸患之形,虚无服从于道理,以称蚤服⑨。故曰:"夫谓啬,是以蚤服。"知治人者,其思虑静;知事天者,其孔窍虚⑩。思虑静,故德不去;孔窍虚,则和气日入。故曰:"重积德⑪。"夫能令故德不去,新和气日至者,蚤服者也。

[注释]①决:辨别、判断。 ②狂:迷乱。 ③书:指《老子》。治人:治理人事。 ④苟:假如;极尽:竭尽。 ⑤啬:吝啬。 ⑥躁:浮躁。 ⑦谓:通"为",作为。 ⑧离:通"罹",遭遇。 ⑨蚤服:蚤,通"早",早服从。 ⑩孔窍:指眼、鼻、口等器官。 ⑪重积德:即厚积德。

故曰:"蚤服,是谓重积德。"积德而后神静,神静而后和多,和多而后计得,计得而后能御万物,能御万物则战易胜敌,战易胜敌而论必盖世,论必盖世①,故曰"无不克。"无不克本于重积德,故曰"重积德,则无不克。"战易胜敌,则兼有天下;论必盖世,则民人从。进兼天下而退从②民人,其术远,则众人莫见其端末。莫见其端末,是以莫知其极③。故曰:"无不克,则莫知其极。"凡有国而后亡之,有身而后殃之④,不可谓能有其国、能保其身。夫能有其国,必能安其社稷⑤;能保其身,必能终其天年;而后可谓能有其国、能保其身矣。夫能有其国、保其身者,必且体道⑥。体道,则其智深;其智深,则其会远⑦;其会远,众人莫能见其所极。唯夫能令人不见其事极,不见其事极者为能保其身、有其国。

[注释]①论必盖世:道术必定高出当世。 ②从:动词,使……服从。 ③极:究竟。 ④殃:危害。 ⑤社稷:土地神和谷物神,此指国家。 ⑥体

道:实践道术。 ⑦会远:思谋深远。

故曰:"莫知其极。莫知其极,则可以有国。"所谓"有国之母",母者,道也;道也者,生于所以有国之术;所以有国之术,故谓之"有国之母。"夫道以与世周旋者,其建生也长,持禄也久①。故曰:"有国之母,可以长久。"树木有曼根,有直根。根者②,书之所谓"柢"也。柢也者,木之所以建生也;曼根者,木之所以持生也。德也者,人之所以建生也;禄也者,人之所以持生也。今建于理者③,其持禄也久,故曰:"深其根。"体其道者,其生日长,故曰:"固其柢。"柢固,则生长;根深,则视久④,故曰:"深其根,固其柢,长生久视之道也。"

[**注释**]①建生:立命、立身。持禄:保持爵禄。 ②根上当有"直"字。 ③建于理:立身于遵行事理的基础上。 ④视久:犹言"生长",指生命长久。

工人数变业则失其功①,作者数摇徙则亡其功②。一人之作,日亡半日,十日则亡五人之功矣;万人之作,日亡半日,十日则亡五万人之功矣。然则数变业者,其人弥众③,其亏弥大矣。凡法令更则利害易④,利害易则民务变,民务变谓之变业。故以理观之,事大众而数摇之⑤,则少成功;藏大器而数徙之,则多败伤;烹小鲜而数挠之,则贼其宰⑥;治大国而数变法,则民苦之。是以有道之君贵虚静而重变法。故曰:"治大国者若烹小鲜。"人处疾则贵医,有祸则畏鬼。圣人在上,则民少欲;民少欲,则血气治而举动理⑦;举动理则少祸害。夫内无痤疽瘅痔之害⑧,

而外无刑罚法诛之祸者,其轻恬鬼也甚⑨。故曰:"以道莅天下,其鬼不神⑩。"治世之民,不与鬼神相害也。故曰:"非其鬼不神也,其神不伤人也。"鬼祟也疾人之谓鬼伤人⑪,人逐除之之谓人伤鬼也。民犯法令之谓民伤上,上刑戮民之谓上伤民。民不犯法,则上亦不行刑;上不行刑之谓上不伤人,故曰:"圣人亦不伤民。"上不与民相害,而人不与鬼相伤,故曰:"两不相伤。"民不敢犯法,则上内不用刑罚,而外不事利其产业。上内不用刑罚,而外不事利其产业,则民蕃息。民蕃息而畜积盛,民蕃息而畜积盛之谓有德。凡所谓祟者,魂魄去而精神乱⑫,精神乱则无德。鬼不祟人则魂魄不去,魂魄不去而精神不乱,精神不乱之谓有德。上盛畜积而鬼不乱其精神,则德尽在于民矣。故曰:"两不相伤,则德交归焉⑬。"言其德上下交盛而俱归于民也。

[**注释**]①工人:官府的工匠;数(shuò):屡次。业:从事的工作。 ②作者:指制作器物的工匠;摇徙:来回搬动器物。 ③弥:越。 ④更、易:指变化。 ⑤摇:动摇,此指变异、变化。 ⑥贼:伤害;宰:厨师。 ⑦举动理:举动、行为不乱。 ⑧痤疽瘅痔:泛指人的疾病。 ⑨轻恬鬼:轻视淡漠鬼神;甚:很,非常。 ⑩神:灵。 ⑪祟:作怪;疾人:使人生疾。 ⑫去:散去。 ⑬交:俱、都。

有道之君,外无怨仇于邻敌,而内有德泽于人民。夫外无怨仇于邻敌者,其遇诸侯也外有礼义①。内有德泽于人民者,其治人事也务本②。遇诸侯有礼义,则役希起③;治民事务本,则淫奢④止。凡马之所以大用者,外供甲兵而内给淫奢也。今有道之君,外希用甲兵,而内禁淫奢。上不事马于战斗逐北⑤,而民不以马远通淫物⑥,所积力唯田畴。积力于田畴,必且粪灌⑦。故曰:"天下有道,却走马以粪也。"人君者无道,则内暴虐其民而外侵欺其邻国。内暴虐,则民产绝;外侵欺,则兵数起。民产绝,则畜生少⑧;兵数起,则士卒尽。畜生少,则戎马乏;士卒尽,则军危殆。戎马乏则将马出⑨;军危殆则近臣役。马者,军之大用;郊者,言其近也。今所以给军之具于将马近臣⑩。故曰:"天下无道,戎马生于郊矣。"人有欲,则计会乱⑪;计会乱,而有欲甚;有欲甚,则邪心胜;邪心胜,则事经绝⑫;事经绝,则祸难生。由是观之,祸难生于邪心,邪心诱于可欲。可欲之类,进则教良民为奸,退则令善人有祸。奸起,则上侵弱君⑬;祸至,则民人多伤。然则可欲之类,上侵弱君而下伤人民,夫上侵弱君而下伤人民者,大罪也。故曰:"祸莫大于可欲。"是以圣人不引五色⑭,不淫于声乐⑮;明君贱玩好而去淫丽。

[注释]①遇:对待。 ②务本:致力于事物的根本。 ③役希起:役,指战争。役希起,指很少发生对外战争。 ④淫奢:过度的奢侈。 ⑤逐北:追逐败退的敌人。 ⑥远通淫物:从远处运输奢侈品。 ⑦粪灌:施肥灌溉。 ⑧畜:牲畜;生少:指很少繁衍。 ⑨将(jiāng)马:指怀孕的母马。 ⑩给军之具:向军队提供军需。 ⑪计会:计划、计算。 ⑫事经:办事的准则。 ⑬侵弱:侵害削弱。 ⑭引:引诱;五色:即五彩,此指好看的东西。 ⑮淫:沉湎。

人无毛羽,不衣则不犯寒①;上不属天而下不著地,以肠胃为根本,不食则不能活;是以不免于欲利之心。欲利之心不除,其身之忧也。故圣人衣足以犯寒,食足以充虚②,则不忧矣。众人则不然,大为诸侯,小余千金之资,其欲得之忧不除也。胥靡有免③,死罪时活④,今不知足者之忧终身不解。故曰:"祸莫大于不知足。"故欲利甚于忧,忧则疾生;疾生而智慧衰;智慧衰,则失度量⑤;失度量,则妄举动;妄举动,则祸害至;祸害至而疾婴内⑥;疾婴内,则痛;祸薄外⑦,则苦。

[注释]①犯:抵御、战胜。 ②充虚:充饥。 ③胥靡有免:犯罪的人还会有赦免的机会。胥靡:犯罪而被判劳役之人。 ④死罪时活:犯死罪的人有时还可以得以存活。 ⑤度量:准则。 ⑥婴:缠绕。 ⑦薄:迫近、侵扰。

　　苦痛杂于肠胃之间①,则伤人也憯②。憯则退而自咎③,退而自咎也,生于欲利。故曰:"咎莫憯于欲利。"道者,万物之所然也,万理之所稽也④。理者,成物之文也⑤;道者,万物之所以成也。故曰:"道,理之者也。"物有理,不可以相薄⑥;物有理不可以相薄,故理之为物之制。万物各异理,万物各异理而道尽。稽万物之理,故不得不化⑦;不得不化,故无常操。无常操,是以死生气禀焉⑧,万智斟酌焉⑨,万事废兴焉。天得之以高,地得之以藏⑩,维斗得之以成其威⑪,日月得之以恒其光,五常得之以常其位⑫,列星得之以端其行,四时得之以御其变气⑬,轩辕得之以擅四方⑭,赤松得之与天地统⑮,圣人得之以成文章。道,与尧、舜俱智⑯,与接舆俱狂⑰,与桀、纣俱灭,与汤、武俱昌。以为近乎,游于四极⑱;以为远乎,常在吾侧;以为暗乎,其光昭昭;以为明乎,其物冥冥⑲;而功成天地,和化雷霆⑳,宇内之物,恃之以成。凡道之情,不制不形,柔弱随时,与理相应。万物得之以死,得之以生;万事得之以败,得之以成。道譬诸若水,溺者多饮之即死,渴者适饮之即生;譬之若剑戟,愚人以行忿则祸生,圣人以诛暴则福成。故"得之以死,得之以生,得之以败,得之以成"。

[注释]①杂:掺杂,此指聚集之意。 ②憯(cǎn):惨痛。 ③自咎:自责。 ④稽:会合。 ⑤文:纹。 ⑥薄:逼迫、侵扰。 ⑦化:演化、变化。 ⑧禀:禀受、承受。 ⑨斟酌:斟酌取舍;焉:于此。 ⑩藏:承载和蕴藏。 ⑪维斗:指北斗星,威:指北斗星在群星中的中心地位。 ⑫五常:指金、木、水、火、土五行。阴阳家以金、木、水、火、土对应东、西、南、北、中五个方位。 ⑬御:通"驭",驾驭、控制。 ⑭轩辕:即黄帝。擅:据有。 ⑮赤松:即赤松子,传说中的神仙。与天地统:指与天地同寿。 ⑯俱:都。此指结合在一起。 ⑰接舆:春秋时期楚国人,姓陆,名通,字接舆。避世佯狂,躬耕而食,时称"楚狂"。 ⑱四极:四方的尽头。 ⑲冥冥:昏暗貌。 ⑳和化雷霆:其和谐可以化解雷霆。

人希见生象也①,而得死象之骨,案其图以想其生也②,故诸人之所以意想者皆谓之"象"也。今道虽不可得闻见,圣人执其见功以处见其形③,故曰:"无状之状,无物之象"。凡理者,方圆、短长、粗靡、坚脆之分也,故理定而后物可得道也④。故定理有存亡,有死生,有盛衰。夫物之一存一亡,乍死乍生⑤,初盛而后衰者,不可谓常,唯夫与天地之剖判也俱生⑥,至天地之消散也不死不衰者谓"常"。而常者,无攸易⑦,无定理。无定理,非在于常⑧,是以不可道也⑨。圣人观其玄虚⑩,用其周行⑪,强字之曰

"道"⑫,然而可论,故曰:"道之可道⑬,非常道也"。

[注释]①希见生象:很少见到活着的大象。 ②案:通"按"。 ③执:掌握,此指依据。见:通"现";处见:常见,见为看到、见到。 ④得道:掌握事物的本质。 ⑤乍:忽。 ⑥天地之剖判:开天辟地、天地始生。 ⑦无攸易:无所变化。 ⑧常:永恒不变。 ⑨道:说明、理解。 ⑩玄虚:玄妙悠远。 ⑪周行:无处不到、无所不在。 ⑫字:称呼,此指命名。 ⑬可道:可以说明。

人始于生而卒于死。始之谓出,卒之谓入。故曰:"出生入死"。人之身三百六十节,四肢、九窍其大具也①。四肢与九窍十有三者,十有三者之动静尽属于生焉。属之谓徒也②,故曰:"生之徒也,十有三者。"至其死也,十有三具者皆还而属之于死,死之徒亦有十三。故曰:"生之徒十有三,死之徒十有三。"凡民之生生而生者固动③,动尽则损也;而动不止,是损而不止也。损而不止则生尽,生尽之谓死,则十有三具者皆为死死地也④。故曰:"民之生生而动,动皆之死地,亦十有三。"是以圣人爱精神而贵处静⑤。此甚大于兕虎之害⑥。夫兕虎有域⑦,动静有时。避其域,省其时,则免其兕虎之害矣。民独知兕虎之有爪角也,而莫知万物之尽有爪角也,不免于万物之害。何以论之?时雨降集,旷野闲静,而以昏晨犯山川⑧,则风露之爪角害之;事上不忠,轻犯禁令,则刑法之爪角害之;处乡不节⑨,憎爱无度,则争斗之爪角害之;嗜欲无限,动静不节,则痤疽之爪角害之;好用其私智而弃道理,则网罗之爪角害之⑩。兕虎有域,而万害有原⑪,避其域,塞其原,则免于诸害矣。凡兵革者,所以备害也。重生者,虽入军无忿争之心;无忿争之心,则无所用救害之备,此非独谓野处之军也。圣人之游世也⑫,无害人之心;无害人之心,则必无人害,无人害,则不备人。故曰:"陆行不遇兕虎。"入山不恃备以救害,故曰:"入军不备甲兵。"远诸害,故曰"兕无所投其角,虎无所错其爪,兵无所容其刃⑬。"不设备而必无害,天地之道理也。体天地之道⑭,故曰:"无死地焉⑮。"动无死地,而谓之"善摄生"矣⑯。

[注释]①九窍:指眼、耳、口、鼻、前阴、后阴。大具:重要器官。 ②徒:类。 ③生生:生生不息;固动:本来(一定)要活动。 ④死死地:耗生而死(走向死亡)的关节点。地:条件、关键点。 ⑤处:置身。 ⑥兕(sì):青色的野牛。此句之前脱"不爱精神不贵处静"八字。 ⑦有域:有一定的活动区域。 ⑧犯:进入之意。 ⑨节:节制、检点。 ⑩网罗:指法网。 ⑪原:通"源"。 ⑫游世:在世上活动。 ⑬投、错、容:均为使用之意。错:通"措"。 ⑭体:体验、体会。 ⑮地:条件。 ⑯善摄生:善于养生。

爱子者慈于子①,重生者慈于身,贵功者慈于事。慈母之于弱子也,务致其福②;务致其福,则事除其祸;事除其祸,则思虑熟;思虑熟,则得事理;得事理,则必成功;必成功,则其行之也不疑;不疑之谓勇。圣人之于万事也,尽如慈母之为弱子虑也③,故见必行之道。见必行之道则其从事亦不疑;不疑之谓勇。不疑生于慈,故曰:"慈,故能勇。"周公曰④:"冬日之闭冻也不固⑤,则春夏之长草木也不茂。"天地不能常侈常费⑥,而况于人乎?故万物必有盛衰,万事必有弛张,国家必有文武,官治必有赏罚。是以智士俭用其财则家富,圣人爱宝其神则精盛⑦,人君重战其卒则民众,民众则国广。是以举之曰:"俭,故能广。"凡物之有形者,易裁也,易割也。何以论之?有形,则有短长;有短长,则有小大;有小大,则有方圆;有方圆,则有坚脆;有坚脆,则有轻重;有轻重,则有白黑。短长、大小、方圆、坚脆、轻重、白黑之谓理⑧。理定而物易割也。故议于大庭而后言则立,权议之士知之矣⑨。故欲成方圆而随其规矩,则万事之功形矣⑩。

[注释]①慈:溺爱、偏爱。 ②务:致力于;致:给。 ③虑:考虑,为……着想。 ④周公:即周公旦。姬姓,名旦。周武王之弟。助武王灭商,封于鲁。武王卒,成王继位,周公为摄政,出师东征,镇压商王后裔联合东夷民族的反抗。成王七年,还政成王。后世周王朝的礼乐制度,相传均为周公时期所制定。 ⑤闭冻:封冻。 ⑥侈:浪费;费:消耗。 ⑦宝:珍视;神:精神;精:精力。 ⑧理:性质。 ⑨权议之士:能够权衡众议之长短得失之人。 ⑩形:形成,表现出来。

而万物莫不有规矩,议言之士计会规矩也①。圣人尽随于万物之规矩,故曰:"不敢为天下先。"不敢为天下先,则事无不事,功无不功,而议必盖世,欲无处大官,其可得乎?处大官之谓为成事长②。是以故曰:"不敢为天下先,故能为成事长。"慈于子者不敢绝衣食③,慈于身者不敢离法度④,慈于方圆者不敢舍规矩。故临兵而慈于士吏则战胜敌⑤,慈于器械则城坚固。故曰:"慈,于战则胜,以守则固。"夫能自全也而尽随于万物之理者,必且有天生⑥。天生也者,生心也⑦,故天下之道尽之生也。若以慈卫之也,事必万全,而举无不当,则谓之宝矣。故曰:"吾有三宝,持而宝之。"书之所谓"大道"也者,端道也。所谓"貌施"

也者⑧,邪道也。所谓"径大"也者,佳丽也⑨。佳丽也者,邪道之分也。"朝甚除"也者⑩,狱讼繁也。狱讼繁,则田荒;田荒,则府仓虚;府仓虚,则国贫;国贫,而民俗淫侈;民俗淫侈,则衣食之业绝;衣食之业绝,则民不得无饰巧诈⑪;饰巧诈,则知采文⑫;知采文之谓"服文采⑬"。狱讼繁仓廪虚,而有以淫侈为俗⑭,则国之伤也,若以利剑刺之。故曰:"带利剑。"诸夫饰智故以至于伤国者,其私家必富;私家必富,故曰:"资货有馀⑮。"国有若是者,则愚民不得无术而效之;效之,则小盗生。由是观之,大奸作则小盗随,大奸唱则小盗和。竽也者,五声之长者也⑯,故竽先则钟瑟皆随,竽唱则诸乐皆和。今大奸作则俗之民唱,俗之民唱则小盗必和。故"服文采,带利剑,厌饮食,而资货有馀者,是之谓盗竽矣⑰。"人无愚智,莫不有趋舍⑱。恬淡平安,莫不知祸福之所由来。得于好恶,怵于淫物⑲,而后变乱。所以然者,引于外物,乱于玩好也。恬淡有趋舍之义⑳,平安知祸福之计。而今也玩好变之㉑,外物引之;引之而往,故曰"拔"。至圣人不然,一建其趋舍,虽见所好之物,不能引,不能引之谓"不拔";一于其情㉒,虽有可欲之类,神不为动,神不为动之谓"不脱"。为人子孙者,体此道以守宗庙,不灭之谓"祭祀不绝㉓"。身以积精为德,家以资财为德,乡国天下皆以民为德。

[注释]①计会:算计。 ②成事长:指成大事的领袖。 ③绝:断绝。 ④法度:法律。 ⑤临兵:临阵。 ⑥天生:天性。 ⑦生心:生生不息的心。 ⑧貌施(yí)施,通"迤",斜也。 ⑨径大:大,疑为衍字。径,小道。佳丽:美丽。 ⑩朝甚除:朝,指朝廷,即官府。除,通"涂",装饰、装修。 ⑪饰:装

饰、修饰。 ⑫采文:作文采装饰。 ⑬文采:纹彩。 ⑭有:通"又"。 ⑮资货:财物。 ⑯五声:五音,泛指乐器。 ⑰盗竽:强盗中的"竽",即盗首。一说盗竽当为"盗华",意为虚华、虚假繁荣。 ⑱趋舍:即取舍。 ⑲好恶:指欲望。怵:被引诱。 ⑳义:准则。 ㉑变:变乱,迷乱。 ㉒一于其情:指情志专一。 ㉓"不灭之谓"之上,脱"宗庙"二字。

今治身而外物不能乱其精神,故曰:"修之身,其德乃真。"真者,慎之固也①。治家者,无用之物不能动其计②,则资有馀,故曰:"修之家,其德有馀。"治乡者行此节③,则家之有馀者益众,故曰:"修之乡,其德乃长。"治邦者行此节④,则乡之有德者益众,故曰:"修之邦,其德乃丰。"莅天下者行此节,则民之生莫不受其泽,故曰:"修之天下,其德乃普。"修身者以此别君子小人,治乡、治邦、莅天下者,各以此科适观息耗⑤,则万不失一。故曰:"以身观身,以家观家,以乡观乡,以邦观邦,以天下观天下。"吾奚以知天下之然也以此。

[注释]①慎之固:即慎其固,指特别注重于保持。 ②动其计:动摇其计划。 ③节:节度、准则。 ④邦:国。 ⑤科:程也,即前文之"节";适:亦节也,调节之意;适观:调节地、对比地观察;息:增长、生长;耗:消耗、损耗。

# 喻老第二十一

天下有道，无急患，则曰静，遽传不用①。故曰："却走马以粪②。"天下无道，攻击不休，相守数年不已③，甲胄生虮虱，燕雀处帷幄，而兵不归。故曰："戎马生于郊。"

[注释]①遽传(jù zhuàn)：古时传递公文的驿站，用马叫遽，用车叫传。②却：止、歇。走马：奔跑的马。粪：施肥。　③相守：指两军对垒。已：止。

翟人有献丰狐、玄豹之皮于晋文公①。文公受客皮而叹曰："此以皮之美自为罪②。"夫治国者以名号为罪，徐偃王是也③；以城与地为罪，虞、虢是也④。故曰："罪莫大于可欲⑤。"智伯兼范、中行而攻赵不已⑥，韩、魏反之，军败晋阳，身死高梁之东，遂卒被分，漆其首以为溲器⑦。故曰："祸莫大于不知足。"虞君欲屈产之乘与垂棘之璧⑧，不听宫之奇⑨，故邦亡身死。故曰："咎莫憯于欲得⑩。"

[注释]①翟：通"狄"，北方少数民族之一。晋文公：春秋时期晋国君主，名重耳。公元前636年~前628年在位。即位前，为避内乱而逃亡国外，曾在狄逗留12年。　②自为罪：自己造成了杀身的罪孽。　③徐偃王：西周时徐国国君。以行仁义著称。相传他曾因穆王西行巡守，被东方诸侯共推为偃

王,率"九夷"攻周,穆王急令楚国出兵灭其国。此言"以名号为罪",即指其行仁义与称王而言。　④虞、虢:春秋时期的两个小国,先后为晋国所灭。唇亡齿寒的典故即出自两国。　⑤可欲:可以引起欲望。　⑥兼:兼并。⑦溲器:便溺器。　⑧屈产之乘:屈产所盛产的宝马。乘,原指四匹马拉的车,此指马;垂棘之璧:晋国的垂棘所出产的美玉。　⑨宫之奇:虞国的大夫。⑩憯(cǎn):同"惨"。

邦以存为常①,霸王其可也;身以生为常,富贵其可也。不欲自害,则邦不亡,身不死。故曰:"知足之为足矣。"楚庄王既胜,狩于河雍②,归而赏孙叔敖③。孙叔敖请汉间之地,沙石之处,楚邦之法,禄臣再世而收地④,唯孙叔敖独在。此不以其邦为收者,瘠也⑤,故九世而祀不绝⑥。故曰:"善建不拔,善抱不脱,子孙以其祭祀,世世不辍⑦。"孙叔敖之谓也。

[注释]①常:根本。　②狩:打猎;河雍:地名,在今河南省原阳县西南。③孙叔敖:春秋时期楚国大臣,芳(wěi)姓,名敖,字孙叔,又字艾猎。楚庄王时为令尹,推行改革,奠定楚庄王的霸业。　④再世:两世。　⑤邦:指其封地;瘠:贫瘠。　⑥祀:祭祀,指保留封地,故可以世代受到子孙的祭祀。⑦辍:停止、终止。

制在己曰重①,不离位曰静。重则能使轻,静则能使躁②。故曰:"重为轻根,静为躁君③。"故曰:"君子终日行,不离辎重也④"。邦者,人君之辎重也。主父生传其邦⑤,此离其辎重者也,故虽有代、云中之乐⑥,超然已无赵矣。主父万乘之主,而以身轻于天下。无势之谓轻,离位之谓躁,是以生幽而死⑦。故曰:"轻则失臣⑧,躁则失君。"主父之谓也。

[注释]①制:控制。　②躁:轻浮、浮躁。　③君:主宰之意。　④辎重:外出时运送行李的车辆。　⑤主父:即赵武灵王。生传其邦:指赵武灵王生前将王位传给自己的小儿子何,而自称主父。　⑥代、云中:均为赵国郡名。赵武灵王晚年在代、云中修建离宫,行游为乐。　⑦幽:幽禁。　⑧臣:当为"根"之误。根者,本也。

　　势重者①,人君之渊也②。君人者,势重于人臣之间,失则不可复得矣。简公失之于田成③,晋公失之于六卿,而邦亡身死。故曰:"鱼不可脱于深渊。"赏罚者,邦之利器也,在君则制臣,在臣则胜君。君见赏,臣则损之以为德④;君见罚,臣则益之以为威。人君见赏,而人臣用其势;人君见罚,而人臣乘其威。故曰:"邦之利器⑤,不可以示人。"

[注释]①势重:权势。　②渊:深潭,指君主权势在身,就比如鱼游入深潭。　③简公:齐简公,春秋时期齐国君主。田成:即田成子,又称田常,齐国大臣。公元前481年,杀掉齐简公,控制齐国政权,后又取姜氏而代之,史称"田氏代齐"。　④损之以为德:损,减少。意为君主行赏,臣下就会施舍一部分赏赐来实施自己的恩德。　⑤利器:此指君主施行赏罚的权威。

　　越王入宦于吴①,而观之伐齐以弊吴②。吴兵既胜齐人于艾陵,张之于江、济③,强之于黄池④,故可制于五湖⑤。故曰:"将欲禽之,必固张之⑥;将欲弱之,必固强之。"晋献公将欲袭虞,遗之以璧马⑦;知伯将袭仇由⑧,遗之以广车⑨。故曰:"将欲取之,必固与之。"起事于无形,而要大功于天下⑩,"是谓微明"⑪。处小弱而重自卑⑫,

谓"损⑬弱胜强也。"

[注释]①宦:作吴王的奴仆。 ②观:示意。弊:使……败弊。 ③张:扩张国土。 ④强:逞强;黄池:春秋时期宋国地名,指吴国在黄池会盟诸侯,取得霸主地位。 ⑤五湖:指太湖地区。意为,越国乘吴王北上称霸之机,进攻吴国控制了吴国的五湖地区。 ⑥翕(xī):缩小。固:通"姑",姑且。 ⑦遗(wèi):赠送、赠给。 ⑧知伯:即"智伯";仇由:春秋时期狄族建立的小国,在今山西省盂县东北。 ⑨广车:大车。 ⑩要:邀也,设法求得之意。 ⑪微明:幽微而显著。 ⑫重自卑:重重地贬低自己。 ⑬损:当作"柔"。

有形之类,大必起于小;行久之物①,族必起于少②。故曰:"天下之难事必作于易,天下之大事必作于细。"是以欲制物者于其细也。故曰:"图难于其易也③,为大于其细也。"千丈之堤,以蝼蚁之穴溃;百步之室,以突隙之烟焚④。故曰:白圭之行堤也塞其穴⑤,丈人之慎火也涂其隙⑥,是以白圭无水难,丈人无火患。此皆慎易以避难,敬细以远大者也⑦。扁鹊见蔡桓公⑧,立有间,扁鹊曰:"君有疾在腠理⑨,不治将恐深。"桓侯曰:"寡人无疾。"扁鹊出,桓侯曰:"医之好治不病以为功。"居十日⑩,扁鹊复见曰:"君之病在肌肤,不治将益深。"桓侯不应。扁鹊出,桓侯又不悦。居十日,扁鹊复见曰:"君之病在肠胃,不治将益深。"桓侯又不应。扁鹊出,桓侯又不悦。居十日,扁鹊望桓侯而还走⑪,桓侯故使人问之。扁鹊曰:"疾在腠理,汤熨之所及也⑫;在肌肤,针石之所及也⑬;在肠胃,火齐之所及也⑭;在骨髓,司命之所属⑮,无奈何也。今在骨髓,臣是以无请也⑯。"居五日,桓侯体痛,使人索扁鹊,已逃秦矣,桓侯遂死。故良医之治病也,攻之于腠理⑰。此皆争之于小者也。夫事之祸福亦有腠理之地,故曰圣人蚤从事焉⑱。

[**注释**]①行久:行得远,即保持长久之意。 ②族:众多。 ③图:图谋、策划。 ④突:烟囱;隙:缝隙。 ⑤白圭:战国时期的水利专家。名丹,字圭;一说即原中山国将领,后投奔魏国,得到魏文侯重用的白圭。行堤:巡视堤防。 ⑥涂:塞。 ⑦远:远离。 ⑧扁鹊:战国初年名医。蔡桓公:蔡国君主。 ⑨腠(còu)理:皮肤、表皮。 ⑩居十日:过了十天。 ⑪还走:转身跑掉。 ⑫汤熨:浸泡和热敷;及:达到,此指有效。 ⑬针石:针灸。 ⑭火齐(jì):齐,通"济"。火齐,指汤药。 ⑮司命:主宰性命的神;所属:所管辖。 ⑯请:求见。 ⑰攻:治。 ⑱蚤:通:"早"。

昔晋公子重耳出亡,过郑,郑君不礼。叔瞻谏曰①:"此贤公子也,君厚待之,可以积德。"郑君不听。叔瞻又谏曰:"不厚待之,不若杀之,无令有后患。"郑公又不听②。及公子返晋邦,举兵伐郑,大破之,取八城焉。晋献公以垂棘之璧假道于虞而伐虢③,大夫宫之奇谏曰:"不可。唇亡而齿寒,虞、虢相救,非相德也。今日晋灭虢,明日虞必随之亡。"虞君不听,受其璧而假之道。晋已取虢,还,反灭虞。此二臣者皆争于腠理者也,而二君不用也。然则叔瞻、宫之奇亦虞、郑之扁鹊也,而二君不听,故郑以破,虞以亡。故曰:"其安易持也④,其未兆易谋也⑤。"

[**注释**]①叔瞻:郑国大夫。 ②郑公:当为"郑君"。 ③假道:借道。 ④持:维持。 ⑤兆:征兆。

昔者纣为象箸而箕子怖①,以为象箸必不加于土铏②,必将犀玉之杯③;象箸玉杯必不羹菽藿④,则必旄、象、豹胎⑤；旄、象、豹胎必不衣短褐而食于茅屋之下⑥，则锦衣九重，广室高台。吾畏其卒⑦，故怖其始。居五年，纣为肉圃⑧，设炮烙⑨，登糟丘⑩，临酒池，纣遂以亡。故箕子见象箸以知天下之祸。故曰："见小曰明。"

[注释]①象箸：象牙筷子；箕子：商纣王的叔父，官太师。　②土铏：陶铏，盛汤的陶器。　③将：拿，此指要用。　④羹：汤，此为动词，盛汤之意；菽藿：豆类之物的叶子，此指菜汤。　⑤胎：指动物的幼崽（所烹制的汤）。　⑥衣：穿；短褐：粗布衣服。　⑦卒：结果。　⑧肉圃：指悬挂肉脯之多犹如林圃。　⑨炮烙：古刑名。　⑩糟丘：酒糟堆成的小山丘。

勾践入宦于吴，身执干戈为吴王洗马①，故能杀夫差于姑苏。文王见詈于王门②，颜色不变，而武王擒纣于牧野。故曰："守柔曰强。"越王之霸也不病宦③，武王之王也不病詈。故曰："圣人之不病也，以其不病，是以无病也。"宋之鄙人得璞玉而献之子罕④，子罕不受。鄙人曰："此宝也，宜为君子器，不宜为细人用。"子罕曰："尔以玉为宝，我以不受子玉为宝⑤。"是鄙人欲玉，而子罕不欲玉。故曰："欲不欲，而不贵难得之货。"王寿负书而行⑥，见徐冯于周涂⑦。冯曰："事者，为也；为生于时，知者无常事。书者，言也；言生于知，知者不藏书。今子何独负之而行？"于是王寿因焚其书而舞之⑧。故知者不以言谈教，而慧者不以藏书箧⑨。此世之所过也⑩，而王寿复之，是学不学也⑪。故曰："学不学，复归众人之所过也。"

[注释]①洗（xiǎn）马：马前卒。　②见詈：见骂，被责骂；王门：即玉门，相传为商纣王用美玉装饰的宫门。一说周文王（时为商之西伯）被商纣王囚

禁于羑里,被放回后,在宫中作玉门,筑灵台,设酒乐,以示无反商之意。其子姬发(即周武王)深以为耻。　③病:以……为病(耻)。　④子罕:即司城子罕,春秋时期宋国卿大夫。姓乐,名喜。宋平公时曾执国政。　⑤子:您。　⑥王寿:古好书之人。负:背。　⑦徐冯:周之隐士;周涂:涂,通"途",即前往周的途中。　⑧舞:挥舞,此指将烧掉的书的灰烬也扬尽。　⑨书箧:书箱。　⑩过:认为错误、非议。　⑪学不学:以不学为学。

　　夫物有常容①,因乘以导之②。因随物之容,故静则建乎德③,动则顺乎道。宋人有为其君以象为楮叶者④,三年而成。丰杀茎柯,毫芒繁泽⑤,乱之楮叶之中而不可别也⑥。此人遂以功食禄于宋邦。列子闻之曰:"使天地三年而成一叶,则物之有叶者寡矣。"故不乘天地之资而载一人之身⑦,不随道理之数而学一人之智⑧,此皆一叶之行也。故冬耕之稼,后稷不能羡也⑨;丰年大禾,臧获不能恶也⑩。以一人之力,则后稷不足;随自然,则臧获有余。故曰:"恃万物之自然而不敢为也。"空窍者,神明之户牖也⑪。耳目竭于声色,精神竭于外貌,故中无主⑫。中无主,则祸福虽如丘山,无从识之。故曰:"不出于户,可以知天下;不窥于牖,可以知天道。"此言神明之不离其实也。

　　[注释]①常容:常态、常规。　②因乘:因乃衍文,乘:顺势。　③德:德性。　④象:象牙。　⑤丰杀茎柯:指将工艺品(树叶)雕刻得枝叶繁茂而极其细微。丰杀(shài):指(树叶的)肥瘦,即厚薄;杀:衰也,减也,此指薄;茎柯:指树叶上的主脉和支脉;毫芒繁泽:细微的光芒繁密而温润。　⑥乱:混入。　⑦载:任,寄托。　⑧数:常理。学:仿效。　⑨后稷:周族的始祖,善于种植农作物,相传在尧舜时代作过农官。羡:富余。　⑩臧获:奴隶。恶:

指坏年景。　⑪空窍:孔窍;神明:精神;户牖:门窗。　⑫中:内心。

赵襄主学御于王子期①,俄而与于期逐②,三易马而三后。襄主曰:"子之教我御,术未尽也?"对曰:"术已尽,用之则过也。凡御之所贵:马体安于车,人心调于马,而后可以进速致远。今君后则欲逮臣③,先则恐逮于臣。夫诱道争远④,非先则后也,而先后心在于臣,上何以调于马⑤?此君之所以后也。"白公胜虑乱⑥,罢朝,倒杖而策锐贯颐⑦,血流至于地而不知。郑人闻之曰:"颐之忘,将何为忘哉⑧!"故曰:"其出弥远者,其智弥少⑨。"此言智周乎远⑩,则所遗在近也。是以圣人无常行也。能并智⑪,故曰:"不行而知。"能并视⑫,故曰:"不见而明。"随时以举事,因资而立功,用万物之能而获利其上,故曰:"不为而成。"

[注释]①赵襄主:赵国国君。御:驾车。王子于期:即王良。赵国之善驾者。　②俄而:不久;逐:追逐,即比赛驾车。　③逮:追及,追赶。　④诱道:诱导,此指策马驰车之意。　⑤调于马:驾车者和马匹协调。　⑥白公胜:楚国公子,楚平王太子建的儿子。公元前479年发动政变,兵败后自杀。虑乱:思谋作乱。　⑦策锐:策,马鞭,策锐,指马鞭把柄上的尖刺;贯:刺穿,刺破;颐:脸面。　⑧为忘:当为"不忘"之误。　⑨弥:愈。　⑩周:周遍、围绕。　⑪并智:考虑问题可以顾及远近,不偏激。　⑫并视:同时看到远近之事,眼界宽。

楚庄王莅政三年①,无令发,无政为也。右司马御座而与王隐曰②:"有鸟止南方之阜③,三年不翅④,不飞不鸣,嘿然无声,此为何名?"王曰:"三年不翅,将以长羽翼;

不飞不鸣,将以观民则⑤。虽无飞,飞必冲天;虽无鸣,鸣必惊人。子释之⑥,不谷知之矣⑦。"处半年,乃自听政。所废者十,所起者九,诛大臣五,举处士六⑧,而邦大治。举兵诛齐,败之徐州,胜晋于河雍,合诸侯于宋,遂霸天下。庄王不为小害善⑨,故有大名;不蚤见示⑩,故有大功。故曰:"大器晚成,大音希声⑪。"

[注释]①莅:临也;莅政:执政。 ②右司马:楚国官名,主管军政;御座:在国王驾侍候陪坐。隐:隐语,指用猜谜语的方式暗示。 ③阜:土丘。 ④翅:展翅。 ⑤民则:民众所效法,指民众的动向。则,原则,此指民众的态度。 ⑥释:放心。 ⑦不谷:古时君主的自称。 ⑧处士:隐士。 ⑨为小害善:因小失大。 ⑩蚤:早。 ⑪希:通"稀"。

楚庄王欲伐越,庄子谏①曰:"王之伐越,何也?"曰:"政乱兵弱。"庄子曰:"臣患智之如目也②,能见百步之外而不能自见其睫③。王之兵自败于秦、晋,丧地数百里,此兵之弱也。庄蹻为盗于境内而吏不能禁④,此政之乱也。王之弱乱,非越之下也,而欲伐越,此智之如目也。"王乃止。故知之难,不在见人,在自见。故曰:"自见之谓明。"

[注释]①楚庄王:(~前591年),春秋时期楚国国君,春秋五霸之一。芈姓,名熊侣。公元前613年即位。庄子:此庄子非庄周。 ②患:担忧。 ③睫:睫毛。眼睛可以看到百步以外的东西,却看不到自己的睫毛。指人的智慧有思考不到的地方。 ④庄蹻:战国时期楚国农民起义的领袖。

子夏见曾子①。曾子曰:"何肥也?"对曰:"战胜②,故肥也。"曾子曰:"何谓也?"子夏曰:"吾入见先王之义则荣之③,出见富贵之乐又荣之,两者战于胸中,未知胜负,故臞④。今先王之义胜,故肥。"是以志之难也,不在胜人,在自胜也。故曰:"自胜之谓强。"

[注释]①子夏:姓卜,名商,字子夏,卫国人,以文学著称,曾为魏文侯师;曾子:名参,字自舆,鲁国人,以孝著称,相传《孝经》即为其所作。两人都是孔子的学生。　②战胜:指自己作思想斗争(即下文之"两者战于胸中")而获得胜利。　③荣:以……为荣。　④臞:消瘦。


周有玉版,纣令胶鬲索之①,文王不予;费仲来求②,因予之。是胶鬲贤而费仲无道也。周恶贤者之得志也③,故予费仲。文王举太公于渭滨者④,贵之也;而资费仲玉版者⑤,是爱之也。故曰:"不贵其师,不爱其资,虽知大迷⑥,是谓要妙⑦。"

[注释]①胶鬲:商周之际人。原为殷纣王臣,后隐遁经商,被周文王任用为臣。索:索要。　②费仲:商纣王的宠臣。善谀好利,殷民都不接近他。相传西伯(即周文王)被殷纣王囚禁时,周人曾通过他献美女奇物善马给纣王,使西伯得以获释。　③恶:讨厌。　④举:举荐、提拔。　⑤资:资助。　⑥知:智。　⑦要妙:幽深微妙。

# 说林上第二十二

汤以伐桀①,而恐天下言己为贪也,因乃让天下于务光②。而恐务光之受之也,乃使人说务光曰:"汤杀君,而欲传恶声于子③,故让天下于子。"务光因自投于河。

[注释]①以:同"已"。商汤已经打败夏桀。 ②因乃:于是就。务光:相传为夏末隐士。 ③恶声:坏名声。

秦武王令甘茂择所欲为于仆与行事①,孟卯曰②:"公不如为仆。公所长者使也③。公虽为仆,王犹使之于公也。公佩仆玺而为行事,是兼官也。"

[注释]①择:选择;即秦王让甘茂在仆和行事两种官职中选择一种想做的官。仆,主管君主的车马的官职;行事,即行人,君主的使者,传达君令。秦武王(公元前330~前307年):战国后期秦国君主,名荡,公元前311年即位。即位后逐张仪,重用甘茂、樗里疾为左右丞相,向东扩张。好勇武,在位四年,与力士孟说举鼎,折足而死。甘茂:楚国人,秦惠王时入秦,得重用。武王时为左丞相。 ②孟卯:战国时齐国人,能言善辩,有智谋。曾游说于秦。后为魏安厘王将,官至司徒。 ③所长者使:所擅长的是出使。

子圉见孔子于商太宰①。孔子出，子圉入，请问客②。太宰曰："吾已见孔子，则视子犹蚤虱之细者也③。吾今见之于君。"子圉恐孔子贵于君也，因谓太宰曰："君已见孔子，亦将视子犹蚤虱也。"太宰因弗复见也。魏惠王为臼里之盟④，将复立于天子⑤。彭喜谓郑君曰⑥："君勿听。大国恶有天子⑦，小国利之。若君与大不听，魏焉能与小立之？"

[注释]①子圉：人名，事迹未详。见：引见。商太宰：指宋国的太宰。宋公室为商王后裔，故世称宋为商。 ②请问客：问客（孔子）怎么样。 ③子：您；蚤虱：跳蚤和虱子。 ④魏惠王（公元前400～前319年）：战国时期魏国君主。公元前369年即位。在位期间，将魏国都城由安邑迁往大梁，故又称梁惠王。臼里之盟：魏惠王二十六年（前344年），在逢泽大会秦、韩、宋等十二国。惠王曾率会盟诸侯朝见周天子于臼里，故名臼里之盟。 ⑤复立于天子：指重新推尊当时已经名存实亡的周天子。 ⑥彭喜：人名，事迹未详。 ⑦恶：讨厌。

晋人伐邢①，齐桓公将救之。鲍叔曰："太蚤②。邢不亡，晋不敝③；晋不敝，齐不重。且夫持危之功④，不如存亡之德大⑤。君不如晚救之以敝晋，齐实利；待邢亡而复存之，其名实美。"桓公乃弗救。

[注释]①邢：古国名。姬姓，在今河北邢台。 ②蚤：早。 ③敝：败弊。 ④持危：扶持危亡。 ⑤存亡：保全灭亡的国家。 ⑥敝：动词，使动用法，使……败弊。

子胥出走①，边候得之②。子胥曰："上索我者，以我有美珠也③。今我已亡之矣④。我且曰子取吞之。"候因释之⑤。

[注释]①出走:出逃。　②边候:边境守卫关卡的官吏。　③以:因为。④亡:丢。　⑤因:于是;释:释放。

庆封为乱于齐而欲走越①。其族人曰:"晋近,奚不之晋②?"庆封曰:"越远,利以避难③。"族人曰:"变是心也④,居晋而可;不变是心也,虽远越,其可以安乎?"

[注释]①庆封:春秋时期齐国大夫。在齐国专政,引起内乱,逃至鲁国,后又逃至吴国,被楚灵王擒杀。走越:逃往越国。　②之:到、往。　③利以:利于。　④是心:这心,指作乱的想法。

智伯索地于魏宣子①,魏宣子弗予。任章曰②:"何故不予?"宣子曰:"无故请地,故弗予。"任章曰:"无故索地,邻国必恐。彼重欲无厌,天下必惧。君予之地,智伯必骄而轻敌,邻邦必惧而相亲③。以相亲之兵待轻敌之国④,则智伯之命不长矣。《周书》曰:'将欲败之,必姑辅之⑤;将欲取之,必姑予之。'君不如予之以骄智伯。且君何释以天下图智氏⑥,而独以吾国为智氏质乎⑦?"君曰:"善。"乃与之万户之邑。智伯大悦,因索地于赵,弗与,因围晋阳。韩、魏反之外,赵氏应之内,智氏自亡。

[注释]①魏宣子:名驹。晋国的执政六卿之一。　②任章:魏氏家臣。③相亲:相互亲近。　④待:对抗。　⑤姑:姑且。　⑥释:放弃。图:图谋。⑦质:靶子,目标。

秦康公筑台三年①。荆人起兵②,将欲以兵攻齐。任妄曰③："饥召兵④，疾召兵，劳召兵，乱召兵。君筑台三年，今荆人起兵将攻齐，臣恐其攻齐为声⑤，而以袭秦为实也，不如备之。"戍东边，荆人辍行⑥。

[注释]①秦康公(？～公元前609年)：春秋时期秦国国君。嬴姓，名莹，秦穆公之子，公元前620年即位，在位时期联楚抗晋，曾与晋国屡次交战。②荆人：楚国。　③任妄：人名，事迹未详。　④召：招也，招来兵灾。⑤声：名义。　⑥辍行：停止出兵。

　　齐攻宋，宋使臧孙子南求救于荆①。荆大说②，许救之，甚欢。臧孙子忧而反③。其御曰："索救而得，今子有忧色，何也？"臧孙子曰："宋小而齐大。夫救小宋而恶于大齐④，此人之所以忧也，而荆王说，必以坚我也⑤。我坚而齐敝，荆之所利也。"臧孙子乃归。齐人拔五城于宋而荆救不至。

[注释]①臧孙子：事迹不详。　②说：通"悦"。　③反：通"返"。④恶：得罪。　⑤坚我：坚定我国与齐作战的决心。

　　魏文侯借道于赵而攻中山①，赵肃侯将不许②。赵刻曰③："君过矣。魏攻中山而弗能取，则魏必罢④。罢则魏轻，魏轻则赵重。魏拔中山，必不能越赵而有中山也⑤。是用兵者魏也，而得地者赵也。君必许之而大欢⑥，彼将知君利之也，必将辍行。君不如借之道，示以不得已也。"

[注释]①魏文侯：战国时期魏国国君，名斯，公元前446年～前397年在位。　②赵肃侯(？～公元前326年)战国时期赵国国君。嬴姓，赵氏，名语，赵成侯之子。公元前349年即位。　③赵刻：又称公子刻，赵国贵族。

④罢:通"疲",疲敝。 ⑤有:占有。 ⑥此句当为"君必许之,许之而大欢"。

鸱夷子皮事田成子①,田成子去齐,走而之燕②,鸱夷子皮负传而从③。至望邑,子皮曰:"子独不闻涸泽之蛇乎④?泽涸,蛇将徙。有小蛇谓大蛇曰:'子行而我随之,人以为蛇之行者耳,必有杀子者。子不如相衔负我以行⑤,人必以我为神君也。'乃相衔负以越公道而行⑥。人皆避之,曰:'神君也。'今子美而我恶,以子为我上客,千乘之君也;以子为我使者⑦,万乘之卿也。子不如为我舍人⑧。"田成子因负传而随之。至逆旅,逆旅之君待之甚敬⑨,因献酒肉。

[注释]①鸱(chī)夷子皮:人名,田成子的谋士。一说,鸱夷子皮即范蠡。相传越灭吴后,范蠡变易姓名,至齐,自称鸱夷子皮。或说此乃齐国奸商冒范蠡之名欺世,非范蠡真有其事。事:侍奉。田成子:春秋末年齐国大臣。他利用收买人心的做法,用大斗贷出粮食,用小斗收进,给民众一些好处,以树立田氏的威望。公元前481年,他杀掉齐简公,掌握齐国政权,史称"田氏代齐"。 ②田成子离开齐国跑到燕国之事不可考。 ③负:背负;传(zhuàn):符传,符信,即今之通行证。一般为木制,书写符信于上,又用另一木板封盖,加以泥封。 ④涸泽:干枯的湖泊。 ⑤衔(xián):用嘴叼着。 ⑥公道:大道。 ⑦使者:随从。 ⑧舍人:即食客。 ⑨逆旅之君:旅馆的主人。逆旅,旅店。

温人之周①,周不纳客②。问之曰:"客耶?"对曰:"主人。"问其巷而不知也③,吏因囚之。君使人问之曰:"子非周人也,而自谓非客,何也?"对曰:"臣少也诵《诗》,曰:

'普天之下,莫非王土;率土之滨,莫非王臣④。'今君天子,则我天子之臣也。岂有为人之臣而又为之客哉?故曰:主人也。"君使出之⑤。

[注释]①之:到。 ②纳客:接纳旅客。 ③巷:指居住的街巷。人,当为衍文。 ④普天之下,莫非王土;率土之滨,莫非王臣:出自《诗经·小雅·北山》,意为:普天之下,莫不是天子的土地;四海之内,莫不是天子的臣民。 ⑤出之:放了他。

韩宣王谓樛留曰①:"吾欲两用公仲、公叔,其可乎②?"对曰:"不可。晋用六卿而国分;简公两用田成、阚止而简公杀③;魏两用犀首④、张仪,而西河之外亡。今王两用之,其多力者树其党,寡力者借外权⑤。群臣有内树党以骄主内⑥,有外为交以削地,则王之国危矣。"

[注释]①韩宣王:战国时期韩国君主,即韩宣惠王(? ~前312年)。名不详,韩昭侯之子。公元前332年即位,即位第一年,改君号为"王"。谓:对……说;樛留:韩宣王的宠臣。 ②两用:并用,即同时重用两位大臣。公仲:韩宣惠王的相;公叔:韩国重臣,韩宣惠王死后,拥立公子咎,是为厘王。 ③阚止(? ~公元前481年):春秋末年齐国正卿,字子我。与田成子(田常)共为齐国左右相,及田常夺政,与简公同时被杀。 ④犀首:即公孙衍。战国时期纵横家,犀首,为他的号,一说他曾任魏国的犀首,故名。魏国公族后裔,先在秦国为大良造(官名),主张破坏六国合纵。因与张仪不合,返魏,为魏惠王将,又主张合纵攻秦。及秦武王即位,张仪被逐,他又回到秦国为相,佩五国相印,以连横为约长。数年后,为甘茂所谮,再返魏国,遭谗被杀。 ⑤外权:指国外的势力。 ⑥内:为衍文。

绍绩昧醉寐而亡其裘①。宋君曰:"醉足以亡裘乎?"

对曰:"桀以醉亡天下,而《康诰》曰'毋彝酒②。''彝酒'者,常酒也③。常酒者,天子失天下,匹夫失其身。"

[注释]①绍绩昧:人名,事迹未详。亡:丢失。 ②彝:常也。 ③常酒:沉湎于酒。

管仲、隰朋从于桓公而伐孤竹①,春往冬反,迷惑失道。管仲曰:"老马之智可用也。"乃放老马而随之,遂得道。行山中,无水,隰朋曰:"蚁冬居山之阳,夏居山之阴。蚁壤寸而有水②。"乃掘地,遂得水。以管仲之圣而隰朋之智,至其所不知,不难师于老马与蚁③。今人不知以其愚心而师圣人之智,不亦过乎?

[注释]①隰(xí)朋:春秋时期齐国大夫。孤竹:地名。今河北卢龙南。②蚁壤:即蚂封,蚂蚁窝口的小土堆。 ③难:为难,以……为难。

有献不死之药于荆王者①,谒者操之以入②。中射之士问曰③:"可食乎?"曰:"可。"因夺而食之。王大怒,使人杀中射之士。中射之士使人说王曰:"臣问谒者,曰'可食',臣故食之,是臣无罪,而罪在谒者也。且客献不死之药,臣食之而王杀臣,是死药也,是客欺王也。夫杀无罪之臣,而明人之欺王也④,不如释臣。"王乃不杀。

[注释]①荆王:楚王。 ②谒者:官名,为国君掌传达通报。 ③中射之士:楚王侍卫近臣。 ④明:表明。

田驷欺邹君①,邹君将使人杀之。田驷恐,告惠子②。惠子见邹君曰:"今有人见君,则眣其一目③,奚如④?"君曰:"我必杀之。"惠子曰:"瞽,两目睒⑤,君奚为不杀?"君曰:"不能勿睒。"惠子曰:"田驷东欺齐侯,南欺荆王,驷之于欺人,瞽也,君奚怨焉?"邹君乃不杀。

[注释]①田驷:战国时期赵国人,事迹未详。邹:古国名。又称为邾,邾娄,曹姓,战国时灭于楚。　②惠子:即惠施。战国时期名家的代表人物,宋人,仕于魏,曾为魏惠王相十五年。　③睒(shǎn):眨巴眼,眼睛很快地开闭。　④奚如:怎么样。　⑤瞽:盲人。

　　鲁穆公使众公子或宦于晋①,或宦于荆。犁鉏曰②:"假人于越而救溺子③,越人虽善游,子必不生矣。失火而取水于海,海水虽多,火必不灭矣,远水不救近火也。今晋与荆虽强,而齐近,鲁患其不救乎!"严遂不善④,周君患之。冯沮曰⑤:"严遂相而韩傀贵于君⑥。不如行贼于韩傀⑦,则君必以为严氏也。"张谴相韩⑧,病将死。公乘无正怀三十金而问其疾⑨。居一月,公自问张谴曰:"若子死,将谁使代子?"答曰:"无正重法而畏上。虽然,不如公子食我之得民也⑩。"张谴死,因相公乘无正。

[注释]①鲁穆公(?~公元前375年):战国时期鲁国国君。姬姓,名显,元公之子。公元前407年即位。宦:任官。　②犁鉏:鲁国大臣。③假:借;溺子:落水的孩子。　④严遂:又称"韩遂"。战国时期韩国大臣。名遂,字仲子,卫国濮阳人。韩哀侯时为卿,与国相侠累相怨,亡于齐。招募刺客刺杀侠累,并将哀侯一并杀害,立哀侯子为君,是为懿侯。不善:不友好。⑤冯沮:西周(战国末期周一分为二,成为两个小诸侯国,成东、西周)大臣。⑥韩傀:韩国大臣。　⑦行贼:行刺。　⑧张谴:即张平,战国末年韩国大臣,韩公族,汉初张良之父,在韩厘王、韩桓惠王时期曾为相。　⑨公乘无正:事迹不详。怀:怀揣、带着。　⑩公子食我:韩国的宗室贵族。得民:得到民众

的拥护,暗示其将威胁君主的地位。

乐羊为魏将而攻中山①,其子在中山,中山之君烹其子而遗之羹②。乐羊坐于幕下而啜之③,尽一杯④。文侯谓堵师赞曰⑤:"乐羊以我故而食其子之肉。"答曰:"其子而食之,且谁不食?"乐羊罢中山⑥,文侯赏其功而疑其心。孟孙猎得麑⑦,使秦西巴持之归⑧,其母随之而啼。秦西巴弗忍而与之⑨。孟孙适至而求麑。答曰:"余弗忍而与其母。"孟孙大怒,逐之。居三月,复召以为其子傅⑩。其御曰:"曩将罪之⑪,今召以为子傅,何也?"孟孙曰:"夫不忍麑,又且忍吾子乎?"故曰:"巧诈不如拙诚。"乐羊以有功见疑⑫,秦西巴以有罪益信⑬。

[注释]①乐(yuè)羊:乐毅的先祖,战国时期魏文侯将。 ②遗(wèi):送。 ③啜(chuò):喝。 ④尽一杯:喝完了一杯。 ⑤堵师赞:人名。姓堵师,名赞,事迹不详。 ⑥罢:罢兵。 ⑦孟孙:指鲁国的孟孙氏,未详为何人。麑(ní):小鹿。 ⑧秦西巴:孟孙氏家臣,事迹未详。 ⑨与:给。此指交还给小鹿的母亲。 ⑩傅:师傅。 ⑪御:车夫;曩:以前。 ⑫见疑:被怀疑。 ⑬益:增加。

曾从子,善相剑者也。卫君怨吴王①。曾从子曰:"吴王好剑,臣相剑者也。臣请为吴王相剑,拔而示之,因为君刺之②。"卫君曰:"子为之是也,非缘义也③,为利也。吴强而富,卫弱而贫。子必往,吾恐子为吴王用之于我也④。"乃逐之。

[注释]①卫君怨吴王:指卫出公结怨吴王夫差之事。 ②因:于是。

③缘:因为。　④用之于我:用来刺杀我。

纣为象箸而箕子怖①,以为象箸必不盛羹于土铏②,则必犀玉之杯③;玉杯象箸必不盛菽藿④,则必旄、象、豹胎⑤;旄象豹胎必不衣短褐而舍茅茨之下⑥,则必锦衣九重,高台广室也。称此以求⑦,则天下不足矣。圣人见微以知萌,见端以知末,故见象箸而怖,知天下不足也。

[注释]①象箸:象牙筷子;箕子:商纣王的叔父,官太师。　②土铏:陶铏,盛汤的陶器。　③将:拿,此指要用。　④菽藿:豆类植物的叶子,此指菜汤。　⑤胎:指动物的幼崽(所烹制的汤)。　⑥衣:穿;短褐:粗布衣服。　⑦称此:与此相当。

周公旦已胜殷①,将攻商盖②。辛公甲曰③:"大难攻,小易服。不如服众小以劫大④。"乃攻九夷⑤,而商盖服矣。

[注释]①周公旦:周初政治家。姬姓,名旦,周武王之弟。助武王灭商,封于鲁。武王卒,成王继位,周公为摄政,出师东征,镇压商王后裔联合东夷民族的反抗。成王七年,还政成王。后世周王朝的礼乐制度,相传均为周公时期所制定。　②商盖:即商奄,或单称奄。商代末年东夷诸侯国,在今山东曲阜,周初被周公所灭。　③辛公甲:即辛甲。初事商纣王,后奔周,周初为太史。　④劫:胁迫。　⑤九夷:古时居住在今山东半岛的东夷族人。

纣为长夜之饮,惧以失日①,问其左右,尽不知也。乃使人问箕子。箕子谓其徒曰:"为天下主而一国皆失日,天下其危矣。一国皆不知而我独知之,吾其危矣。"辞以醉而不知。

[**注释**]①惧:为"欢"之误,即欢也。失日:忘记了日期。

　　鲁人身善织屦①,妻善织缟②,而欲徙于越。或谓之曰:"子必穷矣。"鲁人曰:"何也?"曰:"屦为履之也③,而越人跣行④;缟为冠之也,而越人被发⑤。以子之所长,游于不用之国,欲使无穷,其可得乎?"陈轸贵于魏王⑥。惠子曰⑦:"必善事左右。夫杨⑧,横树之即生⑨,倒树之即生,折而树之又生。然使十人树之而一人拔之,则毋生杨矣。至以十人之众,树易生之物而不胜一人者,何也?树之难而去之易也。子虽工自树于王⑩,而欲去子者众,子必危矣。"

　　[**注释**]①身:自己;善织屦:善于织鞋。屦(jù):用麻、葛等编织的鞋。②缟(gǎo):白色的生绢。　③履之:穿着它走路。　④跣行:光脚走路。⑤被(pī):披散着头发。　⑥陈轸:战国时期的游说之士。　⑦惠子:即惠施。　⑧杨:杨树。　⑨树:动词,栽树。　⑩工自:亲自。

　　鲁季孙新弑其君①,吴起仕焉②。或谓起曰:"夫死者始死而血,已血而衄③,已衄而灰,已灰而土。及其土也,无可为者矣④。今季孙乃始血,其毋乃未可知也⑤。"吴起因去之晋⑥。

　　[**注释**]①季孙:鲁国执政贵族。　②仕:任官。　③衄(nù):衄的异体字。通"朒",收缩,指尸体开始腐烂。　④无可为:再没有什么可以变了。⑤毋乃:大概,恐怕。　⑥之晋:去往晋国。

　　隰斯弥见田成子①,田成子与登台四望。三面皆畅,南望,隰子家之树蔽之。田成子亦不言。隰子归,使人伐之;斧离数创②,隰子止之。其相室曰③:"何变之数也④?"隰子曰:"古者有谚曰:'知渊中之鱼者不祥。'夫田子将有大事⑤,而我示之知微⑥,我必危矣。不伐树,未有罪也;知人之所不言,其罪大矣。"乃不伐也。

[**注释**]①隰斯弥:春秋时期齐国大夫。或为隰朋后人,隰成子之子。②离:割、砍。创:伤。 ③相室:家臣,管家。 ④数(shuò):频繁,比喻变化之快。 ⑤将有大事:指田成子将取齐而代之。 ⑥示之:显示。

杨子过于宋东之逆旅①,有妾二人,其恶者贵②,美者贱。杨子问其故。逆旅之父答曰③:"美者自美,吾不知其美也;恶者自恶,吾不知其恶也。"杨子谓弟子曰:"行贤而去自贤之心④,焉往而不美。"卫人嫁其子而教之曰:"必私积聚。为人妇而出⑤,常也;其成居⑥,幸也。"其子因私积聚,其姑以为多私而出之。其子所以反者倍其所以嫁⑦。其父不自罪于教子非也,而自知其益富⑧。今人臣之处官者,皆是类也。

[**注释**]①杨子:即杨朱,古籍又称阳子居,杨子取。战国初年学者。生平不详。或说为魏国人,老子的学生。逆旅:旅店。 ②恶:丑。 ③逆旅之父:旅店的主人。 ④去:抛弃。自贤:自以为贤能。 ⑤出:被休掉。古人将妻子罢黜,称为"出"。 ⑥成居:相处终身。成,终。 ⑦反:返回。⑧益:增加。

鲁丹三说中山之君而不受也①,因散五十金事其左右。复见,未语而君与之食②。鲁丹出不反舍,遂去中山③。其御曰:"及见,乃始善我④。何故去之?"鲁丹曰:"夫以人言善我,必以人言罪我。"未出境,而公子恶之曰:"为赵来间⑤。"中山君因索而罪之。

[注释]①鲁丹:人名,事迹未详。 ②与之食:赐给他食物。 ③去:离开。 ④善:友善。 ⑤间:离间。

田伯鼎好士而存其君①,白公好士而乱荆②。其好士则同,其所以为则异③。公孙友自刖而尊百里④,竖刁自宫而谄桓公⑤。其自刑则同,其所以自刑之为则异。慧子⑥曰:"狂者东走⑦,逐者亦东走。其东走则同,其所以东走之为则异。故曰:同事之人,不可不审察也。"

[注释]①田伯鼎:人名,事迹未详。 ②白公:即白公胜。楚国公子,楚平王太子建的儿子。公元前479年发动政变,兵败后自杀。 ③为:缘故。 ④公孙友:《左传》作"公孙枝";尊:动词,树立威望。百里:即百里奚。 ⑤竖刁:齐桓公的年轻侍从,名刁。竖,近臣侍从。桓公:即齐桓公。 ⑥慧子:即惠施。 ⑦狂者:疯子;东走:向东跑。

# 说林下第二十三

伯乐教二人相踶马①,相与之简子厩观马②,一人举踶马,其一人举踢马③,其一人从后而循之④,三抚其尻而马不踢⑤。此自以为失相。其一人曰:"子非失相也,此其为马也,踒肩而肿膝⑥。夫踶马也者,举后而任前⑦,肿膝不可任也,故后不举。子巧于相踶马而拙于任肿膝。"夫事有所必归,而以有所肿膝而不任,智者之所独知也。惠子曰:"置猿于柙中,则与豚同⑧。"故势不便,非所以逞能也⑨。

[注释]①伯乐:古代著名的相马者。事迹未详。相传姓孙,名阳,字伯乐。春秋中期秦穆公时人。踶(dì)马:踢人的烈马。 ②相与:一起。之:到;简子:赵简子,晋国六卿之一,名鞅,赵襄子之父,联合韩、魏、知氏灭中行、范氏,执晋国朝政。 ③其一人举踢马:当为衍文。举:选出。 ④循:通"揗",抚摸。 ⑤尻(kāo):屁股。 ⑥踒(wō):跌伤。肿膝:前肢的膝盖肿胀。 ⑦任:负担。 ⑧柙(xiá):关猛兽的木笼。豚(tún):小猪。 ⑨逞能:显示其才能。

卫将军文子见曾子①,曾子不起而延于坐席②,正身见于奥③。文子谓其御曰:"曾子,愚人也哉!以我为君子也,君子安可毋敬也?以我为暴人也,暴人安可侮也?曾子不戮④,命也。"

[注释]①卫将军文子:即公孙弥牟,字子卫,卫灵公的孙子。曾子:即曾参。字子舆,春秋末年鲁国人,孔子的门徒。 ②延:请、引导。 ③奥:正室的西南角,古时为坐席中的尊位。 ④戮:杀,指被杀掉。

鸟有翢翢者①,重首而屈尾②,将欲饮于河,则必颠③,乃衔其羽而饮之,人之所有饮不足者,不可不索其羽也④。鳝似蛇⑤,蚕似蠋⑥,人见蛇则惊骇,见蠋则毛起。渔者持鳝,妇人拾蚕,利之所在,皆为贲、诸⑦。

[注释]①翢翢(zhōu zhōu):鸟名。 ②屈(jué):短小。 ③颠:栽倒。 ④羽:党羽。 ⑤鳝(shàn):黄鳝。 ⑥蠋(zhú):外形像蚕的一种青虫,俗称豆虫。 ⑦贲、诸:指孟贲和专诸。两人都是春秋时期著名的武士。

伯乐教其所憎者相千里之马,教其所爱者相驽马①。以千里之马时一有,其利缓;驽马日售,其利急。此《周书》所谓"下言而上用者,惑也②"。

[注释]①驽(nú)马:劣马。 ②下言:权宜之言,指适合于一时一事的言论;上用:普遍适用。

桓赫曰①:"刻削之道,鼻莫如大,目莫如小。鼻大可小,小不可大也;目小可大,大不可小也。"举事亦然:为其后可复者也②,则事寡败矣③。

[注释]①桓赫:人名,事迹未详。 ②复:重复,此指可以修复、补救。

③寡:少。

崇侯、恶来知不适纣之诛也①,而不见武王之灭之也。比干、子胥知其君之必亡也②,而不知身之死也。故曰:"崇侯、恶来知心而不知事,比干、子胥知事而不知心。"圣人其备矣。

[注释]①崇侯:即崇侯虎,商末诸侯,名虎。国于崇(今河南省嵩山北)。相传曾潛西伯昌(周文王)于殷纣王,致使西伯昌为纣王所囚。后西伯获释,伐崇,崇侯虎被杀。恶(wù)来:又称恶来革,亦商末诸侯。嬴姓,为秦人祖先蜚廉之子,事殷纣王,周武王伐商时被杀。适:迎合、顺从。 ②比干:商纣王的叔父,因多次劝谏纣王,被纣王剖心。子胥:即伍子胥。

宋太宰贵而主断①。季子将见宋君②,梁子闻之曰③:"语必可与太宰三坐乎④,不然,将不免。"季子因说以贵主而轻国⑤。

[注释]①宋太宰:或为宋国太宰戴欢。主断:专断国政。 ②季子:事迹未详。 ③梁子:事迹未详;闻之曰:告诉他说。 ④三坐:指三人在一起。意为:您想和宋君说的话,一定要太宰在场时说吗?即警告季子即使太宰不在场也不能说触犯太宰的话。 ⑤贵主而轻国:尊贵君主而轻视国家。意为:讲一些让君主如何养生而轻视国事的话。

杨朱之弟杨布①,衣素衣而出,天雨,解素衣,衣缁衣而反②,其狗不知而吠之。杨布怒,将击之。杨朱曰:"子毋击也,子亦犹是。囊者使女狗白而往③,黑而来,子岂能毋怪哉?"

[注释]①杨朱:生平不详。或说为魏国人,老子的学生,被视为道家的领

袖人物。　②衣:穿;缁衣:黑色衣服。　④曩者:从前,以往;使:假使、假如。

惠子曰①:"羿执鞅持扞②,操弓关机③,越人争为持的④。弱子扜弓⑤,慈母入室闭户。"故曰:"可必⑥,则越人不疑羿;不可必,则慈母逃弱子⑦。"

[注释]①惠子:即惠施。　②羿:夏代东夷有穷氏的部落首领,相传为古时善射之人。鞅:古代射箭时套在右手拇指上拉弦的皮套。扞(hàn):古代射箭时套在左臂上拉弦的皮套。　③关:牵引,此指拉弓;机:控制射箭发射的扳机。　④的:箭靶。　⑤扞弓:当作"扜(yū)弓",引弓、拉弓之意。⑥必:必定,此指一定射中靶心。　⑦逃:躲避,此指慈母都不敢给儿子举箭靶。

桓公问管仲①:"富有涯乎②?"答曰:"水之以涯③,其无水者也;富之以涯,其富已足者也。人不能自止于足而亡④,其富之涯乎!"

[注释]①桓公:齐桓公。春秋时期齐国君主,春秋五霸之一。　②涯:边。　③以:通"已",此指水到了边。　④亡:丧失。

宋之富贾有监止子者①,与人争买百金之璞玉,因佯失而毁之②,负其百金③,而理其毁瑕④,得千溢焉⑤。事有举之而有败⑥,而贤其毋举之者,负之时也。

[注释]①监止子:监止,人名,春秋时期齐国正卿,其子于监止被杀后逃往宋国,经商致富。　②佯失:假装失手。　③负:赔偿。　④理:修理。⑤溢:通"镒",一镒,即一金。　⑥举:做。

有欲以御见荆王者①,众驺妒之②。因曰:"臣能撇鹿③。"见王，王为御不及鹿④；自御，及之。王善其御也，乃言众驺妒之。

[注释]①御：驾驭马车的技术。见：求见。　②驺(zōu)：马夫。　③撽(qiào)：追击、追打。　④及：赶上。

荆令公子将伐陈①，丈人送之②，曰："晋强，不可不慎也。"公子曰："丈人奚忧？吾为丈人破晋。"丈人曰："可。吾方庐陈南门之外③。"公子曰："是何也？"曰："我笑勾践也④。为人之如是其易也⑤，己独何为密密十年难乎⑥？"

[注释]①将(jiàng)：统率军队。　②丈人：老人。　③方：正在；庐：庐舍，此做动词，盖庐舍。陈：陈国。意指，你能打败晋国，我老人家一个人就可以拿下陈国了。　④勾践：春秋时期越国国君。公元前494年被吴王夫差打败，退于会稽山上，用范蠡、文种之计，忍辱求和，卧薪尝胆，发奋图强，终于灭吴雪耻。　⑤如是其易：如此容易。　⑥密密：勤勉努力的样子。

尧以天下让许由①，许由逃之，舍于家人②，家人藏其皮冠③，夫弃天下而家人藏其皮冠，是不知许由者也。

[注释]①许由：传说中的古代隐士。相传尧将君位让给他，他逃到箕山之下，农耕而食。　②家人：即人家，指普通的百姓之家。　③皮冠：皮帽子。一说是古代田猎之冠。国君田猎，召虞人，以皮冠为符信。意指百姓人家以皮冠为贵，却与许由的为人相背驰，故曰"不知许由"。

三虱食彘①，相与讼②，一虱过之，曰："讼者奚说？"三虱曰："争肥饶之地。"一虱曰："若亦不患腊之至而茅之燥耳③，若又奚患？"于是乃相与聚嘬④其身而食之。彘臞⑤，人乃弗杀。

［**注释**］①彘：猪。　②讼：争辩。　③若：你(们)。腊：腊祭，古代年终祭祀神灵的一种仪式。燥：火，此指用火烤。　④嘬：吸吮，此指吸血。⑤臞：清瘦。

虫有蚘者①，一身两口，争食相龁遂相杀也②，人臣之争事而亡其国者，皆蚘类也。宫有垩③，器有涤④，则洁矣。行身亦然⑤，无涤垩之地则寡非矣。公子纠将为乱⑥，桓公使使者视之。使者报曰："笑不乐，视不见，必为乱。"乃使鲁人杀之。

［**注释**］①蚘：亦古之"虺"字。虺(huǐ)：古书上说的一种毒蛇。　②龁(hé)：咬。　③垩(è)：白色土，此指用白粉粉刷墙壁。　④涤：洗涤。⑤行身：指为人、做人。　⑥公子纠：春秋时期齐国公子，齐襄公的弟弟，齐桓公的哥哥。

公孙弘断发而为越王骑①，公孙喜使人绝之曰②："吾不与子为昆弟矣。"公孙弘曰："我断发，子断颈而为人用兵③，我将谓之何？"周南之战④，公孙喜死焉。

有与悍者邻⑤，欲卖宅而避之。人曰："是其贯将满矣⑥，子姑待之。"答曰："吾恐其以我满贯也。"遂去之。故曰："物之几者⑦，非所靡也⑧。"

［**注释**］①公孙弘：战国时期魏国宫室后裔，与公孙喜为兄弟，事迹仅此一见。断发：剪断头发，指从越人断发文身之俗。　②绝：绝交，断绝关系。③断颈：折断脖子，指冒生命危险。　④周南之战：韩僖王三年(公元前 293 年)，韩王派公孙喜率韩、魏、西周之师在周王城伊阙城下与秦将白起交战，结果大败，公孙喜俘后被杀。周南，指伊阙。　⑤邻：为邻。　⑥贯：指穿钱的绳子。贯将满，比喻作恶太多，将要受到惩罚。　⑦几：危也。　⑧靡：迟缓、

拖延。

孔子谓弟子曰:"孰能导子西之钓名也①?"子贡曰:"赐也能②。"乃导之,不复疑也③。孔子曰:"宽哉,不被于利④!洁哉,民性有恒!曲为曲,直为直。"孔子曰"子西不免。"白公之难⑤,子西死焉。故曰:"直于行者曲于欲⑥。"

[注释]①导:劝导;子西:春秋时期楚国楚平王的庶弟,曾做过楚国的令尹。钓名:沽名钓誉。 ②子贡:孔子的学生,姓端木,名赐,字子贡,春秋时卫国人,以善言著称;赐:子贡的名字,此乃子贡之自称。 ③疑:惑。 ④被:蒙蔽。 ⑤白公之难:指公元前479年,白公胜发动政变,杀死令尹子西,废除楚惠王之事。白公,名胜,春秋时期楚平王的孙子,太子建的儿子。太子建遇害后,他随伍子胥逃往吴国,不久被令尹子西召回,安置在白邑,号"白公"。 ⑥曲:通"屈"。

晋中行文子出亡①,过于县邑。从者曰:"此啬夫②,公之故人。公奚不休舍,且待后车?"文子曰:"吾尝好音,此人遗我鸣琴③;吾好佩,此人遗我玉环:是振我过者也④。以求容于我者⑤,吾恐其以我求容于人也。"乃去之。果收文子后车二乘而献之其君矣⑥。

[注释]①中行文子:又称中行寅,即荀寅。春秋末年晋顷公、定公时期六卿之一。范、中行氏被知氏、赵、韩、魏四家击败后,中行氏出逃,此条所记即当时事。 ②啬夫:官名。啬夫的名目甚多,如县啬夫、乡啬夫、关啬夫。此为县啬夫,大致相当于县令。 ③遗(wèi):送;鸣琴:古时一种带鸣廉的自鸣古琴。 ④振我过:助长我的过失。 ⑤求容:取悦。 ⑥其君:指该啬夫的主人,即其所尊听的卿大夫。

周趮谓宫他曰①:"为我谓齐王曰:'以齐资我于魏,请以魏事王。'"宫他曰:"不可,是示之无魏也②,齐王必不资于无魏者,而以怨有魏者③。公不如曰:'以王之所欲,臣请以魏听王。'齐王必以公为有魏也,必因公④。是公有齐也,因以有齐、魏矣⑤。"

[注释]①周趮:战国初晋国人。曾游学齐国稷下学官,为孟子弟子。宫他:人名,事迹未详。　②无魏:尚未能操纵魏国。　③怨:结怨;有魏:与无魏相对,即可以控制、操纵魏国。　④必因公:一定会依从您。　⑤因以:因此而兼有齐、魏。

白圭谓宋令尹曰①:"君长,自知政,公无事矣。今君少主也,而务名②,不如令荆贺君之孝也③,则君不夺公位而大敬重公,则公常用宋矣。"

[注释]①白圭:战国时期的水利专家。名丹,字圭;一说即原中山国将领,后投奔魏国,得到魏文侯重用的白圭。谓:对……说。宋令尹:令尹,官名,相当于相国。其它史料中均未见宋有令尹一职。令尹,或为"大尹"之误。②务名:致力于博取名声。　③荆:楚国;贺君之孝:借楚国祝贺,使少主惑于"孝"的美名,行三年之丧,则不问国事。

管仲鲍叔相谓曰①:"君乱甚矣,必失国。齐国之诸公子其可辅者,非公子纠,则小白也②。与子人事一人焉,先达者相收③。"管仲乃从公子纠,鲍叔从小白。国人果弑君。小白先入为君,鲁人拘管仲而效之,鲍叔言而相之④。故谚曰:"巫咸虽善祝,不能自祓也⑤;秦医虽善除,不能自弹也⑥。"以管仲之圣而待鲍叔之助,此鄙谚所谓"虏自卖裘而不售,士自誉辩而不信"者也。

[**注释**]①相谓:相互商议。 ②公子纠:春秋时期齐国公子,齐襄公的弟弟,齐桓公的哥哥。小白:即齐桓公。 ③达:成也。指谁能首先成功,要接受对方。 ④相之:任用为相国。 ⑤巫咸:传说中的神巫。祝:祈祷;祓:祈祷消除灾难。 ⑥除:除病;弹(tán):同"砭",此指救治。

荆王伐吴,吴使沮卫蹷融犒于荆师①,荆将军曰:"缚之,杀以衅鼓②。"问之曰:"汝来,卜乎③?"答曰:"卜。""卜吉乎?"曰:"吉。"荆人曰:"今荆将以女衅鼓④,其何也?"答曰:"是故其所以吉也。吴使人来也,固视将军怒⑤,将军怒,将深沟高垒;将军不怒,将懈怠。今也将军杀臣,则吴必警守矣。且国之卜,非为一臣卜。夫杀一臣而存一国,其不言吉何也?且死者无知,则以臣衅鼓无益也;死者有知也,臣将当战之时,臣使鼓不鸣。"荆人因不杀也。

[**注释**]①沮卫蹷融:人名,即蹷由,吴王余祭之弟。犒:犒劳。 ②衅:以血涂抹以为祭祀。 ③卜:占卜,此做动词。 ④女:同"汝",你。 ⑤怒:此怒字为衍。

知伯将伐仇由①,而道难不通,乃铸大钟遗仇由之君。仇由之君大说②,除道将内之③。赤章曼枝曰④:"不可。此小之所以事大也,而今也大以来,卒必随之⑤,不可内也。"仇由之君不听,遂内之。赤章曼枝因断毂而驱⑥,至于齐,七月而仇由亡矣。

[**注释**]①仇(qiú)由:春秋时期北方少数民族国家。 ②说:通"悦"。 ③除道:修道;内:通"纳"。 ④赤章曼枝:人名,仇由国大臣。 ⑤卒:军队。 ⑥断毂而驱:毂,车轴。意指将车的车轴截短,以求在山道上可以疾驰,形容

逃走之心切。

越已胜吴,又索卒于荆而攻晋①。左史倚相谓荆王曰②:"夫越破吴,豪士死,锐卒尽,大甲伤③。今又索卒以攻晋,示我不病也④。不如起师与分吴。"荆王曰:"善。"因起师而从越⑤。越王怒,将击之。大夫种⑥曰:"不可。吾豪士尽,大甲伤。我与战,必不克。不如赂之。"乃割露山之阴五百里以赂之。

[注释]①索卒:借兵。 ②左史:楚国的官名;倚相:人名。 ③豪士、锐卒、大甲:均指军中之精锐。 ④病:疲弊。 ⑤从:纵也,指纵兵攻击越军。 ⑥大夫种:即大夫文种,与范蠡一起助越王勾践灭吴复仇的主要将领。

荆伐陈,吴救之,军间三十里①,雨十日,夜星。左史倚相谓子期曰②:"雨十日,甲辑而兵聚③。吴人必至,不如备之。"乃为陈④。陈未成也而吴人至,见荆陈而反⑤。左史曰:"吴反覆六十里,其君子必休,小人必食⑥。我行三十里击之,必可败也。"乃从之⑦,遂破吴军。

[注释]①间(jiàn):相隔、间隔。 ②子期:令尹子西的弟弟,时任楚国的司马,掌管军政。 ③甲辑而兵聚:盔甲和兵器都收集在一起。 ④陈(zhèn):列阵。 ⑤反:通"返"。 ⑥君子、小人:分别指将领和士兵。 ⑦从:纵也,进兵之意。

韩赵相与为难①。韩子索兵于魏,曰:"愿借师以伐赵。"魏文侯曰:"寡人与赵兄弟,不可以从。"赵又索兵攻韩。文侯曰:"寡人与韩兄弟,不敢从。"二国不得兵,怒而反。已乃知文侯以构于己②,乃皆朝魏③。

[注释]①为难:为敌。 ②已:不久;构:媾和,讲和。 ③朝:朝见。


齐伐鲁,索谗鼎①,鲁以其雁往②。齐人曰:"雁也。"鲁人曰:"真也。"齐曰:"使乐正子春来③,吾将听子。"鲁君请乐正子春,乐正子春曰:"胡不以其真往也④?"君曰:"我爱之。"答曰:"臣亦爱臣之信⑤。"

[注释]①谗鼎:又称岑鼎、崇鼎。谗、岑、崇音近义通,皆指高大之意。②雁:通"赝",伪品。 ③乐正:掌管乐律的官。子春:人名,曾子弟子,以孝著称。 ④胡:为何。 ⑤信:信誉。


韩咎立为君①,未定也。弟在周,周欲重之②,而恐韩咎不立也。綦毋恢曰③:"不若以车百乘送之。得立,因曰为戒④;不立,则曰来效贼也⑤。"

[注释]①韩咎:即韩厘王,战国时期韩国国君,韩襄王子。公元前295年即位。 ②重:倚重。 ③綦毋恢:西周国大臣。 ④戒:警卫。 ⑤效贼:送上贼臣。效,送。


靖郭君将城薛①,客多以谏者。靖郭君谓谒者曰②:"毋为客通③。"齐人有请见者曰:"臣请三言而已。过三言,臣请烹。"靖郭君因见之。客趋进曰:"海,大,鱼。"因反走④。靖郭君曰:"请闻其说。"客曰:"臣不敢以死为戏。"靖郭君曰:"愿为寡人言之。"答曰:"君闻大鱼乎?网不能止,缴不能絓也⑤;荡而失水,蝼蚁得意焉。今夫齐亦君之海也。君长有齐,奚以薛为⑥?君失齐,虽隆薛城至于天,犹无益也。"靖郭君曰:"善。"乃辍⑦,不城薛。

[注释]①靖郭君:即田婴。战国时期齐国大臣。孟尝君田文之父。封于薛。齐宣王时,曾为相十一年。城:筑城。 ②谒者:传达公文的官职。 ③通:通报。此指不见宾客。 ④反:反身跑开。 ⑤缴(zhuó):生丝绳,此指拴有生丝绳的箭。絓:通"罣",后作"挂",绊住。 ⑥奚:何。 ⑦辍:停止。

荆王弟在秦,秦不出也①。中射之士曰②:"资臣百金,臣能出之。"因载百金之晋,见叔向③,曰:"荆王弟在秦,秦不出也。请以百金委叔向。"叔向受金而以见之④晋平公曰:"可以城壶丘矣⑤。"平公曰:"何也?"对曰:"荆王弟在秦,秦不出也,是秦恶荆也,必不敢禁我城壶丘⑥。若禁之,我曰:'为我出荆王之弟,吾不城也。'彼如出之,可以得荆⑦;彼不出,是卒恶也⑧,必不敢禁我城壶丘矣。"公曰:"善。"乃城壶丘。谓秦公曰:"为我出荆王之弟,吾不城也。"秦因出之。荆王大说⑨,以炼金百镒遗晋⑩。

[注释]①出:放出。 ②中射之士:宫中的侍卫武士。 ③叔向:晋国公族,即羊舌肸,字叔向,任晋平公太傅。 ④见之:引见。 ⑤城壶丘:在壶丘筑城。指要加强对壶丘的守卫。 ⑥禁:禁止,阻止。 ⑦得:德也。指有恩惠于楚国。 ⑧卒:终究。 ⑨说:通"悦"。 ⑩炼金:纯金。

阖庐攻郢①,战三胜,问子胥曰:"可以退乎?"子胥对曰:"溺人者一饮而止,则无逆者,以其不休也②。不如乘之以沈之③。"

[注释]①阖庐(?~公元前496年):即阖闾。春秋时期吴国国君。姬

姓,名光,又称公子光。公元前515年,使人刺杀吴王僚自立,任用伍子胥、孙武、伯嚭等整顿军政,国力大增。郢:楚国都城。　②休:停止。　③沈:通"沉"。

郑人有一子,将宦①,谓其家曰:"必筑坏墙,是不善,人将窃。"其巷人亦云。不时筑②,而人果窃之。以其子为智,以巷人告者为盗。

[注释]①宦:出仕,做官。　②时:及时。

# 观行第二十四

古之人目短于自见①,故以镜观面;智短于自知,故以道正己。镜无见疵之罪②,道无明过之恶。目失镜,则无以正须眉;身失道,则无以知迷惑。西门豹之性急,故佩韦以自缓③;董安于之心缓,故佩弦以自急④。故以有余补不足,以长续短,之谓明主。

[注释]①短:不足。 ②见疵:显现出瑕疵。 ③韦:熟皮子,此指用熟皮子做成的皮带。自缓:使自己缓和。 ④董安于:即董阏于。春秋时期晋国赵简子的家臣,以善于计谋著称。佩弦:佩戴弓弦。

天下有信数三①:一曰智有所不能立,二曰力有所不能举,三曰强有所不能胜。故虽有尧之智而无众人之助,大功不立;有乌获之劲而不得人助②,不能自举;有贲、育之强而无法术③,不得长生。故势有不可得,事有不可成。故乌获轻千钧而重其身④,非其身重于千钧也,势不便也。离朱易百步而难眉睫⑤,非百步近而眉睫远也,道不可也。故明主不穷乌获以其不能自举⑥,不困离朱以其不能自见。因可势⑦,求易道,故用力寡而功名立。时有满虚⑧,

事有利害,物有生死,人主为三者发喜怒之色,则金石之士离心焉⑨。圣贤之朴浅深矣⑩,故明主观人,不使人观己。明于尧不能独成,乌获之不能自举,贲、育之不能自胜,以法术则观行之道毕矣⑪。

[注释]①信数:必然的道理,数,定数,此指道理、规律。 ②乌获:战国时秦国力士,相传为秦武王侍从,以勇武至高官。 ③贲:孟贲。一说秦武王勇士孟说。育:夏育,相传为战国时期卫国勇士。 ④轻、重:均为动词,以……为轻、重。 ⑤离朱:即离娄。相传古代的明目者,能在一百步之外,见秋毫之末。难、易:动词,以……为难、易。 ⑥穷:窘迫。 ⑦因:凭借。 ⑧时:天时,此指月亮。 ⑨金石之士:指忠贞之士。 ⑩朴:道术、法术。 ⑪毕:完备。

# 安危第二十五

安术有七,危道有六。

安术:一曰,赏罚随是非;二曰,祸福随善恶;三曰,死生随法度①;四曰,有贤不肖而无爱恶②;五曰,有愚智而无非誉③;六曰,有尺寸而无意度④;七曰,有信而无诈。

危道:一曰,斫削于绳之内⑤;二曰,斫割于法之外⑥;三曰,利人之所害;四曰,乐人之所祸;五曰,危人之所安;六曰,所爱不亲,所恶不疏。如此,则人失其所以乐生,而忘其所以重死⑦。人不乐生,则人主不尊;不重死,则令不行也。

[注释]①法度:刑法、法律。 ②贤、不肖:指臣下的贤能或不肖。爱、恶:指君主的爱憎。 ③非誉:非难和赞誉,此指主观地非难或赞誉。非,读作"诽",非难。 ④尺寸:客观尺度、标准;意度:主观臆测。 ⑤斫削于绳之内:木工加工的尺寸,不足于墨绳的尺度。比喻法律不严而宽于赦宥。 ⑥斫割于法之外:比喻刑法过于苛刻,超出了法律。 ⑦重死:看重生死,犹言爱惜生命。

使天下皆极智能于仪表①,尽力于权衡②,以动则胜,以静则安。治世使人乐生于为是,爱身于为非③,小人少而君子多,故社稷常立,国家久安。奔车之上无仲尼④,覆舟之下无伯夷⑤。故号令者,国之舟车也。安则智廉生,危则争鄙起⑥。

[注释]①极:尽;仪表:法度、准则。 ②权衡:轻重,此亦指法律准绳。③爱身于为非:爱惜自己的身体故不去做非法的事情。 ④奔:通"贲",倾覆。仲尼:孔子。 ⑤伯夷:商朝所分封孤竹国国君之子,与其弟叔齐互相退让君位,又相随逃往周地,因反对周武王伐商,在商朝灭亡后不食周粟而饿死在首阳山,被古人奉为德行高尚的典范。 ⑥争鄙:争执浅陋。

故安国之法,若饥而食,寒而衣,不令而自然也。先王寄理于竹帛①。其道顺,故后世服。今使人饥寒去衣食,虽贲、育不能行;废自然,虽顺道而不立。强勇之所不能行,则上不能安。上以无厌责已尽②,则下对"无有";无有,则轻法。法所以为国也,而轻之,则功不立,名不成。

[注释]①寄理于竹帛:把治国的典章法度记录在典籍之中。竹帛,古人记事的竹简和帛书,此指典籍。 ②责:求、索。已尽:已经耗尽的财物。

闻古扁鹊之治其病也①,以刀刺骨;圣人之救危国也,以忠拂耳②。刺骨,故小痛在体而长利在身;拂耳,故小逆在心而久福在国。故甚病之人利在忍痛,猛毅之君以福拂耳。忍痛,故扁鹊尽巧③;拂耳,则子胥不失④,寿安之术也。病而不忍痛,则失扁鹊之巧;危而不拂耳,则失圣人之意。如此,长利不远垂⑤,功名不久立。

[注释]①扁鹊:战国初年的名医。 ②拂耳:逆耳。 ③巧:技巧,技术。

④子胥：即伍子胥，以多次进谏吴王夫差而被迫自杀，是古代强谏之臣的代表。　⑤垂：悬挂，流传。

人主不自刻以尧而责人臣以子胥①，是幸殷人之尽如比干②；尽如比干，则上不失，下不亡。不权其力而有田成③，而幸其身尽如比干，故国不得一安。废尧、舜而立桀、纣，则人不得乐所长而忧所短。失所长，则国家无功；守所短，则民不乐生。以无功御不乐生④，不可行于齐民⑤。如此，则上无以使下，下无以事上。

[注释]①刻：刻意，约束自己的心意。责：责求，要求。　②幸：希幸、希望。　③权：权衡；田成：即田常，齐国权臣，最终夺取齐国政权，史称"田氏代齐"。　④御：驾驭。　⑤齐民：国家的编户齐民，即列入国家户籍的百姓。

安危在是非，不在于强弱。存亡在虚实，不在于众寡。故齐，万乘也①，而名实不称，上空虚于国，内不充满于名实，故臣得夺主。桀②，天子也，而无是非；赏于无功，使谗谀③，以诈伪为贵；诛于无罪，使伛以天性剖背④。以诈伪为是，天性为非，小得胜大。

[注释]①齐：指田氏代齐以前的姜姓齐国。万乘：拥有万辆兵车的大国。②桀：当为"桀"之误。桀：夏桀，夏朝的最后一位君主，古时著名的暴君。③谗谀：指诣媚阿谀之臣。　④伛：伛偻（yǔ lóu），驼背的人。天性：天生；剖背：被剖开背。史载战国时宋王偃（即宋康公）荒淫残暴，剖人驼背而观之，史称"宋桀"。

明主坚内，故不外失。失之近而不亡于远者无有。故周之夺殷也，拾遗于庭①，使殷不遗于朝②，则周不敢望秋毫于境。而况敢易位乎？明主之道忠法，其法忠心③，故临之而法，去之而思。尧无胶漆之约于当世而道行④，舜无置锥之地于后世而德结⑤。能立道于往古而垂德于万世者之谓明主。

[**注释**]①拾遗于庭：庭，指王廷，意为利用殷王廷的失误。遗，缺遗、失误。　②使：假使。　③忠心：忠，通"中"(zhòng)，指合乎民心。　④胶漆：比喻牢固的结合。　⑤结：成也。

# 守道第二十六

圣王之立法也,其赏足以劝善,其威足以胜暴,其备足以必完法①。治世之臣,功多者位尊,力极者赏厚,情尽者名立②。善之生如春,恶之死如秋,故民劝极力而乐尽情,此之谓上下相得。上下相得,故能使用力者自极于权衡③,而务至于任鄙④;战士出死,而愿为贲、育;守道者皆怀金石之心⑤,以死子胥之节⑥。用力者为任鄙,战如贲、育,中为金石⑦,则君人者高枕而守已完矣⑧。

[注释]①必完法:"必"为衍文。一说"法"为衍文。前说是。 ②情:意同"诚"。 ③极:尽,尽力;权衡:法度、法律。 ④务至于任鄙:力求做到像任鄙那样。任鄙,战国时秦国将领,初为秦武王力士,以自荐得宠,昭王时任汉中太守。 ⑤金石之心:即精诚之心。 ⑥节:节操、操守。 ⑦中:内心。 ⑧守已完:守国之道已经完备。

古之善守者,以其所重禁其所轻,以其所难止其所易。故君子与小人俱正,盗跖与曾、史俱廉①。何以知之?夫贪盗不赴谿而掇金②,赴谿而掇金则身不全;贲、育不量敌则无勇名③,盗跖不计可则利不成④。明主之守禁也,贲、育见侵于其所不能胜⑤,盗跖见害于其所不能取,故能禁贲、育之所不能犯,守盗跖之所不能取,则暴者守愿⑥,邪者反正。大勇愿,巨盗贞⑦,则天下公平,而齐民之情正矣。

[注释]①盗跖(zhí):跖,一作"蹠"。相传为春秋末年民众造反领袖,或说为鲁国人,乃柳下惠之弟,旧时诬称为"盗跖"。曾、史:即曾参和史鱼。曾参,字子舆,孔子的学生,以孝道著称,据说是《孝经》的作者;史鱼,姓史,名鳅,字子鱼,又称史鱼,卫国大夫,被孔子誉为正直的典范。 ②掇(duō):拾取。 ③量:估量。 ④计可:计算可行性。 ⑤见侵:被侵害。 ⑥愿:老实、谨慎。 ⑦贞:同"正",指正道。

人主离法失人,则危于伯夷不妄取,而不免于田成、盗跖之祸①,何也？今天下无一伯夷,而奸人不绝世,故立法度量,度量信则伯夷不失是,而盗跖不得非;法分明则贤不得夺不肖,强不得侵弱,众不得暴寡。托天下于尧之法,则贞士不失分②,奸人不徼幸③。寄千金于羿之矢④,则伯夷不得亡,而盗跖不敢取。尧明于不失奸,故天下无邪;羿巧于不失发⑤,故千金不亡。邪人不寿而盗跖止。如此,故图不载宰予⑥,不举六卿;书不著子胥,不明夫差⑦。孙、吴之略废⑧,盗跖之心伏。人主甘服于玉堂之中⑨,而无瞋目切齿倾取之患⑩；人臣垂拱于金城之内⑪,而无扼腕聚唇嗟唶之祸⑫。

[注释]①伯夷、田成:见前文注释。句意为:人主如果离法而失去人心,即使有伯夷"不妄取"的高节,也不免田成、盗跖那样的祸患。危:高也,此指高尚的品格。 ②贞士:正直之士。分:名分、本分。 ③徼幸:同"侥幸"。 ④寄:寄托、托付;羿:后羿,夏代东夷有穷氏的部落首领,相传为古时善射之

人。　⑤失发:指箭无虚发。　⑥图:与下文之"书",同指典籍、史书。宰予:春秋时期鲁国人,孔子的学生,曾任齐国大夫,与田成争权而死。　⑦子胥:伍子胥。夫差:吴王夫差,被越王勾践灭国。　⑧孙:指孙武,字长卿,齐国人,战国时期军事家。吴:即吴起。　⑨甘服:甘食美服。玉堂:宫殿。　⑩瞋目:怒视;切齿:指痛恨;倾取:被倾覆夺权。　⑪垂拱:垂衣拱手,指恭敬听命;金城:亦指宫殿。　⑫扼腕:指叹息、惋惜;聚唇:闭嘴无言,指愤恨貌。

服虎而不以柙①,禁奸而不以法,塞伪而不以符②,此贲、育之所患,尧、舜之所难也。故设柙非所以备鼠也,所以使怯弱能服虎也;立法非所以备曾、史也,所以使庸主能止盗跖也;为符非所以豫尾生也③,所以使众人不相谩也④。不恃比干之死节⑤,不幸乱臣之无诈也⑥;恃怯之所能服,握庸主之所易守。当今之世,为人主忠计,为天下结德者,利莫长于如此。故君人者无亡国之图,而忠臣无失身之画⑦。明于尊位必赏,故能使人尽力于权衡,死节于官职。通贲、育之情,不以死易生⑧;惑于盗跖之贪⑨,不以财易身;则守国之道毕备矣。

[注释]①柙:木制的笼子。　②符:符信。　③豫:防备;尾生:即微生高,相传为战国时期鲁国人,以诚实守信名于世。　④相谩:相互欺骗。　⑤恃:凭借。　⑥幸:希冀。　⑦图、画:指……的情形。　⑧易:换取。　⑨惑:当为"耻"之误。

# 用人第二十七

　　闻古之善用人者,必循天顺人而明赏罚。循天,则用力寡而功立;顺人,则刑罚省而令行;明赏罚,则伯夷、盗跖不乱①。如此,则白黑分矣。治国之臣,效功于国以履位②,见能于官以受职③,尽力于权衡以任事。人臣皆宜其能,胜其官,轻其任,而莫怀余力于心,莫负兼官之责于君。故内无伏怨之乱④,外无马服之患⑤。明君使事不相干⑥,故莫讼⑦;使士不兼官,故技长;使人不同功,故莫争。争讼止,技长立,则强弱不觳力⑧,冰炭不合形⑨,天下莫得相伤,治之至也。

　　[注释]①乱:混也。　②履位:履行自己的岗位职责。　③见能:表现出才能。　④伏怨:隐伏的怨恨。　⑤马服:即赵国将军赵奢的封号。赵奢死后,其子赵括继承封号,长平之战赵括率领的赵军战败,损兵40万,故称马服之患。　⑥干:干扰、干涉。　⑦讼:争辩。　⑧觳(hú)力:即角力,较量。　⑨不合形:不放在一起。

　　释法术而任心治①,尧不能正一国;去规矩而妄意度②,奚仲不能成一轮③;废尺寸而差短长,王尔不能半中④。使中主守法术⑤,拙匠执规矩尺寸,则万不失矣。君人者能去贤巧之所不能,守中拙之所万不失,则人力尽而功名立。

[**注释**]①释:放弃;心治:以主观判断治理国家。　②意度:臆度、猜测。③奚仲:人名,夏禹时任车正,相传是车的发明者。　④王尔:传说中的能工巧匠。中:符合。　⑤中主:中等水平的国君。

明主立可为之赏,设可避之罚①。故贤者劝赏而不见子胥之祸②,不肖者少罪而不见伛剖背③,盲者处平而不遇深溪,愚者守静而不陷险危。如此,则上下之恩结矣。古之人曰:"其心难知,喜怒难中也。"故以表示目④,以鼓语耳,以法教心。君人者释三易之数而行一难知之心⑤,如此,则怒积于上而怨积于下。以积怒而御积怨⑥,则两危矣。

[**注释**]①可为之赏:指通过努力可以取得的功赏。可避之罚:可以避免的刑罚。　②子胥之祸:子胥,即伍子胥,此指有功者之祸。　③伛剖背:伛,驼背;剖背:被剖开背。史载战国时宋王偃(即宋康公)荒淫残暴,剖人驼背而观之,史称"宋桀"。此指无辜而被罚。　④表:标识、标准。　⑤数:通"术",方法。　⑥御:防备。此指治理、管理。

明主之表易见,故约立①;其教易知,故言用;其法易为,故令行。三者立而上无私心,则下得循法而治,望表而动,随绳而斫②,因攒而缝③。如此,则上无私威之毒,而下无愚拙之诛。故上君明而少怒,下尽忠而少罪。

[**注释**]①约立:约束得以确立。　②绳:准绳,此指法度。　③攒:通

"劗",剪裁。

闻之曰:"举事无患者,尧不得也①。"而世未尝无事也。君人者不轻爵禄,不易富贵②,不可与救危国③。故明主厉廉耻④,招仁义。昔者介子推无爵禄而义随文公⑤,不忍口腹而仁割其肌,故人主结其德,书图著其名。人主乐乎使人以公尽力,而苦乎以私夺威;人臣安乎以能受职,而苦乎以一负二⑥。故明主除人臣之所苦,而立人主之所乐,上下之利,莫长于此。不察私门之内,轻虑重事,厚诛薄罪,久怨细过,长侮偷快⑦,数以德追祸,是断手而续以玉也,故世有易身之患⑧。

[注释]①举事:做事。不得:不能。 ②易:轻视。 ③与:一同,一起。 ④厉:提倡、推崇。 ⑤介子推:晋臣,随公子重耳出亡,在重耳困难之时,曾自割大腿上的肉给重耳充饥,重耳回国后立为君,即晋文公,竟对介子推不行封赏,介子推遂与其母一同隐于绵山之中,至死不仕。 ⑥负:担负。 ⑦侮:轻慢;偷快:只顾眼前的快乐。 ⑧易身:指国君被人臣取代。

人主立难为而罪不及①,则私怨生;人臣失所长而奉难给②,则伏怨结。劳苦不抚循③,忧悲不哀怜,喜则誉小人,贤不肖俱赏,怒则毁君子,使伯夷与盗跖俱辱,故臣有叛主。使燕王内憎其民而外爱鲁人,则燕不用而鲁不附。见憎,不能尽力而务功;鲁见说④,而不能离死命而亲他主⑤。如此,则人臣为隙穴⑥,而人主独立⑦。以隙穴之臣而事独立之主,此之谓危殆。

[注释]①罪:怪罪、惩罚。 ②给:足。 ③抚循:抚慰。 ④说:通

"悦"。　⑤离:分。指分一部分效死之力来亲近其他的君主(燕王)。⑥隙穴:比喻隐患。　⑦独立:孤立。

　　释仪的而妄发①,虽中小不巧;释法制而妄怒,虽杀戮而奸人不恐。罪生甲,祸归乙,伏怨乃结。故至治之国,有赏罚而无喜怒。故圣人极有刑法,而死无螫毒②,故奸人服。发矢中的,赏罚当符③,故尧复生,羿复立。如此,则上无殷、夏之患,下无比干之祸,君高枕而臣乐业,道蔽④天地,德极万世矣。

　　[注释]①仪的:箭靶。　②螫(shì)毒:螫,怒,愤怒。指君主为泄私愤而采用的毒戮。　③当符:符合、恰当。　④蔽:通"被"。

　　夫人主不塞隙穴而劳力于赭垩①,暴雨疾风必坏。不去眉睫之祸而慕贲、育之死,不谨萧墙之患而固金城于远境②,不用近贤之谋而外结万乘之交于千里,飘风一旦起③,则贲、育不及救,而外交不及至,祸莫大于此。当今之世,为人主忠计者,必无使燕王说鲁人④,无使近世慕贤于古,无思越人以救中国溺者。如此,则上下亲,内功立,外名成。

　　[注释]①赭垩(zhě è):粉饰、装饰。赭,红土;垩,白土。此指用红、白土来粉饰、装修墙壁。　②萧墙之患:指内乱。萧墙,大门内的屏墙,即照壁。　③飘风:旋风,此指政治风暴,政局变乱。　④说:通"悦"。

# 功名第二十八

明君之所以立功成名者四：一曰天时，二曰人心，三曰技能，四曰势位。非天时，虽十尧不能冬生一穗；逆人心，虽贲、育不能尽人力。故得天时则不务而自生，得人心则不趣而自劝①；因技能则不急而自疾；得势位则不进而名成。若水之流，若船之浮。守自然之道，行毋穷之令，故曰明主。

[**注释**]①趣(cù)：通"促"，督促；劝：勉力、努力。

夫有材而无势①，虽贤不能制不肖。故立尺材于高山之上，下临千仞之溪，材非长也，位高也。桀为天子，能制天下，非贤也，势重也；尧为匹夫，不能正三家，非不肖也，位卑也。千钧得船则浮，锱铢失船则沉②，非千钧轻锱铢重也，有势之与无势也。故短之临高也以位，不肖之制贤也以势。人主者，天下一力以共载之，故安；众同心以共立之，故尊。人臣守所长，尽所能，故忠，以尊主。主御忠臣，则长乐生而功名成。名实相持而成，形影相应而立，故臣主同欲而异使③。人主之患在莫之应④,故曰,一手独拍,虽疾无声,人臣之忧在不得一⑤,故曰,右手画圆,左手画方,不能两成。故曰,至治之国,君若枹⑥,臣若鼓,技若车,事若马。故人有余力易于应,而技有余巧便于事。立功者不足于力,亲近者不足于信,成名者不足于势。近者已亲,而远者不结,则名不称实者也。圣人德若尧、舜,行若伯夷,而位不载于世,则功不立,名不遂。故古之能致功名者,众人助之以力,近者结之以成⑦,远者誉之以名,尊者载之以势。如此,故太山之功长立于国家,而日月之名久著于天地。此尧之所以南面而守名,舜之所以北面而效功也⑧。

[注释]①势:权势,势力。 ②锱铢(zī zhū):锱、铢均为古时的计量单位。一说六铢为一锱,四锱为一两,因其重量轻微,比喻微小之物。 ③异使:职事分工不同。 ④莫之应:莫应之,即没有人回应。 ⑤得一:专任一职。 ⑥枹(fú):鼓槌。 ⑦成:同"诚"。 ⑧南面:比喻君主;北面:比喻臣子。尧为君,舜为臣。

# 大体第二十九

　　古之全大体者，望天地，观江海，因山谷、日月所照、四时所行，云布风动；不以智累心①，不以私累己②；寄治乱于法术，托是非于赏罚，属轻重于权衡；不逆天理，不伤情性；不吹毛而求小疵③，不洗垢而察难知；不引绳之外，不推绳之内；不急法之外，不缓法之内④；守成理，因自然；祸福生乎道法，而不出乎爱恶⑤；荣辱之责在乎己，而不在乎人。故至安之世，法如朝露，纯朴不散⑥，心无结怨，口无烦言⑦。故车马不疲弊于远路，旌旗不乱于大泽，万民不失命于寇戎，雄骏不创寿于旗幢⑧；豪杰不著名于图书，不录功于盘盂⑨，记年之牒空虚。故曰：利莫长于简，福莫久于安。使匠石以千岁之寿⑩，操钩，视规矩，举绳墨，而正太山；使贲、育带干将而齐万民⑪；虽尽力于巧，极盛于寿，太山不正，民不能齐。故曰：古之牧天下者，不使匠石极巧以败太山之体，不使贲、育尽威以伤万民之性。因道全法，君子乐而大奸止。澹然闲静，因天命，持大体，故使人无离法之罪，鱼无失水之祸。如此，故天下少不可。

[注释]①心:思想。 ②私:私利;己:指自己本身,即根本。 ③疵:瑕疵。 ④缓、急:指过分宽容或过分严厉。 ⑤爱恶:指君主个人的好恶。⑥散:杂乱。 ⑦烦言:忿争、争吵。 ⑧雄骏:俊杰之士;刱寿:折寿、短寿;旗幢(chuáng):旌旗、战旗,此指战争。 ⑨盘盂:青铜器皿。盂,形似盘而略深。上古时期一般有分封、赐爵及其他国家大事,均要铸盘、盂等青铜器,并刻铭文以纪念。盘盂即代表记录豪杰军功的文献。 ⑩匠石:石为匠之名。即叫石的工匠,相传为古代有名的巧匠。 ⑪干将:古代的名剑。吴国人干将所铸,故名;齐:治理。

上不天则下不遍覆,心不地则物不毕载①。太山不立好恶,故能成其高;江海不择小助,故能成其富。故大人寄形于天地而万物备②,历心于山海而国家富③。上无忿怒之毒,下无伏怨之患,上下交顺④,以道为舍⑤。故长利积,大功立,名成于前,德垂于后,治之至也。

[注释]①上不天、心不地:指人主的心不能如同天地一样广大。 ②大人:圣人;寄形:托身。 ③历心:乃"措心"之误。谓使其心如山海一样高深,无所不容。 ④上下交顺:上下都纯朴、顺从。 ⑤舍:归宿。

# 内储说上七术第三十

主之所用也七术,所察也六微。七术:一曰众端参观①,二曰必罚明威,三曰信赏尽能,四曰一听责下②,五曰疑诏诡使③,六曰挟知而问④,七曰倒言反事。此七者,主之所用也。

[注释]①端:头绪、方面;参观:参验、观察。 ②一听:逐一听取。 ③疑诏诡使:下达不明确的指令,用诡异的道术来使群臣。 ④挟:怀。即明知故问。

观听不参则诚不闻①,听有门户则臣壅塞②。其说在侏儒之梦见灶③,哀公之称"莫众而迷"④。故齐人见河伯⑤,与惠子之言"亡其半"也⑥。其患在竖牛之饿叔孙⑦,而江乙之说荆俗也⑧。嗣公欲治不知⑨,故使有敌。是以明主推积铁之类而察一市之患⑩。

**参观一**⑪

[注释]①参:参验,比较。 ②门户:群臣的意见被君主左右的亲近宠幸之臣所阻隔,如同门户一般,指君主偏听偏信,君臣壅塞,不得沟通。 ③说在:指上述论点的解说在以下典故之中。灶:炉灶。 ④哀公:即鲁哀公,名

蒋。春秋末期鲁国君主。莫:没有;迷:昏乱。做事不和众人商议则要迷惑。 ⑤河伯:河神。 ⑥惠子:即惠施,战国时期宋国人,曾为梁惠王相。 ⑦其患在:这方面的祸患的例子有……竖牛:叔孙豹的亲信家臣;叔孙:即叔孙豹,春秋末年鲁国执政之一。 ⑧江乙:魏国人,有智谋,在楚国做官。 ⑨嗣公:指卫嗣公,卫国国君。不知:不知道治国之术。 ⑩推:类推,效仿。积铁:指积铁为壁,防备从外射来的箭矢。比喻防备周密。一市:整个市场,比喻"众口成词"、"三人成虎"。 ⑪参观:即"众端参观"的省略,"参观"在这里是作此段经文的题目。《韩非子》的《储说》篇由《经》和《说》两部分组成,"经"指作者所要阐述的论点,《内储说上》共七经,即韩非所谓"七术":一曰众端参观,二曰必罚明威,三曰信赏尽能,四曰一听责下,五曰疑诏诡使,六曰挟知而问,七曰倒言反事。七经的篇名,如"参观"、"必罚"、"赏誉"、"一听"等,皆为省略的称法。"说"则是对论点用故事、传说给予说明。在排列上,一般是七《经》在前,七《说》在后,也有的版本采用《经》《说》相间的排列方式,即《经一》、《说一》,《经二》、《说二》到《经七》、《说七》。本《读本》用前一种排列。

爱多者则法不立,威寡者则下侵上,是以刑罚不必则禁令不行①。其说在董子之行石邑②,与子产之教游吉也③。故仲尼说陨霜④,而殷法刑弃灰⑤;将行去乐池⑥,而公孙鞅重轻罪⑦。是以丽水之金不守⑧,而积泽之火不救⑨。成欢以太仁弱齐国⑩,卜皮以慈惠亡魏王⑪。管仲知之,故断死人⑫;嗣公知之,故买胥靡⑬。

**必罚二**

[注释]①必:坚定。 ②董子:即董阏于,春秋末年晋国人,晋国执政赵简子的家臣;行:巡行、巡视;石邑:地名。 ③子产:即公孙侨,春秋时期郑国执政之卿。游吉:即太子叔,继子产执政之卿。 ④陨霜:即降霜。陨,从高处降落。 ⑤刑:动词,刑罚。弃灰:将垃圾倒在街道上。 ⑥将行:行军时领队的官员;乐池:中山国的丞相。去:告辞、离开。 ⑦公孙鞅:即商鞅。

重:重罚。 ⑧不守:看不住。 ⑨积泽:积久而成的沼泽。 ⑩成欢:人名,疑为齐国大臣,事迹未详。弱:动词,削弱。 ⑪卜皮:人名,事迹未详。 ⑫断死人:即戮尸。断:分割。 ⑬胥靡:奴隶,指服劳役的囚犯。

赏誉薄而谩者下不用①,赏誉厚而信者下轻死②。其说在文子称"若兽鹿"。故越王焚宫室,而吴起倚车辕,李悝断讼以射③,宋崇门以毁死④。勾践知之,故式怒蛙⑤;昭侯知之,故藏弊袴。厚赏之使人为贲、诸也⑥,妇人之拾蚕,渔者之握鳣,是以效之⑦。

**赏誉三**

[注释]①谩:轻慢、欺诳。 ②轻死:轻视死亡,指愿意为国君拼死效力。 ③断讼:判决案件。 ④毁:(因服丧过度而)毁坏身体。 ⑤式:通"轼",车厢前的横木。古人乘车时,双手扶车轼表示敬意。怒蛙:鼓腹之蛙,表示有勇气。 ⑥贲、诸:孟贲和专诸,古代的勇士。 ⑦效:验证,证明。

一听则愚智不分①,责下则人臣不参②。其说在"索郑"与"吹竽"。其患在申子之以赵绍、韩沓为尝试③。故公子氾议割河东,而应侯谋弛上党④。

**一听四**

[注释]①分:乱也。 ②参:混杂。 ③申子:申不害。赵绍、韩沓:此二人事迹未详。尝试:试探。 ④公子氾:秦国公子。河东:指秦国占领的黄河以东的土地。 ⑤应侯:即范雎的封号,范雎在秦昭王时任秦国相,封应侯。弛:舍弃,放弃。上党:原为韩国土地,已被秦国占领。

数见久待而不任①,奸则鹿散②。使人问他则不鬻私③。是以庞敬还公大夫④,而戴谨诏视辒车⑤;周主亡玉簪⑥,商太宰论牛矢⑦。

**诡使五**

[注释]①不任:不任用官职。 ②鹿散:形容像鹿一样逃散。 ③问他:"间他"之误,夹杂着别的事情。鬻私:谋求私利。 ④庞敬:人名,事迹未详。 ⑤戴讙(huān):人名。诏视:使视,派人侦察。辒(wēn)车:卧车,也作丧车。 ⑥亡:丢失。 ⑦商太宰:商国的丞相。牛矢:牛屎。

挟智而问,则不智者至;深智一物,众隐皆变①。其说在昭侯之握一爪也②。故必南门而三乡得③。周主索曲杖而群臣惧④,卜皮事庶子,西门豹详遗辖⑤。

**挟智六**

[注释]①智,同"知";一物:一件事;变:辩明。 ②昭侯:韩昭侯。爪:指甲。 ③南门之上当有一"审"字,审:了解。乡:通"向",方向。 ④索:搜寻。 ⑤详:假装。遗:遗失。辖(xiá):车辖。

倒言反事以尝所疑①,则奸情得。故阳山谩樛竖②,淖齿③为秦使,齐人欲为乱,子之④以白马,子产离⑤讼者,嗣公过关市⑥。

**倒言七**

右经

[注释]①尝:试探。 ②阳山:人名。谩:诽谤。樛竖:人名,卫君的近臣。 ③淖齿:又名卓齿,战国时楚国将领。曾任齐湣王相。 ④子之:战国时期燕国相。 ⑤离:分开。 ⑥嗣公:卫嗣公,卫国国君。

一:卫灵公之时,弥子瑕有宠①,专于卫国。侏儒有见公者曰:"臣之梦践矣②。"公曰:"何梦?"对曰:"梦见灶,为见公也。"公怒曰:"吾闻见人主者梦见日,奚为见寡人而梦见灶?"对曰:"夫日兼烛天下③,一物不能当也;人君兼烛一国,一人不能拥也④,故将见人者梦见日。夫灶,一人炀焉⑤,则后人无从见矣。今或者一人有炀君者乎?则臣虽梦见灶,不亦可乎!"

[注释]①弥子瑕:春秋时卫灵公的近臣。 ②践:证实。 ③兼:全也。烛:照耀。 ④拥:遮蔽。 ⑤炀(yáng):火旺,此指烤火取暖。

鲁哀公问于孔子曰:"鄙谚曰①:'莫众而迷。'今寡人举事与群臣虑之,而国愈乱,其故何也?"孔子对曰:"明主之问臣,一人知之,一人不知也。如是者,明主在上,群臣直议于下。今群臣无不一辞同轨乎季孙者②,举鲁国尽化为一,君虽问境内之人,犹不免于乱也。"

[注释]①鄙谚:民间谚语。 ②一辞同轨:众口一词。乎:于。季孙:指季康子,鲁哀公时期的执政大臣。

一曰:晏婴子聘鲁①,哀公问曰:"语曰:'莫三人而迷。'今寡人与一国虑之,鲁不免于乱,何也?"晏子曰:"古之所谓'莫三人而迷'者,一人失之,二人得之,三人足以为众矣,故曰'莫三人而迷。'今鲁国之群臣以千百数,一言于季氏之私②,人数非不众,所言者一人也,安得三哉?"

[注释]①晏婴子:即晏婴,又称晏子。春秋末年齐国相。聘:出使,访问。 ②一言:异口同声。

齐人有谓齐王曰:"河伯,大神也。王何不试与之遇乎①？臣请使王遇之。"乃为坛场大水之上②,而与王立之焉③。有间,大鱼动,因曰:"此河伯。"

[注释]①遇:见面。 ②坛场:祭祀神灵的台子。 ③立:通"莅",临也。

张仪欲以秦、韩与魏之势伐齐、荆,而惠施欲以齐、荆偃兵①。二人争之。群臣左右皆为张子言,而以攻齐、荆为利,而莫为惠子言。王果听张子,而以惠子言为不可。攻齐、荆事已定,惠子入见。王言曰:"先生毋言矣。攻齐、荆之事果利矣②,一国尽以为然。"惠子因说:"不可不察也。夫齐、荆之事也诚利③,一国尽以为利,是何智者之众也④？攻齐、荆之事诚不利,一国尽以为利,何愚者之众也？凡谋者,疑也⑤。疑也者,诚疑以为可者半,以为不可者半。今一国尽以为可,是王亡半也⑥。劫主者⑦,固亡其半者也。"

[注释]①偃兵:停战。 ②果:果真,确实。 ③诚:假使。 ④何:何等。 ⑤谋:计谋,谋划。疑:疑问,此指有疑问故需要谋划。 ⑥亡:失去。 ⑦劫主:被臣下挟持的君主。

叔孙相鲁,贵而主断①。其所爱者曰竖牛,亦擅用叔孙之令②。叔孙有子曰壬③,竖牛妒而欲杀之,因与壬游于鲁君所。鲁君赐之玉环,壬拜受之而不敢佩,使竖牛请之叔孙。竖牛欺之曰:"吾已为尔请之矣④,使尔佩之。"壬因佩之。竖牛因谓叔孙:"何不见壬于君乎⑤？"叔孙曰:"孺子何足见也。"竖牛曰:"壬固已数见于君矣。君赐之玉环,壬已佩之矣。"叔孙召壬见之,而果佩之,叔孙怒而杀壬。壬兄曰丙⑥,竖牛又妒而欲杀之。叔孙为丙铸钟,钟成,丙不敢击,使竖牛请之叔孙。竖牛不为请,又欺之曰:"吾已为尔请之矣,使尔击之。"丙因击之。叔孙闻之曰:"丙不请而擅击钟⑦。"怒而逐之。丙出走齐,居一年⑧,竖牛为谢叔孙⑨,叔孙使竖牛召之,又不召而报之曰:"吾已召之矣,丙怒甚,不肯来。"叔孙大怒,使人杀之。二子已死,叔孙有病,竖牛因独养之而去左右,不内人⑩,曰:"叔孙不欲闻人声。"因不食而饿死。叔孙已死,竖牛因不发丧也,徙其府库重宝空之而奔齐。夫听所信之言而子父为人僇⑪,此不参之患也。

[注释]①主断:专断。 ②擅用:盗用。 ③壬:叔孙豹的次子,仲壬。④尔:你。请之:请示。 ⑤见:引见,举荐。 ⑥丙:叔孙豹的长子,孟丙。⑦擅:擅自。 ⑧居一年:过了一年。 ⑨谢:谢罪,请罪。 ⑩内:纳也。⑪僇(lù):通"戮"。子父:即父子。

江乙为魏王使荆①,谓荆王曰:"臣入王之境内,闻王之国俗曰:'君子不蔽人之美②,不言人之恶。'诚有之乎?"王曰:"有之。""然则若白公之乱③,得庶无危乎④?诚得如此,臣免死罪矣。"

[注释]①使:出使。 ②蔽:掩盖。 ③白公之乱:白公,名胜,楚平王之孙,太子建之子。公元前479年,白公发动兵变,杀令尹子西等人,掌握大权。后兵败被杀。 ④庶:几乎,差不多。

卫嗣君重如耳①,爱世姬,而恐其皆因其爱重以壅己也②,乃贵薄疑以敌如耳③,尊魏姬以耦世姬④,曰:"以是相参也⑤。"嗣君知欲无壅,而未得其术也。夫不使贱议贵,下必坐上⑥,而必待势重之钧也⑦,而后敢相议,则是益树壅塞之臣也⑧。嗣君之壅乃始。

[注释]①重:重用。如耳:人名。卫嗣公的宠臣。　②壅:蒙蔽。　③薄疑:人名。卫嗣公的大臣,有贤能之名。敌:匹敌,抗衡。　④耦:并列,亦对抗之意。　⑤相参:相互验证其是非。　⑥必:衍文。下坐上:下级有罪而使上级连坐。　⑦钧:通"均",平衡。　⑧益:更加。

夫矢来有乡①,则积铁以备一乡;矢来无乡,则为铁室以尽备之。备之则体不伤。故彼以尽备之不伤,此以尽敌之无奸也②。

[注释]①乡:同"向",方向。　②彼、此:指君臣。尽敌:指君主用尽治术来对抗奸臣的欺诈。

庞恭与太子质于邯郸①,谓魏王曰:"今一人言市有虎,王信之乎?"曰:"不信。""二人言市有虎,王信之乎?"曰:"不信。""三人言市有虎,王信之乎?"王曰:"寡人信之②。"庞恭曰:"夫市之无虎也明矣,然而三人言而成虎。今邯郸之去魏也远于市③,议臣者过于三人,愿王察之。"庞恭从邯郸反④,竟不得见。

[注释]①庞恭:人名,事迹未详。质:即人质,此指在邯郸做赵国的人质。邯郸:赵国的都城。　②寡人:春秋战国时期君主自称。　③去:距离。　④反:通"返"。

二:董阏于为赵上地守①,行石邑山中,见深涧,峭如墙,深百仞②,因问其旁乡左右曰③:"人尝有入此者乎?"对曰:"无有。"曰:"婴儿、盲聋、狂悖之人尝有入此者乎?"对曰:"无有。""牛马犬彘尝有入此者乎?"对曰:"无有。"董阏于喟然太息曰④:"吾能治矣。使吾法之无赦,犹入涧之必死也,则人莫之敢犯也,何为不治?"

[注释]①上地守:上地郡太守。 ②仞:七尺(一说八尺)为仞。 ③旁乡左右:居住在深涧附近的人。 ④喟然:叹息貌。太息:长长的叹息。

子产相郑①,病将死,谓游吉曰:"我死后,子必用郑②,必以严莅人③。夫火形严,故人鲜灼④;水形懦,故人多溺。子必严子之形,无令溺子之懦。"故⑤子产死。游吉不忍行严形,郑少年相率为盗,处于萑泽⑥,将遂以为郑祸。游吉率车骑与战,一日一夜仅能克之。游吉喟然叹曰:"吾蚤行夫子之教,必不悔至于此矣。"

[注释]①相:动词,担任相国。 ②子:您。用:被任用、被重用。 ③莅:临也,指治理。 ④形:外表。鲜:鲜有,少有。灼:灼伤。 ⑤故:为衍字。 ⑥萑(huán)泽:地名。

鲁哀公问于仲尼曰:"《春秋》之记曰:'冬十二月,霣霜,不杀菽①。'何为记此?"仲尼对曰:"此言可以杀而不杀也。夫宜杀而不杀,桃李冬实②。天失道,草木犹犯干之③,而况于人君乎?"

[注释]①菽:豆类的总称。 ②实:结果实。 ③犯干:侵犯、干预。此指违背自然规律。

殷之法，刑弃灰于街者①。子贡以为重，问之仲尼。仲尼曰："知治之道也。夫弃灰于街必掩人②，掩人，人必怒，怒则斗，斗必三族相残也。此残三族之道也，虽刑之可也。且夫重罚者，人之所恶也；而无弃灰，人之所易也。使人行之所易，而无离所恶③，此治之道。"

一曰：殷之法，弃灰于公道者断其手。子贡曰："弃灰之罪轻，断手之罚重，古人何太毅也④？"曰："无弃灰，所易也；断手，所恶也。行所易，不关所恶⑤，古人以为易，故行之。"

[注释]①刑：动词。 ②掩：灰尘能遮蔽人。 ③离：通"罹"，遭受。 ④毅：严酷。 ⑤关：入、犯。

中山之相乐池，以车百乘使赵①，选其客之有智能者以为将行②，中道而乱③。乐池曰："吾以公为有智，而使公为将行，今中道而乱，何也？"客因辞而去，曰："公不知治。有威足以服之人，而利足以劝之④，故能治之。今臣，君之少客也。夫从少正长⑤，从贱治贵，而不得操其利害之柄以制之，此所以乱也。尝试使臣⑥：彼之善者，我能以为卿相，彼不善者，我得以斩其首，何故而不治！"

[注释]①百乘：百辆车。 ②将行：带队的官。 ③中道：半路上。 ④劝：劝勉，鼓励。 ⑤从：由；正：管理。 ⑥尝试：假使。

公孙鞅之法也重轻罪①。重罪者，人之所难犯也；而小过者，人之所易去也。使人去其所易，无离其所难，此治之道。夫小过不生，大罪不至，是人无罪而乱不生也。

一曰:公孙鞅曰:"行刑重其轻者,轻者不至,重者不来,是谓以刑去刑。"

[注释]①重轻罪:轻罪重罚。

荆南之地,丽水之中生金,人多窃采金。采金之禁:得而辄辜磔于市①。甚众,壅离其水也②,而人窃金不止。夫罪莫重辜磔于市,犹不止者,不必得也③。故今有于此,曰:"予汝天下而杀汝身。"庸人不为也。夫有天下,大利也,犹不为者,知必死。故不必得也。则虽辜磔,窃金不止;知必死,则有天下不为也。

[注释]①辄:立即。辜磔(zhé):分尸示众。 ②壅:堵。 ③必得:一定被抓获。

鲁人烧积泽。天北风,火南倚①,恐烧国②。哀公惧,自将众趣救火③。左右无人,尽逐兽而火不救,乃召问仲尼。仲尼曰:"夫逐兽者,乐而无罚,救火者,苦而无赏,此火之所以无救也。"哀公曰:"善。"仲尼曰:"事急不及以赏④。救火者尽赏之,则国不足以赏于人。请徒行罚⑤。"哀公曰:"善。"于是仲尼乃下令曰:"不救火者比降北之罪⑥,逐兽者比入禁之罪⑦。"令下未遍而火已救矣。

[注释]①倚:靠。 ②国:都城。 ③趣:通"促",督促。 ④以:用。 ⑤徒:只。 ⑥比:比拟,比照。降北:投降,逃往敌国。 ⑦入禁:即禁入,指收受贿赂。

成驩谓齐王曰①:"王太仁,太不忍人②。"王曰:"太仁,太不忍人,非善名邪③?"对曰:"此人臣之善也,非人主之所行也。夫人臣必仁而后可与谋,不忍人而后可近也;不仁则不可与谋,忍人则不可近也。"王曰:"然则寡人安所太仁,安不忍人?"对曰:"王太仁于薛公④,而太不忍于诸田⑤。太仁薛公,则大臣无重⑥;太不忍诸田,则父兄犯法。大臣无重,则兵弱于外;父兄犯法,则政乱于内。兵弱于外,政乱于内,此亡国之本也。"

[注释]①成驩(huān):人名,事迹未详。 ②忍人:对人狠心。 ③邪:通"耶"。 ④薛公:指靖郭君田婴。 ⑤诸田:指当时齐国的田氏贵族。 ⑥无重:无威严。

魏惠王谓卜皮曰:"子闻寡人之声闻亦何如焉①?"对曰:"臣闻王之慈惠也。"王欣然喜曰:"然则功且安至②?"对曰:"王之功至于亡。"王曰:"慈惠,行善也。行之而亡,何也?"卜皮对曰:"夫慈者不忍,而惠者好与也③。不忍则不诛有过,好予则不待有功而赏。有过不罪,无功受赏,虽亡,不亦可乎?"

[注释]①声闻:犹指名声、声望。 ②功且安至:功业达到什么程度。 ③好与:指随意赏赐。

齐国好厚葬,布帛尽于衣衾①,材木尽于棺椁。桓公患之,以告管仲曰:"布帛尽则无以为币②,材木尽则无以为守备③,而人厚葬之不休,禁之奈何?"管仲对曰:"凡人之有为也,非名之则利之也。"于是乃下令曰:"棺椁过度者戮其尸,罪夫当丧者④。"夫戮死无名⑤,罪当丧者无利,人何故为之也?

[注释]①衣衾:指葬服。衾:被子。 ②币:指交结诸侯所使用的礼物,一说古时以布帛为货币。 ③守备:指战备物资。 ④罪:定罪、治罪。当丧者:指丧礼的当事人。 ⑤无名:指(被戮尸)名声不好听。

卫嗣君之时,有胥靡逃之魏①,因为襄王之后治病。卫嗣君闻之,使人请以五十金买之,五反而魏王不予②,乃以左氏易之③。群臣左右谏曰:"夫以一都买胥靡,可乎?"王曰:"非子之所知也。夫治无小而乱无大。法不立而诛不必④,虽有十左氏无益也;法立而诛必,虽失十左氏无害也。"魏王闻之,曰:"主欲治而不听之,不祥。"因载而往,徒献之⑤。

[注释]①之:到。 ②反:往返。 ③以左氏易之:用左氏之地交换。④必:坚决、坚定。 ⑤徒:白白地。

三:齐王问于文子曰①:"治国何如?"对曰:"夫赏罚之为道,利器也。君固握之,不可以示人。若如臣者②,犹兽鹿也③,唯荐草而就④。"

[注释]①文子:事迹未详。 ②若如臣者:像臣这样的人,指为臣之人。③兽鹿:指畜养鹿。 ④荐草:肥美的鲜草,比喻君主的赏赐。就:靠近。

越王问于大夫种曰:"吾欲伐吴,可乎?"对曰:"可矣。吾赏厚而信,罚严而必。君欲知之,何不试焚宫室?"于是遂焚宫室,人莫救之。乃下令曰:"人之救火者死,比死敌之赏①;救火而不死者,比胜敌之赏;不救火者,比降北之罪。"人之涂其体,被濡衣而走火者②,左三千人,右三千人。此知必胜之势也。

[注释]①死敌:死于作战。　②濡衣:濡湿衣服。走火:奔向火场。

吴起为魏武侯西河之守。秦有小亭临境①,吴起欲攻之。不去,则甚害田者;去之,则不足以征甲兵。于是乃倚一车辕于北门之外而令之曰:"有能徙此南门之外者②,赐之上田、上宅。"人莫之徙也。及有徙之者,遂赐之如令。俄又置一石赤菽东门之外而令之曰③:"有能徙此于西门之外者,赐之如初。"人争徙之。乃下令曰:"明日且攻亭④,有能先登者,仕之国大夫,赐之上田上宅。"人争趋之,于是攻亭,一朝而拔之。

[注释]①临境:靠近边境。　②徙:搬动、移动。　③俄:一会儿。赤菽:红小豆。　④且:将要。

李悝为魏文侯上地之守,而欲人之善射也,乃下令曰:"人之有狐疑之讼者①,令之射的②,中之者胜,不中者负。"令下而人皆疾习射,日夜不休。及与秦人战,大败之,以人之善射也。

[注释]①狐疑之讼:似是而非的诉讼。　②的:箭靶。

宋崇门之巷人,服丧而毁,甚瘠①,上以为慈爱于亲,举以为官师②。明年,人之所以毁死者岁十余人。子之服亲丧者,为爱之也,而尚可以赏劝也③,况君上之于民乎?

[注释]①崇门:宋国都城商丘的东门。服丧:为亲人守丧。毁:哀伤过度,损容变形。瘠:瘦。 ②官师:中下等士人的统称,此指基层官吏。③赏劝:赏赐、劝勉。


越王虑伐吴,欲人之轻死也,出见怒蛙,乃为之式①。从者曰:"奚敬于此②?"王曰:"为其有气故也。"明年之请以头献王者,岁十余人。由此观之,誉之足以杀人矣。

一曰:越王勾践见怒蛙而式之。御者曰:"何为式?"王曰:"蛙有气如此,可无为式乎?"士人闻之曰:"蛙有气,王犹为式,况士人之有勇者乎!"是岁人有自刭死,以其头献者。故越王将复吴而试其教③,燔台而鼓之④,使民赴火者,赏在火也;临江而鼓之,使人赴水者,赏在水也;临战而使人绝头刳腹而无顾心者⑤,赏在兵也。又况据法而进贤,其助甚此矣⑥。

[注释]①为之式:式:通"轼",车厢前面的横木。古人乘车,站立而手扶车轼,表示敬重,即"为之式"。 ②奚:何,为什么。 ③复吴:向吴国复仇。试其教:验证其教导、训练的功效。 ④燔:烧。鼓:击鼓令人前进。 ⑤绝头:断头;刳腹:剖腹;顾:回头。 ⑥助:帮助,此指作用。


韩昭侯使人藏弊裤①,侍者曰:"君亦不仁矣,弊裤不以赐左右而藏之。"昭侯曰:"非子之所知也。吾闻明主之爱一颦一笑②,颦有为颦③,而笑有为笑。今夫裤,岂特颦笑哉④!裤之与颦笑相去远矣。吾必待有功者,故藏之未有予也⑤。"

[注释]①弊:破旧。 ②爱:吝惜。颦(pín):通"矉",皱眉,担忧貌。

③嚁有为嚁：噐有噐的道理。 ④岂特：难道只是。 ⑤予：赐给。

鳣似蛇①，蚕似蠋②。人见蛇则惊骇，见蠋则毛起。然而妇人拾蚕，渔者握鳣，利之所在，则忘其所恶，皆为贲、诸③。

[**注释**]①鳣(shàn)：黄鳝。 ②蠋(zhú)：俗称豆虫。 ③贲、诸：指孟贲和专诸，两人都是春秋时期著名的武士。

四：魏王谓郑王曰①："始郑、梁一国也②，已而别，今愿复得郑而合之梁。"郑君患之，召群臣而与之谋所以对魏。郑公子谓郑君曰："此甚易应也。君对魏曰：'以郑为故魏而可合也，则弊邑亦愿得梁而合之郑。'"魏王乃止。

[**注释**]①郑王，应为"韩王"。 ②梁：即魏国，魏国都城在大梁，故又称"梁"。

齐宣王使人吹竽①，必三百人。南郭处士请为王吹竽②，宣王说之③，廪食以数百人④。宣王死，湣王立⑤，好一一听之，处士逃。

一曰：韩昭侯曰："吹竽者众，吾无以知其善者。"田严⑥对曰："一一而听之。"

[**注释**]①竽：一种吹奏乐器。 ②南郭：复姓。处士：古代有才干但隐居不做官的隐士。 ③说：通"悦"。 ④廪(lǐn)食：由官方供给的粮食，此指薪俸。以：参与，加入。 ⑤湣王：齐湣王，战国时期齐国国君，田姓，名地，宣王之子，公元前300年即位。 ⑥田严：人名，事迹未详。

赵令人因申子于韩请兵①，将以攻魏。申子欲言之君，而恐君之疑己外市也②，不则恐恶于赵，乃令赵绍、韩沓尝试君之动貌而后言之③。内则知昭侯之意，外则有得赵之功④。

[注释]①因：通过。申子：即申不害。　②外市：与外国搞交易。　③尝试：试探。　④得：德也；功：功效、效果。

三国至韩①，王谓楼缓曰②："三国之兵深矣③！寡人欲割河东而讲，何如？"对曰："夫割河东，大费也；免国于患，大功也。此父兄之任也④，王何不召公子汜而问焉⑤？"王召公子汜而告之，对曰："讲亦悔，不讲亦悔。王今割河东而讲，三国归，王必曰：'三国固且去矣⑥，吾特以三城送之⑦。'不讲，三国也入韩，则国必大举矣，王必大悔。王曰：'不献三城也。'臣故曰：王讲亦悔，不讲亦悔。"王曰："为我悔也，宁亡三城而悔，无危乃悔。寡人断讲矣⑧。"

[注释]①三国：韩、赵、魏三国。三国联合攻秦，兵力集中在韩国。②王：谓秦昭襄王。楼缓：赵国人，战国纵横家，曾任秦昭襄王的相国。③深：迫近。　④父兄之任：指只有国君的父兄宗室才能胜任的事情。⑤公子汜：一作"公子池"，事迹未详。　⑥固且：本来。　⑦特：白白地。⑧断：决断，决定。讲：媾和。

应侯谓秦王曰①："王得宛、叶、蓝田、阳夏，断河内②，因梁、郑③，所以未王者④，赵未服也。弛上党⑤，在一而已，以临东阳⑥，则邯郸口中虱也。王拱而朝天下⑦，后者以兵中之⑧。然上党之安乐⑨,其处甚剧⑩,臣恐弛之而不听,奈何?"王曰:"必弛易之矣⑪。"

[注释]①应侯:即范雎。秦王:指秦昭襄王,嬴姓,名稷,公元前306～前251年在位。 ②断:切断。此指切断河内地区与黄河以东地区的联系。 ③因:当"困"之误。梁、郑,即魏、韩。 ④王:称王。 ⑤弛:放弃。 ⑥临:兵临。东阳:泛指黄河以东的太行山地区。 ⑦朝天下:使天下来朝见。 ⑧后者:迟到者。 ⑨上党之安乐:指上党乃关系安危的险要之地。 ⑩剧:指地形险要。 ⑪弛易:弛、易二字同意而衍其一,弛亦即易也,指必须以地交换上党。

五:庞敬,县令也。遣市者行①,而召公大夫而还之②。立有间,无以诏之③,卒遣行④。市者以为令与公大夫有言,不相信⑤,以至无奸。

[注释]①行:巡行。 ②公大夫:爵位名,秦国实行的二十等爵的第七等爵,在国大夫之上,此指与市者同行之人。还之:让他回来。 ③无以诏之:没有给任何的命令。 ④卒:最后,终于。 ⑤不相信:不相互信任(故不敢勾结为奸)。

戴驩,宋太宰,夜使人曰:"吾闻数夜有乘辒车至李史门者①,谨为我伺之②。"使人报曰:"不见辒车,见有奉笥而与李史语者③,有间,李史受笥。"

[注释]①李史:治狱之官。 ②伺:侦察。 ③奉笥:捧着笥。笥,盛物的竹器,此指行贿的礼物。

周主亡玉簪,令吏求之,三日不能得也。周主令人求,而得之家人之屋间①。周主曰:"吾知吏之不事事也②。

求簪三日不得之,吾令人求之,不移日而得之③。"于是吏皆耸惧,以为君神明也。

[注释]①家人:庶民百姓。 ②事事:办事,做事。前"事"为动词,做。③不移日:指日晷还没有移动,形容时间很短,不一会儿。

商太宰使少庶子之市①,顾反而问之曰:"何见于市?"对曰:"无见也。"太宰曰:"虽然,何见也?"对曰:"市南门之外甚众牛车,仅可以行耳。"太宰因诫使者:"无敢告人吾所问于女②。"因召市吏而诮之曰③:"市门之外何多牛屎?"市吏甚怪太宰知之疾也④,乃悚惧其所也⑤。

[注释]①少庶子:家臣之称。之市:到市场。 ②女:同"汝",你。③诮:责备。 ④疾:快。 ⑤悚惧其所:在其工作岗位上心怀戒惧、小心谨慎。

六:韩昭侯握爪而佯亡一爪,求之甚急。左右因割其爪而效之①。昭侯以此察左右之不诚。

[注释]①效:献上。

韩昭侯使骑于县①,使者报,昭侯问曰:"何见也?"对曰:"无所见也。"昭侯曰:"虽然,何见?"曰:"南门之外,有黄犊食苗道左者②。"昭侯谓使者:"毋敢泄吾所问于女。"乃下令曰:"当苗时,禁牛马入人田中,固有令,而吏不以为事,牛马甚多入人田中。亟举其数上之③;不得,将重其罪。"于是三乡举而上之。昭侯曰:"未尽也。"复往审之,乃得南门之外黄犊。吏以昭侯为明察,皆悚惧其所而不敢为非。

[注释]①使骑于县:派人骑马在县城巡视。 ②黄犊:黄牛犊,即小黄牛。 ③亟:立即。

周主下令索曲杖①,吏求之数日不能得。周主私使人求之,不移日而得之。乃谓吏曰:"吾知吏不事事也。曲杖甚易也,而吏不能得,我令人求之,不移日而得之,岂可谓忠哉!"吏乃皆悚惧其所,以君为神明。

[注释]①索:搜寻。曲杖:拐杖。

卜皮为县令,其御史汙秽而有爱妾①,卜皮乃使少庶子佯爱之②,以知御史阴情。

[注释]①汙秽:行为不端,或指贪赃枉法。 ②佯:假装。

西门豹为邺令,佯亡其车辖,令吏求之不能得,使人求之而得之家人屋间①。

[注释]①此句当有脱漏。

七:阳山君相谓闻王之疑己也,乃伪谤樛竖以知之①。

[注释]①伪:假装。

淖齿闻齐王之恶己也,乃矫为秦使以知之①。

[注释]①矫:假托。

齐人有欲为乱者,恐王知之,因诈逐所爱者①,令走,王知之②。

[注释]①诈:假装。逐:驱逐,赶走。 ②走:逃。

子之相燕,坐而佯言曰:"走出门者何,白马也?"左右皆言不见。有一人走追之,报曰:"有"。子之以此知左右之不诚信。

有相与讼①者,子产离之②,而无使得通辞③,倒其言以告而知之。

[注释]①讼:诉讼,打官司。 ②离之:将其二人分开。 ③通辞:互相通话。

卫嗣公使人为客过关市①,关市苛难之②,因事③关市,以金与④关吏,乃舍⑤之。嗣公为关吏曰:"某时有客过而所,与汝金,而汝因遣之。"关市乃大恐,而以嗣公为明察。

[注释]①为:假扮。 ②关市:指管理关市的小官吏。 ③事:奉承,此指贿赂。 ④与:通"予",给。 ⑤舍:放过。

# 内储说下六微第三十一

六微①:一曰权借在下②,二曰利异外借③,三曰托于似类④,四曰利害有反⑤,五曰参疑内争⑥,六曰敌国废置⑦。此六者,主之所察也。

[注释]①微:隐微。指隐藏的使君主之道衰微的途径。　②权借在下:君主的权势被臣下假借。　③利异外借:君主与臣下的利益相反,臣下借助国外诸侯的势力以成其奸私。　④似类:类似。指臣下假托相类似的事情欺骗君主,以成其奸私。　⑤利害有反:事有利害冲突,臣下利用利害矛盾以谋取私利。　⑥参疑:即参拟。指臣下势力匹敌,就会争权夺利。　⑦敌国废置:敌对的国家掌握了本国大臣的罢黜和任用。

权势不可以借人,上失其一,臣以为百。故臣得借则力多,力多则内外为用①,内外为用则人主壅②。其说在老聃之言失鱼也③。是以人主久语而左右鬻怀刷④,其患在胥僮之谏厉公⑤,与州侯之一言⑥,而燕人浴矢也⑦。

权借一

[注释]①内外:指朝廷内外。　②壅:壅塞,蒙蔽。　③老聃(dān):即老子。姓李,名耳,字聃。道家创始人。　④人主久语:指与主人做长时间的

交谈。鬻：卖，此指卖弄。怀：通"馈"，赐。刷：梳理，此指梳理头发用的小梳子。 ⑤胥僮：晋厉公宠姬之兄。晋厉公：（？～公元前573年）：春秋时期晋国国君。姬姓，名寿曼，晋景公之子，公元前580年即位，后在内乱中被囚杀。 ⑥州侯：楚国公子，被封于州地，故称州侯，楚怀王幼子，襄王弟，襄王时为令尹。 ⑦矢：通"屎"，指被用粪汤淋浴。

君臣之利异，故人臣莫忠，故臣利立而主利灭。是以奸臣者召敌兵以内除①，举外事以眩主②，苟成其私利，不顾国患。其说在卫人之夫妻祷祝也。故戴歇议子弟③，而三桓攻昭公④；公叔内齐军⑤，而翟黄召韩兵⑥；太宰嚭说大夫种⑦，大成牛教申不害⑧；司马喜告赵王⑨，吕仓规秦、楚⑩；宋石遗卫君书⑪，白圭教暴谴⑫。

**利异二**

[注释]①内除：打通在国内行奸的道路。除，开通。 ②眩：迷惑。 ③戴歇：人名，事迹未详。 ④三桓：春秋后期在鲁国执政的三家贵族，即孟孙氏、叔孙氏、季孙氏。因出自桓公之后，故称三桓。昭公：鲁昭公（？～公元前510年），春秋时期鲁国君主，姬姓，名裯，襄公庶子，公元前541年即位。 ⑤公叔：战国时期韩国大臣。内：通"纳"。 ⑥翟黄：一作"翟璜"，魏文侯的大臣。 ⑦太宰嚭：即伯嚭，吴王夫差的太宰。太宰，吴国官名。大夫种：即文种，越国大夫。 ⑧大成牛：当作"大成午"，战国时期赵国相。申不害：韩昭侯的相。 ⑨司马喜：战国时期中山国相。 ⑩吕仓：魏国大臣。规：规劝。 ⑪宋石：人名，事迹未详，一说魏国的将领。卫君：楚国将领。 ⑫白圭：魏惠王的相。暴谴：韩国的相。

似类之事，人主之所以失诛①，而大臣之所以成私也。是以门人捐水而夷射诛②，济阳自矫而二人罪③，司马喜杀爰骞而季辛诛④，郑袖言恶臭而新人劓⑤，费无忌教郤宛而令尹诛⑥,陈需杀张寿而犀首走⑦。故烧刍廥而中山罪⑧,杀老儒而济阳赏也。

**似类三**

[注释]①失诛:诛罚失当。 ②挏水:泼水。夷射:人名,齐国的中大夫,事迹未详。 ③济阳:即济阳君,魏国贵族,封于济阳,称济阳君。矫:假传命令。 ④爰骞、季辛:中山国人,事迹未详。 ⑤郑袖:楚怀王的宠姬。劓(yì):古代割鼻的酷刑。 ⑥费无忌:即费无极,春秋时期楚怀王的宠臣。郤宛:楚国大臣。令尹:楚国官名,相当于国相。 ⑦陈需:一作"田需",曾任魏国相。张寿:人名,事迹未详。犀首:即公孙衍,曾任魏国相。 ⑧刍廥:储存饲料的仓库。

事起而有所利,其尸主之①;有所害,必反察之②。是以明主之论也③,国害则省其利者④,臣害则察其反者。其说在楚兵至而陈需相⑤,黍种贵而廪吏覆⑥。是以昭奚恤执贩茅⑦,而僖侯谯其次⑧;文公发绕炙⑨,而穰侯请立帝⑩。

**有反四**

[注释]①尸:主持。此指主持其事之人。主之:即承担其事。 ②反察之:从反面考察其当事者从中得到的利益。 ③论:论事,考察问题。 ④省:审查。利者:获利者。 ⑤相:担任相。 ⑥廪吏:仓库保管的官吏。覆:检查。 ⑦昭奚恤:楚国大臣。执:抓住,逮捕。贩茅:贩卖茅草之人。 ⑧僖侯:即韩昭侯。谯:通"诮",责骂。其次:助手。 ⑨文公:即晋文公。炙:烤肉。 ⑩穰侯:即魏冉。

参疑之势①,乱之所由生也,故明主慎之。是以晋骊姬杀太子申生②,而郑夫人用毒药,卫州吁杀其君完③,公子根取东周④,王子职甚有宠而商臣果作乱⑤,严遂、韩廆争而哀公果遇贼⑥,田常、阚止、戴驩、皇喜敌而宋君、简公杀⑦。其说在狐突之称"二好"⑧,与郑昭之对"未生"也⑨。

**参疑五**

[注释]①参疑:即参拟。指臣下势力匹敌,就会争权夺利。 ②骊姬:晋献公的宠姬。申生:晋献公正妻姜氏所生,已立为太子。 ③州吁:春秋时期卫桓公的弟弟,掌握兵权,公元前719年杀兄自立。完:即卫桓公,名完。 ④公子根:周威公的幼子,封为东周惠公。 ⑤王子职:楚成王之子,商臣的庶弟。商臣:楚成王长子,后杀父自立,即楚穆公。 ⑥严遂:韩哀侯的宠臣。韩廆:韩哀侯相。哀公:即韩哀侯;贼:贼杀,杀害。 ⑦田常:即田成子,于公元前481年,杀齐简公而自立为君。阚止:齐简公的宠臣。戴驩:宋国的太宰。皇喜:姓戴,名喜,字子罕,宋国大臣。敌:势均力敌。宋君:指宋桓侯。简公:指齐简公。 ⑧狐突:春秋时期晋国大臣,字伯行。二好:指好内和好外,内宠姬妾,外宠近臣。 ⑨郑昭:应为郑大夫,事迹未详。"未生":还没有出生。

敌之所务①,在淫察而就靡②,人主不察,则敌废置矣。故文王资费仲③,而秦王患楚使④;黎且去仲尼⑤,而干象沮甘茂⑥。是以子胥宣言而子常用⑦,内美人而虞、虢亡⑧,佯遗书而苌宏死⑨,用鸡猳而郐桀尽⑩。

**废置六**

[注释]①务:致力、从事。 ②淫察:迷惑视听。察,视听。就靡:造就错失。靡,错失。 ③文王:周文王,姬姓,名昌。资:资助。费仲:商纣王的宠臣,贪财好利,善于逢迎。 ④患:动词,以……为患。 ⑤黎且:齐景公的臣子。去:使……离开。 ⑥干象:楚怀王的大臣。沮:阻止、阻挠。甘茂:战国时期楚国上蔡人,后入秦为秦武王相。 ⑦子常:楚平王时的令尹。 ⑧内:

通"纳"。　⑨佯：假装。苌宏：即苌弘，春秋时期周王的大夫。　⑩猳（jiā）：同"豭"，公猪。用鸡猳：指用鸡和公猪来歃血盟誓。邹：诸侯小国。桀：通"杰"，豪杰。

　　"参疑""废置"之事，明主绝之于内而施之于外。资其轻者，辅其弱者，此谓"庙攻"①。参伍既用于内，观听又行于外②，则敌伪得③。其说在秦侏儒之告惠文君也。故襄疵言袭邺④，而嗣公赐令席⑤。

**庙攻**

右经

[注释]①庙攻：庙，宗庙，此指朝廷。即用在朝廷上制定的策略去攻伐敌国。本篇名曰《六微》，知并无《庙攻》之目。此段疑为错乱。　②观听：指观察探听的手段。　③伪：伪诈。　④襄疵：人名，魏惠王时的邺县县令。邺：县名。　⑤嗣公：即卫嗣公。


　　一：势重者①，人主之渊也②；臣者，势重之鱼也。鱼失于渊而不可复得也，人主失其势重于臣而不可复收也。古之人难正言③，故托之于鱼。

[注释]①势重：权势。　②渊：深潭。　③正言：直言。

　　赏罚者，利器也，君操之以制臣，臣得之以拥主①。故君先见所赏②，则臣鬻之以为德；君先见所罚，则臣鬻之以为威。故曰："国之利器，不可以示人。"靖郭君相齐，与故人久语，则故人富，怀左右刷，则左右重。久语怀刷，小资也③，犹以成富，况于吏势乎④？

[注释]①拥:通"壅",蒙蔽。 ②见:表现、显示。 ③小资:小小的赐予(被臣下当作资本)。 ④吏势:因官位所得到的权势。

晋厉公之时,六卿贵,胥僮、长鱼矫谏曰①:"大臣贵重,敌主争事②,外市树党③,下乱国法,上以劫主,而国不危者,未尝有也。"公曰:"善。"乃诛三卿。胥僮、长鱼矫又谏曰:"夫同罪之人偏诛而不尽,是怀怨而借之间也④。"公曰:"吾一朝而夷三卿⑤,予不忍尽也。"长鱼矫对曰:"公不忍之,彼将忍公。"公不听。居三月,诸卿作难,遂杀厉公而分其地。

[注释]①长鱼矫:晋厉公的宠臣。 ②敌:匹敌。 ③外市:在外与诸侯交易。市,交易。 ④间:间隙,此指机会。 ⑤夷:灭掉,杀尽。

州侯相荆,贵而主断。荆王疑之,因问左右,左右对曰:"无有。"如出一口也。

燕人惑易①,故浴狗矢。燕人其妻有私通于士,其夫早自外而来,士适出②。夫曰:"何客也?"其妻曰:"无客。"问左右,左右言"无有",如出一口。其妻曰:"公惑易也③。"因浴之以狗矢。

一曰:燕人李季好远出,其妻私有通于士,季突至,士在内中,妻患之。其室妇曰④:"令公子裸而解发,直出门,吾属佯不见也⑤。"于是公子从其计,疾走出门。季曰:"是何人也?"家室皆曰:"无有。"季曰:"吾见鬼乎?"妇人曰:"然。""为之奈何?"曰:"取五牲之矢浴之⑥。"季曰:"诺。"乃浴以矢。一曰浴以兰汤⑦。

[注释]①惑:疑惑,指精神失常。 ②适:刚好。 ③易:通"炀",狂,神志迷乱。 ④室妇:指家中的女仆。 ⑤吾属:我辈,我们。 ⑥五牲:即牛、羊、猪、狗、鸡。 ⑦汤:热水。

二:卫人有夫妻祷者而祝曰①:"使我无故②,得百束布③。"其夫曰:"何少也?"对曰:"益是④,子将以买妾。"

[注释]①祷:祷告。祝:祈求赐福。 ②无故:无事,指平安。 ③百束:一百捆。布匹以五匹为一束,一说十匹一束。 ④益:增加。此指超过。

荆王欲宦诸公子于四邻①,戴歇曰:"不可。""宦公子于四邻,四邻必重之。"曰:"子出者重,重则必为所重之国党②,则是教子于外市也③,不便④。"

[注释]①宦:任官。 ②党:袒护。 ③外市:结交外国诸侯搞私下交易。 ④便:利。

鲁孟孙、叔孙、季孙相戮力劫昭公①,遂夺其国而擅其制②。鲁三桓公逼③,昭公攻季孙氏,而孟孙氏、叔孙氏相与谋曰:"救之乎?"叔孙氏之御者曰:"我家臣也,安知公家?""凡有季孙与无季孙于我孰利④?"皆曰:"无季孙必无叔孙。""然则救之。"于是撞西北隅而入⑤。孟孙见叔孙之旗入,亦救之。三桓为一,昭公不胜。逐之,死于乾侯⑥。

[注释]①戮力:合力。 ②制:君命,此指权势。 ③公逼:即逼公。 ④凡:大凡,总的说来。 ⑤撞:冲。隅:角落。 ⑥乾侯:鲁国在黄河以北的属国。

公叔相韩而有攻齐①,公仲甚重于王②,公叔恐王之相公仲也,使齐、韩约而攻魏。公叔因内齐军于郑③,以劫其君,以固其位而信两国之约④。

[注释]①有:通"又"。攻:又作"功",善也。此指友好、结交之意。②公仲:韩惠王宠臣,与公叔争权,后取而代之。 ③内:又同"纳";郑:韩国国都,在今河南省新郑县。 ④信:诚信,此指履行。

翟璜,魏王之臣也,而善于韩。乃召韩兵令之攻魏,因请为魏王构之以自重也①。

[注释]①构:通"媾",媾和,讲和。

越王攻吴王,吴王谢而告服①,越王欲许之。范蠡、大夫种曰:"不可。昔天以越与吴,吴不受,今天反夫差,亦天祸也。以吴予越,再拜受之,不可许也。"太宰嚭遗大夫种书曰②:"狡兔尽则良犬烹,敌国灭则谋臣亡。大夫何不释吴而患越乎?"大夫种受书读之,太息而叹曰:"杀之③,越与吴同命。"

[注释]①谢:谢罪。告服:投降。 ②遗(wèi):送。 ③杀之:指杀死文种自己。

大成牛从赵谓申不害于韩曰:"以韩重我于赵①,请以赵重子于韩,是子有两韩,我有两赵。"

[注释]①重:动词,指凭借韩国的势力加强我在赵国的势力。

司马喜,中山君之臣也,而善于赵,尝以中山之谋微告赵王①。

[注释]①微:秘密,暗中。

吕仓,魏王之臣也,而善于秦、荆。微讽秦、荆令之攻魏①,因请行和以自重也②。

[注释]①讽:暗示。 ②行和:媾和。

宋石,魏将也;卫君,荆将也。两国构难①,二子皆将。宋石遗卫君书曰:"二军相当,两旗相望,唯毋一战②,战必不两存。此乃两主之事也,与子无有私怨,善者相避也。"

[注释]①构难:指交战。 ②唯:希望。

白圭相魏,暴谴相韩。白圭谓暴谴曰:"子以韩辅我于魏,我以魏待子于韩①,臣长用魏,子长用韩。"

[注释]①待:通"持",扶持,辅助。

三:齐中大夫有夷射者,御饮于王①,醉甚而出,倚于郎门②。门者刖跪请曰③:"足下无意赐之余沥乎④?"夷射叱曰:"去!刑余之人⑤,何事乃敢乞饮长者!"刖跪走退。及夷射去,刖跪因捐水郎门溜下⑥,类溺者之状⑦。明日,王出而诃之,曰:"谁溺于是?"刖跪对曰:"臣不见也。虽然,昨日中大夫夷射立于此。"王因诛夷射而杀之⑧。

[注释]①御饮:侍饮。 ②郎门:廊门。 ③刖(yuè)跪:受到刖刑被砍掉脚的人。跪,脚。 ④隶:此作沥;余沥:剩酒菜。 ⑤刑余之人:指受过刑

的罪人。　⑥捐水:撒水,泼水。溜(liù):廊檐接水的地方。　⑦类:类似。溺:尿。　⑧诛:问罪、治罪。

　　魏王臣二人不善济阳君,济阳君因伪令人矫王命而谋攻己。王使人问济阳君曰:"谁与恨①?"对曰:"无敢与恨。虽然,尝与二人不善,不足以至于此。"王问左右,左右曰:"固然②。"王因诛二人者。

　　[注释]①谁与恨:与谁恨,即与谁有仇。　②固然:的确是这样。

　　季辛与爰骞相怨,司马喜新与季辛恶①,因微令人杀爰骞②,中山之君以为季辛也,因诛之。

　　[注释]①新:新近,刚刚。　②微:暗中。

　　荆王所爱妾有郑袖者。荆王新得美女,郑袖因教之曰:"王甚喜人之掩口也,为近王①,必掩口。"美女入见,近王,因掩口。王问其故,郑袖曰:"此固言恶王之臭②。"及王与郑袖、美女三人坐,袖因先诫御者曰③:"王适有言④,必亟听从王言。"美女前,近王甚,数掩口。王悖然怒曰:"劓之。"御因揄刀而劓美人⑤。
　　一曰:魏王遗荆王美人⑥,荆王甚悦之。夫人郑袖知王悦爱之也,亦悦爱之,甚于王,衣服玩好择其所欲为之。王曰:"夫人知我爱新人也,其悦爱之甚于寡人,此孝子所以养亲,忠臣之所以事君也。"夫人知王之不以己为妒也,因为新人曰⑦:"王甚悦爱子,然恶子之鼻,子见王,常掩鼻,则王长幸子矣⑧。"于是新人从之,每见王,常掩鼻。王谓夫人曰:"新人见寡人常掩鼻,何也?"对曰:"不已知也。"⑨王强问之,对曰:"顷尝言恶闻王臭。"王怒曰:"劓之。"夫人先诫御者曰:"王适有言,必可从命⑩。"御者因揄刀而劓美人。

[注释]①为:为了。 ②臭:气味。 ③御者:侍卫。 ④适:假如、假若。 ⑤揄:牵引,提起。 ⑥遗(wèi):送。 ⑦因:于是。为:通"谓"。 ⑧幸:宠爱。 ⑨已:当为衍文。 ⑩可:当为"亟"之误。

费无极,荆令尹之近者也。郄宛新事令尹,令尹甚爱之。无极因谓令尹曰:"君爱宛甚,何不一为酒其家①?"令尹曰:"善。"因令之为具于郄宛之家②。无极教宛曰:"令尹甚傲而好兵,子必谨敬,先亟陈兵堂下及门庭。"宛因为之。令尹往而大惊,曰:"此何也?"无极曰:"君殆③,去之!事未可知也。"令尹大怒,举兵而诛郄宛,遂杀之。

[注释]①为酒:设宴。 ②具:准备。 ③殆:危险。

犀首与张寿为怨①,陈需新入,不善犀首,因使人微杀张寿。魏王以为犀首也,乃诛之。

中山有贱公子,马甚瘦,车甚弊。左右有私不善者,乃为之请王曰:"公子甚贫,马甚瘦,王何不益之马食?"王不许。左右因微令夜烧刍廐。王以为贱公子也,乃诛之。

[注释]①为怨:结怨。

魏有老儒而不善济阳君。客有与老儒私怨者,因攻老儒杀之,以德于济阳君①,曰:"臣为其不善君也,故为君杀之。"济阳君因不察而赏之。

一曰:济阳君有少庶子者②,不见知③,欲入爱于君者④。齐使老儒掘药于马梨之山。济阳少庶子欲以为功,入见于君曰:"齐使老儒掘药于马梨之山,名掘药也,实间君之国⑤。君杀之,是将以济阳君抵罪于齐矣⑥。臣请刺之。"君曰:"可。"于是明日得之城阴而刺之,济阳君还益亲之⑦。

[注释]①德:讨好。 ②少庶子:年轻的侍从家臣。 ③不见知:不被知遇。 ④入爱:邀宠。 ⑤间:窥探、刺探。 ⑥抵罪:得罪。 ⑦还:通"旋",旋即。

四:陈需,魏王之臣也,善于荆王,而令王攻魏。荆攻魏。陈需因请为魏王行解之①,因以荆势相魏②。

[注释]①行解:媾和,讲和。 ②相:任相。

韩昭侯之时,黍种常贵甚有①。昭侯令人覆廪,廪吏果窃黍种而粜之甚多②。昭奚恤③之用荆也,有烧仓廥者而不知其人。昭奚恤令吏执贩茅者而问之,果烧也④。

[注释]①黍种:黍的种子。黍子,去皮后叫黄米。甚有:当作"甚"。 ②粜:出售粮食。 ③昭奚恤:人名。 ④果烧也:果然是放火烧仓之人。

昭僖侯之时,宰人上食,而羹中有生肝焉。昭侯召宰人之次而诮之曰①:"若何为置生肝寡人羹中②?"宰人顿首服死罪,曰:"窃欲去尚宰人也③。"

一曰:僖侯浴,汤中有砾④。僖侯曰:"尚浴免⑤,则有当代者乎？"左右对曰："有。"僖侯曰："召而来⑥。"谯之曰："何为置砾汤中？"对曰："尚浴免，则臣得代之，是以置砾汤中。"

[注释]①次：助手。　②何为：为什么。　③尚：掌管。宰人：厨师。　④砾：小石子。　⑤尚浴：掌管君主沐浴的官吏。　⑥而：其。

文公之时，宰臣上炙而发绕之①。文公召宰人而谯之曰："女欲寡人之哽耶②，奚为以发绕炙？"宰人顿首再拜，请曰："臣有死罪三：援砺砥刀③，利犹干将也④，切肉肉断而发不断，臣之罪一也；援锥贯脔而不见发⑤，臣之罪二也；奉炽炉炭⑥，肉尽赤红，炙熟而发不焦，臣之罪三也。堂下得微有疾臣者乎⑦？"公曰："善。"乃召其下而谯之，果然，乃诛之。

一曰：晋平公觞客⑧，少庶子进炙而发绕之。平公趣杀炮人⑨，毋有反令。炮人呼天曰："嗟乎！臣有三罪，死而不自知乎！"平公曰："何谓也？"对曰："臣刀之利，风靡骨断而发不断，是臣之一死也；桑炭炙之⑩，肉红白而发不焦，是臣之二死也；炙熟，又重睫而视之⑪，发绕炙而目不见，是臣之三死也。意者堂下其有翳憎臣者乎⑫？杀臣不亦蚤乎⑬！"

[注释]①宰臣：亦指厨师。发绕之：上面缠绕着毛发。　②女：通"汝"，你。哽：咽。　③砺：磨刀石。砥：砥砺，打磨。　④干将：古代著名的宝剑。　⑤脔（luán）：切成小块的肉。　⑥奉：捧。炽：旺火。　⑦堂下：指朝廷之中，此指侍从。微有：没有、无有。　⑧觞客：请客。　⑨趣（cù）：通"促"，催促。炮人：即庖人，掌管后厨的官吏。　⑩桑炭：用桑木烧制的炭，火力旺盛。

⑪重睫:睫毛重叠,形容眯起眼睛仔细查看。　⑫意者:猜测。繄(yì):暗中。
⑬蚤:通"早"。

穰侯相秦而齐强。穰侯欲立秦为帝而齐不听,因请立齐为东帝,而不能成也。

五:晋献公之时,骊姬贵,拟于后妻①,而欲以其子奚齐代太子申生,因患申生于君而杀之②,遂立奚齐为太子。

[注释]①拟:比拟,相当。后妻:正妻,王后。奚齐:骊姬所生之子。
②患:害。

郑君已立太子矣,而有所爱美女欲以其子为后①。夫人恐,因用毒药贼君杀之②。

[注释]①后:继承人,即太子。　②贼:害。

卫州吁重于卫,拟于君,群臣百姓尽畏其势重。州吁果杀其君而夺之政。

公子朝,周太子也,弟公子根甚有宠于君。君死,遂以东周叛,分为两国。

楚成王以商臣为太子,既而又欲置公子职。商臣作乱,遂攻杀成王。

一曰:楚成王以商臣为太子,既欲置公子职①。商臣闻之,未察也②,乃为其傅潘崇曰③:"奈何察之也?"潘崇曰:"飨江芊而勿敬也④。"太子听之,江芊曰:"呼,役夫⑤!宜君王之欲废女而立职也。"商臣曰:"信矣。"潘崇曰:"能事之乎⑥?"曰:"不能。""能为之诸侯乎?"曰:"不能。"

"能举大事乎?"曰:"能。"于是乃起宿营之甲而攻成王。成王请食熊膰而死⑦,不许,遂自杀。

[注释]①公子职:楚成王宠爱的小儿子。楚成王(? ~公元前626年):春秋时期楚国国君。芈姓,名熊恽,文王之子。 ②未察:不能确定。 ③傅:师傅。潘崇:人名。 ④飨:宴请。江芊:楚成王之妹。入嫁江国,故名江芊。 ⑤役夫:骂人语,意为贱人、奴才。 ⑥事之:侍奉公子职,即作其臣子。 ⑦熊膰:即熊掌。

韩廆相韩哀侯,严遂重于君,二人甚相害也①。严遂乃令人刺韩廆于朝,韩廆走君而抱之,遂刺韩廆而兼哀侯。

[注释]①害:妒忌。

田恒相齐①,阚止重于简公,二人相憎而欲相贼也。田恒因行私惠以取其国②,遂杀简公而夺之政。

[注释]①田恒:即田常。 ②行私惠:指田常以大斗借贷,而以小斗收贷来收买人心。

戴驩为宋太宰,皇喜重于君,二人争事而相害也。皇喜遂杀宋君而夺其政。

狐突曰:"国君好内则太子危,好外则相室危①。"

[注释]①相室:相国。

郑君问郑昭曰:"太子亦何如?"对曰:"太子未生也。"君曰:"太子已置,而曰'未生',何也?"对曰:"太子虽置,然而君之好色不已,所爱有子①,君必爱之,爱之则必欲以为后②,臣故曰'太子未生'也。"

[注释]①所爱:指新宠爱的姬妾。 ②后:继承者,指太子。

六:文王资费仲而游于纣之旁①,令之谏纣而乱其心。

[注释]①游:活动。

荆王使人之秦①,秦王甚礼之。王曰:"敌国有贤者,国之忧也。今荆王之使者甚贤,寡人患之。"群臣谏曰:"以王之贤圣与国之资厚,愿荆王之贤人②,王何不深知之而阴有之③。荆以为外用也④,则必诛之。"

[注释]①之:到,此指出使。 ②愿:担心,不放心。 ③深知:深交。知:知己,结交。阴:暗中,私下里。 ④外用:为外所用,指楚国的使者被秦国所用。

仲尼为政于鲁,道不拾遗,齐景公患之。梨且谓景公曰:"去仲尼,犹吹毛耳。君何不迎之以重禄高位,遗哀公女乐以骄荣其意①。哀公新乐之,必怠于政,仲尼必谏,谏必轻绝于鲁。"景公曰:"善。"乃令犁且以女乐二八遗哀公,哀公乐之,果怠于政。仲尼谏不听,去而之楚。

[注释]①骄荣:动词,使……骄横、迷惑。荣,通"萤",迷惑。

楚王谓干象曰:"吾欲以楚扶甘茂而相之秦①,可乎?"干相对曰:"不可也。"王曰:"何也?"曰:"甘茂少而事史举先生。史举,上蔡之监门也②,大不事君,小不事家,以苛刻闻天下。茂事之,顺焉。惠王之明,张仪之辨也③,茂事之,取十官而免于罪,是茂贤也。"王曰:"相人敌国而相贤④,其不可何也?"干象曰:"前时王使邵滑之越⑤,五年而能亡越。所以然者,越乱而楚治也。日者知用之越⑤,今忘之秦,不亦太亟忘乎?"王曰:"然则为之奈何?"干象对曰:"不如相共立⑦。"王曰:"共立可相,何也?"对曰:"共立少见爱幸,长为贵卿,被王衣,含杜若⑧,握玉环,以听于朝,且利以乱秦矣。"

[注释]①扶:扶助。 ②监门:看门人。 ③辨:明察秋毫。 ④相人敌国:为敌国立相。相:动词,立相。 ⑤邵滑:战国时楚国人,以善于游说著称。 ⑥日者:以往,以前。 ⑦共立:人名,秦国公子,当时在楚国为人质。⑧杜若:香草名。

吴攻荆①,子胥使人宣言于荆曰:"子期用②,将击之;子常用,将去之。"荆人闻之,因用子常而退子期也,吴人击之,遂胜之。

[注释]①攻:征讨。 ②用:用事,指为将军。

晋献公伐虞、虢,乃遗之屈产之乘,垂棘之璧,女乐二八,以荣其意而乱其政①。

[注释]①荣:通"荧",迷惑。

叔向之谗苌弘也①,为苌弘书②,谓叔向曰:"子为我谓晋君,所与君期者③,时可矣。何不亟以兵来?"因佯遗其书周君之庭而急去行④。周以苌弘为卖周也,乃诛苌弘而杀之。

[注释]①叔向:即羊舌肸。春秋时期晋国之公族,卿大夫。谗:进谗言,此指陷害。 ②为书:伪造苌弘的书信。 ③期:约会、约定。 ④遗:丢失。

郑桓公将欲袭郐①,先问郐之豪杰、良臣、辩智、果敢之士,尽与姓名②,择郐之良田赂之,为官爵之名而书之,因为设坛场郭门之外而埋之,衅之以鸡豭③,若盟状。郐君以为内难也而尽杀其良臣。桓公袭郐,遂取之。

[注释]①郑桓公:西周末年郑国的始封之君。姬姓,名友,周厉王幼子。郐(kuài):诸侯国名,在今河南新密东北。 ②与:通"举",记录。 ③衅:古代祭祀或结盟时杀牲祭血以表示诚信的一种仪式。

七:秦侏儒善于荆王①,而阴有善荆王左右而内重于惠文君②。荆适有谋③,侏儒常先闻之以告惠文君。

[注释]①善:友好,亲善。 ②阴:暗地里。有:通"又"。惠文君:即秦惠文王。 ③适:若、如果。

邺令襄疵阴善赵王左右。赵王谋袭邺,襄疵常辄闻而先言之魏王①。魏王备之,赵乃辄还。

[注释]①辄:立即。

卫嗣君之时,有人于县令之左右。县令发蓐而席弊甚①,嗣公还令人遗之席,曰:"吾闻汝今者发蓐而席弊甚,赐汝席。"县令大惊,以君为神也。

[注释]①发:揭开。蓐:通"褥",褥子。

# 外储说左上第三十二

一、明主之道,如有若之应密子也①。明主之听言也,美其辩;其观行也,贤其远。故群臣士民之道言者迂弘②,其行身也离世③。其说在田鸠对荆王也④。故墨子为木鸢⑤,讴癸筑武宫⑥。夫药酒用⑦言,明君圣主之以独知也。

[注释]①有若:春秋时期鲁国人,孔子学生。应:回答。密子:即宓子贱,名不齐,字子贱;春秋时期鲁国人,孔子的学生;曾为单父宰。 ②道言:即言道。迂弘:远大。 ③离世:远离实际。 ④田鸠:即田俅(qiú),战国时期齐国人,墨家人物。荆王:即楚王。 ⑤墨子:墨翟(dí),战国时期鲁国人,曾任宋大夫,墨家学派创始人。木鸢(yuān):木制的鸢。鸢,鹰的一种。 ⑥讴癸(ōu guǐ):名叫癸的歌手。讴,唱歌。 ⑦用:当作"忠"。

二、人主之听言也,不以功用为的①,则说者多"棘刺"、"白马"之说②;不以仪的为关③,则射者皆如羿也。人主于说也,皆如燕王学道也;而长说者④,皆如郑人争年也⑤。是以言有纤察微难而非务也⑥,故李、惠、宋、墨皆画策也⑦;论有迂深闳大⑧,非用也,故畏、震、瞻、车状皆鬼魅也⑨；言而拂难坚确⑩，非功也，故务、卞、鲍、介、墨翟皆坚瓠也⑪。且虞庆诎匠也而屋坏⑫，范且穷工而弓折⑬。是故求其诚者，非归饷也不可⑭。

[注释]①的：箭靶，此指目的。 ②棘：一种多刺的小枣树。 ③仪的：目的、目标。关：关口，比喻衡量是非的标准。 ④长：擅长。 ⑤争年：争论年龄的大小。 ⑥纤察微难而非务：仔细审查微妙难能但并不迫切需要的事情。非务：不致力于，此指并非迫切紧要的事情。 ⑦李：当作"季"，即季梁，一作"季良"，相传与杨朱同时的道家学者。惠：即惠施。宋：即宋钘（jiān），亦称宋牼（kēng），宋荣子，战国时期黄老学派的代表。墨：即墨翟。策：竹简。 ⑧闳：同"弘"。 ⑨畏：指魏牟。震：当为"长"，即长卢子。瞻：通"詹"，指詹何。车：当为"陈"，即陈（田）骈（pián）。此四人皆为战国时期道家代表人物。状皆鬼魅：疑当为"皆状鬼魅"，指诸家之说皆以描绘鬼魅般瞎说。 ⑩拂难坚确：不惧非难而坚定不移。 ⑪务：即务光。卞：即卞随。鲍：即鲍焦，春秋末年隐士，相传他不臣天子，不事诸侯，常荷担采樵，拾橡实充饥，后因被子贡所讥，遂抱木而死，死后其所抱之木枯萎而死。介：即介子推。墨翟：此处应为田仲。田仲：即陈仲子。此五人皆古代儒家所称的志节之士。坚瓠：实心的葫芦。 ⑫虞庆：即虞卿，战国时期赵国人。诎匠：使工匠屈服。诎：使……屈服。 ⑬范且：人名，即范雎，字叔，战国时期魏国人，曾任秦昭惠王的相。穷工：窘迫工匠。 ⑭归饷（xiǎng）：回家吃饭。归，回家。饷：吃饭。

三、挟夫相为则责望①，自为则事行②。故父子或怨谲③，取庸作者进美羹④。说在文公之先宣言⑤，与句践之称如皇也⑥。故桓公藏蔡怒而攻楚，吴起怀瘳实而吮伤⑦。且先王之赋颂⑧，钟鼎之铭，皆播吾之迹，华山之博也⑨。然先王所期者利也，所用者力也。筑社之谚，目辞说也⑩。请许学者而行宛曼于先王⑪，或者不宜今乎？如是，不能更也。郑县人得车厄也⑫，卫人佐弋也⑬，卜子妻写弊袴也⑭，而其少者也⑮。先王之言，有其所为小而世意之大者，有其所为大而世意之小者，未可必知也。说在宋人之解书⑯，与梁人之读记也。故先王有郢书⑰，而后世多燕说。夫不适国事而谋先王⑱，皆归取度者也⑲。

[注释]①挟：即"挟"，怀着。相为：与下句"自为"相对应，分别是使人为我，使人为自己之意。一说相为即相互依赖，自为即依靠自己。责望：责备和怨望。 ②行：做成。 ③谦：当作谯。怨谯：埋怨指责。 ④取：争取。庸作者：受雇佣的人。 ⑤先宣言：事先发布公告。 ⑥如皇：指如皇之台。 ⑦瘳（chōu）：病愈，损害。实：实际利益。 ⑧赋颂：颂扬功绩的辞赋。 ⑨播吾之迹：赵武灵王在播吾山刻石。华山之博：秦昭王在华山设博局与天神博弈。 ⑩目：乃"自"之误。辞说：解说。 ⑪请许：相信。宛曼：同"婉娩"，柔顺，此指顺从。 ⑫车厄：驾车时架在牛马颈部的曲木。 ⑬佐弋：官名，掌管射飞禽。 ⑭写：仿效。 ⑮本句不完整，当作"而其少者侍长者饮也"。 ⑯解：解读，此指误读。 ⑰郢：楚国都城，此指楚国。 ⑱适：适合、适应。 ⑲度：计量，此指丈量的尺寸。

四、利之所在民归之，名之所彰士死之。是以功外于法而赏加焉，则上不信得所利于下①；名外于法而誉加焉，则士劝名而下畜之于君②。故中章、胥已仕③，而中牟之民弃田圃而随文学者邑之半；平公腓痛足痹而不敢坏坐④，晋国之辞仕托者国之锤⑤。此三士者⑥，言袭法则官府之籍也⑦，行中事则如令之民也⑧，二君之礼太甚⑨。若言离法而行远功⑩，则绳外民也⑪，二君又何礼之⑫？礼之当亡。且居学之士，国无事不用力，有难不被甲，礼之则惰修耕战之功⑬；不礼则周主上之法⑭。国安则尊显，危则为屈公之威⑮,人主奚得于居学之士哉⑯?故明王论李疵视中山也⑰。

[注释]①不信得:一作"不能得"。 ②劝:勉力,致力于。畜:服从,驯服。 ③中章、胥已:人名。可能皆以儒学而做官,事迹未详。 ④平公:即晋平公。姬姓,名彪,春秋时期晋国君主。腓痛足痹:腿痛脚麻。坏坐:坐得不端正。 ⑤辞仕:辞官。托:此指依附于贵族门下。锤:通"垂",一面。此比喻半个国家。 ⑥三士:指中章、胥已和被晋平公端坐以示尊重的叔向。 ⑦籍:法令文件。 ⑧如令:遵从命令。 ⑨二君:指任用中章、胥已的赵襄子和晋平公。 ⑩远功:远离功劳,此指没有建立功劳。 ⑪绳:法律。 ⑫礼:礼遇。 ⑬惰:使……懒惰。修:致力于。 ⑭周:当为"不周",此指危害君主的法令。 ⑮屈公:人名。威:通"畏"。 ⑯奚:何。 ⑰论:讲求、考察。李疵:人名,事迹未详。


五、《诗》曰:"不躬不亲,庶民不信①。"傅说之以"无衣紫"②,缓之以郑简、宋襄③,责之以尊厚耕战④。夫不明分⑤,不责诚⑥,而以躬亲位下⑦,且为"下走"、"睡卧"⑧,与去"掩弊微服"⑨。孔丘不知,故称犹盂;邹君不知,故先自僇⑩。明主之道,如叔向赋猎⑪,与昭侯之奚听也⑫。

[注释]①《诗》:指《诗经》,引文出自《诗·小雅·节南山》。意为君主如果不躬亲朝政,百姓就不会相信。 ②傅:师傅,此指管仲。说:进言,进说。无衣紫:不要穿紫色的衣服。 ③缓:通"援",援引,指援引郑简公、宋襄公的得失为鉴。 ④责:督责。尊厚:以……为尊贵。 ⑤不明分:职责不明确。指君主不躬亲政事,失却其本职。 ⑥责诚:督责属下尽忠务实。 ⑦位下:通"莅下",即临下,对待臣下之意。 ⑧下走:指下文齐景公(以车跑得慢)放弃乘车而在车下跑之事。睡卧:指下文韩昭侯读法书而昏昏欲睡之事。 ⑨掩弊、微服:其事不详,《说五》不见此事。 ⑩僇(lù):同"戮"。

此指割断自己的长缨。 ⑪赋:分配。猎:当为"禄"之误。赋猎:按照功劳而分配爵禄。《韩非子·八奸》:"赋禄者称其功。"即此。 ⑫奚听:似为"悉听",即完全采纳之意。

六、小信成则大信立,故明主积于信。赏罚不信,则禁令不行,说在文公之攻原与箕郑救饿也①。是以吴起须故人而食②,文侯会虞人而猎③。故明主信④,如曾子杀彘也⑤。患在尊厉王击警鼓⑥,与李悝谩两和也⑦。

右经⑧

[注释]①文公:晋文公。箕郑:晋国大夫。救饿:救济饥荒。 ②须:等待。 ③文侯:魏文侯,名斯,战国初年魏国国君。虞人:管理山林河泽的官吏。 ④信:表明信用。 ⑤曾子:即曾参,春秋时期鲁国人,孔子的学生;彘(zhì):猪。 ⑥厉王:楚厉王,西周时楚国国君。 ⑦李悝:战国时期魏国人,曾任魏文侯相,主持变法。谩:欺骗。两和:指左右两边壁垒里的军队。和,军门、营垒之门。 ⑧右经:以上为《经》。《外储说》也由《经》、《说》两部分组成。《经》是作者的论点,《说》是作者用以阐述、说明论点所搜集的典故、传说等资料。

一、宓子贱治单父①。有若见之曰:"子何臞也②?"宓子曰:"君不知不齐不肖③,使治单父,官事急,心忧之,故臞也。"有若曰:"昔者舜鼓五弦④、歌《南风》之诗而天下治。今以单父之细也⑤,治之而忧,治天下将奈何乎?故有术而御之,身坐于庙堂之上,有处女子之色⑥,无害于治;无术而御之,身虽瘁臞,犹未有益。"

[注释]①单(shàn)父:春秋时期鲁国之邑,在今山东省单县南。 ②臞(qú):同"癯",瘦。 ③不齐:宓子贱的名。 ④鼓五弦:弹五弦琴。

楚王谓田鸠曰①："墨子者,显学也。其身体则可②,其言多不辩③,何也?"曰："昔秦伯嫁其女于晋公子④,令晋为之饰装⑤,从文衣之媵七十人⑥。至晋,晋人爱其妾而贱公女。此可谓善嫁妾而未可谓善嫁女也。楚人有卖其珠于郑者,为木兰之柜⑦,薰以桂椒,缀以珠玉,饰以玫瑰,辑以羽翠。郑人买其椟而还其珠。此可谓善卖椟矣,未可谓善鬻珠也。今世之谈也,皆道辩说文辞之言,人主览其文而忘有用。墨子之说,传先王之道,论圣人之言,以宣告人。若辩其辞,则恐人怀其文,忘其直⑧,以文害用也。此与楚人鬻珠、秦伯嫁女同类,故其言多不辩。"

[注释]①田鸠:又称田俅,战国时期墨家学者。 ②身体:身体力行。 ③辩:动听。 ④秦伯:指秦穆公。晋公子:指重耳,即位后称晋文公,春秋五霸之一。 ⑤饰装:即"饰妆",装饰、打扮。 ⑥从:随从,此指陪嫁。文衣:穿锦绣衣服。媵:陪嫁之妾。 ⑦柜:当为"椟"。椟(dú):木匣。 ⑧直:当为"用"之误。一说直,通"值",价值。

墨子为木鸢,三年而成,蜚一日而败①。弟子曰:"先生之巧,至能使木鸢飞。"墨子曰:"不如为车輗者巧也②。用咫尺之木,不费一朝之事,而引三十石之任③,致远力多,久于岁数④。今我为鸢,三年成,蜚一日而败。"惠子闻之曰⑤:"墨子大巧,巧为輗,拙为鸢。"

[注释]①蜚:通"飞"。败:败弊,破损。 ②輗(ní):大车车杠前端与车衡衔接的部分。 ③引:牵引。任:负荷,重量。 ④久于岁数:寿命可达数年。 ⑤惠子:即惠施。

宋王与齐仇也，筑武宫，讴癸倡①，行者止观，筑者不倦。王闻，召而赐之。对曰："臣师射稽之讴又贤于癸②。"王召射稽使之讴，行者不止，筑者知倦。王曰："行者不止，筑者知倦，其讴不胜如癸美，何也？"对曰："王试度其功③。"癸四板④，射稽八板；擿其坚⑤，癸五寸⑥，射稽二寸。

[注释]①倡：同"唱"。 ②射稽：人名，癸的老师。 ③度其功：检验其功效。度，计量，此指检验。 ④癸四板：癸领唱时的进度为四板。 ⑤擿其坚：测试其坚固程度。擿（zhì）：通"掷"，此指站在一定的距离之外，向新筑成的墙投掷锐器，以测试墙的坚固程度。 ⑥癸五寸：癸领唱时所筑的墙被射入五寸。

夫良药苦于口，而智者劝而饮之，知其入而已己疾也①。忠言拂于耳，而明主听之，知其可以致功也。

[注释]①已：除去，此指治愈。

二、宋人有请为燕王以棘刺之端为母猴者，必三月斋然后能观之①。燕王因以三乘养之②。右御冶工言王曰③："臣闻人主无十日不燕之斋④。今知王不能久斋以观无用之器也，故以三月为期。凡刻削者，以其所以削必小⑤。今臣冶人也，无以为之削，此不然物也。王必察之。"王因囚而问之，果妄⑥，乃杀之。冶又谓王曰："计无度量⑦，言谈之士多棘刺之说也。"

一曰：燕王征巧术人⑧，卫人请以棘刺之端为母猴。燕王说之⑨，养之以五乘之奉。王曰："吾试观客为棘刺之母猴。"客曰:"人主欲观之,必半岁不入宫,不饮酒食肉,雨霁日出⑩,视之晏阴之间⑪,而棘刺之母猴乃可见也。"燕王因养卫人,不能观其母猴。郑有台下之冶者⑫,谓燕王曰:"臣为削者也。诸微物必以削削之,而所削必大于削。今棘刺之端不容削锋,难以治棘刺之端。王试观客之削,能与不能可知也。"王曰:"善。"谓卫人曰:"客为棘削之?"曰:"以削。"王曰:"吾欲观见之。"客曰:"臣请之⑬舍取之。"因逃。

[注释]①斋:斋戒。古人在祭祀前,沐浴洁身,不吃酒肉,称之为斋戒。②三乘(shèng):指三乘的俸禄。乘,土地面积的计量单位。古时地方六里出兵车一乘,到战国时期就以方六里的面积为一乘。 ③右御:官名,掌管进用器物。冶工:负责冶铸的官吏。 ④燕:通"宴"。 ⑤削:雕刻用的刻刀。⑥妄:虚假。 ⑦计:计划,谋划。度量:标准。 ⑧征巧术人:征求有巧术的工匠。 ⑨说:通"悦"。 ⑩霁:雨过天晴。 ⑪晏阴之间:阴阳交错的时候,半阴半晴之间。 ⑫台下:指燕国都城内冶铸作坊之所在。 ⑬之:到。

兒说①,宋人,善辩者也,持"白马非马也"服齐稷下之辩者②。乘白马而过关,则顾白马之赋③。故籍之虚辞则能胜一国④,考实按形不能谩于一人⑤。

[注释]①兒说(ní shuō):人名。战国时期学者。讲学于齐国稷下学馆,以善辩著称。 ②服:动词,使……服。 ③顾:通"雇",交纳。赋:关税。④籍:同"藉",借助、凭借。 ⑤谩:欺骗。

夫新砥砺杀矢①,彀弩而射②,虽冥而妄发③,其端未尝不中秋毫也,然而莫能复其处④,不可谓善射,无常仪的也⑤;设五寸之的,引十步之远,非羿、逢蒙不能必全者⑥,

有常仪的也;有度难而无度易也⑦。有常仪的,则羿、逢蒙以五寸为巧;无常仪的,则以妄发而中秋毫为拙。故无度而应之,则辩士繁说;设度而持之,虽知者犹畏失也,不敢妄言。今人主听说不应之以度,而说其辩⑧,不度以功⑨,誉其行而不入关⑩。此人主所以长欺⑪,而说者所以长养也。

[注释]①砥砺:打磨。杀矢:锋利的箭矢。杀,锋利。 ②彀弩:拉满弓弩。 ③冥:闭眼。 ④复:重复。 ⑤仪的:箭靶。 ⑥羿、逢(páng)蒙:皆古时善射之士。羿,即后羿。 ⑦度:衡量的标准。 ⑧说:通"悦"。 ⑨度:动词,衡量。 ⑩入关:犹言不中的,没有击中目标。 ⑪长欺:长期受蒙蔽。

客有教燕王为不死之道者,王使人学之,所使学者未及学而客死。王大怒,诛之。王不知客之欺己,而诛学者之晚也。夫信不然之物而诛无罪之臣,不察之患也。且人所急无如其身①,不能自使其无死,安能使王长生哉②?

[注释]①急:动词,看重。 ②安能:怎能。

郑人有相与争年者。一人曰:"吾与尧同年。"其一人曰:"我与黄帝之兄同年。"讼此而不决,以后息者为胜耳①。

[注释]①后息者:最后停下来者。

客有为周君画荚者①,三年而成。君观之,与髹荚者同状②。周君大怒。画荚者曰:"筑十版之墙,凿八尺之牖③,而以日始出时加之其上而观。"周君为之,望见其状,尽成龙蛇禽兽车马,万物之状备具。周君大悦。此荚之功非不微难也④,然其用与素髹荚同。

[注释]①荚:应为"筴"。筴:同"策",竹简。 ②髹(xiū):涂漆。 ③牖:窗户。 ④微难:微妙难能。

客有为齐王画者,齐王问曰:"画孰最难者?"曰:"犬马最难。""孰易者?"曰:"鬼魅最易。"夫犬马,人所知也,旦暮罄于前①,不可类之②,故难。鬼魅,无形者,不罄于前,故易之也。

[注释]①罄:显现。 ②类:相似。

齐有居士田仲者①,宋人屈谷见之②,曰:"谷闻先生之义,不恃人而食③,今谷有树瓠之道④,坚如石,厚而无窍⑤,献之。"仲曰:"夫瓠所贵者,谓其可以盛也。今厚而无窍,则不可剖以盛物;而任重如坚石⑥,则不可以剖而以斟⑦。吾无以瓠为也⑧。"曰:"然,谷将弃之。"今田仲不恃人而食,亦无益人之国,亦坚瓠之类也。

[注释]①居士:隐士。田仲:即陈仲子。战国时期齐国名士,与孟子同时。孟子曾称誉为齐国士人的"巨擘",擘指拇指,比喻为领袖。 ②屈谷:人名,事迹未详。 ③恃:依靠、仰仗。 ④树瓠之道:栽种瓠(葫芦)的办法。道:办法。一说"之道"二字为衍文。 ⑤窍:空隙,指葫芦中间的瓤。 ⑥任重:为衍文。 ⑦斟:盛。 ⑧无以瓠为:无以为瓠,即不拿它当作葫芦。

虞庆为屋,谓匠人曰:"屋太尊①。"匠人对曰:"此新屋也,涂濡而椽生②。夫濡涂重而生椽挠③,以挠椽任重涂④,此宜卑。"虞庆曰:"不然,更日久⑤,则涂干而椽燥。涂干则轻,椽燥则直,以直椽任轻涂,此益尊。"匠人诎⑥为之而屋坏。

一曰:虞庆将为屋,匠人曰:"材生而涂濡。夫材生则挠,涂濡则重,以挠任重,今虽成,久必坏。"虞庆曰:"材干则直,涂干则轻。今诚得干,日以轻直,虽久必不坏。"匠人诎作之,成有间,屋果坏。

[注释]①屋太尊:屋脊太高。 ②涂濡:泥巴很湿。椽生:椽子潮湿。③挠:弯。 ④任:承载。 ⑤更:读作"经",经历。 ⑥诎:屈从。

范且曰:"弓之折,必于其尽也①,不于其始也。夫工人张弓也,伏檠三旬而蹈弦②,一日犯机③,是节之其始而暴之其尽也④,焉得无折?且张弓不然:伏檠一日而蹈弦,三旬而犯机,是暴之其始而节之其尽也⑤。"工人穷也,为之,弓折。

[注释]①尽:尽头、最后。 ②伏:安放。檠(qíng):校正弓弩的器具。三旬:三十天,一旬为十日。蹈:安装。 ③犯机:触动扳机。机,弓弩上控制发射的机件。 ④节:节制。暴:猛烈。句意为:开始定形时有节制地加以矫正,而最终定形(蹈弦)时却突然施加猛力。 ⑤暴:粗略。

范且、虞庆之言,皆文辩辞胜而反事之情①。人主说而不禁②,此所以败也。夫不谋治强之功,而艳乎辩说文丽之声③,是却有术之士而任"坏屋"、"折弓"也。故人主之于国事也,皆不达乎工匠之构屋张弓也。然而士穷乎范且、虞庆者,为虚辞,其无用而胜,实事,其无易而穷也④。人主多无用之辩,而少无易之言,此所以乱也。今世之为范且、虞庆者不辍⑤,而人主说之不止,是贵"败"、"折"之类,而以知术之人为工匠也。不得施其技巧,故屋坏弓折;知治之人不得行其方术,故国乱而主危。

[注释]①情:实际。　②说:通"悦"。　③艳:羡慕。　④易:变化。　⑤辍:停。

夫婴儿相与戏也①,以尘为饭,以涂为羹②,以木为胾③,然至日晚必归饷者,尘饭涂羹可以戏而不可食也。夫称上古之传颂,辩而不悫④,道先王仁义而不能正国者,此亦可以戏而不可以为治也。夫慕仁义而弱乱者,三晋也;不慕而治强者,秦也,然而未帝者,治未毕也。

[注释]①戏:游戏。　②涂:稀泥。　③胾(zì):切成大块肉。　④悫(què):真实。

三、人为婴儿也,父母养之简①,子长而怨。子盛壮成人,其供养薄,父母怒而诮之②。子父至亲也,而或诮或怨者,皆挟相为而不周于为己也③。夫卖庸而播耕者,主人费家而美食④,调布而求易钱者⑤,非爱庸客也,曰:如是,耕者且深,耨者熟耘也⑥。庸客致力而疾耘耕者,尽巧而正畦陌畦畤者⑦,非爱主人也,曰:如是,羹且美,钱布且易云也。此其养功力,有父子之泽矣,而心调于用者⑧,皆挟自为心也。故人行事施予,以利之为心,则越人易和⑨;以害之为心,则父子离且怨。文公伐宋,乃先宣言曰:"吾闻宋君无道,蔑侮长老,分财不中,教令不信,余来为民诛之。"越伐吴,乃先宣言曰:"我闻吴王筑如皇之台,掘渊泉之池,罢苦百姓⑩,煎靡财货⑪,以尽民力,余来为民诛之。"

[注释]①简:简慢。 ②诮:责骂。 ③周:周到。 ④家:指家用、家财。 ⑤调:挑选。易钱:赐钱。易,通"赐",施予。 ⑥熟耘:仔细耕耘。⑦畦陌畦畤:指田间的道路、地垄。 ⑧调:协调。一说为"周"之误。周,合。⑨越人:越国人。越国人骁勇、剽悍不易合作。此指一旦可以"以利为心",则越国人也可以轻易地合作。 ⑩罢:疲。 ⑪煎靡:耗费。

蔡女为桓公妻①,桓公与之乘舟,夫人荡舟,桓公大惧,禁之不止,怒而出之②。乃且复召之③,因复更嫁之④。桓公大怒,将伐蔡。仲父谏曰⑤:"夫以寝席之戏⑥,不足以伐人之国,功业不可冀也⑦,请无以此为稽也⑧。"桓公不听。仲父曰:"必不得已,楚之菁茅不贡于天子三年矣⑨,君不如举兵为天子伐楚。楚服,因还袭蔡,曰:'余为天子伐楚,而蔡不以兵听从',因遂灭之。此义于名而利于实,故必有为天子诛之名,而有报仇之实。"

[注释]①蔡女:蔡侯的女儿。蔡,诸侯国,位于今河南省上蔡县。②出:出妻,休妻。 ③且:将要。 ④更:改。 ⑤仲父:即管仲。齐桓公尊敬管仲,称之为仲父。 ⑥寝席:指夫妻间关系。 ⑦冀:希望、指望。⑧稽:计较。 ⑨菁茅:古时诸侯国向周天子进贡的礼物,又称苞茅,草名,供滤酒之用。

吴起为魏将而攻中山,军人有病疽者①,吴起跪而自吮其脓。伤者母,立而泣。人问曰:"将军于若子如是②,

尚何为而泣?"对曰:"吴起吮其父之创而父死,今是子又将死也,今吾是以泣。"

[注释]①疽:毒疮。 ②若:你。

赵主父令工施钩梯而缘播吾①,刻疏人迹其上②,广三尺,长五尺,而勒之曰③:"主父常游于此④。"

[注释]①赵主父:赵武灵王。钩梯:云梯,一种古时攻城使用的战具,亦可用于登山。缘:攀登。播吾:山名。 ②疏:刻。 ③勒:铭刻。 ④常:通"尝",曾经。

秦昭王令工施钩梯而上华山,以松柏之心为博①,箭长八尺②,棋长八寸,而勒之曰:"昭王尝与天神博于此矣。"

[注释]①博:即"簙",下棋。一般双方各有六子,一枭五散,枭为主将,乃中国象棋的前身。 ②箭:即"投壶",将箭干投入壶口的游戏。行簙时,谁先投中,先走棋。

文公反国至河①,令笾豆捐之②,席蓐捐之③,手足胼胝④,面目黧黑者后之④。咎犯闻之而夜哭⑤。公曰:"寡人出亡二十年,乃今得反国。咎犯闻之,不喜而哭,意不欲寡人反国邪?"犯对曰:"笾豆所以食也,而君捐之;席蓐所以卧也,而君弃之。手足胼胝,面目黧黑,劳有功者也,而君后之。今臣与在后⑥,中不胜其哀⑦。故哭。且臣为君行诈伪以反国者众矣。臣尚自恶也,而况于君。"再拜而辞⑧。文公止之曰:"谚曰:'筑社者攓撅而置之⑨,端冕而祀之⑩。'今子与我取之⑪,而不与我治之,与我置之,而不与我祀之焉。"乃解左骖而盟于河⑫。

[注释]①反:通"返"。河:黄河。指晋文公重耳从秦国返回晋国继任国君之事。 ②笾豆:竹制的食器,亦用作礼器。捐:弃。 ③席蓐:席子和草垫。 ④胼胝(pián zhī):手脚上长的老茧。黧黑:黑中带黄。 ⑤咎犯:即狐偃,字子犯。后:动词,使……在后。 ⑥与:参与。意为:我也应该加入后行者的行列。 ⑦中:内心。 ⑧再拜:连拜两次。 ⑨搴(qiān):褰的异体字,撩起衣服。撅:义同褰。置:此指修建。 ⑩端冕:即玄(黑色)端玄冕,古时祭祀时使用的礼服。此谚语比喻君臣同心共建而共治。 ⑪子:您。 ⑫左骖:左边驾车的马。

郑县人卜子,使其妻为裤,其妻问曰:"今裤何如?"夫曰:"象吾故裤①。"妻因毁新令如故裤。

[注释]①故:旧的。

郑县人有得车轭者,而不知其名,问人曰:"此何种也①?"对曰:"此车轭也。"俄又复得一②,问人曰:"此是何种也?"对曰:"此车轭也。"问者大怒曰:"曩者曰车轭③,今又曰车轭,是何众也?此女欺我也④!"遂与之斗。

[注释]①何种:即何物。 ②俄:不久。 ③曩者:前者,先前。 ④女:通"汝",你。

卫人有佐弋者,鸟至,因先以其捾麾之①,鸟惊而不射也。

[注释]①捾(yuān):头巾。麾:通"挥",挥动。

郑县人卜子妻之市,买鳖以归。过颍水,以为渴也,因纵而饮之①,遂亡其鳖。

[注释]①纵:放。饮:动词的使动用法,让……饮水。

夫少者侍长者饮,长者饮,亦自饮也。

一曰:鲁人有自喜者①,见长年饮酒不能釂则唾之②,亦效唾之。

一曰:宋人有少者欲效善③,见长者饮无余,非堪酒饮也④,而欲尽之。

[注释]①自喜:自以为是。 ②釂(jiào):一饮而尽。唾:吐。 ③效:仿效。善:此指善饮酒者。 ④堪:胜任。

书曰:"绅之束之①。"宋人有治者②,因重带自绅束也③。人曰:"是何也?"对曰:"书言之,固然。"

[注释]①绅:古时男子束在衣外的带子,此作动词,束之意。 ②治:研究(此书)。 ③重(chóng):重叠。

书曰:"既雕既琢,还归其朴①。"梁人有治者,动作言学,举事于文②,曰:"难之。"顾失其实③。人曰:"是何也?"对曰:"书言之,固然。"

[注释]①朴:真。 ②动作言学,举事于文:一举一动、一言一行都全部讲究文饰。 ③顾:反而。

郢人有遗燕相国书者①,夜书,火不明,因谓持烛者曰:"举烛"而误书"举烛"。举烛,非书意也。燕相国受书而说之,曰:"举烛者,尚明也;尚明也者,举贤而任之。"燕相白王,王大悦,国以治。治则治矣,非书意也。今世学者,多似此类。

[注释]①遗(wèi):送。书:书信。

郑人有欲买履者①,先自度其足而置之其坐②,至之市而忘操之③。已得履,乃曰:"吾忘持度,反归取之④。"及反,市罢⑤,遂不得履。人曰:"何不试之以足?"曰:"宁信度,无自信也。"

[注释]①履:鞋子。 ②度:量;置:放在。 ③至之市:等到了集市。 ④度:尺寸、尺码。反:通"返"。 ⑤市罢:集市散了。

四、王登为中牟令①,上言于襄主曰②:"中牟有士曰中章、胥已者,其身甚修,其学甚博,君何不举之?"主曰:"子见之③,我将为中大夫。"相室谏曰:"中大夫,晋重列也④。今无功而受,非晋臣之意⑤。君其耳而未之目邪⑥!"襄主曰:"我取登,既耳而目之矣,登之所取又耳而目之,是耳目人绝无已也⑦。"王登一日而见二中大夫,予之田宅。中牟之人弃其田耘、卖宅圃而随文学者⑧,邑之半。

[注释]①中牟:县名,在今河南省中牟县。 ②襄主:即魏襄侯。 ③见:引荐、推荐。 ④重列:重臣。 ⑤晋:晋升,提拔。 ⑥耳:听到。目:见到。 ⑦耳目人:用耳目来取人。绝无已:终不止,没完没了。 ⑧文学:指儒家学术。

叔向御坐平公请事①，公腓痛足痹转筋而不敢坏坐。晋国闻之，皆曰："叔向贤者，平公礼之②，转筋而不敢坏坐。"晋国之辞仕托，慕叔向者国之锤矣③。

[**注释**]①叔向：即羊舌肸。御坐：侍坐。　②礼：礼遇。　③慕：羡慕。

郑县人有屈公者，闻敌，恐，因死①；恐已②，因生。

[**注释**]①死：昏死过去。　②已：停止。

赵主父使李疵视中山可攻不也①。还报曰："中山可伐也。君不亟伐，将后齐、燕②。"主父曰："何故可攻？"李疵对曰："其君见好岩穴之士③，所倾盖与车以见穷闾隘巷之士以十数④，伉礼下布衣之士以百数矣⑤。"君曰："以子言论，是贤君也，安可攻？"疵曰："不然。夫好显岩穴之士而朝之⑥，则战士怠于行陈⑦；上尊学者，下士居朝，则农夫惰于田。战士怠于行阵者，则兵弱也；农夫惰于田者，则国贫也。兵弱于敌，国贫于内，而不亡者，未之有也。伐之不亦可乎？"主父曰："善。"举兵而伐中山，遂灭也。

[**注释**]①赵主父：即赵武灵王。　②后：落后于……　③见好：亲近。岩穴之士：在岩洞里居住的人，此指隐士。　④倾盖与车：废弃伞盖、车马等仪仗。倾，倾倒，此指废弃。穷闾隘巷之士：指居住在穷闾陋巷的士人。　⑤伉礼：平等的礼节。　⑥好显：喜好和尊显。　⑦怠：懈怠。行陈：即军阵。陈：阵也。

五、齐桓公好服紫，一国尽服紫。当是时也，五素不得一紫①。桓公患之，谓管仲曰："寡人好服紫，紫贵甚，一国百姓好服紫不已②,寡人奈何?"管仲曰:"君欲止之,何不试勿衣紫也?谓左右曰:'吾甚恶紫之臭③。于是左右适有衣紫而进者④,公必曰:'少却,吾恶紫臭⑤。'"公曰:"诺。"于是日,郎中莫衣紫;其明日,国中莫衣紫⑥;三日,境内莫衣紫也。

一曰:齐王好衣紫,齐人皆好也。齐国五素不得一紫。齐王患紫贵,傅说王曰:"《诗》云:'不躬不亲,庶民不信。'今王欲民无衣紫者,王请自解紫衣而朝,群臣有紫衣进者,曰:'益远⑦!寡人恶臭。'"是日也,郎中莫衣紫;是月也,国中莫衣紫;是岁也,境内莫衣紫。

[注释]①素:素色的衣服。 ②已:停息。 ③臭(xiù):(紫色颜料的)气味。 ④于是:这时。适:刚好。 ⑤却:后退。 ⑥国中:都城之内。⑦益远:再远点儿。


郑简公谓子产曰:"国小,迫于荆、晋之间。今城郭不完,兵甲不备,不可以待不虞①。"子产曰:"臣闭其外也已远矣,而守其内也已固矣,虽国小,犹不危之也。君其勿忧。"是以没简公身无患②。

子产相郑,简公谓子产曰:"饮酒不乐也。俎豆不大③,钟鼓竽瑟不鸣,寡人之事不一④,国家不定,百姓不治,耕战不辑睦⑤,亦子之罪。子有职,寡人亦有职,各守其职。"子产退而为政,五年,国无盗贼,道不拾遗,桃枣之荫于街者莫援也⑥,锥刀遗道三日可反⑦。三年不变,民无饥也。

[注释]①待不虞:防备意想不到的危机。 ②没:逝世。 ③俎豆不大:

指对先祖的祭祀不庄重,不合礼制。俎、豆皆为古时祭祀用的青铜礼器。 ④不一:指国事繁多。 ⑤辑睦:和睦。 ⑥荫:遮蔽。援:伸手去摘。 ⑦反:通"返",送回。

宋襄公与楚人战于涿谷上①,宋人既成列矣,楚人未及济②,右司马购强趋而谏曰③:"楚人众而宋人寡,请使楚人半涉,未成列而击之,必败。"襄公曰:"寡人闻君子曰:'不重伤④,不擒二毛⑤,不推人于险,不迫人于厄⑥。不鼓不成列⑦。'今楚未济而击之,害义⑧。请使楚人毕涉成陈而后鼓士进之。"右司马曰:"君不爱宋民,腹心不完,特为义耳⑨。"公曰:"不反列,且行法⑩。"右司马反列,楚人已成列撰陈矣⑪,公乃鼓之。宋人大败,公伤股,三日而死。此乃慕自亲仁义之祸⑫。夫必恃人主之自躬亲而后民听从⑬,是则将令人主耕以为上,服战雁行也民乃肯耕战⑭,则人主不泰危乎⑮!而人臣不泰安乎!

[注释]①涿谷:宋国地名。此事当指宋楚公元前638年的泓水之战。②济:渡河。 ③右司马:官名,掌军政和军赋。购强:人名。趋:快步上前。 ④重伤:重复伤害。 ⑤二毛:指头发花白的老兵。 ⑥厄:困苦。 ⑦鼓:击鼓,此指进攻。 ⑧害义:损害道义。 ⑨特:只是。 ⑩反:同"返",返回。 ⑪撰:具,构成。 ⑫慕:追求。自亲仁义:躬行仁义。 ⑬恃:依靠。 ⑭服战:从事征战。雁行:像领飞的大雁一样领兵打仗。服,从事。 ⑮泰:同"太"。

齐景公游少海①,传骑从中来谒曰②:"婴疾甚③,且死④,恐公后之⑤。"景公遽起⑥,传骑又至。景公曰:"趋驾烦且之乘⑦,使驺子韩枢御之⑧。"行数百步,以驺为不疾⑨,夺辔代之御⑩;可数百步⑪,以马为不进,尽释车而走⑫。以烦且之良而驺子、韩枢之巧,而以为不如下走也。

[注释]①齐景公(？~公元前490年):春秋末年齐国君主,姜姓,名杵臼,齐庄公异母弟,公元前547年即位。少海:渤海。 ②传骑:驿站的传令骑士。谒:拜见(报告)。 ③婴:相国晏婴。疾甚:病重。 ④且:将。⑤后之:赶不上见他。 ⑥遽(jù):急忙,立即。 ⑦趋(cù):同"促",赶快。烦且:一种良马。 ⑧驺子:掌管马车的官吏。韩枢:人名,驾车的能手。御:驾车。 ⑨疾:快。 ⑩辔:马缰绳。 ⑪可:大约。 ⑫释:放弃。走:跑。

魏昭王欲与官事①,谓孟尝君曰②:"寡人欲与官事。"君曰:"王欲与官事,则何不试习读法?"昭王读法十余简而睡卧矣。王曰:"寡人不能读此法。"夫不躬亲其势柄③,而欲为人臣所宜为者也,睡不亦宜乎。

[注释]①与:参与。 ②孟尝君:齐国贵族田文的封号,田氏齐国之宗室,靖郭君田婴之子。继田婴为齐相,后因与齐湣王意见不合而逃往魏国,曾任魏昭王相。 ③势柄:权柄。

孔子曰:"为人君者犹盂也①,民犹水也。盂方水方,盂圜水圜②。"

[注释]①盂:器物名。古时用于盛水或饭。器形有方有圆。 ②圜:同"圆"。

邹君好服长缨①,左右皆服长缨,缨甚贵。邹君患之,问左右,左右曰:"君好服,百姓亦多服,是以贵。"君因先自断其缨而出,国中皆不服长缨。君不能下令为百姓服度以禁之②,乃断缨出以示民,是先戮以莅民也③。

[注释]①服:佩戴。缨:系在下巴下的帽带。 ②服度:服饰的标准。度,标准。 ③莅:临也,此指引导。

叔向赋猎,功多者受多,功少者受少。

韩昭侯谓申子曰①:"法度甚不易行也。"申子曰:"法者,见功而与赏,因能而受官②。今君设法度而听左右之请,此所以难行也。"昭侯曰:"吾自今以来,知行法矣,寡人奚听矣。"

一曰,申子请仕其从兄官③。昭侯曰:"非所学于子也。听子之谒④,败子之道乎?亡其用子之谒⑤。"申子辟舍请罪。

[注释]①申子:即申不害。 ②因:根据。 ③仕:动词,任命……为官。④谒:请求。 ⑤亡其:抑或。

六、晋文公攻原①,裹十日粮②,遂与大夫期十日③。至原十日,而原不下,击金而退④,罢兵而去。士有从原中出者,曰:"原三日即下矣。"群臣左右谏曰:"夫原之食竭力尽矣,君姑待之。"公曰:"吾与士期十日,不去,是亡吾信也⑤。得原失信,吾不为也。"遂罢兵而去。原人闻曰:"有君如彼其信也⑥,可无归乎?"乃降公。卫人闻曰:"有君如彼其信也,可无从乎?"乃降公。孔子闻而记之曰:"攻原得卫者,信也。"

[注释]①原:古国名。周初受封,相传始封者为周文王之子。至晋文公

灭之,其地遂为晋邑。　②裹:包裹。此作动词,即携带。　③期:商定。
④击金:古人作战时,击金(指锣一类的金属)则退兵,击鼓则进兵。　⑤亡:
丢失。　⑥信:可信任。

文公问箕郑曰:"救饿奈何?"对曰:"信。"公曰:"安信?"曰:"信名,(信事,信义。)信名则群臣守职,善恶不逾①,百事不怠;信事则不失天时,百姓不逾;信义则近亲劝勉,而远者归之矣。"

　　[注释]①逾:超越。

吴起出,遇故人而止之食①。故人曰:"诺,期返而食②。"吴子曰:"待公而食。"故人至暮不来,吴起至暮不食而待之。明日早,令人求故人③。故人来,方与之食。

　　[注释]①止:留。　②期返而食:马上回来吃饭。　③求:请。

魏文侯与虞人期猎①。明日,会天疾风②,左右止文侯,不听,曰:"不可以风疾之故而失信,吾不为也。"遂自驱车往,犯风而罢虞人③。

　　[注释]①期:约定。　②会:正赶上。疾风:大风。　③犯风:指顶着大风。罢:停止,作罢。即顶着大风告知虞人狩猎之事作罢。

曾子之妻之市①,其子随之而泣,其母曰:"女还②,顾反为女杀彘③。"妻适市来④,曾子欲捕彘杀之。妻止之曰:"特与婴儿戏耳⑤。"曾子曰:"婴儿非与戏也⑥。婴儿非有知也,待父母而学者也,听父母之教。今子欺之,是教子欺也。母欺子,子而不信其母,非以成教也⑦。"遂烹彘也。

[注释]①之:到。 ②女:同"汝",你。 ③顾反:回来。 ④适:刚刚。 ⑤特:只不过。戏:说着玩。 ⑥非与戏:不是开玩笑的对象。 ⑦成:成就。

楚厉王有警鼓与百姓为戒,饮酒醉,过而击。民大惊。使人止之,曰:"吾醉而与左右戏而击之也。"民皆罢。居数月,有警,击鼓而民不赴①,乃更令明号而民信之②。

[注释]①赴:前来。 ②更:重新更改。

李悝警其两和①,曰:"谨警敌人,旦暮且至击汝。"如是者再三而敌不至,两和懈怠,不信李悝。居数月,秦人来袭之,至几夺其军。此不信患也。

一曰:李悝与秦人战,谓左和曰:"速上!右和已上矣。"又驰而至右和曰:"左和已上矣。"左右和曰:"上矣。"于是皆争上。其明年,与秦人战。秦人袭之,至几夺其军。此不信之患。

[注释]①警:警告。

有相与讼者。子产离之,而毋使通辞,到至其言以告而知也①。

[注释]①到:倒。

惠嗣公使人伪关市①,关市呵难之,因事关市以金②,关市乃舍之。嗣公谓关市曰:"某时有客过而予汝金,因谴之。"关市大恐,以嗣公为明察。

[注释]①伪:当作"过"。　②事:此指贿赂。

# 外储说左下第三十三

一、以罪受诛,人不怨上,跀危坐子皋①;以功受赏,臣不德君②,翟璜操右契而乘轩③。襄王不知,故昭卯五乘而履屩④。上不过任,臣不诬能⑤,即臣将为失少室周⑥。

[注释]①跀危(yuè guì):跀,同"刖",即刖刑,古时一种砍脚的刑法;危,同"跪",指脚。跀危,此指受过刖刑、被砍脚之人。坐:因……被治罪。子皋:即子焦,姓高名柴,一字"子羔"。 ②德:感恩。 ③翟(zhái)璜:战国时期魏国人,曾任魏文侯之臣,被封为上卿。操右契:契,古时借贷的凭证。契写成后被剖为两半,债权人持右半,债务人持左半。操右契,即指有权向对方索取报偿之人。轩:古时供高级官吏乘用的有帷幕的车。 ④昭卯:即孟卯、芒卯,魏安厘(xī)王的大将。五乘(shèng):指五乘的食邑。一乘为方六里。履屩(juē):穿草鞋。 ⑤诬:隐瞒。 ⑥失:衍字。少室周:姓少室,名周,战国初期,赵襄子的侍卫。

二、恃势而不恃信①,故东郭牙议管仲②。恃术而不恃信,故浑轩非文公③。故有术之主,信赏以尽能,必罚以禁邪,虽有驳行④,必得所利。简主之相阳虎⑤,哀公问"一足"⑥。

[注释]①恃:凭借。　②东郭牙:姓东郭,名牙,齐桓公的臣。　③浑轩:春秋时期晋国的大夫。文公:指晋文公,名重耳,春秋五霸之一。　④驳行:驳乱混杂的德行。　⑤简主:赵简子,名鞅,赵襄子之父,晋国赵氏的宗主。阳虎:即阳货,鲁国季孙氏的家臣,曾起兵攻打季孙、叔孙、孟孙三家,兵败后出逃齐国,之后又逃往晋国,被赵简子用为相。　⑥哀公:即鲁哀公,名蒋,春秋末期鲁国君主。"一足":意指有一个优点就足以利用。

三、失臣主之理,则文王自履而矜①,不易朝燕之处②,则季孙终身庄而遇贼③。

[注释]①文王:指周文王;自履:自己系鞋带;矜:自夸。　②易:变换;朝:朝堂;燕:通"宴",闲居。　③贼:贼杀,被杀害。

四、利所禁,禁所利,虽神不行①。誉所罪,毁所赏,虽尧不治。夫为门而不使人,委利而不使进②,乱之所以产也。齐侯不听左右,魏主不听誉者,而明察照群臣,则钜不费金钱,屠不用璧③。西门豹请复治邺④,足以知之。犹盗婴儿之矜裘与踒危子荣衣⑤。子绰"左右画"、"去蚁"、"驱蝇"⑥。安得无桓公之忧索官与宣主之患臞马也⑦?

[注释]①利所禁:利,动词,牟利。所禁,应当禁止之事。禁所利:禁止应当得利之事。　②委利:积聚财货。　③钜、屠:分别是齐国和魏国的居士,分别花费金钱和宝玉才求得官职。　④西门豹:战国时期魏国人,曾两次为邺县令。第一次,因不懂得逢迎左右官吏而罢官。复任邺县令,对百姓苛以重税,以满足身边的同僚,却受到国君亲自迎接的厚礼。　⑤盗婴儿:盗贼之子;矜:夸耀;踒危子:受刖刑人的儿子;荣:炫耀。　⑥左右画:左右手同时作画,左画圆,右画方;去蚁、驱蝇:用肉驱除蚂蚁,用鱼驱赶苍蝇。　⑦索:求。臞(qú):亦作"癯",清瘦。

五、臣以卑俭为行,则爵不足以劝赏①;宠光无节,则臣下侵逼②。说在苗贲皇非献伯③,孔子议晏婴。故仲尼论管仲与叔孙敖,而出入之容变④,阳虎之言见其臣也⑤,而简主之应人臣也失主术⑥。朋党相和⑦,臣下得欲,则人主孤;群臣公举,下不相和,则人主明。阳虎将为赵武之贤,解狐之公⑧,而简主以为枳棘⑨,非所以教国也。

[注释]①卑俭:谦恭节俭;劝赏:勉励、奖赏。 ②侵逼:侵害、威逼。③说在……:是《韩非子》特有的句式,意为:具体的解说在……典故或故事之中。苗贲(bēn)皇、献伯:均为人名。 ④容变:态度发生变化。 ⑤见:推荐,举荐。 ⑥应:回答。 ⑦朋党相和:结为朋党,相互应和。 ⑧贤:贤良;公:公正。 ⑨枳棘:多刺的植物,比喻为自己树敌。

六、公室卑①则忌直言;私行胜则少公功。说在文子之直言,武子之用杖②;子产忠谏,子国谯怒③;梁车用法而成侯收玺④;管仲以公而国人谤怨。

右经

[注释]①公室:指诸侯政权。 ②文子:即范文子,名范燮、士燮,范武子之子。范武子,名士会,晋国之卿。 ③子国:子产的父亲。谯(qiào):责骂。④梁车:人名,生卒不详。成侯:赵成侯,名种,战国初期赵国国君。

一、孔子相卫①,弟子子皋为狱吏,刖人足,所刖者守门。人有恶孔子于卫君者,曰:"尼欲作乱②。"卫君欲执孔子。孔子走,弟子皆逃。子皋从出门,刖危引之而逃之门下室中,吏追不得。夜半,子皋问刖危曰:"吾不能亏主之法令而亲刖子之足,是子报仇之时也,而子何故乃肯逃我③？我何以得此于子？"朔危曰："吾断足也，固吾罪当之，不可奈何。然方公之欲治臣也④，公倾侧法令⑤，先后臣以言⑥，欲臣之免也甚，而臣知之。及狱决罪定，公愀然不悦⑦，形于颜色，臣见又知之。非私臣而然也⑧，夫天性仁心固然也。此臣之所以悦而德公也。"

[注释]①相：动词，做丞相。孔子为卫相之事不见其他史籍，当出于传闻。　②尼：仲尼，即孔子。　③逃：使动用法，放走，使……逃生。　④方：当……之时。　⑤倾侧：反复斟酌，推敲。　⑥臣以言：为我说好话。　⑦愀(cù)然：忧虑的样子。　⑧私：偏袒，袒护。

田子方从齐之魏①，望翟黄乘轩骑驾出②，方以为文侯也，移车异路而避之，则徒翟黄也③。方问曰："子奚乘是车也？"曰："君谋欲伐中山，臣荐翟角而谋得；果且伐之④，臣荐乐羊而中山拔；得中山，忧欲治之，臣荐李克而中山治，是以君赐此车。"方曰："宠之称功尚薄。"⑤

[注释]①之：到。　②骑驾：有骑兵护驾。　③徒：只是。　④果：终、遂。　⑤称：衡量，比较。

秦、韩攻魏，昭卯西说而秦、韩罢；齐、荆攻魏，卯东说而齐、荆罢①。魏襄王养之以五乘将军②。卯曰："伯夷以将军葬于首阳山之下，而天下曰：'夫以伯夷之贤与其称仁③，而以将军葬，是手足不掩也。'今臣罢四国之兵，而王乃与臣五乘，此其称功④，犹赢胜而履跻⑤。"

[注释]①西说、东说：指向西方的秦、韩和东方的齐、楚游说。　②五乘将军：疑作"五乘之奉"，即相当于五乘土地的俸禄。　③称仁：与其相称的仁

德。　④称功:称,对应之意,称功,即报赏相应的功劳。　⑤嬴胜:即获胜。履跻:同"履屩",穿草鞋。

孔子曰:"善为吏者树德,不能为吏者树怨。概者①,平量者也②;吏者,平法者也。治国者,不可失平也。"

[注释]①概:概木,古时量粮食时用来刮平斗、斛等量器的用具。②平:动词,刮平。

少室周者,古之贞廉洁悫者也①,为赵襄主力士。与中牟徐子角力,不若也②,入言之襄主以自伐也③。襄主曰:"子之处,人之所欲也,何为言徐子以自代?"曰:"臣以力事君者也。今徐子力多臣,臣不以自代,恐他人言之而为罪也。"

一曰:少室周为襄主骖乘④,至晋阳,有力士牛子耕,与角力而不胜。周言于主曰⑤:"主之所以使臣骑乘者⑥,以臣多力也。今有多力于臣者,愿进之。"

[注释]①廉:方正;悫(què):诚信。　②不若:不如。　③自伐:当作"自代"之误,即取代自己,下文自代可证。　④骖(cān)乘:古代乘车在车右陪乘的人。　⑤周:即少室周。　⑥骑:当为"骖"之误。

二、齐桓公将立管仲,令群臣曰:"寡人将立管仲为仲父。善者入门而左,不善者入门而右①。"东郭牙中门而立②。公曰:"寡人立管仲为仲父,令曰:'善者左,不善者右。'今子何为中门而立?"牙曰:"以管仲之智,为能谋天下乎?"公曰:"能。""以断③,为敢行大事乎?"公曰:"敢。"

牙曰:"君知能谋天下,断敢行大事,君因专属之国柄焉。以管仲之能,乘公之势以治齐国④,得无危乎?"公曰:"善。"乃令隰朋治内、管仲治外以相参⑤。

[注释]①善:赞成;左、右:动词,靠左、靠右之意。 ②中门而立:站在门的中间。 ③以断:凭借他的果敢。 ④乘公之势:凭借着国君的势力。 ⑤隰(xí)朋:齐桓公的大臣;相参:相互牵制。

晋文公出亡,箕郑挈壶餐而从①,迷而失道,与公相失,饥而道泣,寝饿而不敢食②。及文公反国,举兵攻原,克而拔之。文公曰:"夫轻忍饥馁之患而必全壶餐,是将不以原叛。"乃举以为原令。大夫浑轩闻而非之,曰:"以不动壶餐之故,怙其不以原叛也③,不亦无术乎?"故明主者,不恃其不我叛也④,恃吾不可叛也;不恃其不我欺也⑤,恃吾不可欺也。

[注释]①箕郑:晋文公之臣。挈:提着。壶餐:指水和食物。 ②寝饿:寝,同"寖",逐渐、渐渐。寝饿,越来越饿。 ③怙(hù):依赖、信赖。 ④不我叛:不叛我,即不背叛我。 ⑤不我欺:不欺骗我。

阳虎议曰①:"主贤明,则悉心以事之;不肖,则饰奸而试之②。"逐于鲁,疑于齐,走而之赵,赵简主迎而相之③。左右曰:"虎善窃人国政,何故相也?"简主曰:"阳虎务取之,我务守之④。"遂执术而御之。阳虎不敢为非,以善事简主,兴主之强,几至于霸也。

[注释]①阳虎:又称阳货,春秋末年鲁国执政季氏的家臣。出于孟孙氏庶支,历事季武子、季平子、季桓子。鲁定公五年(公元前505年),季平子卒,

阳虎逐渐由控制季氏家族而执鲁国国政。定公八年,欲废除三桓势力,劫持定公和叔孙州仇,伐孟孙氏。事败,出奔阳关自守,次年奔齐,欲请齐军伐鲁,不果。遂由齐经宋入晋,投靠晋卿赵氏,即后文所说"逐于鲁,疑于齐,走而之赵"。　②饰奸:掩饰奸邪。　③相之:拜为相。　④务:致力于。

鲁哀公问于孔子曰:"吾闻古者有夔,一足,其果信有一足乎①?"孔子对曰:"不也,夔非一足也。夔者忿戾恶心②,人多不说喜也③。虽然,其所以得免于人害者,以其信也。人皆曰:'独此一,足矣。④'夔非一足也,一而足也。"哀公曰:"审而是,固足矣。⑤"

一曰:哀公问于孔子曰:"吾闻夔一足,信乎?"曰:"夔,人也,何故一足?彼其无他异⑥,而独通于声。尧曰:'夔一而足矣。'使为乐正。"故君子曰:"'夔,有一足。'非一足也。"

[注释]①夔(kuí):神话中的独脚兽。传说夔为帝喾氏后裔,其氏族以夔兽为图腾,其首领亦称"夔"。夔氏族世系乐职,在舜时任乐正。果信:果真,信,确实。　②忿戾(lì):暴戾;恶心:狠心。　③说(yuè):同"悦"。说喜:喜欢。　④独此一:仅凭(诚信)这一点。　⑤而:若。　⑥彼其无他异:他并没有异于他人的地方。其,语气词。

三、文王伐崇①,至凤黄虚,袜系解②,因自结③。太公望曰④:"何为也?"王曰:"君⑤与处皆其师,中,皆其友,下,尽其使也。今皆先王之臣,故无可使也。"

一曰:晋文公与楚人战,至黄凤之陵,履系解,因自结之。左右曰:"不可以使人乎?"公曰:"吾闻:上,君所与居,皆其所畏也⑥;中,君之所与居,皆其所爱也;下,君之所与居,皆其所侮也。寡人虽不肖,先君之人皆在,是以难之也⑦。"

[注释]①文王:周文王。 ②袜系解:袜带松开。 ③因:于是。 ④太公望:即吕望,又名姜尚,为文王师,灭商后,受封于齐。 ⑤君上当有一"上"字。 ⑥畏:敬重。 ⑦难之:难以使唤。

季孙好士,终身庄①,居处衣服常如朝廷。而季孙适懈②,有过失而不能长为也。故客以为厌易已③,相与怨之,遂杀季孙。故君子去泰去甚④。

[注释]①庄:庄重。 ②适懈:偶尔懈怠。 ③厌易:厌恶轻慢。 ④泰、甚:均指极端。泰:同"太"。过分:极端之意。

南宫敬子问颜涿聚曰①:"季孙养孔子之徒②,所朝服与坐者以十数,而遇贼③,何也?"曰:"昔周成王近优侏儒以逞其意④,而与君子断事⑤,是能成其欲于天下⑥。今季孙养孔子之徒,所朝服而与坐者以十数,而与优侏儒断事,是以遇贼。故曰:不在所与居,在所与谋也。"

[注释]①南宫敬子:即南宫敬叔,春秋时期鲁国人,曾经向孔子学礼。颜涿聚:名庚,齐景公臣,孔子的学生。 ②季孙:季孙氏,鲁国执政贵族,与孟孙氏、叔孙氏合称三桓。 ③遇贼:遭到杀害。贼,杀害。 ④逞:放纵。 ⑤断事:决定政事。 ⑥成:同"逞",实现。

孔子侍坐于鲁哀公,哀公赐之桃与黍。哀公曰:"请用。"仲尼先饭黍而后啖桃①,左右皆掩口而笑。哀公曰:"黍者,非饭之也,以雪桃也②。"仲尼对曰:"丘知之矣。

夫黍者,五谷之长也,祭先王为上盛③。果蓏有六④,而桃为下,祭先王不得入庙。丘之闻也,君子以贱雪贵⑤,不闻以贵雪贱。今以五谷之长雪果蓏之下,是从上雪下也⑥。丘以为妨义⑦,故不敢以先于宗庙之盛也。"

[注释]①饭:动词,吃。啖(dàn):亦吃也。 ②雪:动词,擦拭。 ③上盛(chéng):盛在祭器中的上等谷物,即上等的祭品。 ④果蓏(luǒ):瓜果之属。 ⑤以贱雪贵:用下贱的东西擦拭贵重的东西。 ⑥从:由,用。 ⑦妨:妨害,危害。

赵简子谓左右曰:"车席泰美①。夫冠虽贱,头必戴之;屦虽贵,足必履之。今车席如此大美,吾将何屦以履之②?夫美下而耗上③,妨义之本也④。"

[注释]①泰:同"太"。 ②屦:鞋。 ③耗:耗费,指席子精美,鞋也要精美,则衣服也要精美,如此则必耗财。 ④本:根本。

费仲说纣曰①:"西伯昌贤②,百姓悦之,诸侯附焉,不可不诛,不诛,必为殷祸。"纣曰:"子言义主,何可诛?"费仲曰:"冠虽穿弊③,必戴于头;履虽五采,必践之于地④。今西伯昌,人臣也,修义而人向之,卒为天下患⑤,其必昌乎⑥!人人不以其贤为其主,非可不诛也。且主而诛臣,焉有过?"纣曰:"夫仁义者,上所以劝下也。今昌好仁义,诛之不可。"三说不用,故亡。

[注释]①费仲:商纣王的宠臣。纣:即帝辛,商朝的最后一个王。 ②西伯昌:即姬昌,后来的周文王。 ③穿弊:破旧。 ④践:踏。 ⑤卒:终究。 ⑥昌:发达。

齐宣王问匡倩曰①："儒者博乎②?"曰："不也。"王曰："何也?"匡倩对曰："博者贵枭③,胜者必杀枭。杀枭者,是杀所贵也。儒者以为害义,故不博也。"又问曰："儒者弋乎④?"曰："不也。弋者,从下害于上者也,是从下伤君也,儒者以为害义,故不弋。"又问："儒者鼓瑟乎⑤?"曰："不也。夫瑟以小弦为大声,以大弦为小声,是大小易序⑥,贵贱易位,儒者以为害义,故不鼓也。"宣王曰："善。"仲尼曰："与其使民谄下也⑦,宁使民谄上。"

[注释]①匡倩:人名,事迹未详。 ②博:下棋。 ③贵:以……为贵。枭:棋局中的主将。 ④弋:弋射,用带绳子的箭射鸟。 ⑤鼓瑟:弹奏琴瑟。瑟,一种弦乐器,似琴而弦更多。 ⑥易:换。 ⑦谄(chǎn):讨好。

四、钜者,齐之居士;屦者,魏之居士。齐、魏之君不明,不能亲照境内,而听左右之言,故二子费金璧而求入仕也。

西门豹为邺令,清克洁悫①,秋毫之端无私利也,而甚简左右②。左右因相与比周而恶之。居期年③,上计,君收其玺。豹自请曰："臣昔者不知所以治邺,今臣得矣,原请玺复以治邺。不当,请伏斧锧之罪④。"文侯不忍而复与之。豹因重敛百姓⑤,急事左右⑥。期年,上计,文侯迎而拜之。豹对曰："往年臣为君治邺,而君夺臣玺;今臣为左右治邺,而君拜臣。臣不能治矣。"遂纳玺而去⑦。文侯不受,曰："寡人曩不知子⑧,今知矣。愿子勉为寡人治之。"遂不受⑨。

[注释]①清克洁悫:清正、克己、廉洁、诚实。 ②简:简慢,轻慢。

③期年:一年。　④伏斧锧之罪:即受死刑。斧锧,处死刑的刑具。伏,伏法。　⑤敛:聚集、搜刮。　⑥事:指行贿。　⑦纳:交纳,交回。　⑧曩:以往。　⑨不受:不接受辞呈。

齐有狗盗之子①,与刖危子戏而相夸②。盗子曰:"吾父之裘独有尾。"危子曰:"吾父独冬不失袴。"

[注释]①狗盗:披着狗皮行盗之人(故皮衣上有尾巴)。　②刖危:即刖跪,受刖刑被砍脚之人。戏:游戏。

子绰曰①:"人莫能左画方而右画圆也。以肉去蚁②,蚁愈多,以鱼驱蝇,蝇愈至。"

[注释]①子绰:人名,事迹未详。　②去:驱除。

桓公谓管仲曰:"官少而索者众,寡人忧之。"管仲曰:"君无听左右之请,因能而受禄,录功而与官①,则莫敢索官。君何患焉?"

[注释]①受:同"授";录功:即记录功劳。

韩宣子曰:"吾马菽粟多矣①,甚臞②,何也?寡人患之。"周市对曰③:"使驺尽粟以食④,虽无肥,不可得也。名为多与之,其实少,虽无臞,亦不可得也。主不审其情实⑤,坐而患之,马犹不肥也。"

[注释]①菽粟:豆类的总称,此指喂马的饲料。　②臞:清瘦。　③周市:人名,事迹未详。　④驺:养马之人。尽:用尽。食(sì):同"饲",喂养。　⑤情实:实情。

桓公问置吏于管仲①,管仲曰:"辩察于辞②,清洁于货③,习人情,夷吾不如弦商④,请立以为大理⑤。登降肃让⑥,以明礼待宾,臣不如隰朋⑦,请立以为大行⑧。垦草仞邑⑨,辟地生粟,臣不如宁武⑩,请以为大田⑪。三军既成陈,使士视死如归,臣不如公子成父⑫,请以为大司马⑬。犯颜极谏⑭,臣不如东郭牙⑮,请立以为谏臣。治齐,此五子足矣;将欲霸王,夷吾在此。"

[注释]①置吏:任用官吏。 ②辩察于辞:对于诉讼之辞可以明辨,辩,通"辨"。 ③清洁于货:对于财货的贿赂可以保持清正廉洁。 ④夷吾:即管仲。弦商:人名,事迹未详。 ⑤大理:即大司理,主管司法的最高长官。 ⑥登降肃让:一作"登降揖让",指接待宾客时上下台阶即揖让引导的礼仪。 ⑦隰朋:春秋时期齐国大夫,齐桓公大臣。 ⑧大行:主管祭祀及宾客礼仪的最高长官。 ⑨仞:测量深度。 ⑩宁武:一作"宁戚",人名,事迹未详。 ⑪大田:又称"大司田",掌管农业的最高长官。 ⑫公子成父:又称王子成父,事迹未详。 ⑬大司马:掌管军队的最高长官。 ⑭犯颜极谏:冒犯君主的颜面,竭力进谏。 ⑮东郭牙:复姓东郭,名牙,当即鲍叔牙。臣:此管仲自称。

五、孟献伯相鲁①,堂下生藿藜②,门外长荆棘,食不二味,坐不重席,无衣帛之妾,居不粟马③,出不从车④。叔向闻之,以告苗贲皇⑤。贲皇非之曰:"是出主之爵禄以附下也⑥。"

一曰:晋孟献伯拜上卿⑦,叔向往贺,门有御马⑧,不食禾。向曰:"子无二马二舆⑨,何也?"献伯曰:"吾观国人尚有饥色,是以不秣马⑩;班白者多以徒行⑪,故不二舆。"向曰:"吾始贺子之拜卿,今贺子之俭也。"向出,语苗贲皇曰:"助吾贺献伯之俭也。"苗子曰:"何贺焉?夫爵禄旗章⑫,所以异功伐别贤不肖也⑬。故晋国之法,上大夫二舆二乘,中大夫二舆一乘,下大夫专乘,此明等级也。且夫卿必有军事,是故循车马,比卒乘⑭,以备戎事。有难,则以备不虞;平夷⑮,则以给朝事⑯。今乱晋国之政,乏不虞之备,以成节⑰,以洁私名,献伯之俭也可与⑱?又何贺?"

[注释]①孟献伯:即孟献子,又称仲孙蔑。春秋时期鲁国大臣。为鲁桓公长子庆父(字共仲)之后,故以孟孙、仲孙为氏,名蔑。曾位至正卿,与季文子共执鲁政。相鲁:为鲁国卿相。相,动词。 ②藿、藜:两种野菜。 ③粟:此作动词,用粟喂马之意。 ④从车:以副车跟随。 ⑤苗贲皇:春秋时期晋国大夫。 ⑥附下:使下人亲附,指收买下面的人心。 ⑦上卿:即正卿。周制卿分上、中、下三等,上卿位高权重。 ⑧御马:陪侍君主时所用的车马。 ⑨二马二舆:指随行的副车。 ⑩秣(mò):饲料,此指喂养牲口。 ⑪班白:斑白,指头发花白的老人。 ⑫旗章:旌旗标记,古时用于区别贵贱等级的徽章道具。 ⑬异:区别;功伐:功劳。 ⑭比:排列;卒乘:步卒和车兵。 ⑮平夷:和平安定。 ⑯给:供。 ⑰节:操守,节操。 ⑱与:同"欤"。


管仲相齐,曰:"臣贵矣,然而臣贫。"桓公曰:"使子有三归之家①。"曰:"臣富矣,然而臣卑。"桓公使立于高、国之上②。曰:"臣尊矣,然而臣疏。"乃立为仲父。孔子闻而非之曰:"泰侈逼上③。"

一曰:管仲父出,朱盖青衣,置鼓而归④,庭有陈鼎⑤,家有三归。孔子曰:"良大夫也,其侈逼上。"

[注释]①三归之家:有三百乘封邑的卿大夫,大夫的封地称家。一说,国家市租的三分之一归于国君,叫做"三归"。 ②高、国:齐国的两大公族,即

高氏和国氏。自西周以来,两家世代为齐国上卿,史称"天子之二守",春秋末年以后逐渐衰微。　③泰侈:同"太侈",放纵奢侈。　④盖:车盖。置鼓而归:下朝回家时用鼓乐引路。　⑤陈鼎:成排陈列的鼎。

孙叔敖相楚①,栈车牝马②,粝饭、菜羹、枯鱼之膳③,冬羔裘④,夏葛衣,面有饥色,则良大夫也。其俭逼下。

[注释]①孙叔敖:春秋时期楚国大臣,芈(wěi)姓,名敖,字孙叔,又字艾猎,楚庄王时为令尹,推行改革,奠定楚庄王的霸业。　②栈车:柴车,此指简陋的棚车;牝马:母马。　③粝:粗。枯鱼:干鱼。　④冬羔裘:冬天穿羊皮衣。

阳虎去齐走赵①,简主问曰:"吾闻子善树人②。"虎曰:"臣居鲁,树三人,皆为令、尹③,及虎抵罪于鲁④,皆搜索于虎也⑤。臣居齐,荐三人,一人得近王,一人为县令,一人为候吏⑥,及臣得罪,近王者不见臣,县令者迎臣执缚⑦,候吏者追臣至境上,不及而止。虎不善树人。"主俛而笑曰⑧:"夫树柤梨橘柚者⑨,食之则甘,嗅之则香⑩;树枳棘者,成而刺人。故君子慎所树。"

[注释]①走:逃。　②树人:栽培、使用。　③令、尹:指县令、邑宰之类的官吏。　④抵罪:得罪、获罪。　⑤搜索于虎:指这三人都来搜捕我。　⑥候吏:守边境的官吏。　⑦执缚:用绳捆绑。　⑧俛:同"俯"。　⑨树:种植。　⑩王先慎《韩非子集解》本无"嗅之则香"四字,据梁启雄《韩子浅解》本补。

中牟无令,鲁平公问赵武曰①:"中牟,三国之股肱②,邯郸之肩髀③,寡人欲得其良令也,谁使而可?"武曰:"邢伯子可。"公曰:"非子之仇也?"曰:"私仇不入公门。"公又问曰:"中府之令,谁使而可?"曰:"臣子可。"故曰:"外举不避仇④,内举不避子。"赵武所荐四十六人于其君,及武死,各就宾位⑤,其无私德若此也。

[注释]①鲁平公:当为晋平公之误。晋平公,春秋时期晋国国君,姬姓,名彪。赵武:又称赵孟,即赵文子,春秋时期晋国正卿,赵盾之孙,赵朔的遗腹子。赵朔被屠岸贾所杀,赵武出生,史称"赵氏孤儿",曾辅佐晋悼公、晋平公复兴晋国。 ②三国:指赵、齐、燕。股肱:胳膊和大腿,指国家的重镇。③邯郸:晋国的中心城市,此指代晋国。肩髀:肩胛骨和胯骨,意同股肱。④举:举荐。 ⑤宾位:宾客之位。

平公问叔向曰:"群臣孰贤?"曰:"赵武。"公曰:"子党于师人①。"向曰:"武立如不胜衣②,言如不出口,然其所举士也数十人,皆令得其意,而公家甚赖之。况武子之生也不利于家,死不托于孤,臣敢以为贤也。"

[注释]①党:结党。师人:指其老师和长辈,此指叔向与赵武结党之意。②不胜:禁不住。

解狐荐其仇于简主以为相①。其仇以为且幸释己也②,乃因往拜谢。狐乃引弓迎而射之,曰:"夫荐汝,公也,以汝能当之也。夫仇汝,吾私怨也,不以私怨汝之故,拥汝于吾君③。"故私怨不入公门。

一曰:解狐举邢伯柳为上党守④,柳往谢之,曰:"子释罪,敢不再拜?"曰:"举子,公也;怨子,私也。子往矣,怨子如初也。"

[注释]①解狐:晋悼公时人。 ②幸:庆幸。释:冰释,消除了对对方的仇恨。 ③拥:通"壅",即壅蔽,壅塞。 ④邢伯柳:人名,事迹未详。

郑县人卖豚,人问其价。曰:"道远日暮,安暇语汝①。"

[注释]①安暇:哪里顾得上;语汝:与你讲话。

六、范文子喜直言,武子击之以杖:"夫直议者不为人所容,无所容则危身,非徒危身①,又将危父。"

[注释]①徒:仅仅,只是。

子产者,子国之子也①。子产忠于郑君,子国谯怒之曰②:"夫介异于人臣③,而独忠于主。主贤明,能听汝;不明,将不汝听。听与不听,未可必知,而汝已离于群臣;离于群臣,则必危汝身矣。非徒危己也,又且危父也。"

[注释]①子国:即郑穆公之子公子发。 ②谯:责备。 ③介异于:卓然独特而不同于。

梁车为邺令①,其姊往看之,暮而后至,闭门,因逾郭而入②。车遂刖其足④。赵成侯以为不慈,夺之玺而免之令。

[注释]①梁车:人名,事迹未详。 ②逾:跳过。 ③刖:动词,刖足。

管仲束缚①,自鲁之齐,道而饥渴,过绮乌封人而乞食②。乌封人跪而食之③,甚敬。封人因窃谓仲曰:"适幸④及齐,不死而用齐,将何报我?"曰:"如子之言,我且贤之用,能之使,劳之论⑤。我何以报子?"封人怨之。

[注释]①束缚:被绑着。 ②绮乌:地名。封人:官名,掌管守卫边境。 ③食(sì):喂食。 ④适幸:若有幸。 ⑤论:考察,此指任用。

# 外储说右上第三十四

君所以治臣者有三:

一、势不足以化则除之①。师旷之对②,晏子之说③,皆合势之易也④,而道行之难,是与兽逐走也⑤,未知除患。患之可除,在子夏之说《春秋》也⑥:"善持势者,蚤绝其奸萌⑦。"故季孙让仲尼以遇势⑧,而况错之于君乎⑨。是以太公望杀狂矞⑩,而臧获不乘骥⑪。嗣公知之⑫,故不驾鹿。薛公知之,故与二栾博⑬。此皆知同异之反也。故明主之牧臣也⑭,说在畜乌⑮。

[注释]①化:改变。 ②师旷:晋国的宫廷乐师。对:回答。 ③晏子:即晏婴。说:议论。 ④合:当为"舍"之误。舍:放弃。易:简易,简单。与下文"道行之难"相对应。 ⑤逐走:赛跑。 ⑥子夏:即卜商,姓卜,名商,字子夏,孔子的学生。 ⑦蚤:早。 ⑧季孙:指季康子,姬姓,名肥,春秋末年鲁国的执政卿。让:指责,责备。遇:通"耦",对等。 ⑨错:通"措",措之于君,即施之于君。 ⑩太公望:即吕望,又称姜尚、姜子牙。助周灭商,因功封于齐。乃齐国始封之祖。狂矞:人名,事迹未详。或为假设的人物。 ⑪臧获:奴婢的贱称。骥:良马。 ⑫嗣公:卫嗣公,战国时期卫国国君。 ⑬薛:指战国时期孟尝君田文。田文封于薛,故称薛公。栾当作"孪"。二孪:双胞胎兄弟。博:赌博。 ⑭牧臣:豢养大臣,指驾驭、支配大臣。 ⑮说在:上述

理论的说明在以下……故事。畜鸟:养鸟。

二、人主者,利害之轊毂也①,射者众②,故人主共矣。是以好恶见,则下有因③而人主惑矣;辞言通,则臣难言而主不神矣④。说在申子之言"六慎",与唐易之言弋也⑤。患在国羊之请变⑥,与宣王之太息也。明之以靖郭氏之献十珥也⑦,与犀首、甘茂之道穴闻也⑧。堂谿公知术,故问玉卮⑨;昭侯能术,故以听独寝。明主之道,在申子之劝独断也⑩。

[注释]①轊毂(yáo gǔ):即车毂。轊,是一种轻便的马车;毂,指车轮的中心插辐条和安装车轴的部件,比喻君主是利害之辐辏。 ②射:指辐条向中心的车毂集中,比喻臣下向君主凑近。 ③因:凭借依据。 ④神:神明。 ⑤唐易:又称唐易子、唐易鞠。战国时魏国人,善于相术。 ⑥患:指因此而造成的祸患在于……国羊:人名,事迹未详。请变:请求改变。 ⑦明之:同上文之"说在",表明、说明。靖郭氏:即靖郭君。献十珥:进献十副玉珥。⑧犀首:即公孙衍,战国时期纵横家。犀首,为他的号,一说他曾任魏国的犀首,故名。甘茂:楚国人,秦惠王时入秦,得重用。武王时为左丞相。道:由。 ⑨堂谿公:吴王阖闾之弟夫概的封号。夫概兵败奔楚,楚昭王封之于堂谿,称堂谿公。此指夫概的后裔。玉卮(zhī):玉制的酒器。 ⑩申子:即申不害。

三、术之不行有故①。不杀其狗则酒酸。夫国亦有狗,且左右皆社鼠也②。人主无尧之再诛③,与庄王之应太子④,而皆有薄媪之决蔡妪也⑤。知贵不能,以教歌之法先揆之⑥。吴起之出爱妻⑦,文公之斩颠颉⑧,皆违其情者也⑨。故能使人弹疽者⑩,必其忍痛者也。

## 右经

[注释]①故：原因。 ②社鼠：社坛里的老鼠。 ③尧：我国原始社会末期部落联盟的首领，儒家传说中的贤明君主。再诛：两次诛杀反对自己的人。再：两次。 ④庄王：即楚庄王。 ⑤决：决定。蔡姬：蔡姓的老妇人。⑥揆：测试。 ⑦出：休妻。 ⑧颠颉：晋国大臣，曾随晋文公（重耳）在外流亡十九年。 ⑨违：背。 ⑩弹疽：刺破毒疮，指治疗毒疮。

一、赏之、誉之不劝，罚之、毁之不畏。四者加焉不变①，则除之②。

[注释]①不变：无动于衷，不为之改变。 ②除：除掉，杀掉。

齐景公之晋，从平公饮，师旷侍坐，始坐，景公问政于师旷曰："太师将奚以教寡人①？"师旷曰："君必惠民而已。"中坐，酒酣，将出，又复问政于师旷曰："太师奚以教寡人？"。曰："君必惠民而已矣。"景公出之舍②，师旷送之，又问政于师旷。师旷曰："君必惠民而已矣。"景公归，思，未醒，而得师旷之所谓。公子尾、公子夏者，景公之二弟也，甚得齐民，家富贵而民说之③，拟于公室④，此危吾位也，今谓我惠民者，使我与二弟争民邪？于是反国⑤，发禀粟以赋众贫⑥，散府余财以赐孤寡，仓无陈粟，府无余财，宫妇不御者出嫁之⑦，七十受禄米⑧，鬻德惠施于民也，已与二弟争民⑨。居二年，二弟出走，公子夏逃楚，公子尾走晋。

[注释]①太师：古代对乐师的统称，此指师旷。 ②之舍：（回）到宾舍。③家：大夫的家族称家，亦称私家、私室。诸侯国称国，亦称公家、公室。说：

同"悦"。　④拟:比拟。　⑤反:同"返"。　⑥赋:给予。　⑦御:指君主临幸过。　⑧七十:指七十岁以上的老人。受:当作"授",给予。　⑨已:同"以",用来。

景公与晏子游于少海,登柏寝之台而还望其国曰①:"美哉!泱泱乎,堂堂乎②!后世将孰有此?"晏子对曰:"其田成氏乎③!"景公曰:"寡人有此国也,而曰田成氏有之,何也?"晏子对曰:"夫田成氏甚得齐民,其于民也,上之请爵禄行诸大臣,下之私大斗斛区釜以出贷④,小斗斛区釜以收之。杀一牛,取一豆肉⑤,馀以食士⑥。终岁⑦,布帛取二制焉⑧,馀以衣士。故市木之价不加贵于山,泽之鱼盐龟鳖蠃蚌不加贵于海。君重敛⑨,而田成氏厚施。齐尝大饥,道旁饿死者不可胜数也,父子相牵而趋田成氏者,不闻不生。故周秦之民相与歌之曰:'讴乎⑩,其已乎!苞乎⑪,其往归田成子乎!'《诗》曰:'虽无德与女⑫,式歌且舞⑬。'今田成氏之德而民之歌舞,民德归之矣。故曰:'其田成氏乎!'"公泫然出涕曰⑭:"不亦悲乎!寡人有国而田成氏有之,今为之奈何?"晏子对曰:"君何患焉?若君欲夺之,则近贤而远不肖,治其烦乱⑮,缓其刑罚,振贫穷而恤孤寡⑯,行恩惠而给不足,民将归君,则虽有十田成氏,其如君何?"

[注释]①柏寝之台:齐国台名,在今山东广饶东北,相传为齐桓公所建,为齐桓公的离宫所在。　②泱泱:比喻浩瀚无际的大海;堂堂:比喻雄伟壮观的山峰。　③田成氏:指田常家族。田常,杀齐简公后自立为齐国君主,史称"田氏代齐"。　④贷:借出为贷。　⑤豆:指乘放肉食的器皿。　⑥食(sì):供食。　⑦终岁:年底。　⑧制:古代的长度单位,相当于一丈八尺。

⑨敛:征敛。 ⑩讴乎:呜呼。 ⑪苞:丰盛。 ⑫女:同"汝"。 ⑬式:发语词。 ⑭泫然:流泪的样子。 ⑮烦乱:纷乱,杂乱。 ⑯振:当作"赈",赈济。

或曰①:景公不知用势,而师旷、晏子不知除患。夫猎者,托车舆之安②,用六马之足,使王良佐辔③,则身不劳而易及轻兽矣④。今释车舆之利,捐六马之足与王良之御⑤,而下走逐兽,则虽楼季之足无时及兽矣⑥。托良马固车,则臧获有馀⑦。国者,君之车也;势者,君之马也。夫不处势以禁诛擅爱之臣⑧,而必德厚以与天下齐行以争民,是皆不乘君之车,不因马之利,释车而下走者也。故曰:景公不知用势之主也,而师旷、晏子不知除患之臣也。

[注释]①或曰:有人说。此指韩非自己的论点。 ②托:寄托、假借。 ③王良:春秋时期晋国人,善于驾驭车马。佐辔:帮助驾车。 ④及:赶得上。 ⑤捐:放弃。 ⑥楼季:战国时期魏文侯的弟弟,善于攀登跳跃。 ⑦臧获:奴婢。 ⑧擅爱之臣:擅权、贵爱之臣。

子夏曰:"《春秋》之记臣杀君、子杀父者,以十数矣,皆非一日之积也,有渐而以至矣①。凡奸者,行久而成积,积成而力多,力多而能杀,故明主蚤绝之②。"今田常之为乱,有渐见矣,而君不诛。晏子不使其君禁侵陵之臣②,而使其主行惠,故简公受其祸。故子夏曰:"善持势者,蚤绝奸之萌。"

[注释]①有渐:逐渐积累。 ②蚤:早。 ③侵陵之臣:侵夺、凌驾君主的臣下。

季孙相鲁,子路为郈令①。鲁以五月起众为长沟②,当此之时③,子路以其私秩粟为浆饭④,要作沟者于五父之衢而餐之⑤。孔子闻之,使子贡往覆其饭⑥,击毁其器,曰:"鲁君有民,子奚为乃餐之⑦?"子路怫然怒⑧,攘肱而入⑨,请曰:"夫子疾由之为仁义乎⑩?所学于夫子者,仁义也;仁义者,与天下共其所有而同其利者也。今以由之秩粟而餐民,其不可何也?"孔子曰:"由之野也⑪!吾以女知之,女徒未及也⑫。女故如是之不知礼也⑬!女之餐之,为爱之也。夫礼,天子爱天下,诸侯爱境内,大夫爱官职,士爱其家,过其所爱曰侵。今鲁君有民而子擅爱之,是子侵也,不亦诬乎⑭!"言未卒,而季孙使者至,让曰⑮:"肥也起民而使之⑯,先生使弟子止徒役而餐之⑰,将夺肥之民耶?"孔子驾而去鲁⑱。以孔子之贤,而季孙非鲁君也,以人臣之资,假人主之术⑲,蚤禁于未形,而子路不得行其私惠而害不得生,况人主乎!以景公之势而禁田常之侵也,则必无劫弑之患矣。

[注释]①子路:即仲由(公元前542~前468年),春秋末年孔子的弟子,卞(今山东泗水东)人。姓仲名由,字子路,又称季路。曾为鲁国执政季氏的家臣。晚年居卫。郈(hòu):古邑名,在今山东东平南。 ②长沟:当是鲁故城的排水沟。 ③时:各本均作"为",王先慎据《御览》八百四十九引改。为:作为,指开掘长沟之事。 ④私秩粟:个人俸禄所得之粟。浆饭:稀饭、粥。 ⑤要:邀集。五父之衢:道路名,在鲁故城东南门外。餐之:动词,让……吃。 ⑥子贡:孔子的学生,姓端木,名赐,字子贡。春秋时卫国人,以善言著称。覆:颠覆,此指掀翻子路的稀饭。 ⑦餐之:供给饮食。 ⑧怫(fú)然:愤怒的样子。 ⑨攘肱:卷起衣袖。 ⑩请曰:请罪,此指辩驳。夫子:孔子的敬称。疾:恨。由:子路自称。 ⑪野:鲁莽。 ⑫女:同"汝",你。徒:

却是。　⑬故：同"固"。　⑭诬：妄为。　⑮让：指责。　⑯肥：季孙氏自称。此季孙即季康子，姬姓，名肥。　⑰止徒役：让刑徒停止劳役。　⑱去：离开。⑲假：借。

太公望东封于齐，齐东海上有居士曰狂矞、华士昆弟二人者，立议曰①："吾不臣天子，不友诸侯，耕作而食之，掘井而饮之，吾无求于人也。无上之名②，无君之禄，不事仕而事力③。"太公望至于营丘④，使执而杀之，以为首诛⑤。周公旦从鲁闻之，发急传而问之曰⑥："夫二子，贤者也。今日飨国而杀贤者⑦，何也？"太公望曰："是昆弟二人立议曰：'吾不臣天子，不友诸侯，耕作而食之，掘井而饮之，吾无求于人也。无上之名，无君之禄，不事仕而事力。'彼不臣天子者，是望不得而臣也；不友诸侯者，是望不得而使也；耕作而食之，掘井而饮之，无求于人者，是望不得以赏罚劝禁也。且无上名，虽知⑧不为望用；不仰君禄，虽贤不为望功。不仕，则不治，不任，则不忠。且先王之所以使其臣民者，非爵禄则刑罚也，今四者不足以使之，则望当谁为君乎？不服兵革而显⑨，不亲耕耨而名⑩，又所以教于国也。今有马于此，如骥之状者⑪，天下之至良也。然而驱之不前，却之不止，左之不左，右之不右，则臧获虽贱，不托其足。臧获之所愿托其足于骥者，以骥之可以追利辟害也。今不为人用，臧获虽贱，不托其足焉已⑫。自谓以为世之贤士，而不为主用，行极贤而不用于君，此非明主之所以臣也，亦骥之不可左右矣，是以诛之。"

一曰：太公望东封于齐。海上有贤者狂矞，太公望闻之,往请焉,三却马于门而狂矞不报见也⑬,太公望诛之。当是时也,周公旦在鲁,驰往止之,比至⑭,已诛之矣。周公旦曰:"狂矞,天下贤者也,夫子何为诛之?"太公望曰:"狂矞也,议不臣天子⑮,不友诸侯,吾恐其乱法易教也,故以为首诛。今有马于此,形容似骥也,然驱之不往,引之不前,虽臧获不托足以旋其轸也⑯。"

[注释]①昆弟:兄弟。立议:确定自己的行为宗旨。 ②上:指国君赐予的名声。 ③事:从事。仕:做官。 ④营丘:地名,齐国的都城所在地,在今山东淄博市东北。 ⑤首诛:首先开刀的对象。 ⑥传:古代传递公文的驿车。 ⑦飨国:即享国,享有封国。 ⑧知:智。 ⑨兵革:兵役。显:显贵。 ⑩耕耨:指农耕。耨,锄草的工具。 ⑪骥:骏马。 ⑫已:如此。 ⑬报见:答应见面。报:答复。 ⑭比至:刚刚赶到。 ⑮议:决意。 ⑯臧获:奴婢。轸:车的底盘,此指车子。

如耳说卫嗣公①,卫嗣公说②而太息。左右曰:"公何为不相也③?"公曰:"夫马似鹿者,而题之千金④。然而有百金之马而无千金之鹿者,何也?马为人用而鹿不为人用也。今如耳万乘之相也⑤,外有大国之意,其心不在卫,虽辩智⑥,亦不为寡人用,吾是以不相也。"

[注释]①如耳:人名。魏国大臣。一说卫嗣公的宠臣。说:进言。 ②说:同"悦"。 ③相:拜相,即任用为相。 ④题:标价。 ⑤万乘:指大国。 ⑥辩智:有口才、有智慧。

薛公之相魏昭侯也,左右有栾子者曰阳胡、潘(其)①,其于王甚重,而不为薛公。薛公患之,于是乃召与之博,予之人百金,令之昆弟博;俄又益之人二百金②。

方博有间③,谒者言客张季之子在门④,公怫然怒,抚兵而授谒者曰:"杀之!吾闻季之不为文也⑤。"立有间,时季羽在侧⑥,曰:"不然。窃闻季为公甚,顾其人阴未闻耳⑦。"乃辍不杀客⑧。而大礼之,曰:"曩者闻季之不为文也,故欲杀之;今诚为文也,岂忘季哉!"告廪献千石之粟⑨,告府献五百金,告驺私厩献良马固车二乘,因令奄将宫人之美妾二十人并遗季也⑩。栾子因相谓曰:"为公者必利,不为公者必害,吾曹何爱不为公⑪?"因私竞劝而遂为之⑫。薛公以人臣之势,假人主之术也,而害不得生⑬,况错之人主乎!

夫驯鸟者断其下翎⑭,则必恃人而食⑮,焉得不驯乎?夫明主畜臣亦然,令臣不得不利君之禄,不得无服上之名。夫利君之禄,服上之名,焉得不服?

[注释]①薛公:当指靖郭君,即田婴。战国时期齐国大臣。孟尝君田文之父。封于薛。齐宣王时,曾为相十一年。阳胡、潘其:人名,为双胞胎的兄弟。"阳胡、潘其",王先慎《韩非子集解》作"阳胡潘",据后文,当误。②俄:一会儿。③方:刚刚。有间:一会儿。④谒者:指掌传达的官吏。张季:人名,当为孟尝君的宾客。⑤抚兵:握着兵器。文:孟尝君田文自称。⑥季羽:指张季的党羽。⑦顾:只不过。阴:暗中。闻:报告。⑧辍:停止。⑨廪:粮仓。此指掌管粮仓的官吏。献:此指送来、赏赐之意。⑩遗(wèi):赠送。⑪吾曹:我们。⑫竞劝:竞相劝勉。⑬生:发生。⑭下翎:翅膀下长而硬的羽毛。⑮恃:依靠。

二、申子曰:"上明见①,人备之;其不明见,人惑之。其知见,人惑②之;不知见,人匿之③。其无欲见,人司之④;其有欲见,人饵之⑤。故曰:吾无从知之,惟无为可以规之⑥。"

一曰：申子曰："慎而言也，人且知女⑦；慎而行也，人且随女。而有知见也，人且匿女；而无知见也，人且意女⑧。女有知也，人且臧女⑨；女无知也，人且行女⑩。故曰：惟无为可以规之。"

[注释]①见：同"现"。 ②惑，当为"饰"之误。饰，掩饰。 ③匿：隐瞒。 ④司：同"伺"，侦察、探听。 ⑤饵：引诱、诱惑。 ⑥规：同"窥"。 ⑦且：将。女：同"汝"。 ⑧意：猜度、算计。 ⑨臧：藏、躲避之意。 ⑩行：（对你）采取行动。


田子方问唐易鞠曰①："弋者何慎？"对曰"鸟以数百目视子，子以二目御之，子谨周子廪②。"田子方曰："善。子加之弋③，我加之国。"郑长者闻之曰："田子方知欲为廪，而未得所以为廪。夫虚无无见者④，廪也。"

一曰：齐宣王问弋于唐易子曰⑤："弋者奚贵？"唐易子曰："在于谨廪。"王曰："何谓谨廪？"对曰："鸟以数十目视人，人以二目视鸟，奈何其不谨廪也？故曰'在于谨廪'也。"王曰："然则为天下何以异此廪？今人主以二目视一国，一国以万目视人主，将何以自为廪乎？"对曰："郑长者有言曰：'夫虚静无为而无见也。'其可以为此廪乎！"

[注释]①田子方：战国初年人，名无择，字子方。曾从子夏（一说子贡）学习。魏文侯之师。 ②谨周：小心谨慎。廪：仓廪、谷仓。 ③加之：用之。 ④无见：无现，即不显露自己的欲望。 ⑤唐易子：即唐易鞠。


国羊重于郑君，闻君之恶己也，侍饮，因先谓君曰：

"臣适不幸而有过①,愿君幸而告之。臣请变更,则臣免死罪矣。"

[注释]①适:恰巧,刚好。

客有说韩宣王,宣王说而太息。左右引王之说之曰,先告客以为德①。

[注释]①德:人情。

靖郭君之相齐也,王后死,未知所置①,乃献玉珥以知之。

一曰:薛公相齐,齐威王夫人死,有十孺子②皆贵于王,薛公欲知王所欲立③,而请置一人以为夫人。王听之,则是说行于王而重于置夫人也④;王不听,是说不行而轻于置夫人也。欲先知王之所欲置以劝王置之,于是为十玉珥而美其一而献之⑤。王以赋十孺子⑥,明日坐,视美珥之所在而劝王以为夫人。

[注释]①未知所置:不知道国君要立谁为王后。 ②孺子:等级在王后、夫人之下的姬妾。 ③薛公:当指靖郭君。 ④重于置夫人:因立夫人一事被王看重。 ⑤美:动词,制作精美。 ⑥赋:予。

甘茂相秦惠王①,惠王爱公孙衍②,与之间有所言③,曰:"寡人将相子。"甘茂之吏道穴闻之④,以告甘茂。甘茂入见王,曰:"王得贤相,臣敢再拜贺。"王曰:"寡人托国于子,安更得贤相?"对曰:"将相犀首。"王曰:"子安闻之⑤?"对曰:"犀首告臣。"王怒犀首之泄,乃逐之。

一曰：犀首，天下之善将也，梁王之臣也⑥。秦王欲得之与治天下，犀首曰："衍，人臣也，不敢离主之国。"居期年⑦，犀首抵罪于梁王⑧，逃而入秦，秦王甚善之。樗里疾⑨，秦之将也，恐犀首之代之将也，凿穴于王之所常隐语者⑩。俄而王果与犀首计⑪，曰："吾欲攻韩，奚如？"犀首曰："秋可矣。"王曰："吾欲以国累子⑫，子必勿泄也。"犀首反走再拜曰："受命。"于是樗里疾已道穴听之矣。见郎中，皆曰："兵秋起攻韩，犀首为将。"于是日也，郎中尽知之；于是月也，境内尽知。王召樗里疾曰："是何匈匈也⑬，何道出？"樗里疾曰："似犀首也。"王曰："吾无与犀首言也，其犀首何哉？"樗里疾曰："犀首也羁旅⑭，新抵罪，其心孤，是言自嫁于众⑮。"王曰："然。"使人召犀首，已逃诸侯矣。

[注释]①秦惠王：即秦惠文王（？～公元前311年），战国时期秦国国君。嬴姓，名驷，秦孝公之子。公元前337年即位。为太子时唆使门人故意触犯商鞅新法，商鞅将其师傅处以劓刑。即位后以谋反罪将商鞅车裂，但未废除商鞅之法。　②公孙衍：即上文之"犀首"。　③间：私下。　④道穴闻之：从洞穴中听到。道：由，从。　⑤安：如何。　⑥梁王：即魏王，此指魏惠王。　⑦居期年：过了一年整。　⑧抵罪：获罪，得罪。　⑨樗里疾：又称樗里子，秦惠王异母弟。武王时与甘茂分别为左右丞相，号称"智囊"。　⑩隐语：说机密的话。　⑪计：商议。　⑫累子：劳累您。　⑬匈匈：同"汹汹"，吵闹、喧闹。　⑭羁旅：指来自外国的人，即"客卿"。　⑮言自嫁于众：卖弄自己以取重于人。

堂谿公谓昭侯曰①："今有千金之玉卮而无当，可以盛水乎？"昭侯曰："不可。""有瓦器而不漏，可以盛酒乎？"昭侯曰:"可。"对曰:"夫瓦器,至贱也,不漏可以盛酒。虽有千金之玉卮,至贵而无当,漏不可盛水,则人孰注浆哉②?今为人主而漏其群臣之语,是犹无当之玉卮也,虽有圣智,莫尽其术,为其漏也。"昭侯曰:"然。"昭侯闻堂谿公之言,自此之后,欲发天下之大事③,未尝不独寝,恐梦言而使人知其谋也。

一曰:堂谿公见昭侯曰:"今有白玉之卮而无当,有瓦卮而有当。君渴,将何以饮?"君曰:"以瓦卮。"堂谿公曰:"白玉之卮美,而君不以饮者,以其无当耶?"君曰:"然。"堂谿公曰:"为人主而漏泄其群臣之语,譬犹玉卮之无当也。"堂谿公每见而出,昭侯必独卧,惟恐梦言泄于妻妾。

[注释]①堂谿公:吴王阖闾之弟夫概的封号。夫概兵败奔楚,楚昭王封之于堂谿,称堂谿公。　②注浆:灌浆。　③发:发起,将要举行。

申子曰:"独视者谓明①,独听者谓聪②。能独断者,故可以为天下主。"

[注释]①独视:独自观察。　②聪:亦明也。

三、宋人有酤酒者①,升概甚平②,遇客甚谨③,为酒甚美,县帜甚高④,然而不售,酒酸。怪其故,问其所知闾长者杨倩⑤,倩曰:"汝狗猛耶?"曰:"狗猛则酒何故而不售?"曰:"人畏焉。或令孺子怀钱挈壶瓮而往酤⑥,而狗迓而龁之⑦,此酒所以酸而不售也。"夫国亦有狗,有道之士怀其术而欲以明万乘之主,大臣为猛狗迎而龁之,此人主之所以蔽胁⑧,而有道之士所以不用也。故桓公问管仲曰:"治国最奚患⑨?"对曰:"最患社鼠矣。"公曰:"何患社鼠哉?"对曰:"君亦见夫为社者乎⑩?树木而涂之⑪,鼠穿其间,掘穴托其中⑫。熏之则恐焚木,灌之则恐涂阤⑬,此社鼠之所以不得也。今人君之左右,出则为势重而收利于民,入则比周而蔽恶于君⑭。内间主之情以告外⑮,外内为重,诸臣百吏以为富⑯。吏不诛则乱法,诛之则君不安。据而有之,此亦国之社鼠也。"故人臣执柄而擅禁,明为己者必利,而不为己者必害,此亦猛狗也。夫大臣为猛狗而龁有道之士矣,左右又为社鼠而间主之情,人主不觉。如此,主焉得无壅⑰,国焉得无亡乎?

[注释]①酤酒:卖酒。 ②升概:量酒的工具。 ③遇:待。 ④县:同"悬",挂。 ⑤闾长者:闾中的长者。闾,古时城市中的居住单位。一说二十五家为一闾。杨倩:人名。 ⑥孺子:小孩。挈:提。瓮(wèng):盛酒的瓦器。酤:买。 ⑦迓(yà):迎。龁(hé):咬。 ⑧蔽胁:被蒙蔽、要挟。 ⑨奚:何。 ⑩为:建造。 ⑪树:动词,树立。涂:泥。 ⑫托:依托,此指藏身。 ⑬阤:剥落。 ⑭比周:勾结。 ⑮间:刺探,窥测。 ⑯以为富:作为致富的手段。 ⑰壅:壅蔽、蒙蔽。

一曰:宋之酤酒者有庄氏者,其酒常美①。或使仆往酤庄氏之酒,其狗龁人,使者不敢往,乃酤佗家之酒②。问曰:"何为不酤庄氏之酒?"对曰:"今日庄氏之酒酸。"故曰:"不杀其狗则酒酸。"

一曰:桓公问管仲曰:"治国何患?"对曰:"最苦社鼠。夫社,木而涂之,鼠因自托也。熏之则木焚,灌之则涂阤,此所以苦于社鼠也。今人君左右,出则为势重以收利于民,入则比周谩侮蔽恶以欺于君③,不诛则乱法,诛之则人主危。据而有之,此亦社鼠也。"故人臣执柄擅禁,明为己者必利,不为己者必害,亦猛狗也。故左右为社鼠,用事者为猛狗,则术不行矣。

[注释]①常:一直。 ②佗:同"他",其他。 ③谩侮:欺骗。

尧欲传天下于舜,鲧谏曰①:"不祥哉!孰以天下而传之于匹夫乎?"尧不听,举兵而诛杀鲧于羽山之郊②。共工又谏曰③:"孰以天下而传之于匹夫乎?"尧不听,又举兵而流共工于幽州之都。于是天下莫敢言无传天下于舜。仲尼闻之曰:"尧之知,舜之贤,非其难者也。夫至乎诛谏者,必传之舜,乃其难也。"

一曰:"不以其所疑败其所察④,则难也。"

[注释]①鲧:原始部落的首领,传说中禹的父亲。 ②羽山:古山名。 ③共工:古代神话人物。相传他是尧时的水官。据《尚书》说则是古代的四凶之一,与颛顼争夺帝位。 ④察:明察。

荆庄王有茅门之法①,曰:"群臣大夫诸公子入朝,马蹄践溜者②,廷理斩其輈、戮其御③。"于是太子入朝,马蹄践溜,廷理斩其輈,戮其御。太子怒,入为王泣曰:"为我诛戮廷理。"王曰:"法者,所以敬宗庙④,尊社稷。故能立法从令,尊敬社稷者,社稷之臣也,焉可诛也?夫犯法废令,不尊敬社稷者,是臣乘君而下尚校也⑤。臣乘君,则主失威;下尚校则上位危。威失位危,社稷不守,吾将何以遗子孙?"于是太子乃还走,避舍露宿三日⑥,北面再拜请死罪。

[注释]①荆庄王:即楚庄王。茅门:即雉门。古代诸侯宫室有三道门,即库门、雉门、路门。路门即大门。茅门即第二道门。 ②践:踏。溜:屋檐下滴水的地方。 ③廷理:官名,掌刑罚。辀:车辕。御:驾车之人。 ④宗庙:指祭祀先祖的场所,此指先祖。 ⑤乘:凌驾。下尚校:指臣下与君主相抗衡。尚,通"上"。校:较量、对抗。 ⑥避舍:离开日常居住的居室。古人有过,以此表示责己和等待处罚,取不敢安居之意。

一曰:楚王急召太子。楚国之法,车不得至于茆门①。天雨,廷中有潦②,太子遂驱车至于茆门。廷理曰:"车不得至茆门。至茆门,非法也。"太子曰:"王召急,不得须无潦③。"遂驱之。廷理举殳而击其马④,败其驾⑤。太子入为王泣曰:"廷中多潦,驱车至茆门,廷理曰'非法也',举殳击臣马,败臣驾。王必诛之。"王曰:"前有老主而不踰,后有储主而不属⑥,矜矣⑦!是真吾守法之臣也。"乃益爵二级⑧,而开后门出太子,勿复过。

[注释]①茆门:即茅门,宫室的第二道门。 ②潦:积水。 ③须:等待。 ④殳:古时有棱无刃的长柄兵器。 ⑤败:坏。 ⑥属:依附、投靠。 ⑦矜:通"贤"。 ⑧益:增加。

卫嗣君谓薄疑曰①:"子小寡人之国以为不足仕②,则寡人力能仕子③,请进爵以子为上卿。"乃进田万顷④。薄子曰:"疑之母亲疑⑤,以疑为能相万乘所不窕也⑥。然疑家巫有蔡妪者⑦,疑母甚爱信之,属之家事焉⑧。疑智足以信⑨,言家事,疑母尽以听疑也,然已与疑言者,亦必复决之于蔡妪也⑩。故论疑之智能,以疑为能相万乘而不窕也;论其亲⑪,则子母之间也;然犹不免议之于蔡妪也。今疑之于人主也，非子母之亲也，而人主皆有蔡妪。人主之蔡妪，必其重人也⑫。重人者，能行私者也。夫行私者，绳之外也⑬，而疑之所言，法之内也。绳之外与法之内，仇也，不相受也⑭。"

[注释]①薄疑：人名，卫嗣公的大臣，有贤能之名。 ②小：动词，以……为小，小看。 ③仕子：让您做官。 ④进田：赐田。 ⑤亲：爱。 ⑥不窕：有余力。窕，不充满。 ⑦巫：巫婆、巫师。 ⑧属：通"嘱"，委托。 ⑨信：动词，取信于人。 ⑩决：商定。 ⑪亲：指亲密的关系。 ⑫重人：重臣，掌握权势之人。 ⑬绳：法律。 ⑭仇：敌对、矛盾；不相受：不相容。

一曰：卫君之晋①，谓薄疑曰："吾欲与子皆行②。"薄疑曰："媪也在中③，请归与媪计之。"卫君自请，薄媪曰："疑，君之臣也，君有意从之④，甚善。"卫君曰："吾以请之媪⑤，媪许我矣。"薄疑归，言之媪也，曰："卫君之爱疑奚与媪⑥？"媪曰："不如吾爱子也。""卫君之贤疑奚与媪也？"曰："不如吾贤子也。""媪与疑计家事已决矣，乃更请决之于卜者蔡妪⑦。今卫君从疑而行，虽与疑决计⑧，必与他蔡妪败之⑨。如是，则疑不得长为臣矣。"

[注释]①之：到。 ②皆：同"偕"。偕行，一起去。 ③媪：老妇人，此指母亲。在中：在家。 ④从：动词，让……随从。 ⑤以：同"已"。 ⑥奚与媪：与母亲（的爱）相比怎么样。 ⑦卜者：巫婆。 ⑧决计：决断，决策。 ⑨他蔡妪：其他与蔡妪一样的人。败之：败坏它。

夫教歌者，使先呼而诎之①，其声反清徵者②，乃教之。

一曰：教歌者先揆以法③，疾呼中宫④，徐呼中徵⑤。

疾不中宫,徐不中徵,不可谓教。

[注释]①先呼而诎之:指放声发音而使之高低抑扬。诎,屈曲,此指使声音在高低音调间转换。 ②反清徵:徵,古代五音(宫、商、角、徵、羽)之一。 ③揆:测试。法:方法。 ④疾呼:急速发音。中:符合。宫:音调名。 ⑤徵:音调名。

吴起,卫左氏中人也①,使其妻织组而幅狭于度②。吴子使更之③。其妻曰:"诺。"及成,复度之④,果不中度,吴子大怒。其妻对曰:"吾始经之,而不可更也⑤。"吴子出之,其妻请其兄而索入⑥,其兄曰:"吴子,为法者也。其为法也,且欲以与万乘致功⑦,必先践之妻妾,然后行之,子毋几索入矣⑧。"其妻之弟又重于卫君⑨,乃因以卫君之重请吴子。吴子不听,遂去卫而入荆也。

一曰:吴起示其妻以组⑩,曰:"子为我织组,令之如是⑪。"组已就而效之⑫,其组异善。起曰:"使子为组,令之如是,而今也异善⑬,何也?"其妻曰:"用财若一也,加务善之⑭。"吴起曰:"非语也⑮。"使之衣而归⑯。其父往请之,吴起曰:"起家无虚言。"

[注释]①卫:卫国。左氏:县名。中:乡里名。 ②组:丝织的带子。度:标准。 ③更:改。 ④度:量。 ⑤经:经线,指开始织的时候已经将经线定好了。 ⑥出:休妻。索入:要求回去。 ⑦万乘:大国,此指大国之君。 ⑧毋几:不要指望。 ⑨重于卫君:指被卫君重用。 ⑩示:给……看。 ⑪是:这个。 ⑫效:献上。 ⑬异善:特别的好。 ⑭加务:特别下了功夫。务,着力。 ⑮非语:不是我所说的。 ⑯归:回娘家。

晋文公问于狐偃曰①:"寡人甘肥周于堂②,卮酒豆肉集于宫③,壶酒不清,生肉不布④,杀一牛遍于国中⑤,一岁之功尽以衣士卒,其足以战民乎⑥?"狐子曰:"不足。"文公曰:"吾弛关市之征而缓刑罚⑦,其足以战民乎?"狐子曰:"不足。"文公曰:"吾民之有丧资者⑧,寡人亲使郎中视事,有罪者赦之,贫穷不足者与之,其足以战民乎?"狐子对曰:"不足。此皆所以慎产也⑨,而战之者,杀之也。民之从公也,为慎产也,公因而迎杀之⑩,失所以为从公矣。"曰:"然则何如足以战民乎?"狐子对曰:"令无得不战。"公曰:"无得不战奈何?"狐子对曰:"信赏必罚,其足以战。"公曰:"刑罚之极安至?"对曰:"不辟亲贵,法行所爱⑪。"文公曰:"善。"明日,令田于圃陆⑫,期以日中为期⑬,后期者行军法焉⑭。于是公有所爱者曰颠颉⑮,后期,吏请其罪,文公陨涕而忧⑯。吏曰:"请用事焉。"遂斩颠颉之脊以徇百姓⑰,以明法之信也。而后百姓皆惧曰:"君于颠颉之贵重如彼甚也,而君犹行法焉,况于我则何有矣。"文公见民之可战也,于是遂兴兵伐原⑱,克之;伐卫,东其亩⑲,取五鹿;攻阳胜虢⑳;伐曹;南围郑,反之陴㉑;罢宋围;还与荆人战城濮,大败荆人;返为践土之盟㉒,遂成衡雍之义㉓,一举而八有功。所以然者,无他故异物㉔,从狐偃之谋,假颠颉之脊也。

[注释]①狐偃:(? ~公元前622年),名偃,字子犯。又称舅犯、臼犯、咎犯。 ②甘肥:香甜肥美的食物,此指祭祀的祭品。周于堂:周,遍。堂,庙堂,指宗庙和朝堂。 ③卮:酒器。豆:盛肉的器具。 ④生肉:鲜肉。布:陈设、陈列。 ⑤国:都城。 ⑥战民:使民战。 ⑦弛:放松。 ⑧丧资:丧失生活来源。 ⑨慎产:即"顺生",即顺应民生之意。 ⑩迎:理解为"逆"。

⑪所爱:君主所信爱的大臣。 ⑫田:打猎。圃陆:地名,在今河南修武北。 ⑬期:约定。句意为:约定以正午时分为期限。 ⑭后期:迟到。 ⑮于是:这时。 ⑯陨涕:落泪。 ⑰徇:示众。 ⑱原:诸侯国名,位于今河南省济源县西北。 ⑲东其亩:意指将原来卫国田间的阡陌改成东西方向,以利于兵车东进。 ⑳阳:阳樊,在今河南省济源东南。虢:虢国,在今河南省郑州市西北。 ㉑反之陴:推倒城墙上的墙垛。反,推倒。陴:墙垛。 ㉒践土之盟:城濮之战以后,晋文公进军衡雍,在践土大会诸侯,并被推举为盟主。践土,在今河南省武陟县东南。 ㉓衡雍:郑国地名,在今河南省原阳县西南。义:结盟。 ㉔他故异物:其他原因。

夫痤疽之痛也①,非刺骨髓,则烦心不可支也②;非如是,不能使人以半寸砥石弹之③。今人主之于治亦然:非不知有苦④,则安欲治其国⑤,非如是,不能听圣知而诛乱臣。乱臣者,必重人,重人者,必人主所甚亲爱也。人主所甚亲爱也者,是同坚白也⑥。夫以布衣之资,欲以离人主之坚白所爱,是以解左髀说右髀者⑦,是身必死而说不行者也。

[注释]①痤疽:痈疥。 ②不可支:支持不了。 ③砥石:磨石。 ④有苦:当"有若"之误,有若,像(拿针刺骨髓来治病)那样。 ⑤则:而。 ⑥同坚白:坚和白是石头的两个属性,有石头,则坚和白的两种属性必然同时存在,比喻君主和重臣的关系不可分离。 ⑦解:肢解。髀:大腿。

# 外储说右下第三十五

一、赏罚共①,则禁令不行。何以明之?以造父、于期②。子罕为出彘③,田恒为圃池④,故宋君、简公弑⑤。患在王良、造父之共车⑥,田连、成窍之共琴也⑦。

[注释]①共:共同,此指君主与重臣共同行赏罚之事。 ②造父、于期:古代的两位善于驾车之人。于期,即王良,一名王子于期、王于期。 ③子罕:又称司城子罕,战国时期宋国人,姓乐,名喜,宋平公时曾执国政,曾劫杀宋桓侯,夺取了政权。出彘:突然冲出来的猪。 ④田恒:即田成,齐国大夫,发动政变杀死效忠国君的大夫宰予及齐简公,篡夺了齐国的君权。 ⑤弑:被杀害。 ⑥共车:共乘一辆车。 ⑦田连、成窍:古代两位善于弹琴之人,据说著名琴师伯牙曾向他们学琴。共琴:共弹一琴。

二、治强生于法①,弱乱生于阿②,君明于此,则正赏罚而非仁下也③。爵禄生于功,诛罚生于罪,臣明于此,则尽死力而非忠君也。君通于不仁④,臣通于不忠,则可以王矣。昭襄知主情而不发五苑⑤,田鲔知臣情,故教田章⑥,而公仪辞鱼⑦。

[注释]①治强:治理和强大。 ②阿:阿私,枉法偏袒。 ③仁下:以仁

爱驾驭臣下。 ④通于不仁:知道不以仁爱驾驭臣下的道理。 ⑤昭襄:秦昭襄王。苑:苑囿,指国君游猎之地。 ⑥田鲔(wěi):人名,事迹未详。田章:田鲔之子。 ⑦公仪:指公仪休,姓公仪,名休。战国时期鲁国博士,曾任鲁穆公的相。辞鱼:谢绝赠送的鱼。

三、明主者鉴于外也①,而外事不得不成②,故苏代非齐王③。人主鉴于上也,而居者不适不显④,故潘寿言禹情⑤。人主无所觉悟,方吾知之,故恐同衣于族⑥,而况借于权乎!吴章知之⑦,故说以佯,而况借于诚乎!赵王恶虎目,而壅明主之道⑧,如周行人之却卫侯也⑨。

[注释]①鉴:借鉴。 ②得:得当、妥当。 ③苏代:战国时期纵横家,苏秦之弟,曾入燕游说,与燕国相子之交结,劝说燕王哙将王位让予子之。不久燕国内乱,齐国伐燕,子之、燕王哙等死于战乱,苏代逃往魏国。 ④居者:隐士。适:适当、恰当。显:显示出效果。 ⑤潘寿:战国时期的隐士,曾为燕王哙的客卿。 ⑥方吾:人名,事迹未详。于:同"与"。衣于族,即衣与族,指同衣(穿同样衣服)和同族之人。 ⑦吴章:人名,事迹未详。 ⑧壅:堵塞、蒙蔽。 ⑨行人:官名,掌管国家对外事务。却:推却,辞退。卫侯:指卫文侯,春秋时期卫国君主。

四、人主者守法责成以立功者也。闻有吏虽乱而有独善之民①,不闻有乱民而有独治之吏②,故明主治吏不治民。说在摇木之本与引网之纲③。故失火之啬夫④,不可不论也。救火者,吏操壶走火⑤,则一人之用也,操鞭使人,则役万夫。故所遇术者⑥,如造父之遇惊马,牵马推车则不能进,代御执辔持策则马咸骛矣⑦。是以说在椎锻平夷⑧,榜檠矫直⑨。不然,败在淖齿用齐戮闵王⑩,李兑用赵饿主父也。

[注释]①独善:独善其身,指个人能遵守法度。 ②独治:指个人能依法办事。 ③本:指树干。纲:网上的总绳。 ④啬夫:官名,其执掌繁复,如县啬夫、乡啬夫、关啬夫。 ⑤走:奔。 ⑥遇:对待。 ⑦咸:都。骛:奔跑。 ⑧椎、锻:古时打铁时使用的工具。椎,同"捶"。锻:砧铁。平夷:动词,平整。 ⑨榜檠(péng qíng):古时用来矫正弓弩的工具。矫:矫正。 ⑩淖齿:战国时楚国将领。公元前284年,当燕军破齐后,奉楚王命,率军救齐,被流亡在莒的齐湣王任为齐相。不久杀湣王,欲与燕共分齐国宝物,被湣王臣王孙贾率莒民杀死。用:用事。闵王:即湣王。

五、因事之理,则不劳而成。故兹郑之踞辕而歌以上高梁也①。其患在赵简主税吏请轻重②;薄疑之言"国中饱"③,简主喜而府库虚,百姓饿而奸吏富也。故桓公巡民而管仲省腐财怨女④。不然⑤,则在延陵乘马不得进⑥,造父过之而为之泣也。

右经

[注释]①兹郑:人名,事迹未详。梁:桥。 ②税吏:收税的官吏。 ③薄疑:人名,卫嗣公的大臣,有贤能之名。 ④省:减少。腐财:指官府中积滞过多而腐朽的财物。怨女:一般指已经到结婚的年龄而未能出嫁的女子,此指在宫中多年而得不到临幸的愁怨宫女。 ⑤不然:不这样(顺应事物的法则)。 ⑥延陵:即延陵卓子,人名,事迹未详。延陵,古邑名,在吴国,即今江苏常州。

一、造父御四马①,驰骤周旋而恣欲于马②。恣欲于马者,擅辔策之制也③。然马惊于出彘,而造父不能禁制者,非辔策之严不足也,威分于出彘也。王子于期为驸驾④,辔策不用而择欲于马⑤,擅刍水之利也⑥。然马过于圃池而驸马败者,非刍水之利不足也,德分于圃池也。故王良、造父,天下之善御者也,然而使王良操左革而叱咤之⑦,使造父操右革而鞭笞之,马不能行十里,共故也⑧。田连、成窍,天下善鼓琴者也,然而田连鼓上,成窍擫下而不能成曲⑨,亦共故也。夫以王良、造父之巧,共辔而御不能使马⑩,人主安能与其臣共权以为治?以田连、成窍之巧,共琴而不能成曲,人主又安能与其臣共势以成功乎?

一曰:造父为齐王驸驾,渴马服成⑪,效驾圃中⑫。渴马见圃池,去车走池⑬,驾败。王子于期为赵简主取道争千里之表⑭,其始发也,彘伏沟中,王子于期齐辔策而进之⑮,彘突出于沟中,马惊驾败。

[注释]①御四马:驾驭用四匹马拉的车。 ②恣欲:随心所欲。 ③擅辔策之制:独掌缰绳和马鞭的控制力。辔策,缰绳和马鞭。 ④王子于期:即王良。春秋时期晋国人,善于驾驭车马。驸驾:副车。 ⑤择欲于马:挑选马喜欢的东西,即依据马的喜好来驯服它。 ⑥刍:喂马的饲料。 ⑦王良、造父:皆为古代善于驾车的人。操:操纵;革:通"勒",带嚼口的马笼头。叱咤:怒斥。 ⑧共:指两人共驾一车,马不知所从,故不能远行。 ⑨擫:用手按压。 ⑩使马:驱使马。 ⑪渴马服成:用不给马喝水使之饥渴的办法,使马听从御者的口令。 ⑫效:试验。 ⑬去车:脱开马车(奔到池边饮水)。 ⑭赵简主:即赵简子,名鞅,春秋末年晋国的执政之卿。争千里之表:争夺千里竞赛的锦标。 ⑮齐辔策而进之:一边拉缰绳、一边挥马鞭来驾驭马车前进。

司城子罕谓宋君曰:"庆赏赐与,民之所喜也,君自行之;杀戮诛罚,民之所恶也,臣请当之。"宋君曰:"诺。"于是出威令,诛大臣,君曰:"问子罕也。"于是大臣畏之,细民归之。处期年①,子罕杀宋君而夺政。故子罕为出彘以夺其君国。

[注释]①处期年:过了一年整。

简公在上位,罚重而诛严,厚赋敛而杀戮民①。田成恒设慈爱②,明宽厚。简公以齐民为渴马,不以恩加民,而田成恒以仁厚为囿池也。

[注释]①厚赋敛:加重赋税。厚:重也。 ②田成恒:即田成。

一曰:造父为齐王驸驾,以渴服马,百日而服成。服成,请效驾齐王,王曰:"效驾于囿中。"造父驱车入囿,马见囿池而走,造父不能禁。造父以渴服马久矣,今马见池,駻而走①,虽造父不能治。今简公之法禁其众久矣,而田成恒利之②,是田成恒倾囿池而示渴民也。

一曰:王子于期为宋君为千里之逐③。已驾④,察手吻文且发矣⑤。驱而前之,轮中绳⑥;引而却之⑦,马掩迹⑧。拊而发之⑨,彘逸出于窦中⑩。马退而却,策不能进前也⑪;马駻而走,辔不能止也。

一曰:司城子罕谓宋君曰:"庆赏赐予者,民之所好也,君自行之;诛罚杀戮者,民之所恶也,臣请当之。"于是戮细民而诛大臣,君曰:"与子罕议之。"居期年,民知杀生之命制于子罕也⑫,故一国归焉。故子罕劫宋君而夺其政,法不能禁也。故曰:"子罕为出彘,而田成常为囿池也。"令王良、造父共车,人操一边辔而入门间⑬,驾必败而道不至也。令田连、成窍共琴,人抚一弦而挥,则音必败,曲不遂矣⑭。

[注释]①骅而走:凶悍地跑去。 ②利:动词,给……利益。 ③逐:竞赛。 ④已驾:车子已经套好。 ⑤察手吻文:字义未详。其意当指马匹训练有素,精力集中。且:将要。 ⑥轮中绳:车辄笔直。 ⑦引而却之:牵引马匹使之倒退。 ⑧马掩迹:指后退的马匹,前脚正好踩在后脚的印记之上,形容马匹稳健,训练有素。 ⑨拊:击。 ⑩逸出:突然跑出来。窦:通"渎",水沟。 ⑪策:动词,策动,即用马鞭抽打。 ⑫制:控制。 ⑬门间:里巷的大门。 ⑭遂:成功。

二、秦昭王有病,百姓里买牛而家为王祷①。公孙述出见之,入贺王曰:"百姓乃皆里买牛为王祷。"王使人问之,果有之。王曰:"訾之,人二甲②。夫非令而擅祷者③,是爱寡人也。夫爱寡人,寡人亦且改法而心与之相循者④,是法不立,法不立,乱亡之道也。不如人罚二甲而复与为治。"

一曰:秦襄王病,百姓为之祷,病愈,杀牛塞祷⑤。郎中阎遏、公孙衍出,见之⑥,曰:"非社腊之时也,奚自杀牛而祠社?"怪而问之。百姓曰:"人主病,为之祷;今病愈,杀牛塞祷。"阎遏、公孙衍说⑦,见王拜贺曰:"过尧、舜矣⑧。"王惊曰:"何谓也?"对曰:"尧、舜其民未至为之祷也。今王病而民以牛祷;病愈杀牛塞祷。故臣窃以王为过尧、舜也。"王因使人问之,何里为之,訾其里正与伍老⑨,屯二甲⑩。阎遏、公孙衍愧不敢言。居数月,王饮酒酣乐,阎遏、公孙衍谓王曰:"前时臣窃以王为过尧、舜,非直敢谀也⑪。尧、舜病且其民未至为之祷也,今王病而民以牛祷,病愈杀牛塞祷。今乃訾其里正与伍老,屯二甲,臣窃怪之。"王曰:"子何故不知于此?彼民之所以为我用者,非以吾爱之为我用者也,以吾势之为我用者也,吾释势与民相收⑫,若是,吾适不爱而民因不为我用也⑬,故遂绝爱道也。"

[注释]①里:古时基层的行政组织单位。五十家为一里。祷:祈祷。②訾:同"赀",罚款。人二甲:每人出两副铠甲。 ③擅:私自。 ④循:顺。⑤塞祷:报答神灵保佑的祭祀。 ⑥郎中:官名,掌宫中侍卫。阎遏:秦襄王的侍卫官。公孙衍:当为上文之"公孙述"。公孙衍,指犀首,其活动时间不在秦襄王之时。 ⑦说:同"悦"。 ⑧过:超越。 ⑨里正:里的行政官员。伍老:五家之长。 ⑩屯:收缴。 ⑪直:故意。 ⑫释势与民相收:放弃权势而以仁爱来收拢百姓。 ⑬适:刚刚。因:于是。

秦大饥,应侯请曰①:"五苑之草著②,蔬菜、橡果、枣栗,足以活民,请发之③。"昭襄王曰:"吾秦法,使民有功而受赏,有罪而受诛。今发五苑之蔬果者,使民有功与无功俱赏也。夫使民有功与无功俱赏者,此乱之道也。夫发五苑而乱,不如弃枣蔬而治。"一曰:"令发五苑之蓏④、蔬、枣、栗,足以活民,是使民有功与无功互争取也。夫生而乱,不如死而治,大夫其释之。"

[注释]①应侯:即范雎。 ②草著:著地而生的作物。一说无著字,草作果。 ③发:发放,此指赈济百姓。 ④蓏:瓜类植物的果实。

田鲔教其子田章曰:"欲利而身①,先利而君;欲富而家,先富而国。"

一曰:田鲔教其子田章曰:"主卖官爵,臣卖智力,故曰:自恃无恃人②。"

公仪休相鲁而嗜鱼③,一国尽争买鱼而献之④,公仪子不受。其弟谏曰:"夫子嗜鱼而不受者,何也?"对曰:"夫唯嗜鱼,故不受也。夫即受鱼,必有下人之色⑤,有下人之色,将枉于法⑥;枉于法,则免于相。虽嗜鱼,此不必能自给致我鱼⑦,我又不能自给鱼。即无受鱼而不免于相,虽嗜鱼,我能长自给鱼。"此明夫恃人不如自恃也,明于人之为己者不如己之自为也。

[注释]①而:同"尔",你。 ②自恃:依靠自己。 ③公仪休:战国时期鲁国大臣。姬姓,公仪氏,名休。鲁穆公时为国相,时称贤臣。嗜:嗜好。 ④国:都城。 ⑤下人之色:迁就别人的神色。 ⑥枉:违背,歪曲。 ⑦自给:当为衍文。致我鱼:给我鱼。

三、子之相燕,贵而主断①。苏代为齐使燕,王问之曰:"齐王亦何如主也②?"对曰:"必不霸矣。"燕王曰:"何也?"对曰:"昔桓公之霸也,内事属鲍叔③,外事属管仲④,桓公被发而御妇人⑤,日游于市。今齐王不信其大臣。"于是燕王因益大信子之。子之闻之,使人遗苏代金百镒⑥,而听其所使之。

一曰:苏代为秦使燕,见无益子之则必不得事而还⑦,贡赐又不出⑧,于是见燕王,乃誉齐王。燕王曰:"齐王何若是之贤也?则将必王乎?"苏代曰:"救亡不暇⑨,安得王哉?"燕王曰:"何也?"曰:"其任所爱不均⑩。"燕王曰:"其亡何也?"曰:"昔者齐桓公爱管仲,置以为仲父,内事理焉,外事断焉,举国而归之,故一匡天下,九合诸侯⑪。今齐任所爱不均,是以知其亡也。"燕王曰:"今吾任子之,天下未之闻也?"于是明日张朝而听子之⑫。

[注释]①子之:燕国公室贵族。燕子(王)哙(kuài)兄弟。为相国,欲自立为燕王,于是指使党羽劝说燕子哙"禅让"王位给子之。主断:专权独断。②何如主:什么样的君主。 ③属:同"嘱",托付。 ④外事:指外交与战争。⑤被:通"披"。 ⑥遗(wèi):送给。镒:古时重量单位,二十两为一镒。⑦得事:成事。 ⑧贡赐:指苏代因说服燕国向齐国进贡而获得的赏赐。⑨不暇:来不及。 ⑩任所爱不均:任用和所爱不一致,即指对所信任的人没有给予适当的任用。 ⑪九合诸侯:多次会盟诸侯。 ⑫张朝:开设盛大的朝会。

潘寿谓燕王曰①:"王不如以国让子之。人所以谓尧贤者,以其让天下于许由,许由必不受也,则是尧有让许由之名而实不失天下也。今王以国让子之,子之必不受也,则是王有让子之之名而与尧同行也。"于是燕王因举国而属之,子之大重。

一曰:潘寿,隐者②。燕使人聘之。潘寿见燕王曰:"臣恐子之之如益也③。"王曰:"何益哉?"对曰:"古者禹死,将传天下于益,启之人因相与攻益而立启④。今王信爱子之,将传国子之,太子之人尽怀印⑤,为子之之人无一人在朝廷者。王不幸弃群臣⑥,则子之亦益也。"王因收吏玺,自三百石以上皆效之子之⑦,子之大重。夫人主之所以镜照者⑧,诸侯之士徒也⑨,今诸侯之士徒皆私门之党也⑩。人主之所以自羽翼者,岩穴之士徒也⑪,今岩穴之士徒皆私门之舍人也⑫。是何也?夺褫之资在子之也⑬。

故吴章曰:"人主不佯憎爱人⑭。佯爱人,不得复憎也;佯憎人,不得复爱也。"

一曰:燕王欲传国于子之也,问之潘寿,对曰:"禹爱益而任天下于益,已而以启人为吏⑮。及老,而以启为不足任天下,故传天下于益,而势重尽在启也。已而启与友党攻益而夺之天下,是禹名传天下于益,而实令启自取之也,此禹之不及尧、舜明矣。今王欲传之子之,而吏无非太子之人者也,是名传之而实令太子自取之也。"燕王乃收玺,自三百石以上皆效之子之⑯,子之遂重。

[注释]①潘寿:战国时期的隐士,曾为燕王哙的客卿。 ②阙:隐之误。③益:指伯益,古时夏禹的大臣。 ④启:夏启,夏禹之子。继夏禹为王杀掉伯益。 ⑤怀印:拥有官印,指掌握大权。 ⑥弃群臣:舍弃群臣,比喻国君逝世。 ⑦三百石:古时以"石(dàn)"为官员的级别和俸禄,即秩俸。三百石为下级官吏的秩俸。效:效力,效劳。 ⑧镜照:像镜子一样照亮所要查看的东西,指明察秋毫。 ⑨士徒:指诸侯手下的士人。 ⑩党:党羽。 ⑪岩穴之士徒:隐居山林的隐士。 ⑫舍人:门客。 ⑬夺褫(chǐ):剥夺。资:资本,此指权势。 ⑭佯:假装。 ⑮已而:过后不久。 ⑯效:效力,效劳。


方吾子曰:"吾闻之古礼:行不与同服者同车,不与同族者共家①,而况君人者,乃借其权而外其势乎②!"

吴章谓韩宣王曰③:"人主不可佯爱人,一日不可复憎;不可以佯憎人,一日不可复爱也。故佯憎佯爱之征见④,则谀者因资而毁誉之⑤。虽有明主,不能复收,而况于以诚借人也!"

[注释]①共:同也。 ②外其势:把权势外借他人。 ③吴章:人名。事迹未详。 ④见:同"现",表现出来。 ⑤谀者:阿谀奉承之人。资:凭借,借

助。

赵王游于囿中,左右以菟与虎而辍之①,(虎)盼然环其眼②。王曰:"可恶哉,虎目也!"左右曰:"平阳君之目可恶过此③。见此未有害也,见平阳君之目如此者,则必死矣。"其明日,平阳君闻之,使人杀言者,而王不诛也④。

[注释]①辍:停止。指拿菟丝子给老虎吃,又收了回来。 ②盼然:当作"盻(xì)然"之误,盻,恨视貌,即怒视。环其眼:瞪起眼睛。环,通"圜",圆瞪。 ③平阳君:赵武灵王庶子,惠文王同母弟,赵武灵王元年封阳文君,以相国辅政。惠文王二十七年封平阳君。为赵国三朝元老。 ④诛:责备。

卫君入朝于周,周行人问其号,①对曰:"诸侯辟疆。"周行人却之曰②:"诸侯不得与天子同号③。"卫君乃自更曰:"诸侯燬。"而后内之。④仲尼闻之曰:"远哉禁逼⑤,虚名不以借人,况实事乎?"

[注释]①行人:官名,主掌宾客礼仪。 ②却:拒绝。 ③与天子同号:古辟字有"君主"、"天子"之意,故后人以为诸侯不得以"辟"字为号。④内:同"纳"。 ⑤远哉:意义深远。禁逼:禁止冒犯君主。

四、摇木者一一摄其叶①,则劳而不徧;左右拊其本②,而叶徧摇矣。临渊而摇木,鸟惊而高,鱼恐而下。善张网者,引其纲不一一摄万目而后得③,一一摄万目而后得,则是劳而难;引其纲,而鱼已囊矣④。故吏者,民之本纲者也,故圣人治吏不治民。

[注释]①摄:拨动。 ②拊:敲打,拍打。 ③目:网眼,与"纲"相对应。

④囊:本意为口袋,此指网住鱼。

救火者,令吏挈壶瓮而走火,则一人之用也,操鞭箠指麾而趣使人①,则制万夫。是以圣人不亲细民,明主不躬小事。

[注释]①趣使:驱使。

造父方耨①,得有子父乘车过者②,马惊而不行,其子下车牵马,父子③推车,请造父:"助我推车。"造父因收器,辍而寄载之④,援其子之乘⑤,乃始检辔持策,未之用也,而马辔惊⑥矣。使造父而不能御,虽尽力劳身助之推车,马犹不肯行也。令使身佚,且寄载,有德于人者,有术而御之也⑦。故国者,君之车也;势者,君之马也。无术以御之,身虽劳,犹不免乱;有术以御之,身处佚乐之地,又致帝王之功也。

[注释]①方耨:正在锄草。方,正在。 ②得:通"值",适逢。一说,得为"见"之误。 ③父子:"子"字为衍文。 ④辍而寄载之:停下农活把农具放在车上。 ⑤援:帮助;乘:驾车,此指牵马。 ⑥辔惊:辔,当为"又"之误;惊,一作"骛",马匹受惊而乱跑之意。 ⑦御:驾驭。

椎锻者,所以平不夷也①;榜檠者,所以矫不直也。圣人之为法也,所以平不夷、矫不直也。

[注释]①不夷:不平。

淖齿之用齐也,擢闵王之筋;李兑之用赵也,饿杀主父。此二君者,皆不能用其椎锻榜檠,故身死为戮,而为天下笑。

一曰:入齐,则独闻淖齿而不闻齐王;入赵,则独闻李兑而不闻赵王。故曰:人主者不操术,则威势轻而臣擅名。

一曰:田婴相齐①,人有说王者曰:"终岁之计②,王不一以数日之间自听之③,则无以知吏之奸邪得失也。"王曰:"善。"田婴闻之,即遽请于王而听其计④。王将听之矣,田婴令官具押券斗石参升之计⑤。王自听计,计不胜听,罢食后,复坐,不复暮食矣⑥。田婴复谓曰:"群臣所终岁日夜不敢偷怠之事也,王以一夕听之,则群臣有为劝勉矣⑦。"王曰:"诺。"俄而已睡矣,吏尽揄刀削其押券升石之计⑧。王自听之,乱乃始生。

一曰:武灵王使惠文王莅政⑨,李兑为相,武灵王不以身躬亲杀生之柄⑩,故劫于李兑。

[注释]①田婴:即靖郭君,战国时期齐国大臣。孟尝君田文之父。封于薛。齐宣王时,曾为相十一年。　②终岁之计:年终的上计。　③一:逐一,一一。　④遽:急忙、立即。　⑤具:准备。押券斗石参升:上计所需要的财政收支账目的各种报表。　⑥暮食:晚饭。　⑦为:被。　⑧揄刀:引刀。　⑨莅政:临政,亲政。　⑩柄:权柄。

五、兹郑子引辇上高梁而不能支①。兹郑踞辕而歌,前者止,后者趋,辇乃上。使兹郑无术以致人②,则身虽绝力至死,辇犹不上也。今身不至劳苦而辇以上者③,有术以致人之故也。

[注释]①辇:车。支:支持。　②致人:招来人。　③以:之所以。

赵简主出税,吏请轻重①。简主曰:"勿轻勿重。重,则利入于上;若轻,则利归于民。吏无私利而正矣。"薄疑谓赵简主曰:"君之国,中饱②。"简主欣然而喜曰:"何如焉?"对曰:"府库空虚于上,百姓贫饿于下,然而奸吏富矣。"

[注释]①请:请示。 ②中饱:国君和百姓中间的贪官中饱私囊。

齐桓公微服以巡民家,人有年老而自养者,桓公问其故。对曰:"臣有子三人,家贫无以妻之,佣未及反①。"桓公归,以告管仲。管仲曰:"畜积有腐弃之财②,则人饥饿;宫中有怨女,则民无妻。"桓公曰:"善。"乃谕宫中有妇人而嫁之③。下令于民曰:"丈夫二十而室④,妇人十五而嫁。"

一曰:桓公微服而行于民间,有鹿门稷者⑤,行年七十而无妻⑥。桓公问管仲曰:"有民老而无妻乎?"管仲曰:"有鹿门稷者,行年七十矣而无妻。"桓公曰:"何以令之有妻?"管仲曰:"臣闻之:上有积财,则民臣必匮乏于下;宫中有怨女,则有老而无妻者。"桓公曰:"善。"令于宫中女子未尝御,出嫁之。乃令男子年二十而室,女年十五而嫁。则内无怨女,外无旷夫⑦。

[注释]①佣未及反:为人佣作还未能回家。 ②腐弃之财:即上文之腐财。 ③谕:命令。妇人:古时称未婚女子为妇人,此指可以嫁人的宫女,即下文"未尝御"者。 ④丈夫:古时称成年男子为丈夫。室:家室,此指成家,娶妻。 ⑤鹿门稷:人名,姓鹿门,名稷,事迹未详。 ⑥行年:经历的年岁,即指岁数。 ⑦旷夫:无妻的成年男子。

延陵卓子乘苍龙挑文之乘①,钩饰在前②,错锱在后③,马欲进则钩饰禁之,欲退则错锱贯之④,马因旁出。造父过而为之泣涕,曰:"古之治人亦然矣。夫赏所以劝之而毁存焉⑤,罚所以禁之而誉加焉。民中立而不知所由,此亦圣人之所为泣也。"

一曰:延陵卓子乘苍龙与翟文之乘,前则有错饰⑥,后则有利锱⑦,进则引之,退则策之。马前不得进,后不得退,遂避而逸⑧,因下抽刀而刎其脚⑨。造父见之而泣,终日不食,因仰天而叹曰:"策,所以进之也,错饰在前;引,所以退之也,利锱在后。今人主以其清洁也进之,以其不适左右也退之⑩,以其公正也誉之,以其不听从也废之⑪。民惧,中立而不知所由,此圣人之所为泣也。"

[注释]①苍龙:青色的马。挑文:鲜艳的花纹。挑,通"翟(dí)",长尾的野鸡,喻毛色鲜亮。乘:车。 ②钩饰:用金属制作的马络头和马嚼口等装饰之物。 ③错锱(zhuì):马鞭柄端涂金的金属装饰物,有尖刺。错,指打磨、涂饰得发亮。 ④贯:刺穿。 ⑤毁:诽谤。 ⑥错饰:打磨得发亮的装饰物。 ⑦利锱(zhuì):尖利的金属装饰物。 ⑧逸:为逃避错饰、利锱(zhuì)而乱跑。 ⑨刎:割断。 ⑩不适:不顺应,不迎合。 ⑪不听从:指坚持己见。

# 难一第三十六

晋文公将与楚人战,召舅犯问之①,曰:"吾将与楚人战,彼众我寡,为之奈何?"舅犯曰:"臣闻之,繁礼君子,不厌忠信②;战阵之间,不厌诈伪。君其诈之而已矣。"文公辞舅犯,因召雍季而问之③,曰:"我将与楚人战,彼众我寡,为之奈何?"雍季对曰:"焚林而田,偷取多兽④,后必无兽;以诈遇民,偷取一时,后必无复。"文公曰:"善。"辞雍季,以舅犯之谋与楚人战以败之。归而行爵,先雍季而后舅犯⑤。群臣曰:"城濮之事,舅犯谋也,夫用其言而后其身,可乎?"文公曰:"此非君所知也。夫舅犯言,一时之权也⑥;雍季言,万世之利也。"仲尼闻之,曰:"文公之霸也宜哉!既知一时之权,又知万世之利。"

[注释]①舅犯:即狐偃(? ~公元前622年)。 ②不厌:不满足于。③雍季:即公子雍。晋文公之子,襄公之庶弟。初得文公信爱,有好善之名。襄公死后,赵盾等因襄公太子夷皋年少,欲立雍季为君,为太子之母缪嬴所阻,未果。 ④偷:姑且,暂时。 ⑤先:以……为先。 ⑥权:权宜之计。

或曰:雍季之对,不当文公之问①。凡对问者有因②,

因小大缓急而对也,所问高大而对以卑狭,则明主弗受也。今文公问以少遇众,而对曰"后必无复③",此非所以应也。且文公不知一时之权,又不知万世之利。战而胜,则国安而身定,兵强而威立,虽有后复,莫大于此,万世之利,奚患不至④?战而不胜,则国亡兵弱,身死名息,拔拂今日之死不及⑤,安暇待万世之利⑥?待万世之利在今日之胜,今日之胜在诈于敌,诈敌,万世之利也。故曰:"雍季之对不当文公之问。"且文公又不知舅犯之言,舅犯所谓"不厌诈伪"者,不谓诈其民,谓诈其敌也。敌者,所伐之国也,后虽无复,何伤哉?文公之所以先雍季者,以其功耶⑦?则所以胜楚破军者,舅犯之谋也;以其善言耶?则雍季乃道其后之无复也,此未有善言也。舅犯则以兼之矣。舅犯曰:"繁礼君子,不厌忠信"者,忠所以爱其下也,信所以不欺其民也。夫既以爱而不欺矣,言孰善于此?然必曰出于诈伪者,军旅之计也。舅犯前有善言,后有战胜,故舅犯有二功而后论⑧,雍季无一焉而先赏。"文公之霸也,不亦宜乎",仲尼不知善赏也。

[注释]①当:对应。 ②因:根据。 ③无复:不复存在。 ④不至:不到来。 ⑤拔拂:拔,通"袚",除灾之意,袚拂,即袚除,古人消灾求福的仪式。 ⑥暇:空闲。 ⑦耶:表示疑问的语气词。 ⑧论:论赏。

历山之农者侵畔①,舜往耕焉②,期年③,圳亩正④。河滨之渔者争坻⑤,舜往渔焉,期年,而让长。东夷之陶者器苦窳⑥,舜往陶焉,期年而器牢。仲尼叹曰:"耕、渔与陶,非舜官也⑦,而舜往为之者,所以救败也。舜其信仁乎！乃躬藉处苦而民从之⑧，故曰：'圣人之德化乎！'"

[注释]①侵畔：相互侵占田界。 ②焉：于此，在那里。 ③期(jī)年：一整年。 ④甽(zhèn)：同"畎"(quǎn)，田间的小沟。畎亩：泛指耕地，此指土地的疆界。 ⑤坻(chí)：水中的高地。 ⑥苦窳(yǔ)：粗劣。 ⑦官：本职工作。 ⑧躬藉：躬行。藉，践履、实行。

或问儒者曰："方此时也，尧安在？"其人曰："尧为天子。"然则仲尼之圣尧奈何①？圣人明察在上位，将使天下无奸也。今耕渔不争，陶器不窳，舜又何德而化②？舜之救败也，则是尧有失也；贤舜则去尧之明察③，圣尧则去舜之德化，不可两得也。楚人有鬻盾与矛者④，誉之曰⑤："吾盾之坚，物莫能陷也⑥。"又誉其矛曰："吾矛之利，于物无不陷也。"或曰："以子之矛陷子之盾，何如？"其人弗能应也。夫不可陷之盾与无不陷之矛，不可同世而立。今尧、舜之不可两誉，矛盾之说也。且舜救败，期年已一过⑦，三年已三过，舜有尽⑧，寿有尽，天下过无已者，以有尽逐无已⑨，所止者寡矣。赏罚使天下必行之，令曰："中程者赏，弗中程者诛。"令朝至暮变，暮至朝变，十日而海内毕矣，奚待期年？舜犹不以此说尧令从己⑩，乃躬亲，不亦无术乎？且夫以身为苦而后化民者，尧、舜之所难也；处势而骄下者⑪，庸主之所易也。将治天下，释⑫庸主之所易，道⑬尧、舜之所难，未可与为政也。

[注释]①圣尧：以尧为圣人。 ②何德而化：何必用道德去感化。 ③去：此指否定。 ④鬻：卖。 ⑤誉：夸耀。 ⑥莫能陷：没有能刺穿的。 ⑦已一过：纠正一个过错。已，止住，此指纠正。 ⑧有尽：有限。 ⑨逐：追

逐,此指应付,对付。 ⑩令从己:让天下人顺从自己。 ⑪骄:骄傲,骄横。 ⑫释:放弃。 ⑬道:遵行。

管仲有病,桓公往问之,曰:"仲父病,不幸卒于大命①,将奚以告寡人?"管仲曰:"微君言②,臣故将谒之③。愿君去竖刁,除易牙,远卫公子开方④。易牙为君主味⑤,君惟人肉未尝,易牙烝其子首而进之。夫人情莫不爱其子,今弗爱其子,安能爱君?君妒而好内⑥,竖刁自宫以治内,人情莫不爱其身,身且不爱,安能爱君?开方事君十五年,齐、卫之间不容数日行,弃其母久宦不归,其母不爱,安能爱君?臣闻之:'矜伪不长⑦,盖虚不久⑧。'愿君去此三子者也。"管仲卒死,而桓公弗行,及桓公死,虫出尸不葬。

[注释]①卒:终。 ②微:没有。 ③故:固。谒:告诉。 ④竖刁、易牙、卫公子开方:均为齐桓公的近臣。 ⑤主味:即主管饮食。 ⑥好内:好女色。 ⑦矜伪:当为"务伪",即诈伪。 ⑧盖虚:掩饰虚假。

或曰:管仲所以见告桓公者,非有度者之言也①。所以去竖刁、易牙者,以不爱其身,适君之欲也②。曰:"不爱其身,安能爱君",然则臣有尽死力以为其主者,管仲将弗用也。曰:"不爱其死力,安能爱君",是欲君去忠臣也。且以不爱其身,度其不爱其君,是将以管仲之不能死公子纠度其不死桓公也③,是管仲亦在所去之域矣④。明主之道不然,设民所欲以求其功,故为爵禄以劝之;设民所恶以禁其奸,故为刑罚以威之。庆赏信而刑罚必,故君举功于臣⑤,而奸不用于上,虽有竖刁,其奈君何?且臣尽死力以与君市,君垂爵禄以与臣市⑥,君臣之际⑦,非父子之亲也,计数之所出也⑧。君有道,则臣尽力而奸不生;无道,则臣上塞主明而下成私。管仲非明此度数于桓公也⑨,使去竖刁,一竖刁又至,非绝奸之道也。且桓公所以身死虫流出尸不葬者,是臣重也;臣重之实,擅主也⑩。有擅主之臣,则君令不下究⑪,臣情不上通,一人之力能隔君臣之间,使善败不闻⑫,祸福不通,故有不葬之患也。明主之道,一人不兼官,一官不兼事。卑贱不待尊贵而进论⑬,大臣不因左右而见。百官修通⑭,群臣辐凑⑮。有赏者君见其功,有罚者君知其罪。见知不悖于前⑯,赏罚不弊于后,安有不葬之患?管仲非明此言于桓公也,使去三子,故曰管仲无度矣。

[注释]①有度者:有计谋者。度,思量、计谋。 ②适:迎合。 ③死:效死。度:猜测,揣度。 ④域:类。 ⑤举:选拔。 ⑥垂:悬,此指设置。 ⑦之际:之间。 ⑧计数:计算得失。 ⑨度数:法术。 ⑩擅主:挟持君主。 ⑪下究:下达、贯彻到底。究:尽。 ⑫善败:好坏。 ⑬进论:论,当为衍文;进,指晋升、提拔。 ⑭修通:指百官井然有序。修,通"循",顺序。 ⑮辐凑(fú còu):像车轮的辐条一样向车毂聚集,比喻群臣归附君主。 ⑯悖:背,指相反、混乱。

襄子围于晋阳中①,出围②,赏有功者五人,高赫为赏首③。张孟谈曰④:"晋阳之事,赫无大功,今为赏首,何也?"襄子曰:"晋阳之事,寡人国家危,社稷殆矣。吾群臣无有不骄侮之意者,惟赫不失君臣之礼,是以先之。"仲尼闻之曰:"善赏哉襄子!赏一人而天下为人臣者莫敢失礼矣。"

[注释]①襄子:即赵襄子,名无恤,春秋末、战国初晋国执政的贵族。晋阳:晋国地名。赵氏的封邑,今山西省太原市。　②出围:解围。　③高赫为赏首:给予高赫最高的奖赏。　④张孟谈:赵襄子的家臣。

或曰:仲尼不知善赏矣。夫善赏罚者,百官不敢侵职,群臣不敢失礼。上设其法,而下无奸诈之心,如此,则可谓善赏罚矣。使襄子于晋阳也,令不行,禁不止,是襄子无国,晋阳无君也,尚谁与守哉?今襄子于晋阳也,知氏灌之①,臼灶生蛙②,而民无反心,是君臣亲也;襄子有君臣亲之泽③,操令行禁止之法,而犹有骄侮之臣,是襄子失罚也④。为人臣者,乘事而有功则赏。今赫仅不骄侮而襄子赏之,是失赏也⑤。明主赏不加于无功,罚不加于无罪。今襄子不诛骄侮之臣,而赏无功之赫,安在襄子之善赏也?故曰:"仲尼不知善赏。"

[注释]①知氏:智氏,指智伯瑶,晋国执政的卿。　②臼灶生蛙:石臼和灶台都因长时间浸水而生出青蛙。　③泽:恩泽。　④失罚:处罚不恰当。　⑤失赏:赏赐不公允。

晋平公与群臣饮①,饮酣②,乃喟然叹曰:"莫乐为人君!惟其言而莫之违。"师旷侍坐于前③,援琴撞之④,公披衽而避⑤,琴坏于壁。公曰:"太师谁撞?"师旷曰:"今者有小人言于侧者,故撞之。"公曰:"寡人也。"师旷曰:"哑⑥!是非君人者之言也。"左右请除之⑦。公曰:"释之,以为寡人戒。"

[注释]①晋平公(?~公元前552年):姬姓,名彪,春秋时期晋国君主。

②酣:畅快。　③师旷:晋国的宫廷乐师。　④援:拿。　⑤披衽:离席。
⑥哑:感叹词"啊"！　⑦除:处罚。

或曰:平公失君道,师旷失臣礼。夫非其行而诛其身,君之于臣也；非其行而陈其言,善谏不听则远其身者,臣之于君也。今师旷非平公之行,不陈人臣之谏,而行人主之诛,举琴而亲其体①,是逆上下之位,而失人臣之礼也。夫为人臣者,君有过则谏,谏不听则轻爵禄以待之②,此人臣之礼义也。今师旷非平公之过,举琴而亲其体,虽严父不加于子,而师旷行之于君,此大逆之术也。臣行大逆,平公喜而听之,是失君道也。故平公之迹③,不可明也,使人主过于听而不悟其失④。师旷之行亦不可明也,使奸臣袭极谏而饰弑君之道,不可谓两明,此为两过。故曰:"平公失君道,师旷亦失臣礼矣。"

[注释]①亲:贴近,此指撞击。　②轻爵禄:轻视爵禄。待:对待。
③迹:表现、行事。　④悟:觉察。　⑤袭:袭取。饰:掩饰。

齐桓公时①,有处士曰小臣稷②,桓公三往而弗得见。桓公曰:"吾闻布衣之士不轻爵禄③,无以易万乘之主④；万乘之主不好仁义,亦无以下布衣之士⑤。"于是五往乃得见之。

[注释]①齐桓公:春秋时期齐国君主,公元前685~前643年在位。春秋五霸之一。　②小臣稷:人名,姓小臣,名稷,春秋时期的隐士。　③布衣之士:指没有官爵的平民。　④易:轻视。　⑤下:尊礼。

或曰:桓公不知仁义。夫仁义者,忧天下之害,趋一国之患①,不避卑辱,谓之仁义。故伊尹以中国为乱,道为宰于汤⑦;百里奚以秦为乱,道为虏于穆公③。皆忧天下之害,趋一国之患,不辞卑辱,故谓之仁义。今桓公以万乘之势,下匹夫之士,将欲忧齐国④,而小臣不行见,小臣之忘民也,忘民不可谓仁义。仁义者,不失人臣之礼,不败君臣之位者也⑤。是故四封之内,执会而朝⑥,名曰臣。臣吏分职受事,名曰萌⑦。今小臣在民萌之众,而逆君上之欲,故不可谓仁义。仁义不在焉,桓公又从而礼之。使小臣有智能而遁桓公⑧,是隐也,宜刑;若无智能而虚骄矜桓公⑨,是诬也⑩,宜戮。小臣之行,非刑则戮,桓公不能领臣主之理而礼刑戮之人,是桓公以轻上侮君之俗教于齐国也,非所以为治也。故曰:"桓公不知仁义。"

[注释]①趋:奔赴、往。 ②道:由,通过。宰:管理膳食之官,一说为厨师。于:当为"干"之误,干,求也,指求得任用。 ③虏:奴隶;穆公:即秦穆公。 ④忧齐国:操劳齐国之事。 ⑤败:坏。 ⑥四封之内:国境之内。执会而朝:当作"执禽而朝",古时朝见君主时拿禽鸟作礼物,故曰"执禽而朝"。 ⑦萌:同"氓",民也。 ⑧遁:逃避、躲避。 ⑨骄矜:骄傲。 ⑩诬:欺骗。

靡笄之役①,韩献子将斩人②。郤献子闻之③,驾往救之。比至,则已斩之矣。郤子因曰:"胡不以徇④?"其仆曰:"曩不将救之乎⑤?"郤子曰:"吾敢不分谤乎⑥?"

[注释]①靡笄(jī)之役:即春秋时期齐、晋鞍之战。靡笄,山名,一说即山东济南之历山(千佛山)。是役晋联合鲁、卫,败齐师于鞍,齐顷公几乎被

俘。　②韩献子:春秋时期晋国正卿。姬姓,韩氏,名厥,谥献子。鞌之战时为晋军主帅。　③郤献子:即郤克,当时任中军主帅。　④胡:为什么。徇:将尸体巡行示众。　⑤曩:先前。　⑥分谤:分担他人的诽谤。

或曰:郤子言不可不察也,非分谤也。韩子之所斩也,若罪人则不可救,救罪人,法之所以败也①,法败则国乱;若非罪人则劝之以徇,劝之以徇是重不辜也,重不辜,民所以起怨者也,民怨则国危。郤子之言非危则乱,不可不察也。且韩子之所斩若罪人,郤子奚分焉?斩若非罪人,则已斩之矣,而郤子乃至,是韩子之谤已成,而郤子且后至也。夫郤子曰"以徇",不足以分斩人之谤,而又生徇之谤,是子言分谤也?昔者纣为炮烙②,崇侯、恶来又曰"斩涉者之胫"也③,奚分于纣之谤?且民之望于上也甚矣,韩子弗得,且望郤子之得之也④;今郤子俱弗得,则民绝望于上矣。故曰:郤子之言非分谤也,益谤也。且郤子之往救罪也,以韩子为非也,不道其所以为非而劝之以徇,是使韩子不知其过也。夫下使民望绝于上,又使韩子不知其失,吾未得郤子之所以分谤者也。

[注释]①败:败坏。　②纣:商纣王。炮烙:古时酷刑之一种。以铜柱加于炭火之上,烧至炽热,使被行刑者赤脚行于上,坠火而死。相传为纣王的发明。　③崇侯:即崇侯虎。恶(wù)来:又称恶来革,亦商末诸侯,嬴姓,为秦人祖先蜚廉之子,事殷纣王,周武王伐商时被杀。　④且:将。

桓公解管仲之束缚而相之①。管仲曰:"臣有宠矣,然而臣卑。"公曰:"使子立高、国之上②。"管仲曰:"臣贵矣,然而臣贫。"公曰:"使子有三归之家③。"管仲曰:"臣富矣,然而臣疏。"于是立以为仲父。霄略曰④:"管仲以贱为不可以治国,故请高、国之上;以贫为不可以治富,故请三归;以疏为不可以治亲,故处仲父。管仲非贪,以便治也。"

[注释]①桓公:即齐桓公。春秋时期齐国君主,公元前685~前643年在位,春秋五霸之一。 ②高、国:即高氏、国氏。齐国的两个执政贵族。自西周以来,两家世代为齐国上卿,号称"天子之二守"。春秋末年以后逐渐衰微。 ③三归之家:一说有三百乘封邑的卿大夫。大夫的封地称家。一说,国家市租的三分之一归于国君,叫做"三归"。 ④霄略:人名,事迹未详。

或曰:今使臧获奉君令诏卿相①,莫敢不听,非卿相卑而臧获尊也,主令所加,莫敢不从也。今使管仲之治,不缘桓公②,是无君也,国无君不可以为治。若负桓公之威③,下桓公之令,是臧获之所以信也,奚待高、国、仲父之尊而后行哉!当世之行事、都丞之下征令者④,不辟尊贵,不就卑贱⑤。故行之而法者,虽巷伯信乎卿相⑥;行之而非法者,虽大吏诎乎民萌⑦。今管仲不务尊主明法,而事增宠益爵,是非管仲贪欲富贵,必暗而不知术也⑧。故曰:"管仲有失行,霄略有过誉。"

[注释]①臧获:奴隶。 ②缘:借助、依靠。 ③负:依仗。 ④行事:官名。都丞:都官及其丞。征令:征伐(召)的命令。 ⑤就:依就,依从。 ⑥巷伯:指宦官。 ⑦诎:与上文"信"相对应,指不信从。 ⑧暗:不明。

韩宣王问于樛留①:"吾欲两用公仲、公叔,其可乎②?"樛留对曰:"昔魏两用楼、翟而亡西河③,楚两用昭、景而亡鄢、郢④。今君两用公仲、公叔，此必将争事而外市⑤，则国必忧矣。"

[注释]①韩宣王：战国时期韩国君主，即韩宣惠王（？～公元前312年）。名不详，韩昭侯之子，公元前332年即位，在位十一年，改君号为"王"。樛留：韩宣王的宠臣。　②两用：并用，即同时重用两位大臣。公仲：韩宣惠王的相；公叔：韩国重臣，韩宣惠王死后，拥立公子咎为厘王。　③楼、翟：皆人名，姓氏、事迹未详。亡：丢失。　④昭、景：皆为楚国的王室贵族。鄢、郢：楚国先后的两个都城。　⑤外市：与外国交易（勾结）以巩固自己在本国的地位。

或曰：昔者齐桓公两用管仲、鲍叔，成汤两用伊尹、仲虺①。夫两用臣者国之忧，则是桓公不霸，成汤不王也。湣王一用淖齿而身死乎东庙②，主父一用李兑，减食而死。主有术，两用不为患；无术，两用则争事而外市，一则专制而劫弑。今留无术以规上，使其主去两用一，是不有西河、鄢郢之忧，则必有身死减食之患，是樛留未有善以知言也③。

[注释]①仲虺：相传为夏车正奚仲的后人，曾为商汤的左相。　②淖齿：即卓齿。乎：于。　③有：当为"为"之误。

# 难二第三十七

景公过晏子曰①:"子宫小近市②,请徙子家豫章之圃③。"晏子再拜而辞曰:"且婴家贫,待市食而朝暮趋之④,不可以远。"景公笑曰:"子家习市⑤,识贵贱乎?"是时景公繁于刑,晏子对曰:"踊贵而屦贱⑥。"景公曰:"何故?"对曰:"刑多也。"景公造然变色曰⑦:"寡人其暴乎!"于是损刑五。

[注释]①景公:即齐景公,名杵臼(chǔ jiù),春秋末年齐国君主。过:走访,探望。晏子:即晏婴,字平仲,曾任齐景公相。 ②子:您。宫:宫室,此指住宅。 ③圃:花园。 ④待:依靠。趋:往。 ⑤习市:熟悉市场。 ⑥踊:假脚,指受刖刑的人穿的鞋。屦(jù):常人穿的鞋。 ⑦造然:造,通"戚",局促不安的样子。

或曰:晏子之贵踊,非其诚也,欲便辞以止多刑也。此不察治之患也。夫刑当无多①,不当无少,无以不当闻②,而以太多说③,无术之患也。败军之诛以千百数,犹且不止;即治乱之刑如恐不胜,而奸尚不尽。今晏子不察其当否,而以太多为说,不亦妄乎④!夫惜草茅者耗禾穗,惠盗贼者伤良民。今缓刑罚行宽惠⑤，是利奸邪而害善人也，此非所以为治也。

[注释]①当：适当、得当。 ②闻：告知，说明。 ③说：进说，说服。 ④妄：荒谬。 ⑤缓：减免、减轻。

齐桓公饮酒，醉遗其冠①，耻之，三日不朝。管仲曰："此非有国之耻也，公胡不雪之以政②？"公曰："善。"因发仓囷赐贫穷③，论囹圄出薄罪④。处三日而民歌之曰⑤："公乎，公乎，胡不复遗其冠乎！"

[注释]①遗：丢失。 ②胡：为什么。雪：雪耻。 ③囷（qūn）：圆形的谷仓。 ④论：考核。囹圄：监狱，此指被判入狱的案件。出：释放。 ⑤处：过了。

或曰：管仲雪桓公之耻于小人，而生桓公之耻于君子矣。使桓公发仓囷而赐贫穷①，论囹圄而出薄罪，非义也②，不可以雪耻；使之而义也，桓公宿义③，须遗冠而后行之，则是桓公行义，非为遗冠也。是虽雪遗冠之耻于小人，而亦遗义之耻于君子矣。且夫发囷仓而赐贫穷者，是赏无功也；论囹圄而出薄罪者，是不诛过也④。夫赏无功则民偷幸而望于上⑤，不诛过则民不惩而易为非，此乱之本也，安可以雪耻哉！

[注释]①使：假如。 ②义：仁义。 ③宿：留。 ④诛：处罚。 ⑤偷幸：侥幸。

昔者文王侵盂、克莒、举酆①，三举事而纣恶之②。文王乃惧,请入洛西之地,赤壤之国③方千里,以解炮烙之刑④,天下皆说。仲尼闻之曰:"仁哉文王!轻千里之国而请解炮烙之刑。智哉文王!出千里之地而得天下之心。"

[注释]①盂、莒、酆:均为古国名。　②举事:行事。纣:即商纣王。③入:进献。赤壤:肥美的土地。　④解:解除、废除。

或曰:仲尼以文王为智也,不亦过乎!夫智者,知祸难之地而辟之者也①,是以身不及于患也。使文王所以见恶于纣者,以其不得人心耶?则虽索人心以解恶可也。纣以其大得人心而恶之,已又轻地以收人心,是重见疑也,固其所以桎梏因于羑里也②。郑长者有言③:"体道④,无为、无见也。"此最宜于文王矣,不使人疑之也。仲尼以文王为智,未及此论也。

[注释]①辟:同"避",躲避。　②固:本来。桎梏(zhì gù):木制的刑具,桎锁脚、梏锁手,即脚镣手铐。羑(yǒu)里:古地名,位于今河南省汤阴一带。事实上,周文王被囚于羑里一事,在献洛西之地之前,更在侵盂之前,韩非此说与史实不符。　③郑长者:郑国的学者。《汉书·艺文志》著录《郑长者》一篇,概其所著,亡其姓名,故曰"郑长者"。　④体道:行道。

晋平公问叔向曰①:"昔者齐桓公九合诸侯②,一匡天下,不识臣之力也③?君之力也?"叔向对曰:"管仲善制割④,宾胥无善削缝⑤,隰朋善纯缘⑥,衣成,君举而服之,亦臣之力也,君何力之有?"师旷伏琴而笑之⑦,公曰:"太师奚笑也⑧?"师旷对曰:"臣笑叔向之对君也。凡为人臣者,犹炮宰和五味而进之君⑨,君弗食,孰敢强之也。臣请譬之⑩:君者壤地也,臣者草木也,必壤地美然后草木硕大,亦君之力也,臣何力之有?"

[注释]①晋平公:晋平公(？~公元前552年):姬姓,名彪,春秋时期晋国君主。叔向:晋国公族,即羊舌肸,字叔向,任晋平公太傅。 ②齐桓公:春秋时期齐国君主,公元前685~前643年在位,春秋五霸之一。 ③不识:不知道。也:同"耶",疑问词,呢。 ④制割:裁剪。 ⑤宾胥无:人名,齐桓公大臣。削缝:缝纫。 ⑥隰(xí)朋:春秋时期齐国大夫。纯缘:装饰衣边。 ⑦师旷:晋国的宫廷乐师。 ⑧奚:何。 ⑨炮宰:厨师。 ⑩譬:比喻。

或曰:叔向、师旷之对,皆偏辞也①。夫一匡天下,九合诸侯,美之大者也,非专君之力也,又非专臣之力也。昔者宫之奇在虞②,僖负羁在曹③,二臣之智,言中事④,发中功,虞、曹俱亡者,何也？此有其臣而无其君者也。且蹇叔处干而干亡⑤,处秦而秦霸,非蹇叔愚于干而智于秦也,此有君与无臣也。向曰"臣之力也"⑥,不然矣。昔者桓公宫中二市⑦,妇闾二百⑧,被发而御妇人,得管仲为五百长⑨,失管仲得竖刁⑩,而身死,虫流出尸不葬,以为非臣之力也,且不以管仲为霸;以为君之力也,且不以竖刁为乱。昔者晋文公慕于齐女而忘归⑪,咎犯极谏⑫,故使得反晋国⑬。故桓公以管仲合⑭,文公以舅犯霸,而师旷曰"君之力也",又不然矣。凡五霸所以能成功名于天下者,必君臣俱有力焉。故曰:"叔向、师旷之对,皆偏辞也。"

[注释]①偏辞:一面之词,片面的说法。 ②宫之奇:虞国的大夫。 ③僖负羁:即曹羁,春秋时期曹国大夫。史称其三谏曹伯而不听,遂出奔陈国。 ④中:切合、符合。 ⑤蹇叔:春秋时期秦国谋臣,百里奚之友,后经百里奚推荐入秦,被秦穆公任为上大夫,为穆公称霸西戎的主要功臣。干:当作

"于",即"虞国"之虞。 ⑥向:叔向。 ⑦市:市场。 ⑧妇闾:宫中的宫女居住的里巷。 ⑨五百长:即五伯长,指桓公为五霸之首。 ⑩竖刁:齐桓公的年轻侍从,名刁。竖,近臣侍从。 ⑪晋文公:即重耳,晋国君主,春秋五霸之一。慕:爱恋。忘归:重耳流亡到齐,齐桓公将宗族中的女子姜氏嫁给他为妻,重耳贪图享乐,不想归国,姜氏与舅犯合谋将重耳灌醉后用车将其运出齐国。 ⑫咎犯:即狐偃(? ~公元前622年)。 ⑬反:同"返"。 ⑭合:指九合诸侯。

齐桓公之时,晋客至,有司请礼①,桓公曰"告仲父"者三②。而优笑曰③:"易哉为君④,一曰'仲父',二曰'仲父'。"桓公曰:"吾闻君人者劳于索人⑤,佚于使人⑥。吾得仲父已难矣,得仲父之后,何为不易乎哉!"

[注释]①有司:负责的官吏。请礼:请示接待宾客的礼仪。 ②仲父:此指管仲。 ③优:古时以歌舞诙谐供人娱乐的人。 ④易:容易。 ⑤索:寻求、寻访。 ⑥佚:安逸。

或曰:桓公之所应优,非君人者之言也。桓公以君人为劳于索人,何索人为劳哉!伊尹自以为宰干汤①,百里奚自以为虏干穆公②。虏,所辱也;宰,所羞也,蒙羞辱而接君上③;贤者之忧世急也,然则君人者无逆贤而已矣④,索贤不为人主难。且官职所以任贤也,爵禄所以赏功也,设官职,陈爵禄,而士自至,君人者奚其劳哉!使人又非所佚也,人主虽使人,必以度量准之⑤,以刑名参之⑥;以事遇于法则行,不遇于法则止;功当其言则赏,不当则诛⑦。以刑名收臣⑧,以度量准下,此不可释也,君人者焉佚哉!索人不劳,使人不佚,而桓公曰"劳于索人,佚于使人"者,不然。且桓公得管仲又不难,管仲不死其君而归桓公⑨,鲍叔轻官让能而任之,桓公得管仲又不难明矣。已得管仲之后,奚遽易哉⑩!管仲非周公旦⑪,周公旦假为天子七年,成王壮,授之以政,非为天下计也,为其职也。夫不夺子而行天下者⑫,必不背死君而事其仇;背死君而事其仇者⑬,必不难夺子而行天下;不难夺子而行天下者,必不难夺其君国矣。管仲,公子纠之臣也⑭,谋杀桓公而不能,其君死而臣桓公⑮,管仲之取舍非周公旦⑯,未可知也。若使管仲大贤也,且为汤、武。汤、武,桀、纣之臣也,桀、纣作乱,汤、武夺之。今桓公以易居其上,是以桀、纣之行居汤、武之上,桓公危矣。若使管仲不肖人也⑰,且为田常⑱。田常,简公之臣也,而弑其君。今桓公以易居其上,是以简公之易居田常之上也,桓公又危矣。管仲非周公旦以明矣⑲,然为汤、武与田常未可知也。为汤、武有桀、纣之危,为田常有简公之乱也。已得仲父之后,桓公奚遽易哉!若使桓公之任管仲,必知不欺己也,是知不欺主之臣也。然虽知不欺主之臣,今桓公以任管仲之专,借竖刁、易牙⑳,虫流出尸而不葬,桓公不知臣欺主与不欺主已明矣,而任臣如彼其专也,故曰:"桓公暗主㉑。"

[注释]①干:求。 ②房:奴隶。 ③蒙:蒙受。接:接近。 ④逆:拒绝。 ⑤度量:法度。准:衡量。 ⑥参:验证。 ⑦诛:处罚。 ⑧收:收服。 ⑨死:效死力。君:指公子纠。管仲原来为公子纠的家臣,公子纠与公子小白(即齐桓公)争夺君位失败,逃至鲁国,被鲁国杀掉。管仲在鲍叔牙的举荐下任齐桓公的相。 ⑩奚:怎能。遽:就,立刻。 ⑪周公旦:即周公,姬姓,名旦,周武王之弟,助武王灭商,封于鲁。武王卒,成王继位,周公为摄政,

出师东征,镇压商王后裔联合东夷民族的反抗。成王七年,还政成王。后世周王朝的礼乐制度,相传均为周公时期所制定。　⑫行:治理。　⑬事其仇:侍奉他的仇敌。　⑭公子纠:春秋时期齐国公子,齐襄公的弟弟,齐桓公的哥哥。　⑮臣:臣服。　⑯取舍:指作为、做法。　⑰不肖:德行不好。　⑱田常:又称田成、田成子。齐国大夫,公元前481年,杀掉效忠国君的大夫宰予及齐简公,控制齐国政权,后又取姜氏而代之,史称"田氏代齐"。　⑲以:同"已"。　⑳专:专断,独断。借:给,此指任用竖刁、易牙等近臣。　㉑暗:不明为暗。

　　李兑治中山①,苦陉令上计而入多②。李兑曰:"语言辨③,听之说④,不度于义⑤,谓之窕言⑥。无山林泽谷之利而入多者,谓之窕货。君子不听窕言,不受窕货,子姑免矣⑦!"

　　[**注释**]①中山:赵国灭中山国,在此设郡,李兑为郡守,故曰李兑治中山。②苦陉:中山国县名,在今河北省无极县。令:县令。上计:地方官员年末向中央上报本地户口、钱粮、赋税等收入情况的制度。　③辨:同"辩",巧辩,引申为动听。　④说:同"悦"。　⑤度:度量,此指符合。义:通"宜",实用。⑥窕:华而不实、虚假浮夸。　⑦姑:暂且。

　　或曰:李子设辞曰"夫言语辨,听之说,不度于义者,谓之窕言。"辩,在言者;说,在听者,言非听者也。所谓"不度于义",非谓听者,必谓所听也。听者,非小人则君子也。小人无义,必不能度之义也;君子度之义,必不肯说也①。夫曰"言语辨,听之说,不度于义"者,必不诚之言也。入多之为窕货也,未可远行也②。李子之奸弗蚤禁③,使至于计④,是遂过也⑤。无术以知而入多,入多者穰也⑥,虽倍入将奈何!举事慎阴阳之和⑦,种树节四时之适⑧,无早晚之失,寒温之灾,则入多。不以小功妨大务,不以私欲害人事,丈夫尽于耕农,妇人力于织纴,则入多。务于畜养之理⑨,察于土地之宜,六畜遂,五谷殖,则入多。明于权计⑩,审于地形舟车机械之利,用力少,致功大,则入多。利商市关梁之行⑪,能以所有致所无⑫,客商归之,外货留之,俭于财用,节于衣食,宫室器械,周于资用⑬,不事玩好,则入多。入多,皆人为也。若天事,风雨时⑭,寒温适,土地不加大,而有丰年之功,则入多。人事、天功二物者皆入多,非山林泽谷之利也。夫无山林泽谷之利,入多因谓之"窕货"者,无术之言也。

[注释]①说:同"悦"。 ②远行:流通。 ③蚤:同"早"。 ④计:上计。 ⑤遂:养成。 ⑥穰(ráng):丰收。 ⑦举事:行事,此指种庄稼。 ⑧节:调节。 ⑨务:致力于。 ⑩权计:权衡利弊,计算得失。 ⑪商市关梁之行:商贸市场和关口、桥梁的通行。 ⑫致:招致,换取。 ⑬周:满足。 ⑭时:适时。

赵简子围卫之郛郭①,犀楯、犀橹②,立于矢石之所不及③,鼓之而士不起。简子投枹曰④:"乌乎!吾之士数弊也⑤。"行人烛过免胄而对曰⑥:"臣闻之,亦有君之不能耳,士无弊者。昔者吾先君献公并国十七,服国三十八,战十有二胜,是民之用也。献公没⑦,惠公即位⑧,淫衍暴乱⑨,身好玉女,秦人恣侵,去绛十七里⑩,亦是人之用也。惠公没,文公受之⑪,围卫取邺,城濮之战,五败荆人,取尊名于天下,亦此人之用也。亦有君不能耳,士无弊也。"简子乃去楯、橹，立矢石之所及，鼓之而士乘之⑫，战大胜。简子曰："与吾得革车千乘⑬，不如闻行人烛过之一言也。"

[注释]①赵简子：晋国六卿之一，名鞅，赵襄子之父。联合韩、魏、知氏灭中行、范氏，执晋国朝政。郛郭：外城的城郭。郛，外城。 ②犀楯、犀橹：指用犀牛皮制作的大型的盾牌。楯、橹，皆盾牌。 ③矢石：箭矢和滚石。 ④枹(fú)：同"桴"，鼓槌。 ⑤数弊：迅速疲敝。数，通"速"。 ⑥行人：官名，掌外交事务。烛过：人名，事迹未详。免胄：脱去头盔。胄，头盔。 ⑦献公：即晋献公，春秋时期晋国国君。公元前676~前651年在位。没：去世。 ⑧惠公：即晋惠公，名夷吾，晋文公之弟。骊姬作乱时出逃，及献公卒，在秦国的帮助下回国即位。即位后食言于秦，又杀大夫里克等，大失民心。因与秦国交恶，秦国出兵伐晋，惠公被俘。旋即被释放回国，在位十四年卒。 ⑨淫衍：荒淫无度。衍，溢出，此指超出常态之外。 ⑩绛：晋国都城。 ⑪文公：即晋文公。授：同"受"。 ⑫乘之：指登城。 ⑬与：与其。

或曰：行人未有以说也，乃道惠公以此人是败①，文公以此人是霸，未见所以用人也②；简子未可以速去楯橹也。严亲在围③，轻犯矢石④，孝子之所爱亲也。孝子爱亲，百数之一也⑤。今以为身处危而人尚可战，是以百族之子于上皆若孝子之爱亲也⑥，是行人之诬也⑦。好利恶害，夫人之所有也。赏厚而信，人轻敌矣⑧；刑重而必，失人不比矣⑨。长行徇上⑩，数百不一失。喜利畏罪，人莫不然。将众者不出乎莫不然之数⑪，而道乎百无一人之行⑫，行人未知用众之道也。

[注释]①道：说出。是败：于是失败。 ②所以用人：怎样用人的道理。 ③严亲在围：父母等至亲被围困。 ④犯：冒着、顶着。 ⑤百数之一：即百

分之一。　⑥百族之子:众多家族的儿子。　⑦诬:欺诈。　⑧轻敌:轻视敌人。　⑨失:当为衍字;比:当作"北"之误,北,败逃。　⑩长行徇上:推崇忠孝之行,为君主献身。长:推崇;徇:献身。　⑪数:规律。　⑫道:由;行:德行、操守。

# 难三第三十八

鲁穆公问于子思曰①:"吾闻庞䌹氏之子不孝,其行奚如?"子思对曰:"君子尊贤以崇德,举善以观民②。若夫过行③,是细人之所识也④,臣不知也。"子思出,子服厉伯入见⑤,问庞䌹氏子,子服厉伯对曰:"其过三,皆君之所未尝闻。"自是之后,君贵子思而贱子服厉伯也。

[注释]①鲁穆公(? ~公元前375年):姬姓,名显,战国时期鲁国君主;子思:名伋(jí),孔子之孙。 ②观民:示范给百姓。 ③若夫:至于。过行:错误的行为。 ④细人:小人。识(zhì):记住。 ⑤子服厉伯:人名,鲁国大夫。子服氏,谥厉伯。

或曰:鲁之公室,三世劫于季氏①,不亦宜乎②!明君求善而赏之,求奸而诛之③,其得之一也。故以善闻之者④,以说善同于上者也⑤;以奸闻之者,以恶奸同于上者也。此宜赏誉之所及也。不以奸闻,是异于上而下比周于奸者也⑥,此宜毁罚之所及也⑦。今子思不以过闻,而穆公贵之;厉伯以奸闻,而穆公贱之。人情皆喜贵而恶贱,故季氏之乱成而不上闻,此鲁君之所以劫也。且此亡王之俗⑧,取鲁之民所以自美⑨,而穆公独贵之,不亦倒乎!

[注释]①三世:指鲁哀公、悼公、元公三世。劫:挟持、控制。季氏:即季孙氏,鲁国执政的卿。　②宜:应该。　③诛:处罚。　④闻:报告。　⑤说善:欣赏善事。说,同"悦",欣赏。　⑥比周:勾结。　⑦毁罚:贬斥和处罚,与上文之"赏誉"相对。　⑧亡王:疑为"亡主"之误。俗:风气。　⑨取鲁:即陬鲁,邑名,在今山东省曲阜县,孔子的家乡。素称礼仪之乡。其民以言善不言恶为美。

文公出亡①,献公使寺人披攻之蒲城②,披斩其袪③,文公奔翟④。惠公即位⑤,又使攻之惠窦⑥,不得也。及文公反国⑦,披求见,公曰:"蒲城之役,君令一宿⑧,而汝即至;惠窦之难⑨,君令三宿,而汝一宿,何其速也?"披对曰:"君令不二。除君之恶,惟恐不堪⑩。蒲人、翟人⑪,余何有焉!今公即位,其无蒲、翟乎!且桓公置射钩而相管仲⑫。"君乃见之。

[注释]①文公:即晋文公重耳。　②献公:即晋献公,名诡诸,公子重耳之父。寺人:宦官。披:人名。蒲城:地名。　③袪:衣袖。　④奔翟:出逃到翟。翟,同"狄",古国名。　⑤惠公:即晋惠公。重耳之兄。　⑥惠窦:地名,即渭渎,位于渭河附近。　⑦反:同"返"。　⑧蒲城之役:指披到蒲城捉拿重耳一事。一宿:一个晚上。　⑨惠窦之难:指惠公即位后派披到惠窦捉拿重耳一事。　⑩不堪:不胜任。　⑪蒲人、翟人:指在蒲城、翟地攻杀重耳之事。　⑫桓公:即公子小白。春秋五霸之一。置:放置,放弃。射钩:指管仲为公子纠的家臣,曾设伏袭击公子小白,射中小白的带钩。小白即位后,不计前嫌,任用管仲为相,即"相管仲"也。

或曰:齐、晋绝祀①,不亦宜乎!桓公能用管仲之功,而忘射钩之怨;文公能听寺人之言,而弃斩袪之罪。桓公、文公能容二子者也。后世之君明不及二公,后世之臣贤不如二子。以不忠之臣事不明之君,君不知,则有燕操、子罕、田常之贼②,知之,则以管仲、寺人自解。君必不诛而自以为有桓、文之德③,是臣仇而明不能烛④,多假之资⑤,自以为贤而不戒,则虽无后嗣,不亦可乎!且寺人之言也直饰⑥,君令而不贰者,则是贞于君也⑦。死君后生,臣不愧而后为贞。今惠公朝卒而暮事文公,寺人之"不贰"何如?

[注释]①绝祀:指灭亡。 ②燕操:指燕将公孙操。惠王时封成安君。他于公元前271年杀燕惠文王,立武成王,为一时权臣。子罕:姓乐,名喜,任宋国司城,劫杀宋桓侯。田常:又称田成、田成子,齐国大臣,公元前481年,杀掉齐简公,控制齐国政权,后又取姜氏而代之,史称"田氏代齐"。贼:危害。 ③桓、文:指齐桓公、晋文公。 ④是:这样。烛:照见,引申为洞察。 ⑤假:借给、提供。 ⑥饰:装饰、装门面。 ⑦贞:忠于。

人有设桓公隐者①,曰:"一难②,二难,三难,何也?"桓公不能射③,以告管仲。管仲对曰:"一难也,近优而远士④。二难也,去其国而数之海⑤。三难也,君老而晚置太子。"桓公曰:"善。"不择日而庙礼太子⑥。

[注释]①隐:谜语。 ②难:困难。 ③射:猜中谜语。 ④优:俳优、优伶,表演杂耍、滑稽戏的艺人。 ⑤国:都城。数:数次、屡次。之:去、到。 ⑥庙礼太子:指举行宗庙大礼设立太子。

或曰:管仲之射隐不得也①。士之用不在近远,而俳优侏儒固人主之所与燕也②,则近优而远士而以为治,非其难者也。夫处势而不能用其有,而悖不去国③,是以一人之力禁一国④。以一人之力禁一国者,少能胜之。明能照远奸而见隐微,必行之令⑤,虽远于海,内必无变。然则去国之海而不劫杀,非其难者也。楚成王置商臣以为太子⑥,又欲置公子职⑦,商臣作难,遂弑成王。公子宰⑧,周太子也,公子根有宠⑨,遂以东州反⑩,分而为两国,此皆非晚置太子之患也。夫分势不二,庶孽卑⑪,宠无藉⑫,虽处耄老,晚置太子可也。然则晚置太子,庶孽不乱,又非其难也。物之所谓难者,必借人成势而勿使侵害己,可谓一难也。贵妾不使二后⑬,二难也。爱孽不使危正适⑭,专听一臣而不敢隅君⑮,此则可谓三难也。

[注释]①射隐:猜谜语。　②燕:宴饮、娱乐。　③悖:疑为"徒",徒然之意。　④禁:控制。　⑤必行之令:一定使禁令通行、令行禁止。　⑥楚成王:春秋时期楚国国君。芈姓,名熊恽,文王之子。商臣:楚成王的太子,杀父自立,是为楚穆王。　⑦公子职:楚成王宠爱的小儿子。　⑧公子宰:又称公子朝,周威公之子。　⑨公子根:亦周威公之子,周威公在世时,封公子宰为太子,又将公子根封于巩(今河南巩县西南),威公死后,公子朝即位,是为周惠公,公子根亦于巩自立,周一分为二,史称东、西周。　⑩东州:即东周。⑪庶孽:庶子,指姬妾所生之子。　⑫藉:凭借。　⑬二后:与王后并驾齐驱。⑭危正适:危害正妻、嫡子。　⑮隅:并立、匹敌。

叶公子高问政于仲尼①,仲尼曰:"政在悦近而来远②。"哀公问政于仲尼③,仲尼曰:"政在选贤。"齐景公问政于仲尼④,仲尼曰:"政在节财。"三公出,子贡问曰:"三公问夫子政一也,夫子对之不同,何也?"仲尼曰:"叶都大而国小⑤,民有背心,故曰:'政在悦近而来远。'鲁哀公有大臣三人,外障距诸侯四邻之士⑥,内比周而以愚其君⑦,使宗庙不扫除,社稷不血食者⑧,必是三臣也,故曰:'政在选贤'。齐景公筑雍门⑨为路寝⑩,一朝而以三百乘之家赐者三⑪,故曰:'政在节财。'"

[**注释**]①叶公子高:春秋末年楚国大夫。姓沈,名诸梁,字子高,食邑于叶(今河南省叶县南),故称叶公。仲尼:即孔子,名丘,字仲尼。 ②来:动词,招来。 ③哀公:即鲁哀公,名蒋,春秋末期鲁国君主。 ④齐景公(?~公元前490年):春秋末年齐国君主。姜姓,名杵臼,齐庄公异母弟。公元前547年即位。公元前547~前490年在位。 ⑤都:大都市,此指国内的贵族势力。国:都城,指叶公子高的势力。 ⑥障距:阻拒。 ⑦比周:勾结。 ⑧血食:指杀牲祭祀。 ⑨雍门:齐国都城的西门名。 ⑩路寝:天子和诸侯的寝居正室。 ⑪百乘之家:指卿大夫的食邑,有兵车百乘之赋;赐者三,指一天之内三次封赐。

　　或曰:仲尼之对,亡国之言也。叶民有倍心①,而说之"悦近而来远",则是教民怀惠②。惠之为政,无功者受赏,则有罪者免,此法之所以败也。法败而政乱,以乱政治败民,未见其可也。且民有倍心者,君上之明有所不及也。不绍叶公之明③,而使之悦近而来远,是舍吾势之所能禁而使与不行惠以争民,非能持势者也。夫尧之贤,六王之冠也④,舜一从而咸包⑤,而尧无天下矣。有人无术以禁下,恃为舜而不失其民⑥,不亦无术乎!明君见小奸于微,故民无大谋;行小诛于细⑦,故民无大乱。此谓图难于其所易⑧也,为大者于其所细也。今有功者必赏,赏者不得君⑨,力之所致也;有罪者必诛,诛者不怨上,罪之所生也。民知诛罚之皆起于身也,故疾功利于业⑩,而不受赐于君。

"太上下智有之⑪。"此言太上之下,民无说也⑫,安取怀惠之民？上君之民无利害,说以"悦近来远",亦可舍已⑬！哀公有臣外障距内比周以愚其君而说之以"选贤",此非功伐之论也⑭。选其心之所谓贤者也⑮,使哀公知三子外障距内比周也,则三子不一日立矣⑯。哀公不知选贤,选其心之所谓贤,故三子得任事。燕子哙贤子之而非孙卿⑰,故身死为僇⑱；夫差智太宰嚭而愚子胥⑲,故灭于越。鲁君不必知贤,而说以"选贤",是使哀公有夫差、燕哙之患也。明君不自举臣,臣相进也⑳；不自贤,功自徇也㉑。论之于任㉒,试之于事,课之于功㉓,故群臣公正而无私,不隐贤,不进不肖。然则人主奚劳于选贤？景公以百乘之家赐㉔,而说以"节财",是使景公无术以享厚乐㉕,而独俭于上,未免于贫也。有君以千里养其口腹㉖,则虽桀、纣不侈焉。齐国方三千里,而桓公以其半自养,是侈于桀、纣也；然而能为五霸冠者,知侈俭之地也㉗。为君不能禁下而自禁者,谓之劫；不能饰下而自饰者,谓之乱；不节下而自节者,谓之贫。明君使人无私,以诈而食者禁；力尽于事,归利于上者必闻㉘,闻者必赏；汙秽为私者必知,知者必诛㉙。然故忠臣尽忠于公㉚,民士竭力于家㉛,百官精克于上㉜,侈倍景公㉝,非国之患也。然则说之以"节财",非其急者也。夫对三公一言而三公可以无患㉞,知下之谓也㉟。知下明则禁于微,禁于微则奸无积,奸无积则无比周,无比周则公私分,公私分则朋党散,朋党散则无外障距内比周之患。知下明则见精沐㊱,见精沐则诛赏明,诛赏明则国不贫。故曰："一对而三公无患,知下之谓也。"

[注释]①倍:通"背",背离。 ②怀惠:寄希望于君主的恩惠。 ③绍:增益。 ④六王之冠:六王之首。六王,指尧、舜、禹、商汤、周文王、周武王。 ⑤一从而咸包:当作"一徙而成邑"。相传舜很得人心,民众愿意随他迁徙,舜所到之地即可会聚为城邑。 ⑥恃:依靠。 ⑦小诛:小的处罚。 ⑧图:谋。 ⑨得:通"德",感激。 ⑩疾:急于。 ⑪太上:高明的君主。下智有之:智,通"知",下民只知道有君主。此句出于《老子》第十七章,句意为上等的君主,民众只知道他的存在。 ⑫说:同"悦"。 ⑬已:同"矣"。 ⑭功伐:功劳,此指按功劳授爵。 ⑮心:内心,此指主观认定。 ⑯立:成立,此指生存、存活。 ⑰燕子哙(kuài):即燕王哙。公元前320～前314年在位。子之:燕国公室贵族。燕子(王)哙兄弟。为相国,欲自立为燕王,于是指使党羽劝说燕子哙"禅让"王位给子之。孙卿:荀况,即荀子,战国时期赵国人,著名的思想家,韩非的老师。 ⑱僇(lù):羞辱。 ⑲智:动词,以……为智。太宰嚭:即伯嚭,吴王夫差的太宰。太宰,吴国官名。愚:动词,以……为愚。 ⑳相进:相互举荐。 ㉑徇:从、随。 ㉒论:考察。任:任职、职位。 ㉓课:课考、评定。 ㉔景公:即齐景公。 ㉕以享厚乐:当作"以知臣之侈",使景公没有办法知道臣下的奢侈。 ㉖千里:指千里土地的收入。 ㉗侈俭之地:知道奢侈与节俭的真谛。 ㉘闻:知道、了解。 ㉙诛:处罚。 ㉚然故:通"然则"。 ㉛竭力:尽力。 ㉜精克:清廉克己。 ㉝侈倍景公:比景公奢侈一倍。 ㉞三公:指叶公子高、鲁哀公、齐景公。 ㉟知下:了解下情。 ㊱精沐:同"精洁",清廉、廉洁。沐,洁。


郑子产晨出①,过东匠之间②,闻妇人之哭,抚其御之手而听之。有间③,遣吏执而问之④,则手绞其夫者也⑤。异日,其御问曰:"夫子何以知之?"子产曰:"其声惧。凡人于其亲爱也,始病而忧,临死而惧,已死而哀。今哭已死,不哀而惧,是以知其有奸也。"

[注释]①子产:即公孙侨,春秋时期郑国执政之卿。 ②东匠:里巷名。间:里巷之门。 ③有间:一会儿。 ④执:抓起来。 ⑤手绞:亲手绞死。

或曰:子产之治,不亦多事乎!奸必待耳目之所及而后知之①,则郑国之得奸者寡矣。不任典成之吏②,不察参伍之政③,不明度量,恃尽聪明④,劳智虑,而以知奸,不亦无术乎!且夫物众而智寡⑤,寡不胜众,智不足以遍知物,故因物以治物⑥。下众而上寡,寡不胜众者,言君不足以遍知臣也,故因人以知人。是以形体不劳而事治,智虑不用而奸得。故宋人语曰:"一雀过羿⑦,羿必得之,则羿诬矣。以天下为之罗,则雀不失矣。"夫知奸亦有大罗,不失其一而已矣。不修其理,而以己之胸察为之弓矢⑧,则子产诬矣。老子曰:"以智治国,国之贼也⑨。"其子产之谓矣。

[注释]①及:达到。 ②典成之吏:主持诉讼调解的官吏。 ③参伍之政:指多方参考、验证的行政执行过程。 ④恃:依靠。 ⑤且夫:况且。 ⑥因:依据。 ⑦羿:即后羿。夏代东夷有穷氏的部落首领,相传为古时善射之人。 ⑧胸察:主观判断。 ⑨贼:危害。

秦昭王问于左右曰①:"今时韩、魏孰与始强?"左右对曰:"弱于始也。""今之如耳、魏齐孰与曩之孟尝、芒卯?②"对曰:"不及也。"王曰:"孟尝、芒卯率强韩、魏犹无奈寡人何也!"左右对曰:"甚然。"中期伏瑟而对曰③:"王之料天下过矣④。夫六晋之时⑤,知氏最强,灭范、中行,又率韩、魏之兵以伐赵,灌以晋水,城之未沈者三板⑥。知伯出,魏宣子御⑦,韩康子为骖乘⑧,知伯曰:'始吾不知水可以灭人之国,吾乃今知之。汾水可以灌安邑,绛水可以灌平阳⑨。'魏宣子肘韩康子⑩,康子践宣子之足⑪,肘足接乎车上而知氏分于晋阳之下⑫。今足下虽强⑬,未若知氏,韩、魏虽弱,未至如其晋阳之下也。此天下方用肘足之时,愿王勿易之也⑭。"

[注释]①秦昭王(公元前324~前251年):战国时期秦国君主。嬴姓,名稷,公元前306~前251年在位。 ②如耳:人名,魏国大臣。一说卫嗣公的宠臣。魏齐:魏国的相。孟尝:即孟尝君,齐国贵族田文的封号,田氏齐国之宗室,靖郭君田婴之子,继田婴为齐相,后因与齐湣王意见不合而逃往魏国,曾任魏昭王相。芒卯:即孟卯,又称芒卯,魏安厘(xī)王的大将。曩:先前。 ③中期:人名,秦国的琴师。 ④料:推断。 ⑤六晋之时:指六卿(赵、韩、魏、知氏、中行氏、范氏的六位正卿)在晋国执政之时。 ⑥三板:板,指筑城用的夹板。一板为二尺高。意为,城墙仅剩三板的高度没有被淹没。 ⑦知伯:即"智伯"。魏宣子:名驹。晋国的执政六卿之一。御:驾车。 ⑧韩康子:名虎,晋国六卿之一。骖乘:陪乘。 ⑨安邑:地名,魏宣子的封邑,在今山西夏县。平阳:韩康子的封邑,在今山西省临汾西北。 ⑩肘:胳膊肘,此指用肘碰。 ⑪践:踏。 ⑫分:瓜分。 ⑬足下:您。 ⑭易:轻视。

或曰:昭王之问也有失,左右、中期之对也有过①。凡明主之治国也,任其势②。势不可害③,则虽强天下无奈何也,而况孟尝、芒卯、韩、魏能奈我何!其势可害也,则不肖如如耳、魏齐及韩、魏犹能害之。然则害与不侵,在自恃而已矣④,奚问乎?自恃其不可侵,则强与弱奚其择焉?夫不能自恃,而问其奈何也,其不侵也幸矣!申子曰⑤:"失之数而求之信⑥,则疑矣。"其昭王之谓也。知伯无度,从韩康、魏宣而图以水灌灭其国,此知伯之所以国亡而身死,头为饮杯之故也⑦。今昭王乃问孰与始强,其未有水人之患也⑧;虽有左右,非韩、魏之二子也,安有肘足之事⑨?而中期曰"勿易",此虚言也。且中期之所官,琴瑟也。弦不调,弄不明⑩,中期之任也,此中期所以事昭王者也。中期善承其任,未慊昭王也⑪,而为所不知,岂不妄哉!左右对之曰"弱于始"与"不及"则可矣,其曰"甚然"则谀也⑫。申子曰:"治不逾官,虽知不言。"今中期不知而尚言之,故曰:"昭王之问有失,左右、中期之对皆有过也。"

[注释]①对:回答。 ②任:依靠。 ③害:侵犯。 ④自恃:依靠自己。 ⑤申子:即申不害(? ~公元前337年)。战国时期韩国大臣。郑国京邑人。初为郑之贱臣,以学术干韩昭侯,公元前355年被任命为韩相。其学术观点的核心是本于黄老而特重"术"。为法家学派中主于术治一派的代表人物。 ⑥数:术。信:忠实。 ⑦头为饮杯:头颅被作为饮酒的杯子。 ⑧水人之患:指知氏引晋水灌赵氏城邑给自己带来的祸患。 ⑨肘足之事:即指魏宣子和韩康子相互用肘、脚暗示、沟通之事。 ⑩弄:曲调。 ⑪慊(qiè):满意、满足。此为使动用法,让……满意。 ⑫谀:阿谀。

管子曰①:"见其可,说之有证②;见其不可,恶之有形③。赏罚信于所见④,虽所不见,其敢为之乎?见其可,说之无证⑤;见其不可,恶之无形。赏罚不信于所见,而求所不见之外,不可得也。"

[注释]①管子:即管仲,齐桓公的相。 ②说:同"悦";有证:有证验,此指有所奖赏。 ③有形:有所处罚。形,通"刑"。 ④信:守信、兑现。 ⑤说:同"悦"。

或曰:广廷严居①,众人之所肃也②;晏室独处③,曾、史之所侵也④。观人之所肃,非行情也⑤。且君上者,臣下之所为饰也⑥。好恶在所见,臣下之饰奸物以愚其君必也。明不能烛远奸、见隐微,而待之以观饰行定赏罚⑦,不亦弊乎!

[注释]①广廷严居:众人聚集的正式场合。 ②肃:肃穆、恭敬。 ③晏室:指起居的私密房间。 ④曾、史:即曾参、史鱼。慢:轻慢。 ⑤行情:行为的真情。 ⑥饰:修饰、掩饰。 ⑦饰行:经过掩饰的行为。

管子曰:"言于室满于室,言于堂满于堂,是谓天下王。"

或曰:管仲之所谓言室满室、言堂满堂者,非特谓游戏饮食之言也①,必谓大物也②。人主之大物,非法则术也。法者,编著之图籍③,设之于官府,而布之于百姓者也。术者,藏之于胸中,以偶众端④,而潜御群臣者也⑤。故法莫如显,而术不欲见⑥。是以明主言法,则境内卑贱莫不闻知也,不独满于堂;用术,则亲爱近习莫之得闻也⑦,不得满室。而管子犹曰"言于室满室,言于堂满堂",非法术之言也。

[注释]①特:只是。 ②大物:大事。 ③图籍:图书典籍。 ④偶众端:对应众多的事端。偶:合,此指对应。 ⑤潜御:暗地驾驭。 ⑥见:同"现"。 ⑦莫之得闻:倒装句,莫得闻之。

# 难四第三十九

卫孙文子聘于鲁①,公登亦登②。叔孙穆子趋进曰③:"诸侯之会,寡君未尝后卫君也④。今子不后寡君一等,寡君未知所过也。子其少安⑤。"孙子无辞,亦无悛容⑥。穆子退而告人曰:"孙子必亡。亡臣而不后君⑦,过而不悛,亡之本也。"

[注释]①孙文子:即孙林父,卫国大臣。聘:访问。 ②公登亦登:与鲁国君主并行。登,登台阶,指在进行典礼时与鲁君并立在同一级台阶之上。 ③叔孙穆子:即叔孙豹,春秋末年鲁国执政之一。 ④寡君:对自己的君主的谦称。后卫君:落后于卫君。 ⑤安:稳。此指稍慢一些。 ⑥悛:后悔。 ⑦亡:当为"以"字之误,或为衍文。后君:落在君主之后。后,动词,落后。

或曰:天子失道,诸侯伐之,故有汤、武;诸侯失道,大夫伐之,故有齐、晋①。臣而伐君者必亡,则是汤、武不王,晋、齐不立也。孙子君于卫②,而后不臣于鲁③,臣之君也。君有失也,故臣有得也。不命亡于有失之君,而命亡于有得之臣,不察④。鲁不得诛卫大夫,而卫君之明不知不悛之臣,孙子虽有是二也,臣以亡⑤?其所以亡,其失所以得君也。

[注释]①齐、晋:指齐、晋两国出现的田氏代齐和六卿分晋的故事。②君于卫:在卫国行君主之事。 ③不臣:不行臣子之礼。 ④察:明察。⑤臣:疑为"巨"。巨同"讵",反问词,哪里?

或曰:臣主之施①,分也②。臣能夺君者,以得相踦也③。故非其分而取者,众之所夺也;辞其分而取者④,民之所予也。是以桀索崏山之女⑤,纣求比干之心而天下离⑥;汤身易名⑦,武身受詈⑧,而海内服;赵咺走山⑨,田成外仆⑩,而齐、晋从。则汤、武之所以王,齐、晋之所以立,非必以其君也,彼得之而后以君处之也。今未有其所以得,而行其所以处,是倒义而逆德也。倒义,则事之所以败也;逆德,则怨之所以聚也。败亡之不察,何也?

[注释]①施:设置。 ②分:名分。 ③以得相踦(qǐ):因为(臣下)得势而造成君臣的不平衡。踦,偏重,不平衡。 ④辞:推辞。 ⑤桀:夏桀,夏代的最后一个君主。索崏山之女:指夏桀伐有缗氏而娶其二女之事。有缗氏,古国名。崏山:指代有缗氏而言。 ⑥纣:商纣王。比干:纣王的叔父,被纣王剖心而死。 ⑦汤:商汤,商王朝的开国君主。身:自身。 ⑧武:周武王。受詈:受骂。事未详。 ⑨赵咺走山:指晋国正卿赵宣子(赵盾)因躲避弒君的恶名而出走之事。咺,通"宣"。 ⑩田外仆:田,指田成。外仆,在外为仆。

鲁阳虎欲攻三桓①,不克而奔齐②,景公礼之③。鲍文子谏曰④:"不可。阳虎有宠于季氏而欲伐于季孙,贪其富也。今君富于季孙,而齐大于鲁,阳虎所以尽诈也⑤。"景公乃囚阳虎。

[注释]①阳虎:又称阳货,春秋末年鲁国执政季氏的家臣。三桓:指孟孙、叔孙、季孙三家贵族,因均出于桓公后裔,故称"三桓"。 ②克:成功。 ③景公:即齐景公。礼:礼遇。 ④鲍文子:春秋末齐国正卿。鲍叔牙的玄孙。名国,谥文,故称鲍文子。 ⑤尽诈:极尽欺诈之能事。

或曰:千金之家,其子不仁,人之急利甚也①。桓公,五伯之上也②,争国而杀其兄,其利大也。臣主之间,非兄弟之亲也,劫杀之功,制万乘而享大利③,则群臣孰非阳虎也。事以微巧成④,以疏拙败。群臣之未起难也,其备未具也。群臣皆有阳虎之心,而君上不知,是微而巧也。阳虎贪于天下以欲攻上,是疏而拙也。不使景公加诛于拙虎⑤,是鲍文子之说反也⑥。臣之忠诈,在君所行也。君明而严则群臣忠,君懦而暗则群臣诈。知微之谓明,无赦之谓严。不知齐之巧臣,而诛鲁之成乱⑦,不亦妄乎!

[注释]①急利:急于追逐利益。 ②五伯:五霸。 ③制:控制,管理。 ④微巧:隐微巧诈。 ⑤不使景公加诛于拙虎:一说此句疑有脱漏,当以"不使景公加诛于齐之巧臣,而加诛于拙虎"。 ⑥反:相反。 ⑦成乱:已经形成的祸乱。成与"微"相对。

或曰①:仁贪不同心。故公子目夷辞宋②,而楚商臣弑父③;郑去疾予弟④,而鲁桓弑兄⑤。五伯兼并,而以桓律人⑥,则是皆无贞廉也。且君明而严,则群臣忠。阳虎为乱于鲁,不成而走,入齐而不诛,是承为乱也⑦。君明则诛,知阳虎之可以济乱也,此见微之情也。语曰:"诸侯以国为亲。"君严则阳虎之罪不可失⑧,此无赦之实也。则诛阳虎,所以使群臣忠也。未知齐之巧臣而废明乱之罚⑨,

责于未然而不诛昭昭之罪⑩,此则妄矣。今诛鲁之罪乱,以威群臣之有奸心者,而可以得季、孟、叔孙之亲,鲍文之说,何以为反?

[注释]①或曰:一说此段"或曰"是后人向韩非问难的文字,恐非是。②公子目夷:宋襄公的大臣。 ③商臣:楚成王之子,初立为太子。楚成王欲改立公子职为太子,商臣发动兵变,杀死其父楚成王自立,即楚穆公。 ④去疾:郑灵公之子。灵公被杀后,郑人要立去疾为君,去疾将君位让给他的庶兄公子坚,是为襄公。所谓"去疾予弟",当为"予兄"。 ⑤鲁桓:即鲁桓公(?~公元前694年),春秋时期鲁国国君。姬姓,名允(一作子允),惠公子。公元前712年,与公子翚合谋杀死庶兄鲁隐公自立。在位十八年,在出访齐国时,被齐襄公谋杀。 ⑥律人:要求人。 ⑦承:继续。 ⑧失:失察。⑨明乱:公然叛乱。 ⑩昭昭:明显、昭著。


郑伯将以高渠弥为卿①,昭公恶之②,固谏不听③。及昭公即位,惧其杀己也,辛卯,弑昭公而立子亹也。君子曰:"昭公知所恶矣。"公子圉曰④:"高伯其为戮乎⑤,报恶已甚矣!"

[注释]①郑伯:指郑庄公,武公之子,名寤生。高渠弥:又称高伯,一说"字伯",郑国大夫。 ②昭公:郑昭公,庄公之子,名忽,庄公死后继位。③固:坚持。 ④公子圉:当为公子达,鲁国大夫。 ⑤戮:被杀。


或曰:公子圉之言也,不亦反乎!昭公之及于难者,报恶晚也。然则高伯之晚于死者,报恶甚也。明君不悬怒①,悬怒则臣罪②,轻举以行计,则人主危。故灵台之饮③,卫侯怒而不诛④,故褚师作难⑤。食鼋之羹⑥,郑君怒而不诛⑦,故子公杀君⑧。君子之举"知所恶",非甚之也,曰,知之若是其明也,而不行诛焉,以及于死,故曰"知所恶",以见其无权也⑨。人君非独不足于见难而已,或不足于断制。今昭公见恶,稽罪而不诛⑩,使渠弥含憎惧死以徼幸⑪,故不免于杀,是昭公之报恶不甚也。

[注释]①悬怒:怒而不发。 ②臣罪:即"罪臣",责备臣下。 ③灵台之饮:公元前470年,卫出公筑灵台于藉圃,与诸大夫宴饮其上,因褚师比未脱袜而登席,有失宴饮之礼,遂扬言欲断其足。褚师比惧罪,与诸大夫共同谋反,出公出奔宋国,又至越,死于越国。 ④卫侯:指卫侯辄,即卫出公(? ~公元前468年),春秋战国之际卫国国君。名辄,卫灵公之孙,蒯聩之子。公元前493年即位。在位十二年,因公室内乱而出奔鲁国。 ⑤褚师:即褚师比,又称褚师声子,卫国大夫。 ⑥食鼋之羹:郑灵公即位,楚国献鼋(大鳖),公子子公自谓他日为君,必亦可尝此异味,灵公听到后很生气,命人烹制后请诸大夫来品尝,子公亦在受邀之列,却没有分得一杯羹,怒而染指鼎中,尝之而出。灵公大怒,欲杀子公,子公遂与子家合谋杀死灵公。 ⑦郑君:指郑灵公(? ~公元前605年)。春秋时期郑国国君。姬姓,名夷(一作子夷)。公元前605年即位,同年被子公、子家所杀。 ⑧子公:即公子宋,郑国公族,名宋,字子公。 ⑨权:权变。 ⑩稽罪:检查其罪恶。 ⑪徼幸:侥幸(被赦免)。

或曰:报恶甚者,大诛报小罪。大诛报小罪也者,狱之至也①。狱之患,故非在所以诛也②,以雠之众也③。是以晋厉公灭三郤而栾、中行作难④,郑子都杀伯咺而食鼎起祸⑤,吴王诛子胥而越句践成霸⑥。则卫侯之逐⑦,郑灵之弑⑧,不以褚师之不死而子公之不诛也,以未可以怒而有怒之色,未可诛而有诛之心。怒之当罪⑨,而诛不逆人心,虽悬奚害?夫未立有罪,即位之后,宿罪而诛⑩,齐胡之所以灭也⑪。君行之臣⑫,犹有后患,况为臣而行之君乎?

诛既不当,而以尽为心,是与天下为仇也,则虽为戮,不亦可乎!

[注释]①至:极至。 ②故:同"固",本来。 ③雠:同"售"。 ④晋厉公:名寿曼,晋景公之子。晋厉公在位时,六卿执政,权势很大。厉公十二年,接受宠臣建议,决定杀掉六卿中的郤犨、郤锜、郤至,招致三郤同党栾书、中行偃等人的反叛。三郤:即郤犨、郤锜、郤至。栾、中行:即栾书、中行偃。 ⑤郑子都:即郑厉公。名突,又称子突、子都。郑庄公之子、昭公之弟。伯咺:即郑厉公的伯父原,又称原繁。郑庄公死后,祭仲立庄公之子忽为君,是为昭公。后因宋国干涉而改立公子突为君,即厉公。厉公在位四年,因与执政的祭仲不合,欲杀祭仲不成而出奔蔡,祭仲复立昭公。昭公复位二年,被高渠弥所杀,祭仲又先后立子亹、子婴为君。公元前684年,厉公杀子婴而复入为君。责备伯咺一直不帮助自己获得君位而迫使其自杀。食鼎起祸:公元前673年,厉公暴死,据说是因宴享周王而暴死,故曰:食鼎起祸。概此事与杀伯咺有关。 ⑥吴王:即吴王夫差。 ⑦卫侯之逐:卫侯,即卫侯辄。此指卫侯辄被褚师驱逐一事,即上文"卫侯怒而不诛,故褚师作难"。 ⑧郑灵之弑:指郑灵公被子公谋杀一事。 ⑨怒之当罪:指在臣下该当治罪的时候才发怒。 ⑩宿罪:指在君主作太子的时候得罪太子,君主即位后再行诛罚。 ⑪齐胡:胡,指西周时期齐国的第六代君主胡公静。周王杀掉齐哀公而立胡公静,哀公的同母少弟怨恨胡公,纠集党羽杀死胡公而自立。 ⑫行:用于。

卫灵公之时,弥子瑕有宠于卫国①,侏儒有见公者曰:"臣之梦践矣②。"公曰:"奚梦?""梦见灶者,为见公也。"公怒曰:"吾闻见人主者梦见日,奚为见寡人而梦见灶乎?"侏儒曰:"夫日兼照天下,一物不能当也③;人君兼照一国,一人不能壅也④。故将见人主而梦日也。夫灶,一人炀焉⑤,则后人无从见矣。或者一人炀君邪?则臣虽梦灶不亦可乎!"公曰:"善。"遂去雍鉏⑥,退弥子瑕,而用司空狗⑦。

[注释]①弥子瑕:春秋时期卫灵公嬖臣。 ②践:应验。 ③当:同"挡"。 ④壅:意同"挡"。 ⑤炀:烤火、烧火,此取遮住灶口之意。 ⑥雍鉏:卫灵公的宦官。 ⑦司空狗:又称史狗,姓史,名文子,卫国之贤君子。

或曰:侏儒善假于梦以见主道矣①,然灵公不知侏儒之言也。"去雍鉏,退弥子瑕,而用司空狗"者,是去所爱而用所贤也。郑子都贤庆建而壅焉②,燕子哙贤子之而壅焉③。夫去所爱而用所贤,未免使一人炀己也④。不肖者炀主,不足以害明,今不加诛而使贤者炀己,则必危矣。

[注释]①见:同"现"。 ②庆建:人名,事迹未详。一说即郑詹,郑厉公复位后重用的大臣。 ③燕子哙:即燕王哙。公元前320~前314年在位。子之:燕国公室贵族,燕子(王)哙兄弟。为相国,欲自立为燕王,于是指使党羽劝说燕子哙"禅让"王位给子之。 ④炀:此取"挡"之意。

或曰:屈到嗜芰①,文王嗜菖蒲菹②,非正味也,而二贤尚之,所味不必美。晋灵侯说参无恤③,燕哙贤子之,非正士也,而二君尊之,所贤不必贤也④。非贤而贤用之,与爱而用之同;贤诚贤而举之⑤,与用所爱异状。故楚庄举叔孙而霸⑥,商辛用费仲而灭⑦,此皆用所贤而事相反也。燕哙虽举所贤,而同于用所爱,卫奚距然哉⑧!则侏儒之未见也⑨,君壅而不知其壅也。已见之后而知其壅也,故退壅臣,是加知之也⑩。曰"不加知而使贤者炀己,则必危",而今以加知矣,则虽炀己,必不危矣。

[注释]①屈到:楚国人,名子夕,楚国卿。嗜:嗜好。芰(jì):菱角。

②文王：即周文王。菖蒲：一种水生植物。菹(zū)：同"葅"，腌菜。　③晋灵侯：即晋灵公。说：同"悦"。参无恤：当即范无恤，郑灵公的卫士。　④贤：第一个"贤"作动词，以为……贤。　⑤举：任用。　⑥楚庄：即楚庄王。叔孙：当作孙叔，即孙叔敖，春秋时期楚国大臣，芳(wěi)姓，名敖，字孙叔，又字艾猎。楚庄王时为令尹，推行改革，奠定楚庄王的霸业。　⑦商辛：即商纣王，名辛。费仲：商纣王的宠臣。善谀好利，殷民都不接近他。相传西伯(即周文王)被殷纣王囚禁时，周人曾通过他献美女奇物善马给纣王，使西伯得以获释。　⑧卫奚距然哉：卫国哪里就是这样呢？距：通"遽"，就。　⑨未见：指上文"侏儒有见公者"一事。　⑩知：同"智"。

# 难势第四十

慎子曰①:"飞龙乘云,腾蛇游雾,云罢雾霁②,而龙蛇与螾蚁同矣③,则失其所乘也④。贤人而诎于不肖者,则权轻位卑也;不肖而能服于贤者⑤,则权重位尊也。尧为匹夫不能治三人,而桀为天子能乱天下。吾以此知势位之足恃,而贤智之不足慕也。夫弩弱而矢高者,激于风也⑥;身不肖而令行者,得助于众也。尧教于隶属而民不听⑦,至于南面而王天下,令则行,禁则止。由此观之,贤智未足以服众,而势位足以缶贤者也。"

[注释]①慎子:即慎到。战国时期赵国人,法家的代表人物,曾在齐国稷下学馆讲学。 ②雾霁:雾散尽。 ③腾蛇:古代传说中会飞的蛇,能兴云雾而游其中。螾蚁:同"蚓蚁",蚯蚓和蚂蚁。 ④乘:依靠、凭依。 ⑤服于贤:使贤者屈服。 ⑥激:冲击,激发。此指被风所推动。 ⑦教于隶属:处于隶属的地位而教导民众。

应慎子曰①:飞龙乘云,腾蛇游雾,吾不以龙蛇为不托于云雾之势也。虽然②,夫释贤而专任势③,足以为治乎?则吾未得见也。夫有云雾之势而能乘游之者,龙蛇之材美之也④。今云盛而螾弗能乘也,雾䃶而蚁不能游也;夫有盛云䃶雾之势而不能乘游者,螾蚁之材薄也。今桀、纣南面而王天下,以天子之威为之云雾,而天下不免乎大乱者,桀、纣之材薄也。且其人以尧之势以治天下也,其势何以异桀之势也,乱天下者也。夫势者,非能必使贤者用己,而不肖者不用己也。贤者用之则天下治,不肖者用之则天下乱。人之情性,贤者寡而不肖者众,而以威势之利济乱世之不肖人⑤,则是以势乱天下者多矣,以势治天下者寡矣。夫势者,便治而利乱者也。故《周书》曰:"毋为虎傅翼⑥,将飞入邑,择人而食之。"夫乘不肖人于势,是为虎傅翼也。桀、纣为高台深池以尽民力,为炮烙以伤民性⑦,桀、纣得乘四行者⑧,南面之威为之翼也。使桀、纣为匹夫⑨,未始行一而身在刑戮矣。势者,养虎狼之心,而成暴乱之事者也,此天下之大患也。势之于治乱,本末有位也⑩,而语专言势之足以治天下者⑪,则其智之所至者浅矣。夫良马固车,使臧获御之则为人笑⑫,王良御之而日取千里⑬;车马非异也,或至乎千里,或为人笑,则巧拙相去远矣⑭。今以国位为车,以势为马,以号令为辔⑮,以刑罚为鞭笞⑯,使尧、舜御之则天下治,桀、纣御之则天下乱,则贤不肖相去远矣。夫欲追速致远,不知任王良,欲进利除害,不知任贤能,此则不知类之患也⑰。夫尧、舜亦治民之王良也。

[注释]①应:回应、反驳。 ②虽然:即使如此。 ③释:舍弃。 ④材:资质。 ⑤济:帮助、资助。 ⑥为虎傅翼:为猛虎插上翅膀。傅,附也。该句出于《逸周书·寤儆》。 ⑦炮烙:纣王所设的酷刑之一。性:性命。

⑧四行:肆行,暴行。　⑨使:假使。　⑩有位:有一定的定数。意指权势可以为治,亦可以为乱,并无定数。　⑪语:指上述慎到的言论。　⑫臧获:奴隶。御:驾车。　⑬王良:春秋时期晋国人,善于驾驭车马。取:通"趋"。　⑭相去:相差。　⑮辔(pèi):缰绳。　⑯鞭笇:马鞭。　⑰不知类:不知道同类相推的道理。

　　复应之曰①:其人以势为足恃以治官②。客曰"必待贤乃治③",则不然矣。夫势者,名一而变无数者也④。势必于自然,则无为言于势矣⑤;吾所为言势者,言人之所设也⑥。今曰"尧、舜得势而治,桀、纣得势而乱",吾非以尧、舜为不然也。虽然,非一人之所得设也。夫尧、舜生而在上位,虽有十桀、纣不能乱者,则势治也;桀、纣亦生而在上位,虽有十尧、舜而亦不能治者,则势乱也。故曰:"势治者则不可乱,而势乱者则不可治也。"此自然之势也,非人之所得设也⑦。若吾所言,谓人之所得设也;若吾所言,谓人之所得势也而已矣。贤何事焉!何以明其然也?客曰⑧:"人有鬻矛与盾者,誉其盾之坚:'物莫能陷也。'俄而又誉其矛曰⑨:'吾矛之利,物无不陷也。'人应之曰:'以子之矛,陷子之盾,何如?'其人弗能应也。"以为不可陷之盾与无不陷之矛为名,不可两立也⑩。夫贤之为势,不可禁,而势之为道也,无不禁,以不可禁之势,此矛盾之说也。夫贤、势之不相容亦明矣⑪。且夫尧、舜、桀、纣千世而一出,是比肩随踵而生也⑫;世之治者不绝于中⑬,吾所以为言势者中也。中者,上不及尧、舜而下亦不为桀、纣,抱法处势则治,背法去势则乱。今废势背法而待尧、舜,尧、舜至乃治,是千世乱而一治也;抱法处势而待桀、纣,桀、纣至乃乱,是千世治而一乱也。且夫治千而乱一,与治一而乱千也,是犹乘骥、騄而分驰也⑭,相去亦远矣。夫弃隐栝之法⑮,去度量之数,使奚仲为车⑯,不能成一轮;无庆赏之劝⑰,刑罚之威,释势委法⑱,尧、舜户说而人辩之⑲,不能治三家。夫势之足用亦明矣,而曰"必待贤"则亦不然矣。且夫百日不食以待粱肉,饿者不活;今待尧、舜之贤乃治当世之民,是犹待粱肉而救饿之说也。夫曰"良马固车,臧获御之则为人笑,王良御之则日取乎千里",吾不以为然。夫待越人之善海游者以救中国之溺人⑳,越人善游矣,而溺者不济矣㉑。夫待古之王良以驭今之马,亦犹越人救溺之说也,不可亦明矣。夫良马固车,五十里而一置,使中手御之,追速致远,可以及也,而千里可日致也,何必待古之王良乎!且御非使王良也,则必使臧获败之;治非使尧、舜也,则必使桀、纣乱之。此味非饴蜜也㉒,必苦菜亭历也㉓。此则积辩累辞㉔、离理失术㉕、两未之议也㉖,奚可以难夫道理之言乎哉㉗!客议未及此论也。

[注释]①复应之:又有人驳斥责问慎到的人。 ②恃以治官:用来治理政事。 ③客:即指责慎到的人。 ④名:概念。 ⑤为言:辩论、议论。 ⑥人之所设:由人为设立的势,指由君主所掌握的权势和由人臣所守的法。 ⑦得:能够。 ⑧客:韩非所假设的人物。 ⑨俄而:一会儿。 ⑩为名:于理。为,通"于"。 ⑪贤、势:指以贤治和以势治。 ⑫比肩随踵:一个接一个。踵,脚跟。 ⑬中:指资质、才德中等的君主。 ⑭骥、騄:骐骥、騄駬,古代的宝马。分驰:背道而驰。 ⑮隐栝:矫正曲木的工具。 ⑯奚仲:传说中舜的后裔,夏朝时做夏王的车正,以善于造车著称。 ⑰劝:勉励,鼓励。 ⑱委:通"萎",弃也。 ⑲户说(shuì):挨家挨户地进行游说。 ⑳海:为衍

文。 ㉑不济:不能得救。 ㉒饴蜜:糖浆和蜂蜜。 ㉓亭历:苦菜。 ㉔积辩累辞:积累说辞,指狡辩。 ㉕离理失术:背离道理。 ㉖两未之议:指极端的议论。未:一作"末"。两末:两个极端。 ㉗难:非难,责难。

# 问辩第四十一

或问曰:"辩安生乎①?"对曰:"生于上之不明也。"问者曰:"上之不明,因生辩也,何哉?"对曰:"明主之国,令者,言最贵者也,法者,事最适者也。言无二贵,法不两适,故言行而不轨于法令者必禁②。若其无法令而可以接诈应变、生利揣事者③,上必采其言而责其实,言当则有大利,不当则有重罪,是以愚者畏罪而不敢言,智者无以讼,此所以无辩之故也。乱世则不然,主上有令而民以文学非之④,官府有法民以私行矫之⑤,人主顾渐其法令而尊学者之智行⑥,此世之所以多文学也。夫言行者,以功用为之的彀者也⑦。夫砥砺杀矢而以妄发⑧,其端未尝不中秋毫也;然而不可谓善射者,无常仪的也⑨。设五寸之的,引十步之远,非羿、逢蒙不能必中者⑩,有常也。故有常则羿、逢蒙以五寸的为巧,无常则以妄发之中秋毫为拙。"

[注释]①辩:辩论、争辩。 ②轨:符合、遵循。 ③接诈:对付欺诈;揣(chuǎi):揣摩、推断。 ④文学:指儒家典籍,儒学。非:非难(君主的)法令。 ⑤矫之:违背(官府的)法令。 ⑥顾:反而。渐:浸没。 ⑦的彀(dì gòu):箭靶,引申为目的。 ⑧砥砺:磨。杀矢:锋利的箭镞。 ⑨仪的:仪,度,观

察;仪的,指瞄准的箭靶。 ⑩羿、逄(páng)蒙:均为古代善射之士。逄,也作逢(páng)。

今听言观行,不以功用为之的彀,言虽至察,行虽至坚,则妄发之说也。是以乱世之听言也,以难知为察①,以博文为辩②;其观行也,以离群为贤,以犯上为抗③。人主者,说辩察之言④,尊贤抗之行,故夫作法术之人,立取舍之行,别辞争之论,而莫为之正⑤。是以儒服带剑者众⑥,而耕战之士寡;坚白无厚之词章⑦,而宪令之法息。故曰:"上不明则辩生焉。"

[注释]①察:精审。 ②辩:雄辩。 ③离群:不同流俗,标新立异。抗:清高。 ④说:同"悦",喜欢。 ⑤为之正:加以肯定。 ⑥儒服:指儒生;带剑者:指游侠。 ⑦坚白:战国时期公孙龙的哲学命题,即坚硬和色白这两个属性可以离开本体(石头)而独立存在;无厚:战国时期惠施的哲学命题,即"无厚不可积也,其大千里"。平面没有厚度,因而是没有体积的,但它仍然可以有千里之大。章:彰显。

# 问田第四十二

徐渠问田鸠曰①:"臣闻智士不袭下而遇君②,圣人不见功而接上③。今阳成义渠④,明将也,而措于毛伯⑤;公孙亶回⑥,圣相也,而关于州部⑦,何哉?"田鸠曰:"此无他故异物⑧,主有度,上有术之故也。且足下独不闻楚将宋觚而失其政⑨,魏相冯离而亡其国⑩。二君者驱于声词⑪,眩乎辩说⑫,不试于毛伯,不关乎州部,故有失政亡国之患。由是观之,夫无毛伯之试,州部之关,岂明主之备哉⑬!"

[注释]①徐渠:人名,事迹未详,或为田鸠学生。田鸠:又称田俅,战国时期墨家学者。  ②袭下而遇君:从下级官吏逐级升迁而得到君主的赏识。袭:逐级累升。遇君:遇到君主,指受到君主的赏识。  ③见:同"现",表现出。此指建立功绩。  ④阳成义渠:人名,事迹未详。  ⑤措:安置。毛伯:当"屯伯"之误,屯伯,即屯长,按兵制"五人为一屯长",是最下级的军职。  ⑥公孙亶回:人名,事迹未详。  ⑦关:安排。州部:地方基层组织机构。  ⑧他故异物:其他特别的事由。  ⑨将:动词,以……为将。宋觚:人名,事迹未详。  ⑩相:动词,任用……为相。冯离:人名,事迹未详。  ⑪驱:被有声有色的浮华言词所驱使。  ⑫眩:迷惑。  ⑬备:措施。

堂谿公谓韩子曰①:"臣闻服礼辞让,全之术也②;修行退智,遂之道也③。今先生立法术,设度数,臣窃以为危于身而殆于躯。何以效之④?所闻先生术曰:"楚不用吴起而削乱⑤,秦行商君而富强⑥,二子之言已当矣,然而吴起支解而商君车裂者,不逢世遇主之患也。逢遇不可必也,患祸不可斥也⑦,夫舍乎全遂之道而肆乎危殆之行⑧,窃为先生无取焉。"韩子曰:"臣明先生之言矣。夫治天下之柄⑨,齐民萌之度⑩,甚未易处也。然所以废先王之教,而行贱臣之所取者,窃以为立法术,设度数,所以利民萌便众庶之道也。故不惮乱主暗上之患祸⑪,而必思以齐民萌之资利者⑫,仁智之行也。惮乱主暗上之患祸,而避乎死亡之害,知明夫身而不见民萌之资利者,贪鄙之为也。臣不忍乡贪鄙之为,不敢伤仁智之行。先王有幸臣之意⑬,然有大伤臣之实。"

[注释]①堂谿公:吴王阖闾之弟夫概的封号。夫概兵败奔楚,楚昭王封之于堂谿,称堂谿公。此堂谿公,当为夫概的后裔承袭爵号者。 ②全:保全。 ③遂:终于、终身。此指颐享天年。 ④效:验证。 ⑤削乱:削弱、混乱。 ⑥商君:即商鞅。 ⑦斥:排除。 ⑧肆:尽心、尽力。 ⑨柄:权柄。 ⑩齐民萌之度:治理民众的法度。齐,动词,整齐、整治。 ⑪惮:惧怕。 ⑫资利:利益。 ⑬幸:爱护。

# 定法第四十三

问者曰:"申不害、公孙鞅①,此二家之言孰急于国?"应之曰:"是不可程也②。人不食,十日则死;大寒之隆③,不衣亦死。谓之衣食孰急于人,则是不可一无也,皆养生之具也④。今申不害言术,而公孙鞅为法。术者,因任而授官⑤,循名而责实,操杀生之柄,课群臣之能者也,此人主之所执也。法者,宪令著于官府,刑罚必于民心⑥,赏存乎慎法⑦,而罚加乎奸令者也⑧,此臣之所师也⑨。君无术则弊于上,臣无法则乱于下,此不可一无,皆帝王之具也。"

[注释]①公孙鞅:即商鞅。 ②程:衡量比较。 ③隆:隆冬季节。 ④具:工具,此指具备的生活必需品。 ⑤任:办事的能力。 ⑥必:坚定。 ⑦慎法:谨慎地执行法律。 ⑧奸令:触犯法令。奸,通"干",触犯。 ⑨师:遵循。

问者曰:"徒术而无法①,徒法而无术,其不可何哉?"对曰:"申不害,韩昭侯之佐也。韩者,晋之别国也。晋之故法未息,而韩之新法又生;先君之令未收,而后君之令又下。申不害不擅其法②,不一其宪令则奸多③。故利在故法前令则道之④,利在新法后令则道之,利在故新相反,前后相悖,则申不害虽十使昭侯用术,而奸臣犹有所谲其辞矣⑤。故托万乘之劲韩⑥,七十年而不至于霸王者,虽用术于上,法不勤饰于官之患也。公孙鞅之治秦也,设告相坐而责其实,连什伍而同其罪,赏厚而信,刑重而必,是以其民用力劳而不休,逐敌危而不却,故其国富而兵强。然而无术以知奸,则以其富强也资人臣而已矣。及孝公、商君死,惠王即位⑦,秦法未败也,而张仪以秦殉韩、魏⑧。惠王死,武王即位,甘茂以秦殉周⑨。武王死,昭襄王即位⑩,穰侯越韩、魏而东攻齐⑪,五年而秦不益一尺之地,乃成其陶邑之封⑫,应侯攻韩八年⑬,成其汝南之封⑭;自是以来,诸用秦者皆应、穰之类也。故战胜则大臣尊,益地则私封立,主无术以知奸也。商君虽十饰其法,人臣反用其资。故乘强秦之资,数十年而不至于帝王者,法不勤饰于官,主无术于上之患也。"

[注释]①徒:只有。 ②擅:专。 ③一:统一。 ④道:由。此指实行。 ⑤谲(jué):诡辩。 ⑥托:依托。 ⑦惠王:即秦惠文王(?~公元前311年),战国时期秦国国君。嬴姓,名驷,秦孝公之子。公元前337年即位。为太子时唆使门人故意触犯商鞅新法,商鞅将其师傅处以劓刑。即位后以谋反罪将商鞅车裂,但未废除商鞅之法。 ⑧殉:通"徇",巡行。此指对韩、魏用兵。 ⑨武王:即秦武王(公元前330~前307年),战国后期秦国君主,名荡,公元前311年即位。即位后逐张仪,重用甘茂、樗里疾为左右丞相,向东扩张。好勇武,在位四年,与力士孟说举鼎,折足而死。甘茂:楚国人,秦惠王时入秦,得重用,武王时为左丞相。 ⑩昭襄王:即秦昭襄王(公元前324年~前251年),嬴姓,名稷。公元前306~前251年在位。 ⑪穰侯:即魏冉。

⑫陶邑之封：魏冉于公元前284年，率燕、秦等五国联军攻齐，占领定陶，将其占为自己的封地，故曰"陶邑之封"。　⑬应侯：即范雎，字叔，战国时期魏国人，曾任秦昭惠王的相。　⑭汝南之封：范雎被封为应侯，其封地在汝河之南，故称"汝南之封"。

　　问者曰："主用申子之术、而官行商君之法，可乎？"对曰："申子未尽于法也。申子言'治不逾官①，虽知弗言'。治不逾官，谓之守职也可；知而弗言，是谓过也②。人主以一国目视，故视莫明焉；以一国耳听，故听莫聪焉。今知而弗言，则人主尚安假借矣③？商君之法曰：'斩一首者爵一级，欲为官者为五十石之官；斩二首者爵二级，欲为官者为百石之官。'官爵之迁与斩首之功相称也。今有法曰：斩首者令为医、匠，则屋不成而病不已⑤。夫匠者，手巧也；而医者，齐药也⑥，而以斩首之功为之，则不当其能⑦。今治官者，智能也；今斩首者，勇力之所加也。以勇力之所加而治智能之官，是以斩首之功为医、匠也。故曰：二子之于法术，皆未尽善也。"

[注释]①逾官：超越本职。　②是谓过也：这是过失吗？谓，通"为"。③安假借：凭借什么去了解情况。　④不已：不止。　⑤齐药：调配药剂。⑥不当其能：与他的能力不相称。当，相称。

# 说疑第四十四

凡治之大者①,非谓其赏罚之当也。赏无功之人,罚不辜之民,非所谓明也。赏有功,罚有罪,而不失其人,方在于人者也②,非能生功止过者也。是故禁奸之法:太上禁其心③,其次禁其言,其次禁其事④。今世皆曰"尊主安国者,必以仁义智能",而不知卑主危国者之必以仁义智能也。故有道之主,远仁义,去智能,服之以法。是以誉广而名威⑤,民治而国安,知用民之法也。凡术也者,主之所以执也;法也者,官之所以师也⑥。然使郎中日闻道于郎门之外⑦,以至于境内日见法,又非其难者也。

[注释]①大:重点。 ②方:正确、适当。 ③太上:最高明的、最首要的。 ④事:邪恶的行为。 ⑤誉:赞誉。 ⑥师:遵循。 ⑦郎中:宫廷守卫。

昔者有扈氏有失度①,讙兜氏有孤男②,三苗有成驹③,桀有侯侈④,纣有崇侯虎⑤,晋有优施⑥,此六人者,亡国之臣也。言是如非,言非如是,内险以贼⑦,其外小谨⑧,以征其善⑨,称道往古,使良事沮⑩;善禅其主,以集精微⑪,乱之以其所好,此夫郎中左右之类者也。往世之主,有得人而身安国存者,有得人而身危国亡者,得人之名一也,而利害相千万也⑫,故人主左右不可不慎也。为人主者诚明于臣之所言⑬,则别贤不肖如黑白矣。

[注释]①有扈氏:上古部族名。源出东夷九扈,后归属夏部落。因反对大禹传位于夏后启,被夏后启镇压。失度:人名,相传为有扈氏的相。 ②谨兜氏:上古部族名,属尧部落。孤男:又作"狐攻",相传是谨兜氏的相。 ③三苗:上古部族名。成驹:人名,事迹未详。 ④桀:夏桀。侯侈:夏桀的相。 ⑤纣:即商纣王。崇侯虎:复姓崇侯,名虎,商纣王的宠臣。 ⑥优施:春秋时期晋国的名优、名施。 ⑦内:内心。贼:歹毒。 ⑧外:外表。 ⑨征:表现、证明。 ⑩沮:败坏。 ⑪禅:通"擅",擅主专权;精微:精细,细小。 ⑫相千万:相差千万里。 ⑬臣:韩非自称。

若夫许由、续牙、晋伯阳、秦颠颉、卫侨如、狐不稽、重明、董不识、卞随、务光、伯夷、叔齐①,此十二人者,皆上见利不喜,下临难不恐,或与之天下而不取,有萃辱之名②,则不乐食谷之利③。夫见利不喜,上虽厚赏无以劝之;临难不恐,上虽严刑无以威之;此之谓不令之民也④。此十二人者,或伏死于窟穴,或槁死于草木,或饥饿于山谷,或沉溺于水泉。有民如此,先古圣王皆不能臣⑤,当今之世,将安用之?

[注释]①若夫:至于。许由:人名。相传尧曾将君位让给他,他不接受而逃离。续牙:传说中舜的朋友。相传"舜有七友":即,雄陶、方回、续牙(一作续身)、伯阳、东不訾、秦不虚、灵甫等七人,皆当时隐士。晋伯阳:晋为衍文,伯阳,即传说中舜的朋友。狐不稽当作秦不虚。董不识:即东不訾。重明:疑即灵甫。秦颠颉、卫侨如:当即雄陶、方回。系后人的误补。颠颉:晋人,此冠

以秦字亦误。侨如:鲁人,此冠以卫人亦误。卞随、务光、伯夷、叔齐:此四人皆古之隐士,见前文注释。　②萃:通"悴"。　③食谷之利:指为官的好处。　④不令之民:不能使令驱使之民。　⑤臣:动词,臣服。

若夫关龙逢、王子比干、随季梁、陈泄冶、楚申胥、吴子胥①,此六人者,皆疾争强谏以胜其君。言听事行,则如师徒之势;一言而不听,一事而不行,则陵其主以语②,从之以威,虽身死家破,要领不属③,手足异处,不难为也。如此臣者,先古圣王皆不能忍也,当今之时,将安用之？

[注释]①关龙逢:夏末大臣,因强谏夏桀而遭杀害,被视为诤臣的典范。王子比干:商纣王的叔父,因多次劝谏纣王,被纣王剖心。季梁:亦作"季良",春秋时期随国大臣,有贤名,敢谏诤。泄冶:春秋时期陈国大夫,因劝谏而被杀。申胥:当作"葆申",春秋时期楚国大臣,曾向楚文王强行劝谏。吴子胥:伍子胥。　②陵:凌驾。　③要:通"腰";领:脖子。属(zhǔ):连接。

若夫齐田恒、宋子罕、鲁季孙意如、晋侨如、卫子南劲、郑太宰欣、楚白公、周单荼、燕子之①,此九人者之为其臣也,皆朋党比周以事其君②,隐正道而行私曲,上逼君,下乱治,援外挠内③,亲下以谋上,不难为也。如此臣者,唯圣王智主能禁之,若夫昏乱之君,能见之乎④？

[注释]①田恒:即田成。子罕:又称司城子罕,战国时期宋国人,姓乐,名喜,宋平公时曾执国政,以廉洁著称。　季孙意如:即季平子(？~公元前505年),春秋末期鲁国正卿。季孙氏,名意如,谥平子。季武子之孙,季悼子之子。公元前535年嗣其祖武子为正卿。公元前517年,与叔孙、孟孙氏合谋共逐鲁昭公,专擅鲁政。　侨如:当为叔孙侨如,春秋时期鲁国大夫,叔孙氏,名侨如,号宣伯。因与鲁宣公夫人私通而奔齐。晋,当为衍文。　子南

劲：战国初期卫国大夫，曾依靠魏惠王的支持，得以被封为侯。　太宰欣：太宰，官名，管理宫廷事务的官。欣，人名。　白公：楚国公子，楚平王太子建的儿子。芈姓，名胜，号白公。公元前479年发动政变，兵败后自杀。　单荼：人名，事迹未详。当为春秋时期，历任周大夫的单穆公、单襄公、单成公之后。　子之：燕国公室贵族，燕子（王）哙（kuài）兄弟。为相国，欲自立为燕王，于是指使党羽劝说燕子哙"禅让"王位给子之。　②朋党比周：相互勾结为朋党。　③援外：援引外国势力。　④见：识别。

若夫后稷、皋陶、伊尹、周公旦、太公望、管仲、隰朋、百里奚、蹇叔、舅犯、赵衰、范蠡、大夫种、逢同、华登①，此十五人者为其臣也，皆夙兴夜寐②，卑身贱体，竦心白意③，明刑辟、治官职以事其君，进善言、通道法而不敢矜其善④，有成功立事而不敢伐其劳⑤，不难破家以便国，杀身以安主，以其主为高天泰山之尊，而以其身为壑谷鬴洧之卑⑥，主有明名广誉于国，而身不难受壑谷鬴洧之卑。如此臣者，虽当昏乱之主尚可致功，况于显明之主乎？此谓霸王之佐也。

[注释]①后稷：周族的始祖，善于种植农作物，相传在尧舜时代作过农官。皋陶：传说中东夷族的首领，偃姓，相传曾任舜的掌管刑罚的官职。周公旦：姬姓，名旦，周武王之弟，助武王灭商，封于鲁。武王卒，成王继位，周公为摄政，出师东征，镇压商王后裔联合东夷民族的反抗。成王七年，还政成王。后世周王朝的礼乐制度，相传均为周公时期所制定。太公望：即吕望，又名姜尚，为文王师，灭商后，受封于齐。隰（xí）朋：春秋时期齐国大夫。蹇叔：春秋时期秦国谋臣，百里奚之友，后经百里奚推荐入秦，被秦穆公任为上大夫，为穆公称霸西戎的主要功臣。舅犯：即狐偃（？～公元前622年）。赵衰（cuī）（？～公元前622年）：即赵成子，春秋时期晋国大夫，字子余，赵盾之父。曾从重耳在外流亡十九年。范蠡：辅佐越王勾践灭吴，为勾践的主要谋士，时称

上将军。灭吴后弃官从商，又定居定陶，以经商致富，时称陶朱公。大夫种：即大夫文种，与范蠡一起助越王勾践灭吴复仇的主要将领。逢同：又称"冯同"、"扶同"。春秋时期越国大夫。助越王勾践灭吴，多所谋划。华登：人名，宋司马华费遂之子。　②夙：早。寐：睡觉。　③竦心：恭敬小心。白意：说明主张。　④矜：自夸。　⑤伐：夸耀。　⑥鬴洧：通"釜洧"，即釜水和洧水。与上文之泰山相对应，比喻高下。

若夫周滑之、郑王孙申、陈公孙宁、仪行父、荆芋尹申亥、随少师、越种干、吴王孙䫍、晋阳成泄、齐竖刁、易牙，此十二人者之为其臣也②，皆思小利而忘法义，进则掩蔽贤良以阴暗其主③，退则挠乱百官而为祸难，皆辅其君、共其欲④，苟得一说于主⑤，虽破国杀众不难为也。有臣如此，虽当圣王尚恐夺之，而况昏乱之君，其能无失乎？有臣如此者，皆身死国亡，为天下笑。故周威公身杀⑥，国分为二；郑子阳身杀⑦，国分为三；陈灵公身死于夏徵舒氏⑧；荆灵王死于乾谿之上⑨；随亡于荆；吴并于越；智伯灭于晋阳之下⑩；桓公身死七日不收⑪。故曰：谄谀之臣，唯圣王知之，而乱主近之，故至身死国亡。

［注释］①周：战国时期的西周国。　滑之：人名。西周国成公的权臣。公元前367年周威王死，滑之引起周的内乱，结果国家分裂为东、西周两个小国。　王孙申：当作"公孙甲"，战国初期郑繻公的权臣，引起郑国内乱。　公孙宁、仪行父：均为陈国大夫。　荆：即楚国。　芋尹申亥：春秋时期楚国大夫，申姓，名亥。芋尹是其官名。　少师：春秋时期随国大夫。姓名失传，少师是其官职。　种干：人名，事迹未详。当是勾践初败于吴国时的大臣。　王孙䫍：䫍，当为"雒"之误。王孙雒，春秋时期吴国大夫。建议吴王夫差与越国讲和，北向与齐、晋争霸。夫差听信于他，终被越国所灭。　阳成泄：春秋末，晋国卿智伯的家臣。　竖刁：齐桓公的年轻侍从，名刁。竖，近臣侍从。

易牙：齐桓公的佣人（厨师），善于烹调。听到桓公欲尝人肉之味，乃杀己子烹调后献给桓公，以此得宠。 ②此十二人者：上文尽列有十一人，下文所及者又仅有十人（未及种干）。 ③掩蔽：掩盖、遮蔽。 ④共：同"供"。 ⑤说：同"悦"。 ⑥周威公：战国时期周王所封周国国君。死后其国分裂为东西二周。 ⑦郑子阳：一说为战国时期郑国国君，因滥用酷刑被弑。一说为郑繻公的相国，即驷子阳。公元前398年楚伐周、郑，郑国败绩，繻公为求楚国退兵而杀之。 ⑧陈灵公：春秋时期陈国国君。妫姓，名平国，陈共公之子，公元前613～前599年在位。夏徵舒：陈国大夫御叔之子。陈灵公与御叔之妻，夏徵舒之母私通，夏徵舒杀死陈灵公自立为陈侯。 ⑨荆灵王：即楚灵王。春秋时期楚国君主，公元前540～前529年在位。楚灵王穷兵黩武，率大军伐吴，驻军乾谿，引发内乱，被诸公子追捕，逃至乾谿山中，自杀而死。 ⑩智伯：即智伯瑶。春秋时期晋国六家贵族之一。公元前458年，他率赵、韩、魏三家灭掉了范、中行（háng）二家。公元前455年又迫韩、魏两家共同攻赵，赵困守晋阳，后韩、魏、赵联合攻智伯，智伯兵败被杀。 ⑪桓公：即齐桓公。七日：当作"六十七日"。桓公死后六十七日不得安葬。

圣王明君则不然，内举不避亲①，外举不避仇。是在焉从而举之，非在焉从而罚之。是以贤良遂进而奸邪并退，故一举而能服诸侯。其在《记》曰②："尧有丹朱③，而舜有商均④，启有五观⑤，商有太甲⑥，武王有管、蔡⑦。"五王之所诛者，皆父兄子弟之亲也，而所杀亡其身残破其家者何也？以其害国伤民败法类也。观其所举，或在山林薮泽岩穴之间⑧，或在囹圄绁绁缠索之中⑨，或在割烹刍牧饭牛之事⑩。然明主不羞其卑贱也，以其能为可以明法，便国利民，从而举之，身安名尊。乱主则不然，不知其臣之意行，而任之以国，故小之名卑地削，大之国亡身死，不明于用臣也。无数以度其臣者⑪，必以其众人之口断之。众之所誉,从而说之⑫;众之所非,从而憎之。故为人臣者破家残睟⑬,内构党与⑭,外接巷族以为誉⑮,从阴约结以相固也,虚相与爵禄以相劝也⑯。曰:"与我者将利之,不与我者将害之。"众贪其利,劫其威⑰。彼诚喜则能利己,忌怒则能害己⑱。众归而民留之,以誉盈于国⑲,发闻于主,主不能理其情,因以为贤。彼又使谲诈之士⑳,外假为诸侯之宠使,假之以舆马,信之以瑞节㉑,镇之以辞令㉒,资之以币帛,使诸侯淫说其主㉓,微挟私而公议㉔。所为使者,异国之主也,所为谈者,左右之人也。主说其言而辩其辞㉕,以此人者天下之贤士也。内外之于左右,其讽一而语同,大者不难卑身尊位以下之,小者高爵重禄以利之。夫奸人之爵禄重而党与弥众,又有奸邪之意,则奸臣愈反而说之㉖,曰:"古之所谓圣君明王者,非长幼弱也,及以次序也。以其构党与,聚巷族,逼上弑君而求其利也。"彼曰:"何知其然也?"因曰:"舜逼尧,禹逼舜,汤放桀,武王伐纣,此四王者,人臣弑其君者也,而天下誉之。察四王之情,贪得人之意也㉗;度其行,暴乱之兵也。然四王自广措也㉘,而天下称大焉;自显名也,而天下称明焉。则威足以临天下,利足以盖世,天下从之。"又曰:"以今时之所闻,田成子取齐,司城子罕取宋,太宰欣取郑,单氏取周,易牙之取卫,韩、魏、赵三子分晋,此六人,臣之弑其君者也。"奸臣闻此,蹶然举耳以为是也㉙。故内构党与,外摅巷族㉚,观时发事,一举而取国家。且夫内以党与劫弑其君,外以诸侯之权矫易其国㉛,隐正道,持私曲,上禁君,下挠治者,不可胜数也。是何也?则不明于择臣也。《记》曰:

"周宣王以来,亡国数十,其臣弑君而取国者众矣。"然则难之从内起与从外作者,相半也。能一尽其民力,破国杀身者,尚皆贤主也。若夫转身易位,全众传国㉜,最其病也。

[**注释**]①举:任用、选拔。 ②《记》:当指《逸周书》,或泛指古史记录。 ③丹朱:传说中尧的儿子,以傲狠凶顽著称,尧知其不肖,乃放之于丹水,而传位于舜。后丹朱与有苗部落联合反叛舜,被镇压。 ④商均:相传舜的儿子。因封于商,故称商均,或说为商部族的祖先之一。 ⑤启:夏启,大禹之子。相传大禹死后,按照部落联盟首领选举制度,应由伯益继承君位,启攻杀伯益而自取其位,开"家天下"之先河。五观:一作"武观",相传为启之子。因其不肖,被流放。 ⑥太甲:商汤的孙子。汤死后,太甲即位,因其暴虐,败坏商法,被伊尹流放。 ⑦管、蔡:即管叔、蔡叔,周武王之弟。武王死后,成王即位,因年幼,由周公摄政,管叔、蔡叔二人发动政变,结果管叔被杀,蔡叔被流放。 ⑧薮(sǒu)泽:湖泽。 ⑨囹圄(líng yǔ):监狱。绁(xiè):绁,当为"缧",缧绁,拘捕犯人的绳索,此指囚禁。缠索:同"缧绁"。 ⑩割烹:烹调,此指厨师。刍牧:放牧。饭牛:喂牛。 ⑪数:通"术"。度:测量、考察。 ⑫说:同"悦"。 ⑬睟(suì):财物。 ⑭党与:党羽。 ⑮巷族:邻里宗族。 ⑯虚:空。 ⑰劫其威:迫于其威势。 ⑱忌怒:憎恨恼怒。 ⑲盈:满。 ⑳谲(jué)诈:狡猾奸诈。 ㉑信:动词,使……相信。 ㉒镇:重,动词,使……重视。 ㉓淫说:用花言巧语蛊惑人心。 ㉔微:暗地里。 ㉕说:同"悦"。辩:以……为动听。 ㉖说:同"悦",迎合。 ㉗贪得人之意:贪图别人王位的野心。 ㉘措:措置,此指功业。 ㉙蹶然举耳:急忙竖起耳朵倾听。蹶然,急忙的样子。 ㉚摅:疑为"接"。 ㉛矫易:骄侮、轻慢。 ㉜全众传国:不伤一兵一卒将国家拱手让给他人。

为人臣者,诚明于臣之所言,则虽罼弋驰骋①,撞钟舞女,国犹且存也。不明臣之所言,虽节俭勤劳,布衣恶食,国犹自亡也。赵之先君敬侯②,不修德行,而好纵欲,适身体之所安③,耳目之所乐,冬日罼弋,夏浮淫④,为长夜⑤,数日不废御觞⑥,不能饮者以筒灌其口⑦,进退不肃、应对不恭者斩于前。故居处饮食如此其不节也,制刑杀戮如此其无度也,然敬侯享国数十年,兵不顿于敌国⑧,地不亏于四邻,内无君臣百官之乱,外无诸侯邻国之患,明于所以任臣也。燕君子哙⑨,邵公奭之后也⑩,地方数千里,持戟数十万,不安子女之乐,不听钟石之声,内不湮汙池台榭⑪,外不罼弋田猎,又亲操耒耨以修畋亩,子哙之苦身以忧民如此其甚也,虽古之所谓圣王明君者,其勤身而忧世不甚于此矣。然而子哙身死国亡,夺于子之⑫,而天下笑之,此其何故也? 不明乎所以任臣也。

[注释]①罼:捕捉鸟兽用的网。弋:射飞鸟的带绳子的箭。此泛指打猎。②敬侯:即赵敬侯(? ~公元前375年)战国时期赵国君主,嬴姓,赵氏,名章。赵烈侯之子。 ③适:舒适、畅快,此指安于享乐。 ④浮淫:指乘船在水上游戏。 ⑤为长夜:即为长夜之饮,指饮宴无度。 ⑥御觞:指喝酒。觞,酒器。 ⑦筒(tǒng):竹筒。 ⑧顿:困顿。 ⑨子哙:即燕王哙。公元前320~前314年在位。 ⑩邵公奭:即召公奭,周文王之子,西周初年被封于燕,燕国的始祖。 ⑪湮(yān):同"抑",治理,修建。 ⑫子之:燕国公室贵族,燕子(王)哙(kuài)兄弟。为相国,欲自立为燕王,于是指使党羽劝说燕子哙"禅让"王位给子之。

故曰:人臣有五奸,而主不知也。为人臣者,有侈用财货赂以取誉者,有务庆赏赐予以移众者①,有务朋党徇智尊士以擅逞者②,有务解免赦罪狱以事威者③,有务奉下直曲、怪言、伟服、瑰称以眩民耳目者④。此五者明君之所疑也,而圣主之所禁也。去此五者,则噪诈之人不敢北面谈立⑤,文言多⑥、实行寡而不当法者,不敢诬情以谈说⑦。是以群臣居则修身,动则任力,非上之令不敢擅作疾言诬事⑧,此圣王之所以牧臣下也⑨。彼圣主明君,不适疑物以窥其臣也⑩。见疑物而无反者⑪,天下鲜矣。故曰:孽有拟适之子⑫,配有拟妻之妾⑬,廷有拟相之臣,臣有拟主之宠,此四者国之所危也。故曰:内宠并后⑭,外宠贰政,枝子配适,大臣拟主,乱之道也。故《周记》曰:"无尊妾而卑妻,无孽适子而尊小枝,无尊嬖臣而匹上卿⑮,无尊大臣以拟其主也。"四拟者破,则上无意、下无怪也⑯。四拟不破,则陨身灭国矣⑰。

[注释]①移众:指争夺民众。 ②徇智尊士:徇,依从。即依从智士。擅逞:专擅逞强。 ③事威:树立威信。 ④奉下:讨好百姓。直曲:混淆视听。怪言:危言耸听。伟服:奇装异服。瑰称:哗众取宠。眩:迷惑。 ⑤噪诈:吵闹欺诈。 ⑥文言:华丽的言词。 ⑦诬:歪曲。 ⑧疾言:说话急躁。诬事:议论不切实际的事情。 ⑨牧:放牧。此指驱使。 ⑩适:从。此作依据之意。 ⑪见:同"现"。反:颠倒。 ⑫孽:庶子,与嫡子对应。拟:比拟,与……相对等。适,嫡也。 ⑬配:配偶,此指君主的后宫之妃。 ⑭内宠:后宫嫔妃。后:指君主的正妻。 ⑮嬖臣:君主的近臣。 ⑯上无意、下无怪:上无所疑、下不见怪,指上下相安。 ⑰陨身:同"殒",死亡。

# 诡使第四十五

圣人之所以为治道者三：一曰利，二曰威，三曰名①。夫利者所以得民也，威者所以行令也，名者上下之所同道也②。非此三者，虽有不急矣。今利非无有也，而民不化上③，威非不存也，而下不听从，官非无法也，而治不当名④。三者非不存也，而世一治一乱者何也？夫上之所贵与其所以为治相反也。

[注释]①名：名声、名位、名望等。　②同道：共同遵从。道，由。　③化上：同上，指遵从君主。　④名：指法令。

夫立名号所以为尊也，今有贱名轻实者，世谓之高①。设爵位所以为贱贵基也②，而简上不求见者③，世谓之贤。威利所以行令也，而无利轻威者④，世谓之重⑤。法令所以为治也，而不从法令为私善者，世谓之忠。官爵所以劝民也，而好名义不进仕者，世谓之烈士。刑罚所以擅威也，而轻法不避刑戮死亡之罪者，世谓之勇夫。民之急名也⑥，甚其求利也如此，则士之饥饿乏绝者，焉得无岩居苦身以争名于天下哉？故世之所以不治者，非下之罪，上失其道也。常贵其所以乱，而贱其所以治，是故下之所欲，常与上之所以为治相诡也⑦。今下而听其上，上之所急也。而惇悫纯信⑧，用心怯言，则谓之窭⑨；守法固，听令审，则谓之愚；敬上畏罪，则谓之怯；言时节，行中适⑩，则谓之不肖；无二心私学，听吏从教者，则谓之陋；难致谓之正⑪；难予谓之廉⑫；难禁谓之齐⑬；有令不听从谓之勇；无利于上谓之愿⑭；宽惠行德谓之仁；重厚自尊，谓之长者；私学成群，谓之师徒；闲静安居，谓之有思；损仁逐利谓之疾⑮；险躁佻反覆谓之智⑯；先为人而后自为，类名号⑰，言泛爱天下，谓之圣；言大本称而不可用⑱，行而乖于世者⑲，谓之大人；贱爵禄，不挠上者⑳，谓之杰；下渐行如此，入则乱民，出则不便也㉑。上宜禁其欲、灭其迹而不止也，又从而尊之，是教下乱上以为治也。

[注释]①高：高尚，高节。②基：（区分高下的）基础。③简：简从、怠慢。④无利：无视利益。⑤重：指人格贵重。⑥急：急于，此指看重。⑦诡：违反、违背。⑧惇悫(dūn què)纯信：忠厚、诚实、纯朴、守信。⑨窭(jù)：局促。⑩中适：中正适度。⑪难致：难以招致，指不听从君主的征召。⑫难予：难以赐予，指不接受君主的赏赐。⑬难禁：难以控制。齐：端庄。⑭愿：老实厚道。⑮疾：机灵。⑯险躁：通"噪险"，阴险浮夸。佻：当为衍文。反覆：反复无常。⑰类名号：以（君子、小人之类的）名号区分人。⑱本：当作"不"，指言过其实。⑲乖：行为乖张。⑳挠：屈服。㉑不便：当作"不使"，指不堪使命。

凡上所治者，刑罚也，今有私行义者尊；社稷之所以立者，安静也，而噪险谗谀者任①。四封之内所以听从者，信与德也②,而陂知倾覆者使③。令之所以行、威之所以立者,恭俭听上,而岩居非世者显④。仓廪之所以实者,耕农之本务也,而綦组锦绣、刻画为末作者富⑤。名之所以成、城池之所以广者,战士也,今死之孤饥饿乞于道,而优笑酒徒之属乘车衣丝⑥。赏禄所以尽民力易下死也⑦,今战胜攻取之士劳而赏不霑⑧,而卜筮视手理狐虫为顺辞于前者日赐⑨。上握度量,所以擅生杀之柄也,今守度奉量之士欲以忠婴上而不得见⑩,巧言利辞行奸轨以倖偷世者数御⑪。据法直言、名刑相当、循绳墨⑫、诛奸人,所以为上治也而愈疏远,谄施顺意从欲以危世者近习⑬。悉租税、专民力所以备难充仓府也,而士卒之逃事伏匿,附托有威之门以避徭赋而上不得者万数⑭。夫陈善田利宅,所以厉战士也⑮,而断头裂腹播骨乎平原野者,无宅容身,死田亩⑯;而女妹有色,大臣左右无功者,择宅而受,择田而食。赏利一从上出,所以善剸下也⑰,而战介之士不得职⑱,而闲居之士尊显。上以此为教,名安得无卑,位安得无危。夫卑名危位者⑲,必下之不从法令,有二心无私学,反逆世者也,而不禁其行,不破其群以散其党,又从而尊之,用事者过矣。上之所以立廉耻者,所以属下也⑳,今士大夫不羞污泥丑辱而宦㉑,女妹私义之门不待次而宦㉒。赏赐所以为重也,而战斗有功之士贫贱,而便辟优徒超级㉓。名号诚信,所以通威也,而主掩障㉔。近习女谒并行㉕,百官主爵迁人㉖,用事者过矣。大臣官人与下先谋比周,虽不法行㉗,威利在下则主卑而大臣重矣。

[注释]①任:被任用。 ②四封之内:指四边的封疆,即国境内。 ③陂

知:奸邪巧诈。使:出使,亦指被任用。 ④岩居:隐居。非世:非难当世的政治。 ⑤綦(qí)组:丝带,泛指丝织品。锦绣:亦指丝织品。 ⑥之属:之类。衣:穿。 ⑦易:交换、换取。 ⑧霑:同"沾"。 ⑨卜筮:占卜。视手理:看手相。狐虫:即蛊惑。 ⑩婴:通"撄",触犯,此指接近君主,向君主尽忠。 ⑪倖:冀望。偷世:指投机取巧。数御:多次进见君主。 ⑫循绳墨:遵行法律。绳墨,指法律。 ⑬訑施:即訑迤,曲意献媚。近习:亲近宠信。 ⑭逃事伏匿:隐藏起来,逃避赋税徭役。 ⑮厉:激励。 ⑯死田亩:身死田野,形容无处安身。 ⑰劕:"制"的异体字。 ⑱战介之士:披甲的战士。 ⑲卑名危位:名分卑微,地位危机。 ⑳属下:劝勉臣下。 ㉑宦:仕宦,做官。 ㉒不待次而宦:不按照官阶次第而得高官。 ㉓便辟:君主身边的宠幸小臣。优徒:优人,即以诙谐、说笑取悦君主的艺人。超级:越级提拔。 ㉔掩障:隔绝。 ㉕女谒:为人请托的女宠。 ㉖主爵:主持审订官爵。迁人:转移到他人之手。 ㉗虽不法行:不,当为"亦",虽亦行法,尽管也是执行法令。

夫立法令者以废私也,法令行而私道废矣。私者所以乱法也。而士有二心私学、岩居窞路①、托伏深虑②,大者非世,细者惑下,上不禁,又从而尊之以名,化之以实,是无功而显,无劳而富也。如此,则士之有二心私学者,焉得无深虑、勉知诈与诽谤法令③,以求索与世相反者也。凡乱上反世者,常士有二心私学者也。故《本言》曰:"所以治者法也,所以乱者私也,法立,则莫得为私矣。"故曰:道私者乱④,道法者治。上无其道,则智者有私词,贤者有私意。上有私惠,下有私欲,圣智成群,造言作辞,以非法措于上⑤。上不禁塞,又从而尊之,是教下不听上、不从法也。是以贤者显名而居,奸人赖赏而富⑥。贤者显名而居,奸人赖赏而富,是以上不胜下也⑦。

[注释]①岩居窞(dàn)路:隐居山野自甘困苦。窞(dàn)路:孤单、失

落。　②托伏深虑:依托其私学,冥思苦想以成其私议。　③勉知诈:勉励于智巧诈伪。诽谤:批评。　④道私:行私。道,由。　⑤措于上:放置在法令之上。措,放置。　⑥赖:依赖。　⑦胜:超越,此指控制臣下。

# 六反第四十六

　　畏死远难①，降北之民也，而世尊之曰"贵生之士"；学道立方②，离法之民也，而世尊之曰"文学之士"；游居厚养，牟食之民也③，而世尊之曰"有能之士"；语曲牟知④，伪诈之民也，而世尊之曰"辩智之士"；行剑攻杀，暴憿之民也，而世尊之曰"磏勇之士⑤"；活贼匿奸⑥，当死之民也，而世尊之曰"任誉之士"⑦；此六民者，世之所誉也。赴险殉诚⑧，死节之民（也），而世少之曰"失计之民"也⑨；寡闻从令，全法之民也，而世少之曰"朴陋之民"也；力作而食，生利之民也，而世少之曰"寡能之民"也⑩；嘉厚纯粹，整穀之民也⑪，而世少之曰"愚戆之民"也；重命畏事，尊上之民也，而世少之曰"怯慑之民"也⑫；挫贼遏奸⑬，明上之民也，而世少之曰"谄谗之民"也⑭；此六者，世之所毁也。奸伪无益之民六，而世誉之如彼；耕战有益之民六，而世毁之如此；此之谓六反。布衣循私利而誉之，世主听虚声而礼之，礼之所在，利必加焉。百姓循私害而訾之⑮，世主壅于俗而贱之，贱之所在，害必加焉。故名赏在乎私恶当罪之民,而毁害在乎公善宜赏之士,索国之富强,不可得也。

[注释]①远难:远离祸难,指逃避国家的危难,贪生怕死。 ②学道立方:学习道术,创立学说。 ③游居厚养:游说四方,而自奉厚养。牟食:求取利禄。 ④语曲牟知:言辞偏邪,心术不正,从事于玩弄智巧之人,此指纵横家。 ⑤暴憿(jiǎo):暴虐而求侥幸之人,指游侠。磏(lián)勇:刚正其勇敢。 ⑥活贼匿奸:救护、保全和窝藏罪犯。 ⑦任誉:重名誉。 ⑧殉诚:以忠诚殉国。 ⑨失计:失算。 ⑩少之:贬低他。 ⑪嘉厚纯粹:善良厚道,朴素纯真。整榖:端庄善良。 ⑫怯慴:怯懦。 ⑬挫贼遏奸:抨击、遏制奸人的不法言行。 ⑭谄谗:谄媚奉承而说人坏话。 ⑮訾:诋毁。

古者有谚曰:"为政犹沐也①,虽有弃发必为之。"爱弃发之费,而忘长发之利,不知权者也②。夫弹痤者痛③,饮药者苦,为苦惫之故不弹痤饮药,则身不活、病不已矣。今上下之接④,无子父之泽⑤,而欲以行义禁下⑥,则交必有郤矣⑦。且父母之于子也,产男则相贺,产女则杀之。此俱出父母之怀衽⑧,然男子受贺,女子杀之者,虑其后便,计之长利也。故父母之于子也,犹用计算之心以相待也,而况无父子之泽乎!

[注释]①沐:洗头。 ②权:权衡。 ③弹痤:用石针刺破痈疮以去脓血。 ④接:连接、接触,此指关系。 ⑤泽:恩泽。 ⑥行义:"行谊",品德道义。 ⑦郤(xì):同"隙",裂痕。 ⑧怀衽:怀抱。

今学者之说人主也,皆去求利之心,出相爱之道①,是求人主之过于父母之亲也,此不熟于论恩②,诈而诬也③,故明主不受也。圣人之治也,审于法禁,法禁明著则官法④；必于赏罚，赏罚不阿则民用⑤。官官治则国富⑥，国富则兵强，而霸王之业成矣。霸王者，人主之大利也。人主挟大利以听治，故其任官者当能⑦，其赏罚无私。使士民明焉尽力致死则功伐可立而爵禄可致⑧，爵禄致而富贵之业成矣。富贵者，人臣之大利也，人臣挟大利以从事，故其行危至死，其力尽而不望⑨。此谓君不仁，臣不忠⑩，则不可以霸王矣⑪。

[注释]①出：推行。 ②熟：熟悉，精通。论恩：讲求人伦亲情。 ③诬：欺骗。 ④法：当作"治"。 ⑤阿：偏袒、庇护。 ⑥官官治：当作"民用官治"。 ⑦当：相当、相称。 ⑧功伐：功劳。 ⑨望：怨望、怨恨。 ⑩君不仁，臣不忠：君主对臣下不一定施予仁爱，臣下对君主不一定尽忠。 ⑪不：为衍字。

夫奸必知则备①，必诛则止；不知则肆②，不诛则行。夫陈轻货于幽隐③，虽曾、史可疑也④；悬百金于市，虽大盗不取也。不知则曾、史可疑于幽隐，必知则大盗不取悬金于市。故明主之治国也，众其守而重其罪⑤，使民以法禁而不以廉止。母之爱子也倍父，父令之行于子者十母⑥；吏之于民无爱，令之行于民也万父母。父母积爱而令穷，吏用威严而民听从，严爱之筴亦可决矣⑦。且父母之所以求于子也，动作则欲其安利也，行身则欲其远罪也⑧；君上之于民也，有难则用其死，安平则尽其力，亲以厚爱关子于安利而不听⑨，君以无爱利求民之死力而令行。明主知之，故不养恩爱之心而增威严之势。故母厚爱处⑩，子多败，推爱也⑪；父薄爱教笞⑫，子多善，用严也。

[注释]①知:察觉。 ②肆:放肆。 ③幽隐:幽暗隐蔽的地方。④曾、史:即曾参和史鱼。 ⑤众其守:众,动词,增加之意。守:监守。指多设监守以防止奸行。 ⑥十母:十倍于母亲。 ⑦筴:同"策",策略。 ⑧远罪:远离犯罪。 ⑨关:牵挂于心。 ⑩处:对待。 ⑪推:行。 ⑫笞(chī):责罚。

今家人之治产也①,相忍以饥寒,相强以劳苦,虽犯军旅之难②,饥馑之患③,温衣美食者,必是家也;相怜以衣食④,相惠以佚乐⑤,天饥岁荒,嫁妻卖子者,必是家也。故法之为道,前苦而长利;仁之为道,偷乐而后穷。圣人权其轻重,出其大利,故用法之相忍,而弃仁人之相怜也。学者之言,皆曰轻刑,此乱亡之术也。

[注释]①治产:经营产业。 ②犯:遭受。军旅之难:指战乱。 ③饥馑:灾荒。 ④怜:仁慈怜爱。 ⑤佚乐:安逸。佚(yí):同"逸"。

凡赏罚之必者,劝禁也①。赏厚则所欲之得也疾②,罚重则所恶之禁也急。夫欲利者必恶害,害者,利之反也,反于所欲,焉得无恶。欲治者必恶乱,乱者治之反也。是故欲治甚者,其赏必厚矣,其恶乱甚者,其罚必重矣。今取于轻刑者,其恶乱不甚也,其欲治又不甚也,此非特无术也③,又乃无行④。是故决贤不肖愚知之美,在赏罚之轻重。且夫重刑者,非为罪人也。明主之法揆也⑤。治贼,非治所揆也;所揆也者,是治死人也。刑盗⑥,非治所刑也;治所刑也者,是治胥靡也⑦。故曰,重一奸之罪而止境内之邪,此所以为治也。重罚者,盗贼也;而悼惧者⑧,良民也;欲治者奚疑于重刑!若夫厚赏者,非独赏功也,又劝一国⑨。受赏者甘利,未赏者慕业,是报一人之功而劝境内之众也⑩,欲治者何疑于厚赏！今不知治者,皆曰重刑伤民,轻刑可以止奸,何必于重哉？此不察于治者也。夫以重止者,未必以轻止也;以轻止者,必以重止矣。是以上设重刑者而奸尽止,奸尽止则此奚伤于民也？所谓重刑者,奸之所利者细,而上之所加焉者大也,民不以小利蒙大罪⑪,故奸必止者也。所谓轻刑者,奸之所利者大,上之所加焉者小也,民慕其利而傲其罪⑫,故奸不止也。故先圣有谚曰:"不踬于山,而踬于垤⑬。"山者大,故人顺之,垤微小,故人易之也⑭。今轻刑罚,民必易之。犯而不诛,是驱国而弃之也⑮,犯而诛之,是为民设陷也。是故轻罪者,民之垤也。是以轻罪之为民道也,非乱国也则设民陷也,此则可谓伤民矣！

[注释]①必:坚定。劝禁:鼓励立功而禁止犯罪。 ②疾:急。 ③特:只是。 ④无行:无道。道,治理的理论。 ⑤明:明确。揆:衡量行为的标准。 ⑥刑:动词,处罚之意。 ⑦胥靡:受刑罚的苦役。 ⑧悼惧:害怕。 ⑨劝一国:劝勉一国之民。 ⑩报:赏。 ⑪蒙:冒。 ⑫傲:轻慢,不在乎。 ⑬踬(zhì):绊倒。垤(dié):小土堆。 ⑭易:轻视。 ⑮驱国:治国。

今学者皆道书策之颂语①,不察当世之实事,曰:"上不爱民,赋敛常重,则用不足而下恐上,故天下大乱。"此以为足其财用以加爱焉,虽轻刑罚可以治也。此言不然矣。凡人之取重赏罚②,固已足之之后也②。虽财用足而厚爱之,然而轻刑犹之乱也。夫富家之爱子,财货足用,财货足用则轻用,轻用则侈泰④;亲爱之则不忍,不忍则骄恣⑤；侈泰则家贫，骄恣则行暴，此虽财用足而爱厚，轻利之患也。凡人之生也，财用足则隳于用力⑥，上治懦则肆于为非⑦；财用足而力作者神农也，上治懦而行修者曾、史也⑧；夫民之不及神农、曾、史亦已明矣。

[注释]①书笑：书策，即传统典籍。 ②取：通"趣"。 ③固：固然。 ④侈泰：奢侈无度。泰，无度。 ⑤骄恣：骄横恣意。 ⑥隳：通"惰"。 ⑦懦：软弱。 ⑧曾、史：即曾参和史鱼。

老聃有言曰①："知足不辱，知止不殆②。"夫以殆辱之故而不求于足之外者，老聃也。今以为足民而可以治，是以民为皆如老聃也。故桀贵在天子而不足于尊，富有四海之内而不足于宝。君人者虽足民，不能足使为天子，而桀未必以天子为足也，则虽足民，何可以为治也？故明主之治国也，适其时事以致财物③，论其税赋以均贫富④，厚其爵禄以尽贤能，重其刑罚以禁奸邪，使民以力得富，以事致贵⑤，以过受罪，以功致赏而不念慈惠之赐⑥，此帝王之政也。

[注释]①老聃：即老子。姓李，名耳，字聃，道家创始人。 ②殆：危险。 ③适其时：适应天时。致财物：获得财物。 ④论：考论，评定。 ⑤事：事功。 ⑥念：贪图。

人皆寐①，则盲者不知；皆嘿②，则喑者不知③。觉而使之视，问而使之对，则喑、盲者穷矣④。不听其言也，则无术者不知；不任其身也，则不肖者不知。听其言而求其当⑤，任其身而责其功，则无术、不肖者穷矣。夫欲得力士而听其自言,虽庸人与乌获不可别也⑥,授之以鼎、俎则罢、健效矣⑦。故官职者,能士之鼎、俎也,任之以事,而愚、智分矣。故无术者得于不用⑧,不肖者得于不任,言不用而自文以为辩⑨,身不任而自饰以为高,世主眩其辩⑩、滥其高而尊贵之⑪,是不须视而定明也,不待对而定辩也,暗盲者不得矣。明主听其言必责其用⑫,观其行必求其功,然则虚旧之学不谈,矜诬之行不饰矣⑬。

[注释]①寐:睡着。 ②嘿(mò):默。 ③喑:哑。 ④穷:通"窘"。 ⑤当:称职。 ⑥乌获:战国时期秦武王的力士,据说可以力举千钧。 ⑦鼎、俎:两种青铜器。古人用举鼎、俎来比试力量。罢:通"疲";健:健壮。效:验证。 ⑧得于不用:因不被实际任用而得利。 ⑨文:文饰。 ⑩眩:迷惑。 ⑪滥:高估。 ⑫用:功用。 ⑬矜诬之行:自夸蒙骗的言行。

# 八说第四十七

　　为故人行私,谓之不弃;以公财分施①,谓之仁人;轻禄重身,谓之君子;枉法曲亲②,谓之有行;弃官宠交③,谓之有侠;离世遁上④,谓之高傲;交争逆令⑤,谓之刚材;行惠取众,谓之得民。不弃者吏有奸也;仁人者公财损也;君子者民难使也;有行者法制毁也;有侠者官职旷也⑥;高傲者民不事也;刚材者令不行也;得民者君上孤也。此八者,匹夫之私誉,人主之大败也。反此八者,匹夫之私毁,人主之公利也。人主不察社稷之利害,而用匹夫之私誉,索国之无危乱⑦,不可得矣。

　　[注释]①分施:分发、散发。　②枉法曲亲:歪曲法律,偏袒亲近。③宠交:看重私交。　④遁上:逃避君主。　⑤逆令:违背法令。　⑥旷:空缺、荒废。　⑦索:求。

　　任人以事,存亡治乱之机也①。无术以任人,无所任而不败。人君之所任,非辩智则修洁也。任人者,使有势也②,智士者,未必信也③,为多其智,因惑其信也④,以智士之计,处乘势之资而为其私急,则君必欺焉⑤。为智者之不可信也,故任修士者⑥,使断事也⑦,修士者未必智,为洁其身,因惑其智,以愚人之所惛⑧,处治事之官而为其所然,则事必乱矣。故无术以用人,任智则君欺,任修则君事乱,此无术之患也。明君之道,贱德义贵⑨,下必坐上⑩,决诚以参,听无门户⑪,故智者不得诈欺。计功而行赏,程能而授事⑫,察端而观失,有过者罪,有能者得⑬,故愚者不任事,智者不敢欺,愚者不得断,则事无失矣。

[注释]①机:机要、关键。 ②有势:权势。 ③信:诚实。 ④惑:迷惑。 ⑤欺:被欺骗。 ⑥修士:修身自洁之士。 ⑦断:决断。 ⑧惛:昏庸。 ⑨义:通"议"。 ⑩坐:连坐。 ⑪门户:门户之见,此指偏听偏信。 ⑫程:衡量。 ⑬得:赏。

察士然后能知之①,不可以为令,夫民不尽察②。贤者然后能行之,不可以为法,夫民不尽贤。杨朱、墨翟③,天下之所察也,干世乱而卒不决,虽察而不可以为官职之令。鲍焦、华角④,天下之所贤也,鲍焦木枯,华角赴河⑤,虽贤不可以为耕战之士。故人主之所察,智士尽其辩焉。人主之所尊,能士尽其行焉。今世主察无用之辩,尊远功之行,索国之富强,不可得也。博习辩智如孔、墨⑥,孔、墨不耕耨,则国何得焉?修孝寡欲如曾、史⑦,曾、史不战攻,则国何利焉?匹夫有私便,人主有公利。不作而养足,不仕而名显,此私便也。息文学而明法度⑧,塞私便而一功劳,此公利也。错法以道民也而又贵文学⑨,则民之所师法也疑。赏功以劝民也而又尊行修,则民之产利也惰。大贵文学以疑法,尊行修以贰功,索国之富强,不可得也。

[注释]①察士:明察秋毫之士。 ②夫:语气词,此有"这是因为……"之意。 ③杨朱:古籍又称阳子居、杨子取,战国初年学者,生平不详。或说为魏国人,老子的学生。墨翟(dí):战国时期鲁国人,曾任宋大夫,墨家学派创始人。 ④鲍焦:春秋末年隐士。相传他不臣天子,不事诸侯,常荷担采樵,拾橡实充饥,后因被子贡所讥,遂抱木而死,死后所抱之木枯萎而死。华角:人名,事迹未详。 ⑤华角赴河:其事未详。 ⑥博习辩智:广博的学识、善于辩驳的智慧。孔、墨:即孔子和墨翟。 ⑦曾、史:即曾参和史鱼。 ⑧文学:即儒家学说。 ⑨错:通"措",设置。道:通"导",引导。

搢笏干戚①,不适有方铁铦②;登降周旋③,不逮日中奏百④;《狸首》射侯⑤,不当强弩趋发⑥;干城距冲⑦,不若堙穴伏橐⑧。古人亟于德⑨,中世逐于智⑩,当今争于力。古者寡事而备简,朴陋而不尽,故有珧铫而推车者⑪。古者人寡而相亲,物多而轻利易让,故有揖让而传天下者⑫。然则行揖让,高慈惠⑬,而道仁厚,皆推政也⑭。处多事之时,用寡事之器,非智者之备也;当大争之世而循揖让之轨⑮,非圣人之治也。故智者不乘推车,圣人不行推政也。

[注释]①搢(jìn):插在……上。笏(hù):即笏板,古代朝臣觐见君主时手上拿的狭长形的记事板,早先用于记事,后成为礼仪用具,无须手执时则搢于腰间。干戚:盾牌和战斧,此指舞具。 ②适:当为"敌"。有方:长矛。铁铦(xián):刺杀用的标枪。 ③登降周旋:登阶、降阶,进退周旋的礼仪表演。 ④不逮:比不上。日中奏百:一天之内可以行军百里,是古代选拔军士所用的练习科目。 ⑤《狸首》:乐诗的篇名。古代诸侯行射礼时要奏《狸首》之乐,以节制发矢的节奏。侯:箭靶。 ⑥趋:急促。 ⑦干城:捍卫城池。干,通"扞",保卫。距:通"拒",抵挡。冲:冲车,一种攻城器具。 ⑧堙穴:堵住地道。 ⑨亟:急迫。 ⑩逐:角逐。 ⑪珧铫(yáo yáo):用蚌壳做的锄。

推车:即"椎车",用原木锯成车轮的车,比喻古朴、简陋。 ⑫揖让而传天下:即"禅让"。 ⑬高:推崇,以……为高。 ⑭推政:同"椎政",比喻原始古朴的政治。 ⑮循:依照,遵循。

法所以制事,事所以名功也①。法立而有难②,权其难而事成则立之;事成而有害,权其害而功多则为之。无难之法,无害之功,天下无有也。是以拔千丈之都③,败十万之众,死伤者军之乘④,甲兵折挫,士卒死伤,而贺战胜得地者,出其小害计其大利也。夫沐者有弃发,除者伤血肉⑤,为人见其难,因释其业,是无术之事也。先圣有言曰:"规有摩⑥,而水有波,我欲更之,无奈之何!"此通权之言也⑦。是以说有必立而旷于实者⑧,言有辞拙而急于用者,故圣人不求无害之言,而务无易之事。人之不事衡石者⑨,非贞廉而远利也,石不能为人多少,衡不能为人轻重,求索不能得,故人不事也。明主之国,官不敢枉法,吏不敢为私,货赂不行,是境内之事尽如衡石也。此其臣有奸者必知,知者必诛。是以有道之主,不求清洁之吏,而务必知之术也。

[注释]①名:称呼,此指成就。 ②有难:有灾难,实指有消极的一面。 ③拔:攻克。 ④乘:当为"垂"之误,垂,三分之一。一说半数为垂。 ⑤除者伤血肉:指治疗痈疥会伤及血肉。 ⑥规:圆规。摩:通"磨",磨损。比喻法制虽有缺陷但无可替代。 ⑦通权:通晓权变。 ⑧旷:空旷、远离。 ⑨不事:不关注。衡石:衡器。衡,秤;石,重量单位。

慈母之于弱子也,爱不可为前。然而弱子有僻行①,使之随师;有恶病,使之事医②。不随师则陷于刑,不事医则疑于死③。慈母虽爱，无益于振刑救死④。则存子者非爱也，子母之性，爱也。臣主之权，筴也⑤。母不能以爱存家，君安能以爱持国？明主者，通于富强则可以得欲矣。故谨于听治，富强之法也。明其法禁，察其谋计。法明则内无变乱之患，计得则外无死虏之祸。故存国者，非仁义也。仁者，慈惠而轻财者也；暴者，心毅而易诛者也⑥。慈惠则不忍，轻财则好与。心毅则憎心见于下，易诛则妄杀加于人。不忍则罚多宥赦⑦，好与则赏多无功。憎心见则下怨其上，妄诛则民将背叛。故仁人在位，下肆而轻犯禁法，偷幸而望于上⑧；暴人在位，则法令妄而臣主乖，民怨而乱心生。故曰：仁、暴者，皆亡国者也。不能具美食⑨，而劝饿人饭，不为能活饿者也⑩；不能辟草生粟⑪，而劝贷施赏赐，不为能富民者也。今学者之言也，不务本作而好末事，知道虚圣以说民⑫，此劝饭之说。劝饭之说，明主不受也。

[注释] ①僻行：邪僻不正的行为。　②事医：就医。　③疑：恐怕。　④振刑：拯救于刑，使免于刑罚。　⑤筴：策，计策。　⑥心毅而易诛：心地残忍轻易施刑罚。　⑦宥赦：宽宥、赦免。　⑧偷幸：侥幸。　⑨具：准备。　⑩为：通"谓"，叫做。　⑪辟草生粟：开辟荒地生产粮食。　⑫道：言说、称道。

书约而弟子辩①，法省而民讼简。是以圣人之书必著论②，明主之法必详事。尽思虑，揣得失③，智者之所难也；无思无虑，挈前言而责后功④，愚者之所易也。明主虑愚者之所易，以责智者之所难⑤，故智虑不用而国治也。

[注释]①辩:(便于)理解。 ②著论:论点明确。 ③揣:揣摩、思量。 ④挈(qiè):提着,拿着。 ⑤以责:当作"不责"。

酸甘咸淡,不以口断而决于宰尹①,则厨人轻君而重于宰尹矣。上下清浊②,不以耳断而决于乐正③,则瞽工轻君而重于乐正矣④。治国是非,不以术断而决于宠人,则臣下轻君而重于宠人矣。人主不亲观听⑤,而制断在下,托食于国者也。

[注释]①宰尹:主管君主膳食的官吏。 ②上下清浊:指音律的高低清浊。 ③乐正:主管音乐的官吏。 ④瞽工:乐工。因多为盲人担任,故称"瞽工"。 ⑤亲:亲自,此指亲政。

使人不衣不食而不饥不寒,又不恶死,则无事上之意。意欲不宰于君①,则不可使也。今生杀之柄在大臣,而主令得行者,未尝有也。虎豹必不用其爪牙而与鼷鼠同威②,万金之家必不用其富厚而与监门同资③。有土之君,说人不能利④,恶人不能害,索人畏重己,不可得也。

[注释]①宰:制也。 ②必:果真、如果,此指假设。 ③资:物质凭借。 ④说:同"悦"。

人臣肆意陈欲曰侠①,人主肆意陈欲曰乱;人臣轻上曰骄,人主轻下曰暴。行理同实②,下以受誉,上以得非。人臣大得,人主大亡。

[注释]①肆意陈欲:放纵自己的心意,陈述自己的欲望。 ②行理同实:道理和实质相同。

明主之国,有贵臣无重臣。贵臣者,爵尊而官大也;重臣者,言听而力多者也。明主之国,迁官袭级①,官爵受功,故有贵臣。言不度行②,而有伪必诛③,故无重臣也。

[**注释**]①袭级:逐级迁升。　②度行:权衡是否可行。　③诛:处罚。

# 八经第四十八

一、凡治天下,必因人情。人情者,有好恶,故赏罚可用;赏罚可用则禁令可立而治道具矣①。君执柄以处势②,故令行禁止。柄者,杀生之制也;势者,胜众之资也。废置无度则权渎③,赏罚下共则威分。是以明主不怀爱而听,不留说而计④。故听言不参则权分乎奸⑤,智力不用则君穷乎臣⑥。故明主之行制也天,其用人也鬼。天则不非,鬼则不困。势行教严逆而不违,毁誉一行而不议⑦。故赏贤罚暴,举善之至者也;赏暴罚贤,举恶之至者也;是谓赏同罚异。赏莫如厚,使民利之;誉莫如美,使民荣之;诛莫如重,使民畏之;毁莫如恶,使民耻之。然后一行其法,禁诛于私家。不害功罪赏罚必知之,知之道尽矣。

**因情**⑧

[注释]①具:完备。 ②柄:权柄。 ③渎(dú):轻慢。 ④说:同"悦",此指自己喜欢、信任的人。 ⑤参:验证。 ⑥穷:通"窘"。 ⑦一:统一。 ⑧因情:为此段文字的标题。本篇共八部分组成,故题为"八经"。以下的主道、起乱、立道等同此。

二、力不敌众,智不尽物①,与其用一人,不如用一国。故智力敌而群物胜②,揣中则私劳③,不中则在过。下君尽己之能,中君尽人之力,上君尽人之智。是以事至而结智④,一听而公会⑤。听不一则后悖于前,后悖于前则愚智不分;不公会则犹豫而不断,不断则事留。自取一听,则毋堕壑之累⑥。故使之讽⑦,讽定而怒。是以言陈之日,必有笑籍⑦,结智者事发而验,结能者功见而谋。成败有征⑨,赏罚随之。事成则君收其功,规败则臣任其罪。君人者合符犹不亲⑩,而况于力乎?事智犹不亲,而况于悬乎⑪?故非用人也不取同⑫,同则君怒。使人相用则君神,君神则下尽。下尽则臣上,不因君而主道毕矣。

主道

[注释]①尽物:穷尽所有的事物。 ②敌:匹敌。 ③揣中:猜中。 ④结:集结、集中。 ⑤公会:公开召集讨论。 ⑥堕壑:堕入臣下的陷阱。 ⑦讽:讥讽朝政。 ⑧笑籍:记录。 ⑨征:验证。 ⑩亲:亲自。 ⑪悬:悬空,此指那些没有事实依据的事情,与上文符合相对应。 ⑫非:当"其"之误。

三、知臣主之异利者王①,以为同者劫②,与共事者杀③。故明主审公私之分,审利害之地,奸乃无所乘。乱之所生六也:主母,后姬,子姓④,弟兄,大臣,显贤⑤。任吏责臣,主母不放⑥。礼施异等,后姬不疑⑦。分势不贰,庶适不争。权籍不失⑧,兄弟不侵。下不一门,大臣不拥。禁赏必行,显贤不乱。臣有二因⑨,谓外内也。外曰畏,内曰爱。所畏之求得,所爱之言听,此乱臣之所因也。外国之置诸吏者⑩,结诛亲暱重帑⑪,则外不籍矣。爵禄循功,请者俱罪⑫,则内不因矣。外不籍,内不因,则奸宄塞矣⑬。官袭节而进,以至大任,智也。其位至而任大者,以三节持之⑭,曰质、曰镇、曰固⑮。亲戚妻子,质也。爵禄厚而必,镇也。参伍贵帑⑯,固也。贤者止于质,贪饕化于镇⑰,奸邪穷于固。忍不制则下上⑱,小不除则大诛,而名实当则径之⑲。生害事,死伤名,则行饮食⑳;不然,而与其雠㉑;此谓除阴奸也。翳曰诡,诡曰易㉒。见功而赏,见罪而罚,而诡乃止。是非不泄,说谏不通,而易乃不用。父兄贤良播出曰游祸㉓,其患邻敌多资。僇辱之人近习曰狎贼㉔,其患发忿疑辱之心生㉕。藏怒持罪而不发曰增乱,其患徼幸妄举之人起。大臣两重、提衡而不踦曰卷祸㉖,其患家隆劫杀之难作㉗。脱易不自神曰弹威㉘,其患贼夫酖毒之乱起。此五患者,人主之不知,则有劫杀之事。废置之事,生于内则治,生于外则乱。是以明主以功论之内,而以利资之外,故其国治而敌乱。即乱之道㉙,臣憎则起外若眩㉚,臣爱则起内若药㉛。

**起乱**

[注释]①王:称王。 ②劫:被劫持。 ③杀:被杀。 ④子姓:指君主同宗的兄弟子侄。 ⑤显贤:地位崇高的贤人。 ⑥放:放肆。 ⑦疑:通"拟",对等,抗衡。 ⑧权籍:权势。籍:通"藉",凭仗,此指可以凭仗的势力。 ⑨因:乘借、凭借的势力。 ⑩置:设置。此指依靠外国势力得以任用的官职。 ⑪结诛:同"诘诛",追查。亲暱:(与国外的)亲密关系。重帑(tǎng):(指这些人存放在国外的)大宗财产。 ⑫请者俱罪:为其请求爵禄的人一并治罪。 ⑬奸宄:奸邪不正。 ⑭持:控制。 ⑮质、镇、固:指用人质、安抚、束缚三种办法来控制官吏。 ⑯参伍贵帑:当作"参伍责怒"。用综

合比较其言行,并追究其过错。 ⑰贪饕:指贪得无厌。 ⑱制:制裁。下上:使上(君)降为下(臣)。下,动词,使……下降。 ⑲径之:当为"径诛之",即径直将其诛杀之意。 ⑳行饮食:用饮食中下毒的方法除掉他。行,用。 ㉑雠:即仇。 ㉒翳:蒙蔽。诡:诡诈。易:变易无常。 ㉓播出:指逃往国外,如伍子胥之类。游祸:游于外国的祸患。故曰"邻敌多资"。 ㉔僇辱:侮辱。近习:亲近之臣。狎贼:亲近奸贼。 ㉕疑辱:怀疑受辱。 ㉖两重:同时并重。提衡:抗衡。踦:偏重。 ㉗家隆:臣下的私家势力膨胀。 ㉘脱易:缺少了变化无常的治术。弹威:丢失权威。弹,丢失。 ㉙即:就,走向。 ㉚眩:迷惑、眩晕。 ㉛药:毒药。指君主就像被毒药毒害一样。

四、参伍之道①:行参以谋多②,揆伍以责失③;行参必折④,揆伍必怒⑤。不折则渎上⑥,不怒则相和⑦。折之微足以知多寡,怒之前不及其众。观听之势,其征在比周而赏异也,诛毋谒而罪同⑧。言会众端,必揆之以地,谋之以天,验之以物,参之以人。四征者符,乃可以观矣。参言以知其诚,易视以改其泽⑨,执见以得非常。一用以务近习,重言以惧远使,举往以悉其前,即迩以知其内⑩,疏置以知其外,握明以问所暗,诡使以绝黩泄⑪,倒言以尝所疑⑫,论反以得阴奸,设谏以纲独为⑬,举错以观奸动,明说以诱避过,卑适以观直谄⑭,宣闻以通未见,作斗以散朋党,深一以警众心⑮,泄异以易其虑。似类则合其参,陈过则明其固⑯,知辟罪以止威⑰,阴使时循以省衰⑱,渐更以离通比⑲,下约以侵其上⑳,相室约其廷臣,廷臣约其官属,兵士约其军吏,遣使约其行介㉑,县令约其辟吏㉒,郎中约其左右,后姬约其宫媛㉓,此之谓条达之道㉔。言通事泄则术不行。

**立道**

[注释]①参伍:综合比较。 ②多:正确的。 ③揆:度量,测量。 ④拆:通过参验,否定一些人的意见,必定要折损其颜面。 ⑤怒:因参验出失误而发怒。 ⑥渎:轻慢、欺骗。 ⑦相和:群臣结为同党。 ⑧比周:比周两字之前当脱一"罚"字。罚比周,与下文"诛毋谒"相对应。毋谒:不告发。 ⑨易视:换一个地方(职位)来考察。泽:泽守、操守。 ⑩即迩:接近。 ⑪黩泄:即"亵渎"。 ⑫尝:证实。 ⑬谏:同"间",间隙,指制造群臣之间的矛盾。纲:原意指大纲、要领,此指掌控、控制。独为:擅权的大臣。 ⑭卑适:鄙视和责备臣下。适,责备。 ⑮深一:深藏于一心。指君主深藏不露,不使臣下揣摩君主的心理。也指君主对一件事情有深刻的了解,用这一事情来警示臣下,使臣下不敢欺骗君主。 ⑯固:浅陋无知。 ⑰辟罪:铲除罪恶。止威:立于威严之位。止,自处。 ⑱省衰:审查衰敝。句意为,暗地遣使侦察敌国衰敝的征兆。 ⑲离:动词,使……离散。 ⑳下约:即"约下",联络下属以监视其上级。约,联络。 ㉑遣使:派遣到国外的使者。行介:官名,即《周礼·秋官·司寇》所记"小行人",掌管邦国宾客之礼籍,负责接待四方邦国的使者。 ㉒辟吏:属吏。 ㉓宫媛:宫女。 ㉔条达:上通下达。

五、明主,其务在周密。是以喜见则德偿①,怒见则威分②。故明主之言隔塞而不通,周密而不见。故以一得十者下道也③,以十得一者上道也。明主兼行上下,故奸无所失。伍官连县而邻④,谒过赏⑤,失过诛。上之于下,下之于上,亦然。是故上下贵贱相畏以法,相诲以和⑥。民之性,有生之实,有生之名。为君者有贤知之名⑦,有赏罚之实。名实俱至,故福善必闻矣。

**参言**

[注释]①见:同"现",表现出来。德偿:将恩赏赔进去。偿,赔,指损失而言。 ②威分:权威将受到瓜分。 ③以一得十:即因一件事情而得知十

件事情。　④伍官：指同级的官员。连县而临：指同级的官员相互纠司、相互监督。　⑤谒：告发。　⑥相诲以和：和，当为"利"之误。诲，教诲，以得利相教诲。　⑦知：通"智"。

六、听不参则无以责下，言不督乎用则邪说当上①。言之为物也以多信，不然之物，十人云疑，百人然乎，千人不可解也。呐者言之疑②，辩者言之信。奸之食上也③，取资乎众；籍信乎辩④，而以类饰其私。人主不餍忿而待合参⑤，其势资下也。有道之主，听言、督其用，课其功，功课而赏罚生焉，故无用之辩不留朝。任事者知不足以治职⑥，则放官收⑦。说大而夸则穷端⑧，故奸得而怒⑨。无故而不当为诬⑩，诬而罪臣。言必有报，说必责用也，故朋党之言不上闻。凡听之道，人臣忠论以闻奸，博论以内一⑪，人主不智则奸得资。明主之道，己喜则求其所纳⑫，己怒则察其所构⑬；论于已变之后，以得毁誉公私之征。众谏以效智，使君自取一以避罪。故众之谏也败，君之取也。无副言于上以设将然⑭，今符言于后以知谩诚语⑮。明主之道，臣不得两谏，必任其一；语不得擅行，必合其参；故奸无道进矣。

**听法**

[注释]①当：挡。　②呐：木讷，口吃。　③食：通"蚀"。　④籍：通"藉"，借助。　⑤餍(yàn)忿：厌倦、愤恨。合参：验证符合。　⑥知：通"智"。治职：处理本职工作。　⑦放官收：放弃官职。收，通"守"，职守、官职。　⑧端：根底。　⑨怒：责。　⑩诬：欺骗。　⑪内：通"纳"。　⑫纳：采纳。　⑬构：图谋。此指罗织罪名使君主发怒时所编织的理由，君主在发怒后，对此要加以核查。　⑭将然：将会发生的(多种)可能性。　⑮谩诚：欺瞒

或诚实。

七、官之重也,毋法也①;法之息也,上暗也②。上暗无度则官擅为,官擅为故奉重无前③,奉重无前则征多④,征多故富。官之富重也,乱功之所生也。明主之道,取于任⑤,贤于官,赏于功;言程主喜俱必利⑥,不当主怒俱必害,则人不私父兄而进其仇雠。势足以行法,奉足以给事,而私无所生,故民劳苦而轻官。任事者毋重,使其宠必在爵;处官者毋私,使其利必在禄,故民尊爵而重禄。爵禄所以赏也,民重所以赏也,则国治。刑之烦也⑦,名之缪也⑧,赏誉不当则民疑,民之重名与其重赏也均。赏者有诽焉⑨,不足以劝⑩;罚者有誉焉,不足以禁。明主之道,赏必出乎公利,名必在乎为上。赏誉同轨,非诛俱行⑪,然则民无荣于赏之内,有重罚者必有恶名,故民畏。罚所以禁也,民畏所以禁则国治矣。

**类柄**

[注释]①毋:同"无"。 ②暗:不明,糊涂。 ③奉:通"俸"。 ④征:征敛。 ⑤任:能力。 ⑥程:符合,与下文"不当"相对应。 ⑦烦:多。 ⑧缪:同"谬",错误。 ⑨诽:诋毁。 ⑩劝:劝勉、勉励。 ⑪非:诽。

八、行义示则主威分①,慈仁听则法制毁。民以制畏上,而上以势卑下,故下肆很触而荣于轻君之俗②,则主威分。民以法难犯上,而上以法挠慈仁③,故下明爱施而务赇纹之政④,是以法令隳⑤。尊私行以贰主威,行赇纹以疑法,听之则乱治,不听则谤主,故君轻乎位而法乱乎官,此之谓无常之国。明主之道，臣不得以行义成荣，不得以家利为功。功名所生，必出于官法；法之所外，虽有难行⑥，不以显焉；故民无以私名。设法度以齐民，信赏罚以尽能，明诽誉以劝沮⑦，名号、赏罚、法令三隅⑧，故大臣有行则尊君，百姓有功则利上，此之谓有道之国也。

**主威**

[**注释**]①示：表现出来。 ②肆：放肆、肆意。很：违逆。触：触犯（法律）。 ③挠：屈从、听从。 ④赇纹：当为"赇纳"之误，行贿受贿。 ⑤隳：毁坏。 ⑥难行：难能可贵的行为。 ⑦劝沮：劝勉和劝阻。 ⑧三隅：三方面。

# 五蠹第四十九

　　上古之世，人民少而禽兽众，人民不胜禽兽虫蛇。有圣人作①，构木为巢以避群害，而民悦之，使王天下，号之曰有巢氏②。民食果蓏蚌蛤③，腥臊恶臭而伤害腹胃，民多疾病。有圣人作，钻燧取火，以化腥臊，而民悦之，使王天下，号之曰燧人氏④。中古之世，天下大水，而鲧、禹决渎⑤。近古之世，桀、纣暴乱，而汤、武征伐。今有构木钻燧于夏后氏之世者，必为鲧、禹笑矣。有决渎于殷、周之世者，必为汤、武笑矣。然则今有美尧、舜、汤、武、禹之道于当今之世者⑥，必为新圣笑矣。是以圣人不期修古⑦，不法常可⑧，论世之事，因为之备⑨。宋人有耕者，田中有株⑩。兔走触株，折颈而死，因释其耒而守株⑪，冀复得兔⑫，兔不可复得，而身为宋国笑。今欲以先王之政，治当世之民，皆守株之类也。

[注释]①作：出现。　②号：称之为。有巢氏：传说中远古时代的君主，首创房屋建造技术，被拥立为君主。　③果蓏：瓜果的总称。蚌蛤（bàng gé）：蛤蜊。　④燧人氏：传说中远古时代的君主，人工取火的发明者。　⑤鲧（gǔn）：传说中禹的父亲。奉尧的命令治水，筑堤堵截，治水九年，未获

成功,被尧杀死在羽山。决渎:开掘沟渠,疏通江河。决,开掘。 ⑥美:美化、赞美。 ⑦期:期望。 ⑧常可:常规。 ⑨因:根据。备:完备。 ⑩株:树桩。 ⑪耒:农具,即铁锹。 ⑫冀:希冀、希望。

古者丈夫不耕①,草木之实足食也;妇人不织,禽兽之皮足衣也。不事力而养足②,人民少而财有余,故民不争。是以厚赏不行,重罚不用,而民自治。今人有五子不为多,子又有五子,大父未死而有二十五孙。是以人民众而货财寡,事力劳而供养薄,故民争,虽倍赏累罚而不免于乱③。

[注释]①丈夫:成年男子。 ②事力:从事体力劳动。 ③累:屡次。

尧之王天下也,茅茨不翦①,采椽不斲②;粝粢之食③,藜藿之羹④;冬日麑裘⑤,夏日葛衣;虽监门之服养⑥,不亏于此矣。禹之王天下也,身执耒臿以为民先,股无胈⑦,胫不生毛,虽臣虏之劳,不苦于此矣。以是言之,夫古之让天子者,是去监门之养,而离臣虏之劳也,古传天下而不足多也⑧。今之县令,一日身死,子孙累世絜驾⑨,故人重之。是以人之于让也,轻辞古之天子,难去今之县令者,薄厚之实异也。夫山居而谷汲者⑩,膢腊而相遗以水⑪;泽居苦水者,买庸而决窦⑫。故饥岁之春,幼弟不饟⑬;穰岁之秋⑭,疏客必食⑮。非疏骨肉爱过客也,多少之心异也。是以古之易财⑯,非仁也,财多也;今之争夺,非鄙也,财寡也。轻辞天子,非高也,势薄也;重争士橐⑰,非下也,权重也。故圣人议多少、论薄厚为之政,故罚薄不为慈,诛严不为戾,称俗而行也⑱。故事因于世⑲,而备适于事。

[注释]①茅茨:茅草苫的屋顶。 ②采椽:柞木做的椽子。采:通"棌",柞木。斫(zhuó):砍,此指修整。 ③粝粢:粗粮。 ④藜藿:野菜。 ⑤麑裘:泛指劣质的裘皮。 ⑥服养:指吃穿。 ⑦胈:大腿上的肌肉。 ⑧多:称赞。 ⑨絜(xié)驾:套马驾车。 ⑩谷汲:在山谷中打水。 ⑪䐑腊:泛指节日。䐑,楚国人二月节祭祀饮食神的节日。腊:夏历冬十月祭祀百神的节日。 ⑫买庸而决窦:雇佣劳力开沟排水。 ⑬禳:当作"让"。 ⑭穰:丰收。 ⑮食:请吃饭。 ⑯易:轻视。 ⑰士橐:人主的侍从。 ⑱称俗而行:依据社会状况而施政。 ⑲因:依据,引申为"决定于"。

古者文王处丰、镐之间①,地方百里,行仁义而怀西戎②,遂王天下。徐偃王处汉东③,地方五百里,行仁义,割地而朝者三十有六国。荆文王恐其害己也④,举兵伐徐,遂灭之。故文王行仁义而王天下,偃王行仁义而丧其国,是仁义用于古不用于今也。故曰:世异则事异。当舜之时,有苗不服⑤,禹将伐之。舜曰:"不可。上德不厚而行武,非道也。"乃修教三年,执干戚舞⑥,有苗乃服。共工之战⑦,铁铦短者及乎敌⑧,铠甲不坚者伤乎体。是干戚用于古不用于今也。故曰:事异则备变。上古竞于道德,中世逐于智谋,当今争于气力。齐将攻鲁,鲁使子贡说之⑨。齐人曰:"子言非不辩也,吾所欲者土地也,非斯言所谓也。"遂举兵伐鲁,去门十里以为界。故偃王仁义而徐亡,子贡辩智而鲁削。以是言之,夫仁义辩智,非所以持国也。去偃王之仁,息子贡之智,循徐、鲁之力使敌万乘⑩,则齐、荆之欲不得行于二国矣。

[注释]①丰、镐:指周民族兴起的地区。周文王的都城在丰。周武王的都城在镐,即今陕西省西安市。 ②怀:怀服。西戎:古代西北少数民族。

③徐偃王:西周穆王时期徐国的国君,自称"偃王"。徐是当时的强国,在汉水以东的小国都归附于徐。 ④荆文王:即楚文王。楚文王乃周庄王时期的楚国君主,与徐偃王相差了三百多年。徐国灭于三百年后的楚国,故曰"仁义用于古不用于今也"。 ⑤有苗:上古部族名。 ⑥执干戚舞:拿干、戚做舞具,表示不用武力而修德教。干:盾;戚:战斧。 ⑦共工:传说中的人物,相传他是尧时的水官。据《尚书》说则是古代的四凶之一,与颛顼争夺帝位。 ⑧铦(xiān):兵器名,类似锸。 ⑨子贡:孔子的学生,姓端木,名赐,字子贡。说:说服、游说。 ⑩循:依照、按照。敌:抵抗。万乘(shèng):拥有万辆兵车的大国。

夫古今异俗,新故异备。如欲以宽缓之政,治急世之民,犹无辔策而御駻马,此不知之患也①。今儒、墨皆称先王兼爱天下②,则视民如父母。何以明其然也?曰:"司寇行刑,君为之不举乐③;闻死刑之报,君为流涕。"此所举先王也。夫以君臣为如父子则必治,推是言之,是无乱父子也。人之情性莫先于父母,父母皆见爱而未必治也。君虽厚爱,奚遽不乱④?今先王之爱民,不过父母之爱子,子未必不乱也,则民奚遽治哉?且夫以法行刑而君为之流涕,此以效仁⑤,非以为治也。夫垂泣不欲刑者,仁也;然而不可不刑者,法也。先王胜其法⑥,不听其泣,则仁之不可以为治亦明矣。

[注释]①知:通"智",明智。 ②儒、墨:指儒家和墨家学派。 ③司寇:掌管司法刑狱的最高长官。不举乐:不奏乐。 ④遽:就。 ⑤效:显示。 ⑥胜:任用。

且民者固服于势①,寡能怀于义。仲尼②,天下圣人也,修行明道以游海内,海内说其仁③、美其义而为服役者七十人。盖贵仁者寡,能义者难也。故以无下之大,而为服役者七十人,而仁义者一人。鲁哀公④,下主也,南面君国⑤,境内之民莫敢不臣。民者固服于势,势诚易以服人,故仲尼反为臣,而哀公顾为君⑥。仲尼非怀其义,服其势也。故以义则仲尼不服于哀公,乘势则哀公臣仲尼。今学者之说人主也,不乘必胜之势,而务行仁义则可以王,是求人主之必及仲尼,而以世之凡民皆如列徒⑦,此必不得之数也。

[注释]①固:原本、本来。 ②仲尼:即孔子。孔姓,名丘,字仲尼。③说:同"悦",此指心悦诚服之意。 ④鲁哀公:名蒋,春秋末期鲁国君主。⑤君国:君临国政,即治国之意。 ⑥顾:反而。 ⑦列徒:孔子的列位门徒。

今有不才之子,父母怒之弗为改,乡人谯之弗为动①,师长教之弗为变。夫以父母之爱,乡人之行②,师长之智,三美加焉,而终不动,其胫毛不改。州部之吏,操官兵,推公法而求索奸人,然后恐惧,变其节③,易其行矣。故父母之爱不足以教子,必待州部之严刑者,民固骄于爱、听于威矣。故十仞之城④,楼季弗能逾者⑤,峭也;千仞之山,跛牂易牧者⑥,夷也⑦。故明王峭其法而严其刑也⑧。布帛寻常⑨,庸人不释;铄金百溢⑩,盗跖不掇⑪。不必害,则不释寻常;必害手,则不掇百溢。故明主必其诛也。是以赏莫如厚而信,使民利之;罚莫如重而必,使民畏之,法莫如一而固⑫,使民知之。故主施赏不迁⑬,行诛无赦,誉辅其赏,毁随其罚,则贤、不肖俱尽其力矣。

[注释]①谯:呵斥。 ②行:德行。 ③节:品行、节操。 ④仞:古代的高度单位,周制七尺为一仞,一说八尺。城:城墙。 ⑤楼季:战国时期魏文侯的弟弟,善于攀登跳跃。逾:跨越。 ⑥跛牂(zāng):跛脚的母羊。 ⑦夷:平。 ⑧峭:动词,使……峻峭,指严格法令。 ⑨寻常:古代的长度单位,八尺为一寻,两寻为常。 ⑩铄金:熔化成块的金子。溢:通"镒",古代的重量单位,二十两为一镒。 ⑪盗跖(zhí):即柳下跖,传说中的大盗。掇(duō):拾取。 ⑫一:统一。 ⑬迁:改变。

今则不然。其有功也爵之①,而卑其士官也②;以其耕作也赏之,而少其家业也③;以其不收也外之,而高其轻世也④;以其犯禁也罪之,而多其有勇也⑤。毁誉、赏罚之所加者,相与悖缪也⑥,故法禁坏而民愈乱。今兄弟被侵,必攻者,廉也⑦;知友被辱,随仇者,贞也⑧。廉贞之行成,而君上之法犯矣。人主尊贞廉之行,而忘犯禁之罪,故民程于勇⑨,而吏不能胜也。不事力而衣食,则谓之能;不战功而尊,则谓之贤。贤能之行成,而兵弱而地荒矣。人主说贤能之行⑩,而忘兵弱地荒之祸,则私行立而公利灭矣。

[注释]①爵:动词,封爵。 ②卑:以……为卑。士官:任官。士,通"仕",指对有功之人,授予低于其爵位的官职。 ③少:轻视,看不起。 ④不收:不肯被君主任用。高:推崇。 ⑤多:赞扬。 ⑥相与悖缪:相互违背。缪,通"谬"。 ⑦廉:方正,刚直。 ⑧贞:忠贞,有节操。 ⑨程:通"逞"。 ⑩说:同"悦"。

儒以文乱法,侠以武犯禁,而人主兼礼之①。此所以乱也。夫离法者罪②,而诸先生以文学取;犯禁者诛,而群侠以私剑养③。故法之所非,君之所取;吏之所诛,上之所养也。法、趣、上、下,四相反也④,而无所定,虽有十黄帝不能治也。故行仁义者非所誉,誉之则害功;工文学者非所用,用之则乱法。楚之有直躬⑤,其父窃羊,而谒之吏⑥。令尹曰⑦:"杀之!"以为直于君而曲于父⑧,报而罪之。以是观之,夫君之直臣,父之暴子也。鲁人从君战,三战三北⑨。仲尼问其故,对曰:"吾有老父,身死莫之养也⑩"。仲尼以为孝,举而上之⑪。以是观之,夫父之孝子,君之背臣也。故令尹诛而楚奸不上闻,仲尼赏而鲁民易降北。上下之利,若是其异也,而人主兼举匹夫之行,而求致社稷之福,必不几矣⑫。

[注释]①礼:礼遇。 ②离:通"罹",触犯。 ③养:被豢养。 ④法、趣、上、下:指上文"法之所非,君之所取;吏之所诛,上之所养"。趣:通"取"。 ⑤直躬:人名,为人正直而得名。或为韩非虚拟的人名。 ⑥谒:告发。 ⑦令尹:楚国相。 ⑧曲:不直,悖逆不孝。 ⑨北:败逃。 ⑩莫之养:倒装句,"莫养之",没有人养活他。 ⑪上之:提拔他。 ⑫不几:不会有希望。几:庶几,希望。

古者苍颉之作书也①,自环者谓之私②,背私谓之公,公私之相背也,乃苍颉固以知之矣③。今以为同利者,不察之患也。然则为匹夫计者,莫如修行义而习文学④。行义修则见信⑤,见信则受事⑥;文学习则为明师⑦,为明师则显荣;此匹夫之美也。然则无功而受事,无爵而显荣,有政如此⑧,则国必乱,主必危矣。故不相容之事,不两立也。斩敌者受赏,而高慈惠之行⑨;拔城者受爵禄,而信廉爱之说;坚甲厉兵以备难,而美荐绅之饰⑩;富国以农,距敌恃卒⑪，而贵文学之士；废敬上畏法之民，而养游侠私剑之属。举行如此⑫，治强不可得也。国平养儒侠⑬，难至用介士⑭，所利非所用，所用非所利。是故服事者简其业⑮，而游学者日众，是世之所以乱也。

[注释]①苍颉：又作仓颉，传说中黄帝的史官，汉字的创造者。作书：造字。　②自环：自营，为自己打算。私：《说文》作"厶"，古字写作圆环状，所以说"自环"谓之私。公：按照古时的造字法，公字从"八"，从"厶"，"八"即"背"，相违背之意，公与私相违背也。　③以：同"已"，已经。　④行义：同"行谊"，品行与道义。　⑤见：被。　⑥受事：接受任用。　⑦习：习得，掌握。明师：尊师，被尊崇的师傅。　⑧有：助词，无意义。　⑨高：推崇。⑩荐绅之饰：荐绅的装束，代指荐绅。荐绅，又作搢绅、缙绅，本指一种宽衣博带的服装，代指习惯于穿此类服饰的儒学之士。　⑪恃：依靠。　⑫举行：举止行为，此指政治措施。　⑬平：太平。　⑭难：战乱等灾难。介士：甲士。⑮简：简慢、懈怠。

且世之所谓贤者，贞信之行也；所谓智者，微妙之言也①。微妙之言，上智之所难知也②。今为众人法，而以上智之所难知，则民无从识之矣。故糟糠不饱者不务粱肉③，短褐不完者不待文绣④。夫治世之事，急者不得，则缓者非所务也。今所治之政，民间之事，夫妇所明知者不用⑤，而慕上知之论，则其于治反矣。故微妙之言，非民务也。若夫贤良贞信之行者⑥，必将贵不欺之士；贵不欺之士者，亦无不欺之术也。布衣相与交⑦，无富厚以相利，无威势以相惧也，故求不欺之士。今人主处制人之势，有一国之厚，重赏严诛，得操其柄，以修明术之所烛⑧，虽有田常、子罕之臣⑨，不敢欺也，奚待于不欺之士？今贞信之士不盈于十,而境内之官以百数,必任贞信之士,则人不足官⑩。人不足官,则治者寡而乱者众矣。故明主之道,一法而不求智,固术而不慕信,故法不败,而群官无奸诈矣。

[注释]①微妙之言:深奥玄妙的言辞。 ②上知:上等智慧的人。知:知晓。 ③务:致力于,追求。粱肉:上等的米和肉,泛指精美的食物。 ④完:完备。文绣:有精美文饰的丝织品,泛指精美的衣物。 ⑤夫妇:匹夫匹妇,指普通百姓。 ⑥贤:动词,以……为贤。 ⑦交:交往。 ⑧修明:处理好,处理明白。术之所烛:治术所洞察的事物。烛:照明、洞察之意。 ⑨田常:即田成子。子罕:又称司城子罕,战国时期宋国人,姓乐,名喜,宋平公时曾执国政,曾劫杀宋桓侯,夺取了政权。 ⑩官:动词,任用为官。

今人主之于言也,说其辩而不求其当焉①;其用于行也,美其声而不责其功焉②。是以天下之众,其谈言者务为辩而不周于用③,故举先王言仁义者盈廷④,而政不免于乱;行身者竞于为高而不合于功,故智士退处岩穴⑤,归禄不受,而兵不免于弱,政不免于乱,此其故何也?民之所誉,上之所礼,乱国之术也。今境内之民皆言治,藏商、管之法者家有之⑥,而国愈贫,言耕者众,执耒者寡也⑦;境内皆言兵,藏孙、吴之书者家有之⑧,而兵愈弱,言战者多,被甲者少也⑨。故明主用其力,不听其言;赏其功,必禁无用。故民尽死力以从其上。夫耕之用力也劳,而民为之者,曰:可得以富也;战之为事也危,而民为之者,曰:可得以贵也。今修文学,习言谈,则无耕之劳而有富之实,无战之危而有贵之尊,则人孰不为也?是以百人事智而一人用力⑩。事智者众,则法败;用力者寡,则国贫;此世之所以乱也。

[注释]①说:同"悦"。当:恰当、适当。 ②功:功用。 ③不周:不切合。 ④盈:充满。 ⑤退处岩穴:指隐身世外。 ⑥商、管:商鞅、管仲。⑦执耒者:指拿着农具的农民。 ⑧孙、吴:孙武、吴起。 ⑨被甲:披甲。⑩事:从事。

故明主之国,无书简之文,以法为教;无先王之语,以吏为师;无私剑之捍①,以斩首为勇。是境内之民,其言谈者必轨于法②,动作者归之于功③,为勇者尽之于军。是故无事则国富,有事则兵强,此之谓王资。既畜王资,而承敌国之釁④,超五帝侔三王者⑤,必此法也。

[注释]①私剑:私斗之剑。捍:彪悍。 ②轨:规范。 ③动作者:指从事劳作者。功:事功,指农耕。 ④釁:同"衅",嫌隙、缝隙。 ⑤侔:并列。

今则不然,士民纵恣于内①,言谈者为势于外,外内称恶②,以待强敌,不亦殆乎③!故群臣之言外事者,非有分于从衡之党④,则有仇雠之忠,而借力于国也。从者,合众弱以攻一强也;而衡者,事一强以攻众弱也;皆非所以持国也。今人臣之言衡者,皆曰:"不事大,则遇敌受祸矣。"事大未必有实则举图而委⑤,效玺而请兵矣⑥。献图则地削,效玺则名卑,地削则国削,名卑则政乱矣。事大为衡,未见其利也,而亡地乱政矣。人臣之言从者,皆曰:"不救小而伐大,则失天下⑦,失天下则国危,国危而主卑。"救小未必有实,则起兵而敌大矣。救小未必能存,而交大未必不有疏,有疏则为强国制矣。出兵则军败,退守则城拔⑧。救小为从,未见其利,而亡地败军矣。是故事强,则以外权士官于内⑨；救小，则以内重求利于外⑩。国利未立，封土厚禄至矣；主上虽卑，人臣尊矣；国地虽削，私家富矣。事成，则以权长重⑪；事败，则以富退处。人主之听说于其臣，事未成则爵禄已尊矣；事败而弗诛，则游说之士孰不为用矰缴之说而徼幸其后⑫？故破国亡主以听言谈者之浮说。此其故何也？是人君不明乎公私之利，不察当否之言，而诛罚不必其后也⑬。皆曰："外事，大可以王，小可以安。"夫王者，能攻人者也；而安，则不可攻也。强，则能攻人者也；治，则不可攻也。治强不可责于外，内政之有也。今不行法术于内，而事智于外，则不至于治强矣。

[注释]①士民：儒士和游侠。 ②称：对称，并行。 ③殆：危险。 ④有分：有名分，含有"参与"之意。从衡：纵横，即合纵、连横。 ⑤事大：侍奉大国。举图而委：拿着国家的地图而委身强国。委：交付。 ⑥效玺：献出玉玺。玺：国君的印章。 ⑦失天下：失信于天下。 ⑧城拔：城池被攻破。拔：被动用法。 ⑨士：同"仕"，任用官吏。 ⑩内重：在内提高自己的势力。 ⑪长：增加。 ⑫矰缴：一种带有丝绳的箭，用矰缴射鸟，射中，可顺绳找回猎物，射不中亦可找回箭。比喻纵横家用以猎取功名的虚言。徼(jiǎo)幸：同"侥幸"。 ⑬必：坚定，坚决。

鄙谚曰："长袖善舞，多钱善贾①。"此言多资之易为工也②。故治强易为谋③，弱乱难为计。故用于秦者，十变而谋希失④；用于燕者，一变而计希得。非用于秦者必智，用于燕者必愚也，盖治乱之资异也⑤。故周去秦为从⑥，期年而举⑦；卫离魏为衡⑧，半岁而亡。是周灭于从，卫亡于衡也。使周、卫缓其从衡之计，而严其境内之治，明其法禁，必其赏罚，尽其地力以多其积，致其民死以坚其城守⑨,天下得其地则其利少,攻其国则其伤大,万乘之国莫敢自顿于坚城之下⑩,而使强敌裁其弊也⑪,此必不亡之术也。舍必不亡之术而道必灭之事,治国者之过也。智困于内而政乱于外,则亡不可振也⑫。

[注释]①贾:做买卖。 ②工:功,功用。 ③治强:治理、强大。④希:同"稀",很少。 ⑤资:资本。 ⑥去秦为从:脱离秦国而参加合纵。从:同"纵",指东方各国合纵攻秦。 ⑦期年:一周年。举:拔,被攻陷。⑧衡:连横。 ⑨致:招致,指率其民拼死抵抗。 ⑩顿:困顿。 ⑪裁:判断。弊:坏处。 ⑫振:救济。

民之政计①,皆就安利如辟危穷②。今为之攻战,进则死于敌,退则死于诛,则危矣。弃私家之事而必汗马之劳,家困而上弗论,则穷矣。穷危之所在也,民安得勿避?故事私门而完解舍③,解舍完则远战④,远战则安。行货赂而袭当涂者则求得⑤,求得则私安,私安则利之所在,安得勿就?是以公民少而私人众矣。

[注释]①政计:通"正计",通常的打算。 ②就:接近。如:而。辟:即"避"。 ③完:备,具备。解舍:解除、免除(徭役)。 ④远战:远离战争。⑤袭:依附。当涂:当权者。

夫明王治国之政,使其商工游食之民少,而名卑以寡,趣本务而趋末作①。今世近习之请行②,则官爵可买;官爵可买,则商工不卑也矣。奸财货贾得用于市③,则商人不少矣。聚敛倍农而致尊过耕战之士,则耿介之士寡而高价之民多矣④。

[注释]①趣:趋也。本务:本业,指农业。趋末作:当为"外末作"。末作,指工商业。 ②请:请托。 ③奸财货贾:指投机的商业活动。 ④耿介之士:光明正直之士。

是故乱国之俗:其学者,则称先王之道以籍仁义①,盛容服而饰辩说,以疑当世之法,而贰人主之心②。其言古者,为设诈称借于外力③,以成其私,而遗社稷之利④。其带剑者,聚徒属,立节操,以显其名,而犯五官之禁⑤。其患御者⑥,积于私门,尽货赂,而用重人之谒⑦,退汗马之劳。其商工之民,修治苦窳之器⑧,聚弗靡之财⑨,蓄积待时,而侔农夫之利⑩。此五者,邦之蠹也。人主不除此五蠹之民,不养耿介之士,则海内虽有破亡之国,削灭之朝,亦勿怪矣。

[注释]①籍:藉,借助也。 ②贰:使……不专一、惑乱、动摇。 ③为设诈称:伪造事实,说谎弄假。 ④遗:遗弃。 ⑤五官之禁:即国家的法令。五官,指司徒、司马、司空、司士、司寇。 ⑥患御者:重臣私门的党羽。一说那些依托重臣的庇护逃避国家兵役之人。 ⑦谒:请托。 ⑧苦窳:粗劣。 ⑨弗靡之财:即"浮靡之财",指可以通过交流获利的不实用的奢靡之物。 ⑩侔:通"牟",牟取。

# 显学第五十

世之显学①,儒、墨也。儒之所至,孔丘也②。墨之所至,墨翟也③。自孔子之死也,有子张之儒④,有子思之儒⑤,有颜氏之儒⑥,有孟氏之儒⑦,有漆雕氏之儒⑧,有仲良氏之儒⑨,有孙氏之儒⑩,有乐正氏之儒⑪。自墨子之死也,有相里氏之墨⑫,有相夫氏之墨⑬,有邓陵氏之墨⑭。故孔、墨之后,儒分为八,墨离为三,取舍相反不同,而皆自谓真孔、墨,孔、墨不可复生,将谁使定后世之学乎⑮?孔子、墨子俱道尧、舜⑯,而取舍不同,皆自谓真尧、舜,尧、舜不复生,将谁使定儒、墨之诚乎⑰?殷、周七百馀岁,虞、夏二千馀岁,而不能定儒、墨之真;今乃欲审尧、舜之道于三千岁之前,意者其不可必乎⑱!无参验而必之者,愚也;弗能必而据之者,诬也。

[注释]①显学:著名的学说、学派。 ②至:极至。孔丘:即孔子(公元前551~前479年),姓孔,名丘,字仲尼。春秋末年鲁国陬邑人,思想家、教育家,儒家学派的创始人。 ③墨翟(dí):战国时期鲁国人,曾任宋大夫,墨家学派创始人。 ④子张:即颛孙师,姓颛孙,名师,字子张。春秋时期陈国人,孔子的弟子。 ⑤子思:姓孔,名伋,字子思。孔子的孙子。相传《中庸》即为

其作。　⑥颜氏：指以颜回为代表的早期儒学中鲁国曲阜颜氏家学一派。颜回：姓颜，名回，字子渊，家贫好学，有德行，早卒。　⑦孟氏：即孟子。姓孟，名轲，字子舆，战国邹人。为子思的再传弟子，是孔子创立的儒家学派的最主要的继承人，最具代表性的权威学者。　⑧漆雕氏：即漆雕开，姓漆雕，名启，字子开。汉代人避汉景帝刘启之讳，故称漆雕开，孔子弟子。　⑨仲良氏：疑为仲梁子，战国时期鲁国人。　⑩孙氏：一说作"公孙氏"，即公孙尼子。一说即"公孙龙"，字子石，孔子弟子。　⑪乐正氏：姓乐正，字子春，曾参弟子；一说指孟子弟子乐正克。　⑫相里氏：指相里勤，姓相里，名勤，北方墨家学派的代表。　⑬相夫氏：一作"伯夫氏"，或"胡非氏"。　⑭邓陵氏：一作"乡陵氏"，南方墨家学派的代表。　⑮谁使：使谁。　⑯道：称道，此指自称尧舜之意。　⑰诚：真。　⑱意者：想来。必：肯定。

　　故明据先王，必定尧、舜者，非愚则诬也①。愚诬之学，杂反之行，明主弗受也。墨者之葬也，冬日冬服，夏日夏服，桐棺三寸②，服丧三月，世主以为俭而礼之。儒者破家而葬，服丧三年，大毁扶杖③，世主以为孝而礼之。夫是墨子之俭，将非孔子之侈也④；是孔子之孝，将非墨子之戾也⑤。今孝戾、侈俭俱在儒、墨，而上兼礼之。漆雕之议：不色挠，不目逃，行曲则违于臧获⑥，行直则怒于诸侯，世主以为廉而礼之⑦。宋荣子之议：设不斗争，取不随仇，不羞囹圄⑧，见侮不辱，世主以为宽而礼之。夫是漆雕之廉，将非宋荣之恕也；是宋荣之宽，将非漆雕之暴也。今宽廉、恕暴俱在二子⑨，人主兼而礼之。自愚诬之学、杂反之辞争，而人主俱听之，故海内之士，言无定术，行无常议⑩。夫冰炭不同器而久，寒暑不兼时而至，杂反之学不两立而治，今兼听杂学缪行同异之辞⑪，安得无乱乎？听行如此，其于治人又必然矣。

[注释]①诬:欺骗。 ②桐棺:桐木做的棺材。 ③大毁扶杖:居丧期间悲痛得形体憔悴,须拄拐杖才能行走。 ④是:肯定,赞许。非:否定、批评。 ⑤戾:违背,指违背进孝的常理,即指不孝。 ⑥臧获:奴隶。 ⑦廉:方正。 ⑧囹圄:牢狱。 ⑨恕:宽容,宽恕。 ⑩议:通"仪",标准。 ⑪缪:通"谬"。

今世之学士语治者,多曰:"与贫穷地以实无资①。"今夫与人相若也,无丰年旁入之利而独以完给者,非力则俭也。与人相若也,无饥馑、疾疢、祸罪之殃独以贫穷者,非侈则惰也②。侈而惰者贫,而力而俭者富。今上征敛于富人以布施于贫家,是夺力俭而与侈惰也。而欲索民之疾作而节用,不可得也。

[注释]①与:给予。实:充实。无资:指无地的贫民。 ②侈:奢侈。惰:懒惰。

今有人于此,义不入危城①,不处军旅,不以天下大利易其胫一毛②,世主必从而礼之,贵其智而高其行③,以为轻物重生之士也。夫上所以陈良田大宅④、设爵禄,所以易民死命也。今上尊贵轻物重生之士,而索民之出死而重殉上事⑤,不可得也。藏书策⑥、习谈论、聚徒役、服文学而议说,世主必从而礼之,曰:"敬贤士,先王之道也。"夫吏之所税⑦,耕者也;而上之所养,学士也。耕者则重税,学士则多赏,而索民之疾作而少言谈⑧,不可得也。立节参民⑨,执操不侵,怨言过于耳必随之以剑,世主必从而礼之,以为自好之士。夫斩首之劳不赏,而家斗之勇尊显⑩,而索民之疾战距敌而无私斗⑪,不可得也。国平则养儒、侠,难至则用介士⑫,所养者非所用,所用者非所养,此所以乱也。且夫人主于听学也,若是其言,宜布之官而用其身,若非其言,宜去其身而息其端⑬。今以为是也而弗布于官,以为非也而不息其端,是而不用,非而不息,乱亡之道也。

[注释]①义:认为,主张。 ②易:交换。 ③高:动词,崇尚。 ④陈:设置。 ⑤重:以……为重。殉:殉职。 ⑥书策:指儒家典籍。 ⑦税:征税。 ⑧疾作:尽力于农耕。 ⑨立节参民:当《五蠹》篇称带剑者"立节操以显名"之意。 ⑩家斗之勇:指剑客私勇斗狠。 ⑪距:通"拒"。 ⑫介士:甲士。 ⑬息其端:平息其祸端。端,始。

澹台子羽①,君子之容也②,仲尼几而取之③,与处久而行不称其貌④。宰予之辞⑤,雅而文也,仲尼几而取之,与处而智不充其辩⑥。故孔子曰:"以容取人乎,失之子羽;以言取人乎,失之宰予。"故以仲尼之智而有失实之声⑦。今之新辩滥乎宰予⑧,而世主之听眩乎仲尼,为悦其言,因任其身,则焉得无失乎?是以魏任孟卯之辩而有华下之患⑨,赵任马服之辩而有长平之祸⑩;此二者,任辩之失也。夫视锻锡而察青黄⑪,区冶不能以必剑⑫;水击鹄雁,陆断驹马,则臧获不疑钝利⑬。发齿吻形容⑭,伯乐不能以必马⑮;授车就驾而观其末途,则臧获不疑驽良⑯。观容服,听辞言,仲尼不能以必士;试之官职,课其功伐⑰,则庸人不疑于愚智。故明主之吏,宰相必起于州部⑱,猛将必发于卒伍。夫有功者必赏,则爵禄厚而愈劝⑲;迁官袭级,则官职大而愈治。夫爵禄大而官职治,王之道也。

[注释]①澹(tán)台子羽:姓澹台,字子羽,春秋时期鲁国人,孔子弟子。②容:外表。 ③几:几乎,近于。 ④称:相称。 ⑤宰予:春秋末年鲁国人,孔子弟子,字子我,亦称宰我,曾任齐国大夫。 ⑥充:充满,此指相符和。 ⑦声:名。 ⑧新辩:新的辩说之士。滥:超过。 ⑨孟卯:即芒卯,战国时期魏国魏安厘(xǐ)王的大将。华下之患:指魏国在华阳的失败。公元前273年,赵、魏联合攻打韩国的华阳,秦国大将白起率兵援助韩国,打败魏将孟卯,斩首十三万,魏国被迫割地求和。 ⑩马服:即马服君,赵国大将赵奢的封号。赵奢死后,其子赵括继承封号,此指其子赵括。长平之祸:公元前261年,赵国大将廉颇与秦国大将白起在长平对峙,第二年,赵孝成王用只会纸上谈兵的赵括取代廉颇,赵括一改廉颇固守不出的战术,大举出击,结果被白起用重兵包围,赵括战死,损兵四十五万。 ⑪锻锡:古代冶炼青铜时,用铜、铅、锡按比例调配,锡的含量,决定器物的色泽和硬度,下文所谓"青黄",即指冶炼的火候。 ⑫区(ōu)冶:即欧冶子,春秋时期越国人,以善于铸剑而闻名。必:确定,断定。 ⑬臧获:奴仆。 ⑭发齿吻形容:指看马的口齿和体形。 ⑮伯乐:春秋时期著名的相马专家。相传姓孙,名阳,字伯乐。 ⑯驽良:即优劣。驽:驽马,即劣马。 ⑰功伐:功劳。 ⑱州部:指基层政权。 ⑲劝:劝勉,努力。

磐石千里,不可谓富;象人百万,不可谓强①。石非不大,数非不众也,而不可谓富强者,磐不生粟,象人不可使距敌也②。今商官技艺之士亦不垦而食,是地不垦与磐石一贯也③。儒侠毋军劳显而荣者④,则民不使,与象人同事也。夫祸知磐石象人⑤,而不知祸商官儒侠为不垦之地、不使之民,不知事类者也⑥。故敌国之君王虽说吾义⑦,吾弗入贡而臣;关内之侯虽非吾行,吾必使执禽而朝⑧。是故力多则人朝,力寡则朝于人,故明君务力。夫严家无悍虏⑨,而慈母有败子,吾以此知威势之可以禁暴,而德厚之不足以止乱也。

[注释]①象人:木偶、陶俑。 ②距:通"拒"。 ③一贯:一样的性质。 ④毋:无,没有。 ⑤祸知磐石象人:知道磐石和象人的祸害。 ⑥类:法则。 ⑦说:同"悦"。说吾义:欣赏我们行义。 ⑧禽:古代朝见时所拿的作为礼物的鸟兽。禽,泛指一般的禽兽。 ⑨悍虏:剽悍的奴仆。虏:奴仆。

夫圣人之治国,不恃人之为吾善也,而用其不得为非也。恃人之为吾善也,境内不什数;用人不得为非,一国可使齐。为治者用众而舍寡,故不务德而务法。夫必恃自直之箭,百世无矢;恃自圜之木①,千世无轮矣。自直之箭、自圜之木,百世无有一,然而世皆乘车射禽者何也?隐栝之道用也②。虽有不恃隐栝而有自直之箭、自圜之木,良工弗贵也③,何则?乘者非一人,射者非一发也。不恃赏罚而恃自善之民,明主弗贵也,何则?国法不可失,而所治非一人也。故有术之君,不随适然之善④,而行必然之道。今或谓人曰:"使子必智而寿",则世必以为狂⑤。夫智、性也,寿、命也,性命者,非所学于人也,而以人之所不能为说人⑥,此世之所以谓之为狂也。谓之不能,然则是谕也⑦。夫谕、性也。以仁义教人,是以智与寿说人也⑧,有度之主弗受也。故善毛啬、西施之美⑨,无益吾面,用脂泽粉黛则倍其初。言先王之仁义,无益于治,明吾法度,必吾赏罚者亦国之脂泽粉黛也⑩。故明主急其助而缓其颂,故不道仁义。

[注释]①圜:同"圆"。 ②隐栝:矫正曲木的工具。 ③贵:看重。④适然:偶然。 ⑤狂:通"诳",骗人,此指谎言。 ⑥说:同"悦"。 ⑦谕:阿谀,奉承。 ⑧说:悦。 ⑨善:称赞。毛嫱、西施:古代越国的两位美女。⑩必:坚定。

今巫祝之祝人曰①:"使若千秋万岁②。"千秋万岁之声聒耳③,而一日之寿无征于人④,此人所以简巫祝也⑤。今世儒者之说人主,不言今之所以为治,而语已治之功;不审官法之事,不察奸邪之情,而皆道上古之传,誉先王之成功。儒者饰辞曰:"听吾言则可以霸王。"此说者之巫祝,有度之主不受也。故明主举实事,去无用;不道仁义,故不听学者之言⑥。今不知治者必曰:"得民之心。"欲得民之心而可以为治,则是伊尹、管仲无所用也⑦,将听民而已矣。民智之不可用,犹婴儿之心也。夫婴儿不剔首则腹痛⑧,不揊痤则浸益⑨,剔首、揊痤必一人抱之,慈母治之,然犹啼呼不止,婴儿子不知犯其所小苦致其所大利也。今上急耕田垦草以厚民产也,而以上为酷;修刑重罚以为禁邪也,而以上为严;征赋钱粟以实仓库且以救饥馑备军旅也,而以上为贪;境内必知介而无私解⑩,并力疾斗,所以禽虏也,而以上为暴。此四者所以治安也,而民不知悦也。夫求圣通之士者,为民知之不足师用⑪。昔禹决江浚河而民聚瓦石⑫,子产开亩树桑郑人谤訾⑬。禹利天下,子产存郑⑭,皆以受谤,夫民智之不足用亦明矣。故举士而求贤智,为政而期适民⑮,皆乱之端,未可与为治也。

[注释]①祝:占卜等预测。 ②若:你。 ③聒耳:嘈杂乱人耳。

④征:征验。　⑤简:轻慢、怠慢。　⑥故:通"固",本来。　⑦管仲:春秋前期政治家。名夷吾,字仲。辅佐桓公实现霸业。　⑧腹痛:当作"复痛",婴儿头上生疮,不剃头就会更加疼痛。　⑨揊(pì):挤压脓疮。痤:疖子。浸益:扩大。　⑩介:铠甲,此指军事。私解:私自开解(逃避兵役)。　⑪知:同"智"。师用:效法、采用。　⑫浚:疏通。　⑬子产:即公孙侨,春秋时期郑国执政之卿。谤訾:诽谤、谩骂。　⑭存:保全。　⑮适:迎合。

# 忠孝第五十一

天下皆以孝悌忠顺之道为是也,而莫知察孝悌忠顺之道而审行之,是以天下乱。皆以尧、舜之道为是而法之①,是以有弑君,有曲父②。尧、舜、汤、武或反君臣之义,乱后世之教者也。尧为人君而君其臣,舜为人臣而臣其君,汤、武为人臣而弑其主、刑其尸③,而天下誉之,此天下所以至今不治者也。夫所谓明君者,能畜其臣者也④;所谓贤臣者,能明法辟、治官职以戴其君者也⑤。今尧自以为明而不能以畜舜,舜自以为贤而不能以戴尧,汤、武自以为义而弑其君长,此明君且常与而贤臣且常取也。故至今为人子者有取其父之家,为人臣者有取其君之国者矣。父而让子,君而让臣,此非所以定位一教之道也⑥。臣之所闻曰:"臣事君,子事父,妻事夫,三者顺则天下治,三者逆则天下乱,此天下之常道也,明王贤臣而弗易也⑦。"则人主虽不肖,臣不敢侵也。今夫上贤任智无常⑧,逆道也;而天下常以为治,是故田氏夺吕氏于齐⑨,戴氏夺子氏于宋⑩。此皆贤且智也,岂愚且不肖乎?是废常、上贤则乱,舍法、任智则危。故曰:"上法而不上贤。"

[注释]①法:效法。　②曲:不直,此指不孝。　③刑:用刑。　④畜:饲养,此指驾驭、驯服。　⑤辟(bì):法。戴:拥戴。　⑥定位一教:确立等级地位、统一名分标准。　⑦易:改变。　⑧上贤:尚贤,崇尚贤人。无常:无常道,即指上文"臣事君,子事父,妻事夫"。　⑨吕氏:齐国的始祖为姜尚,又称吕望。公元前481年,齐国执政大臣田常杀死吕姓的齐国君主齐简公,立简公之弟为平公,到公元前386年,周王室承认田氏的诸侯地位,田氏代替吕氏成为齐国国君,史称"田氏代齐"。　⑩戴氏:指司城子罕。宋国是商纣王庶兄微子启的封地,商族为子姓,故曰子氏之宋。公元前255年司城子罕杀死宋桓侯自立为君。

记曰:"舜见瞽瞍①,其容造焉②。"孔子曰:"当是时也,危哉!天下岌岌③,有道者,父固不得而子,君固不得而臣也。"臣曰④:孔子本未知孝悌忠顺之道也。然则有道者,进不得为臣主,退不得为父子耶?父之所以欲有贤子者,家贫则富之,父苦则乐之;君之所以欲有贤臣者,国乱则治之,主卑则尊之。今有贤子而不为父,则父之处家也苦;有贤臣而不为君,则君之处位也危。然则父有贤子,君有贤臣,适足以为害耳,岂得利焉哉!所谓忠臣不危其君,孝子不非其亲,今舜以贤取君之国,而汤、武以义放弑其君,此皆以贤而危主者也,而天下贤之。古之烈士⑤,进不臣君,退不为家,是进则非其君,退则非其亲者也。且夫进不臣君,退不为家,乱世绝嗣之道也⑥。是故贤尧、舜、汤、武而是烈士⑦,天下之乱术也。瞽瞍为舜父而舜放之⑧,象为舜弟而杀之⑨。放父杀弟,不可谓仁;妻帝二女而取天下⑩,不可谓义。仁义无有,不可谓明。《诗》云:"普天之下,莫非王土,率土之滨,莫非王臣。"信若《诗》之言也⑪,是舜出则臣其君,入则臣其父,妾其母,妻其主女也⑫。故烈士内不为家,乱世绝嗣;而外矫于君⑬,朽骨烂肉,施于土地⑭,流于川谷,不避蹈水火⑮,使天下从而效之,是天下遍死而愿夭也⑯,此皆释世而不治是也。世之所为烈士者,虽众独行,取异于人,为恬淡之学而理恍惚之言⑰。臣以为恬淡,无用之教也;恍惚,无法之言也。言出于无法,教出于无用者,天下谓之察⑱。臣以为人生必事君养亲,事君养亲不可以恬淡之人,必以言论忠信法术。言论忠信法术不可以恍惚。恍惚之言,恬淡之学,天下之惑术也。孝子之事父也,非竞取父之家也⑲;忠臣之事君也,非竞取君之国也。夫为人子而常誉他人之亲曰:"某子之亲,夜寝早起,强力生财以养子孙臣妾⑳,"是诽谤其亲者也。为人臣常誉先王之德厚而愿之㉑,是诽谤其君者也。非其亲者知谓之不孝,而非其君者天下贤之,此所以乱也。故人臣毋称尧、舜之贤,毋誉汤、武之伐㉒,毋言烈士之高,尽力守法,专心于事主者为忠臣。

[注释]①瞽瞍:舜的父亲。 ②造焉:通"蹙然",局促不安的样子。③岌岌:危险的样子。 ④臣:韩非自称。 ⑤烈士:指隐居不仕之士。《诡使》篇:"好名义,不进仕者,世谓之烈士。"⑥绝嗣:断绝家族的后世子孙。⑦是:肯定、赞赏。 ⑧放:流放。 ⑨象:传说中舜同父异母的弟弟。⑩妻帝二女:传说中舜娶了尧的两个女儿为妻。一曰娥皇,一曰女英。⑪信若:果真如。 ⑫妾:奴婢,动词,以……为奴婢。妻:动词,以……为妻。⑬矫:假托、诈称,此指不听从君主之意。 ⑭施:散播。 ⑮蹈:当为衍文。⑯愿夭:羡慕早亡。 ⑰恬淡之学、恍惚之言:主张恬淡寡欲而言论抽象玄虚不可捉摸的学说,此指道家之学。 ⑱察:深刻奥妙、洞察入微。 ⑲竞:争夺。 ⑳臣妾:指男女奴婢。 ㉑愿:羡慕。 ㉒伐:功劳。

古者黔首悗密蠢愚①,故可以虚名取也②。今民儇衒智慧③,欲自用,不听上,上必且劝之以赏④,然后可进;又且畏之以罚,然后不敢退。而世皆曰:"许由让天下⑤,赏不足以劝;盗跖犯刑赴难⑥,罚不足以禁。"臣曰:未有天下而无以天下为者,许由是也;已有天下而无以天下为者,尧、舜是也;毁廉求财⑦,犯刑趋利,忘身之死者,盗跖是也。此二者,殆物也⑧。治国用民之道也,不以此二者为量⑨。治也者,治常者也;道也者,道常者也⑩。殆物妙言,治之害也。天下太平之士,不可以赏劝也;天下太平之士,不可以刑禁也。然为太上士不设赏,为太下士不设刑,则治国用民之道失矣。故世人多不言国法而言从横⑪。诸侯言从者曰:"从成必霸",而言横者曰"横成必王",山东之言从横未尝一日而止也,然而功名不成,霸王不立者,虚言非所以成治也。王者独行谓之王,是以三王不务离合⑫,而止五霸不待从横⑬,察治内以裁外而已矣⑭。

[注释]①黔首:指百姓。悗密:勤勉刻苦。悗,通"侥"。 ②取:骗取。 ③儇衒(xuān xiòng):轻薄狡猾。 ④劝:鼓励。 ⑤许由:传说中的古代隐士。相传尧将君位让给他,他逃到箕山之下,农耕而食。 ⑥盗跖(zhí):跖,一作"蹠"。相传为春秋末年民众造反领袖。或说为鲁国人,乃柳下惠之弟。旧时诬称为"盗跖"。 ⑦毁廉:败坏廉洁。 ⑧此二者:指许由轻视权位和盗跖不惧危难的两种行为。殆:败坏。 ⑨量:量度、标准。 ⑩道:导。 ⑪从横:同"纵横",下同。 ⑫三王:指夏、商、周三国的开国君主,夏禹、商汤、周武王。不务离合:不致力于离合诸侯的谋划。 ⑬五霸:指春秋五霸,即齐桓公、晋文公、楚庄王、吴王夫差、越王勾践。一说五霸为:齐桓公、晋文公、楚庄王、秦穆公、宋襄公。 ⑭裁:裁定,此指控制。

# 人主第五十二

　　人主之所以身危国亡者,大臣太贵,左右太威也。所谓贵者,无法而擅行,操国柄而便私者也①。所谓威者,擅权势而轻重者也②。此二者,不可不察也。夫马之所以能任重引车致远道者,以筋力也③。万乘之主、千乘之君所以制天下而征诸侯者,以其威势也。威势者,人主之筋力也。今大臣得威,左右擅势,是人主失力;人主失力而能有国者,千无一人。虎豹之所以能胜人执百兽者,以其爪牙也,当使虎豹失其爪牙④,则人必制之矣。今势重者,人主之爪牙也,君人而失其爪牙,虎豹之类也。宋君失其爪牙于子罕⑤,简公失其爪牙于田常⑥,而不蚤夺之⑦,故身死国亡。今无术之主皆明知宋、简之过也,而不悟其失,不察其事类者也。

　　[注释]①便:利也。　②轻重:轻者可使重,重者可使轻,指可任意使用权势。　③筋力:筋骨的力量,指强壮的体格。　④当使:倘若、假使。　⑤宋君:宋国的君主,此指宋桓侯。子罕:又称司城子罕,战国时期宋国人,姓乐,名喜,宋平公时曾执国政,曾劫杀宋桓侯,夺取了政权。　⑥简公:指齐简公。田常:又称田成,田成子,齐国大夫,发动政变杀死效忠国君的大夫宰予

及齐简公,篡夺了齐国的君权。　⑦蚤:早。

　　且法术之士与当涂之臣①,不相容也。何以明之?主有术士,则大臣不得制断②,近习不敢卖重③;大臣、左右权势息,则人主之道明矣。今则不然,其当涂之臣得势擅事以环其私④,左右近习朋党比周以制疏远⑤,则法术之士奚时得进用,人主奚时得论裁⑥?故有术不必用,而势不两立,法术之士焉得无危?故君人者非能退大臣之议,而背左右之讼,独合乎道言也,则法术之士安能蒙死亡之危而进说乎?此世之所以不治也。明主者,推功而爵禄⑦,称能而官事⑧,所举者必有贤,所用者必有能,贤能之士进,则私门之请止矣。夫有功者受重禄,有能者处大官,则私剑之士安得无离于私勇而疾距敌⑨,游宦之士焉得无挠于私门而务于清洁矣⑩?此所以聚贤能之士,而散私门之属也。今近习者不必智,人主之于人也或有所知而听之,入因与近习论其言⑪,听近习而不计其智⑫,是与愚论智也。其当涂者不必贤,人主之于人或有所贤而礼之,入因与当途者论其行,听其言而不用贤,是与不肖论贤也。故智者决策于愚人,贤士程行于不肖⑬,则贤智之士奚时得用,而人主之明塞矣。昔关龙逢说桀而伤其四肢⑭,王子比干谏纣而剖其心⑮,子胥忠直夫差而诛于属镂⑯。此三子者,为人臣非不忠,而说非不当也,然不免于死亡之患者,主不察贤智之言,而蔽于愚不肖之患也。今人主非肯用法术之士,听愚不肖之臣,则贤智之士孰敢当三子之危而进其智能者乎⑰?此世之所以乱也。

[**注释**]①当涂:当权、当国者,指君主身边的权贵。 ②制断:即上文的"擅断"。 ③近习:君主身边的近臣。卖重:卖弄权势。 ④环:经营。 ⑤制疏远:抑制与君主疏远的人。 ⑥裁:哉。 ⑦爵:动词,赐予爵禄。 ⑧官事:授予官职。 ⑨距:通"拒",抵抗,抗击。 ⑩游宦之士:指依靠游说取得官职的人。挠于私门:以侍奉(贿赂)私门为烦扰。挠,烦扰,烦劳。清洁:清廉。 ⑪入:进入内廷。因:于是。 ⑫听近习而不计其智:听从近习的意见而不考虑智者的建议。 ⑬程:衡量,评判。 ⑭关龙逄(páng):夏末大臣。因强谏夏桀而遭杀害,被视为诤臣的典范。说桀:向夏桀进言。 ⑮比干:商纣王叔父,商王文丁之子,故又称王子比干。因屡谏商纣王被剖心而死。 ⑯夫差:吴王夫差。属镂:吴国著名的宝剑名。 ⑰当:冒着。

# 饬令第五十三

饬令则法不迁①，法平则吏无奸。法已定矣，不以善言售法②。任功则民少言，任善则民多言。行法曲断③，以五里断者王，以九里断者强，宿治者削④。以刑治，以赏战。厚禄以周术。国无奸民，则都无奸市。物多末众⑤，农弛奸胜，则国必削。民有馀食，使以粟出爵⑥，必以其力，则震不怠。三寸之管毋当⑦，不可满也。授官爵出利禄不以功，是无当也。国以功授官与爵，此谓以成智谋，以威勇战⑧，其国无敌。国以功授官与爵，则治见者省，言有塞，此谓以治去治，以言去言。以功与爵者也，故国多力而天下莫之能侵也。兵出必取，取必能有之⑨；案兵不攻必当。朝廷之事，小者不毁⑩，效功取官爵，廷虽有辟言，不得以相干也⑫，是谓以数治。以力攻者，出一取十；以言攻者，出十丧百。国好力，此谓以难攻⑬；国好言，此谓以易攻。其能⑭，胜其害，轻其任，而道坏馀力于心，莫负乘宫之责于君，内无伏怨，使明者不相干，故莫讼；使士不兼官，故技长；使人不同功，故莫争。言此谓易攻。

[注释]①饬令:整饬法令。迁:改变。 ②售:当作"害"。 ③曲断:依据事实来决断。曲,事也。五里、十里的"里",指最基层的居民单位,即村庄。下文"以五里断",指事情可以在小的村庄之内解决。"以十里断"则指在更大的政府组织才能解决。 ④宿治:过夜才能解决,指事情久拖不决。 ⑤末:工商之徒。 ⑥以粟出爵:纳粟使国家出卖官爵,即纳粟买爵之意。 ⑦毋当:无当,即没有底儿。 ⑧威:成也。 ⑨有:占有、占领。 ⑩小:批评。毁:诋毁。 ⑫干:干求,即指不依靠言论来求取官爵。 ⑬国好力,此谓以难攻:国家崇尚实力,臣民们就会越来越认为攻取别国绝非容易之事,故曰"难攻"。下句意思正相反。 ⑭其能:此句以下至"……言此谓易攻"。见本书《用人》篇。

　　重刑少赏,上爱民,民死赏;多赏轻刑,上不爱民,民不死赏。利出一空者①,其国无敌;利出二空者,其兵半用;利出十空者,民不守。重刑明民②,大制使人③,则上利。行刑重其轻者④,轻者不至,重者不来,此谓以刑去刑,罪重而刑轻,刑轻则事生,此谓以刑致刑,其国必削。

[注释]①利:奖赏。空:通"孔"。意为对臣民的奖赏要由君主一人掌握。下文"二空"、"十空"则指君主独掌的权力被分散。 ②明:动词,使……明,让百姓知晓。 ③大制:大力奖赏、重赏。 ④重:加重处罚之意,即轻罪用重罚。

## 心度第五十四

　　圣人之治民,度于本①,不从其欲,期于利民而已。故其与之刑,非所以恶民,爱之本也。刑胜而民静②,赏繁而奸生,故治民者,刑胜治之首也③,赏繁乱之本也。夫民之性,喜其乱而不亲其法。故明主之治国也,明赏则民劝功④,严刑则民亲法。劝功则公事不犯,亲法则奸无所萌⑤。故治民者,禁奸于未萌;而用兵者,服战于民心⑥。禁先其本者治⑦,兵战其心者胜。圣人之治民也,先治者强,先战者胜。夫国事,务先而一民心⑧,专举公而私不从⑨,赏告而奸不生⑩,明法而治不烦,能用四者强⑪,不能用四者弱。夫国之所以强者,政也;主之所以尊者,权也。故明君有权有政,乱君亦有权有政,积而不同⑫,其所以立异也⑬。故明君操权而上重,一政而国治⑭。故法者,王之者也;刑者,爱之自也⑮。

[注释]①度:度量、估量。　②胜:多,指刑罚严酷。　③首:开端。　④劝功:鼓励建功。　⑤萌:生。　⑥服:服从于,适应于。　⑦禁先其本:在奸邪出现之前就禁止它。　⑧一:动词,统一。　⑨举公:任公,即专门承担国家的事业。　⑩赏告:奖赏告奸。　⑪能用四者:能够用以上四种方法的

就会强大。　⑫积:积累,此指结果。　⑬所以立:用来立国的方略。　⑭一政:统一政令。　⑮自:开端。

　　夫民之性,恶劳而乐佚①,佚则荒,荒则不治,不治则乱,而赏刑不行于天下者必塞。故欲举大功而难致而力者②,大功不可几而举也③;欲治其法而难变其故者,民乱不可几而治也。故治民无常,唯治为法。法与时转则治,治与世宜则有功④。故民朴而禁之以名则治,世知⑤,维之以刑则从。时移而治不易者乱⑥,能治众而禁不变者削。故圣人之治民治,法与时移而禁与能变⑦。

　　[注释]①佚:同"逸",安逸。　②而:其,指百姓。　③几:希望。④治与世宜:治国的方略与时势相适宜。　⑤世知:知同"智",此指巧诈。世,指当世的风俗、民风。　⑥易:改变。　⑦禁与能变:禁令根据所治理的民众的实际可能而改变。

　　能越力于地者富①,能起力于敌者强②,强不塞者王③。故王道在所闻,在所塞,塞其奸者必王。故王术不恃外之不乱也④,恃其不可乱也。恃外不乱而治立者削,恃其不可乱而行法者兴。故贤君之治国也,适于不乱之术⑤。贵爵则上重,故赏功爵任而邪无所关⑥。好力者其爵贵,爵贵则上尊,上尊则必王。国不事力而恃私学者,其爵贱,爵贱则上卑,上卑者必削。故立国用民之道也,能闭外塞私而上自恃者,王可致也。

　　[注释]①越力:疾力,尽力。　②起力:发动民力。　③王:称王。　④恃:依靠。　⑤适:顺从,顺应。　⑥爵任:当作"任爵"。关:放置,此指安身。

# 制分第五十五

　　夫凡国博君尊者,未尝非法重而可以至乎令行禁止于天下者也。是以君人者分爵制禄,则法必严以重之①。夫国治则民安,事乱则邦危。法重者得人情,禁轻者失事实②。且夫死力者③,民之所有者也,情莫不出其死力以致其所欲。而好恶者,上之所制也,民者好利禄而恶刑罚。上掌好恶以御民力,事实不宜失矣,然而禁轻事失者,刑赏失也。其治民不秉法为善也,如是,则是无法也。故治乱之理,宜务分刑赏为急。治国者莫不有法,然而有存有亡;亡者,其制刑赏不分也。治国者,其刑赏莫不有分。有持异以为分④,不可谓分。至于察君之分,独分也⑤,是以其民重法而畏禁,愿毋抵罪而不敢胥赏⑥。故曰:不待刑赏而民从事矣。是故夫至治之国,善以止奸为务,是何也?其法通乎人情,关乎治理也。然则去微奸之奈何⑦?其务令之相规其情者也⑧。则使相窥奈何?曰:盖里相坐而已⑨。禁尚有连于己者⑩,理不得相窥,惟恐不得免。有奸心者不令得忘⑪,窥者多也。如此,则慎己而窥彼,发奸之密,告过者免罪受赏,失奸者必诛连刑。如此,则奸类发矣。奸不容细,私告任坐使然也⑫。

[注释]①重:加重,指苛刻。 ②事实:事情的真相,指政事的实效。 ③死力:竭尽全力。 ④持异:拿着不同的标准。 ⑤察君:明察的君主。独分:用一个标准来划分。独,一也。 ⑥抵罪:触犯刑律而获罪。胥:通"须",等待。 ⑦微:隐蔽。 ⑧规:当为"窥",即相互监视之意。 ⑨里相坐:同里之人相互告奸,不告奸者皆株连受罚。 ⑩尚:同"倘",倘若。 ⑪得忘:应作"得志"。 ⑫任:承担、担保。

夫治法之至明者,任数不任人①。是以有术之国,不用誉则毋过②,境内必治,任数也;亡国使兵公行乎其地而弗能圉禁者③,任人而无数也。自攻者人也,攻人者数也④。故有术之国,去言而任法。凡畸功之循约者难知,过刑之于言者难见也⑤,是以刑赏惑乎贰⑥。所谓循约难知者⑦,奸功也;臣过之难见者,失根也⑧。循理不见虚功,度情诡乎奸根⑨,则二者安得无两失也。是以虚士立名于内,而谈者为略于外,故愚、怯、勇、慧相连而以虚道属俗而容乎世⑩,故其法不用,而刑罚不加乎僇人⑪。如此,则刑赏安得不容其二?实故有所至,而理失其量⑫,量之失,非法使然也,法定而任慧也⑬。释法而任慧者,则受事者安得其务?务不与事相得,则法安得无失,而刑安得无烦?是以赏罚扰乱,邦道差误⑭,刑赏之不分白也⑮。

[注释]①任数:依靠法术。 ②毋过:没有过失。 ③亡国:衰亡的国家。圉禁:防备、防御。 ④攻人者数:能够进攻他国所依靠的是法术。数:法术。 ⑤过刑:过失。 ⑥惑:混乱。 ⑦循约:遵循约定又难以明确的(功绩) ⑧失根:过失的根源。 ⑨诡:欺骗,此为被动用法,被欺骗。

⑩愚、怯、勇、慧:指法家所斥责的文学之士、贵生之士、游侠之士、辩智之士。相连:相勾结。　⑪僇人:罪人。　⑫量:量度,此指功效。　⑬法定:当为"释法"之误;任慧:依靠个人的智慧。　⑭邦道:治国之法。　⑮分白:分辨。

# 参 考 文 献

［清］王先慎著：《韩非子集解》（诸子集成本），北京，中华书局，1954年12月版。

张富祥：《韩非子解读》，济南，泰山出版社，2004年版。

张觉：《韩非子校注》，长沙，岳麓书社，2006年版。

陈奇猷：《韩非子集释》，上海，上海人民出版社，1974年版。

梁启雄：《韩子浅解》（全二册），北京，中华书局，1960年8月版。

# 近期国学读物要目

## 国学新读本

诗经　梁锡锋　注说
论语　臧知非　注说
尚书　姜建设　注说
国语　曹建国　张玖青　注说
孔子家语　杨朝明　注说
山海经　郑慧生　注说
墨子　苏凤捷　程梅花　注说
孟子　何晓明　周春健　注说
庄子　曹础基　注说
荀子　杨朝明　注说
韩非子　赵沛　注说
孙子兵法　赵国华　注说
楚辞　李中华　邹福清　注说
潜夫论　王健　注说
文心雕龙　戚良德　注说
商君书　徐莹　注说
战国策　张彦修　注说
淮南子　杨有礼　注说
老子　曹峰　注说
礼记　杨天宇　注说
吕氏春秋　张福祥　注说
世说新语　赵成林　陈艳　注说
史通　李振宏　注说
春秋繁露　曾振宇　注说

## 百年河大国学旧著新刊

河洛方言诠诂　王广庆　著
三统历表　邵瑞彭　著
中国戏剧概论　卢前　著
晚明思想史论　嵇文甫　著
论语新探　赵纪彬　著

天问研究　孙作云　著
汉魏六朝文学史　李嘉言　著
金艺文志　金登科记考　万曼　著
唐集叙录　万曼　著
中国文学史新编　张长弓　著
汉碑集释　高文　著
袁中郎研究　任访秋　著
东夷杂考　李白凤　著
宋会要辑稿考校　王云海　著
长江集新校　李嘉言　著
高适岑参选集　高文　王刘纯　选著
花间集注　华锺彦　著
庆湖遗老诗集校注　王梦隐　著
曾瑞散曲集校注　李春祥　著
辛弃疾选集　佟培基　选著

## 于安澜书画学四种
画论丛刊
画史丛书
画品丛书
书学名著选

## 元典文化丛书
中华第一经——《周易》与中国文化　宋会群　苗雪兰　著
教化百科——《诗经》与中国文化　孙克强　张小平　著
经国治民之典——《周礼》与中国文化　郝铁川　著
哲人的智慧——《老子》与中国文化　高秀昌　龚力　著
圣人箴言录——《论语》与中国文化　李振宏　著
武学圣典——《孙子兵法》与中国文化　龚留柱　著
亚圣思辨录——《孟子》与中国文化　何晓明　著
逍遥之祖——《庄子》与中国文化　白本松　王利锁　著
外王之学——《荀子》与中国文化　张曙光　著
中国帝王术——《韩非子》与中国文化　王宏斌　著
史家绝唱——《史记》与中国文化　邓鸿光　著
诸经总龟——《春秋》与中国文化　涂文学　周德钧　著
管理宝典——《管子》与中国文化　袁闯　著
纵横家书——《战国策》与中国文化　张彦修　著
人仙之间——《抱朴子》与中国文化　徐仪明　冷天吉　著

医学圣典——《黄帝内经》与中国文化　王庆宪　梁晓珍　著
礼乐渊薮——《礼记》与中国文化　黄宛峰　著
词章之祖——《楚辞》与中国文化　李中华　著
星学宝典——《历书天官书》与中国文化　郑慧生　著
天人衡中——《春秋繁露》与中国文化　曾振宇　范学辉　著
王政全书——《吕氏春秋》与中国文化　张富祥　著
神话之源——《山海经》与中国文化　高有鹏　孟芳　著
新道鸿烈——《淮南子》与中国文化　杨有礼　著
史家龟鉴——《史通》与中国文化　曾凡英　著
政事纲纪——《尚书》与中国文化　姜建设　著
春秋弦歌——《左传》与中国文化　龚留柱　著
平民理想——《墨子》与中国文化　苏凤捷　程梅花　著
人伦本原——《孝经》与中国文化　臧知非　著
法典之王——《唐律疏议》与中国文化　徐永康　吉霁光　郑取　著
文论巨典——《文心雕龙》与中国文化　戚良德　著

## 宋代研究丛书

北宋诗学　张海鸥　著
宋代东京研究　周宝珠　著
宋代地域经济　程民生　著
宋代监察制度　贾玉英　著
宋代官员选任和管理制度　苗书梅　著
宋代地域文化　程民生　著
宋代文学通论　王水照　主编
宋代司法制度　王云海　主编
宋代教育　苗春德　主编
清明上河图与清明上河学　周宝珠　著
宋代文化史　姚瀛艇　主编
黄庭坚与宋代文化　杨庆存　著
宋代交通管理制度研究　曹家齐　著
岳飞和南宋前期政治与军事研究　王曾瑜　著
成圣之道——北宋二程修养工夫论之研究　温伟耀　著
宋代绘画研究　邓乔彬　著

## 汉语史专书语法研究丛书

《三朝北盟会编》语法研究　刁晏斌　著
《荀子》虚词研究　黄珊　著
《晏子春秋》词类研究　姚振武　著

《聊斋俚曲》语法研究　冯春田　著
《孟子》词类研究　崔立斌　著
《朱子语类辑略》语法研究　吴福祥　著
敦煌变文12种语法研究　吴福祥　著
《吕氏春秋》句法研究　殷国光　著
《尚书》语法论稿　钱宗武　著
《左传》语法研究　何乐士　著
《元典章·刑部》语法研究　李崇兴　祖生利　著
汉语语法史断代专书比较研究　何乐士　著

## 图书在版编目（CIP）数据

韩非子/赵沛注说.—开封：河南大学出版社，2008.3
（2015.1 重印）
（国学新读本）
ISBN 978-7-81091-750-6

Ⅰ.韩… Ⅱ.赵… Ⅲ.①法家 ②韩非子—注释
Ⅳ.B226.5

中国版本图书馆 CIP 数据核字（2008）第 018512 号

**责任编辑** 张玉梅
**封面设计** 马 龙

| | | | | |
|---|---|---|---|---|
| **出版发行** | 河南大学出版社 | | | |
| | 地址：河南省开封市明伦街 85 号 邮编：475001 | | | |
| | 电话：0371－22825003（营销部） 网址：www.hupress.com | | | |
| **排 版** | 河南第一新华印刷厂 | | | |
| **印 刷** | 开封智圣印务有限公司 | | | |
| **版 次** | 2008 年 3 月第 1 版 | **印 次** | 2015 年 1 月第 2 次印刷 | |
| **开 本** | 650mm×960mm 1/16 | **印 张** | 31 | |
| **字 数** | 389 千字 | **印 数** | 2001—3000 册 | |
| **定 价** | 56.00 元 | | | |

（本书如有印装质量问题请与河南大学出版社营销部联系调换）